ANALYSE ET COMPRÉHENSION

DES

ŒUVRES ET OBJETS D'ART

PRÉSENTÉES DISTINCTEMENT ET CLAIREMENT A L'ESPRIT

DES

AMATEURS, ANTIQUAIRES

OFFICIERS MINISTÉRIELS

PAR

ÉDOUARD ROUVEYRE

Officier de l'Instruction publique.

Membre de la Commission extra-parlementaire chargée d'étudier toutes les questions relatives à l'organisation des Musées de Province et à la Conservation de leurs richesses artistiques.

—— PORCELAINES ET BRONZES ORIENTAUX ——
FORMES TYPIQUES DE VASES ANTIQUES ET DE VASES EN MAJOLIQUE
CARACTÉRISTIQUE ET CONTREFAÇONS DES FAYENCES DE BERNARD PALISSY
ÉCOLES PROVINCIALES DU MEUBLE FRANÇAIS AU SEIZIÈME SIÈCLE
DINANDERIE ET CHAUDRONNERIE HISTORIÉES
MONTURES DE VASES FIXES OU MOBILES, EN BRONZE CISELÉ ET DORÉ, LOUIS XVI
TAPISSERIES DE HAUTE ET BASSE LISSE, ET SAVONNERIE
—— RECETTES ET PROCÉDÉS ——

—— LETTRE FAC-SIMILÉ ——
CINQ CENT CINQUANTE DOCUMENTS — CARTES GÉOGRAPHIQUES DRESSÉES PAR H. BARRÈRE

CENT SOIXANTE-HUIT BLASONS, COURONNES ET ORDRES DE CHEVALERIE
TROIS CENT TRENTE-CINQ CHIFFRES ET MONOGRAMMES HISTORIQUES
NEUF CENT QUARANTE DIFFÉRENTS D'ORFÈVRES ET DE BIJOUTIERS
CONSULAT, DIRECTOIRE, PREMIER EMPIRE, RESTAURATION
1798 — CENT TRENTE POINÇONS DE GARANTIE, BIGORNES ET CONTRE-MARQUES — 1838

PARIS

LIBRAIRIE EUGÈNE REY ÉDITEUR

11 bis, RUE DROUOT, 11 bis

1925

Désirant faciliter la compréhension des œuvres et objets d'art ancien, nous en définirons les caractères, allant du dessin au relief, de la forme à la couleur, classant les types, fixant les dates, reproduisant marques, monogrammes et poinçons, signalant les provenances, ainsi que les imitations ou contrefaçons, indiquant les procédés pratiques et expérimentés pour les réparations et la conservation.

Un aperçu des mœurs et croyances des sociétés auxquelles les arts se rapportent, quelques réflexions sur la tendance des idées et le choix des sujets, permettront d'analyser et de comprendre les styles.

Nous exposerons tout ce qui doit intéresser les experts, les antiquaires et les amateurs; et, en rappelant les souvenirs de ceux qui savent, nous espérons déterminer, chez les autres, la volonté d'étudier et de se pénétrer d'enseignements d'un si haut intérêt.

En ce qui concerne l'impression des documents graphiques, nous avons tenu compte de la substance (bois, marbre, métal, terre, etc.) des œuvres et objets d'art représentés; il en est résulté des aspects typographiques différents.

On trouvera, en troisième et quatrième pages de la couverture, les sommaires des chapitres composant le volume publié précédemment.

Tenant compte des difficultés matérielles pour une publication, dont le but est d'être à la portée du plus grand nombre de lecteurs, nous avons adopté un plan ayant l'avantage de présenter des chapitres indépendants.

—— Chaque volume forme ainsi un ensemble complet. ——

ANALYSE ET COMPRÉHENSION
DES
ŒUVRES ET OBJETS D'ART

— CHAPITRES ET SOMMAIRES COMPOSANT CE VOLUME PUBLIÉ EN MAI 1925 —

COMPRÉHENSION DES ŒUVRES D'ART ORIENTAL

Pièces avec inscriptions. Porcelaines dites à modèles ou hiératiques. Ornements employés par les artisans de tous pays. Le sceau de chaque époque est empreint sur les œuvres et objets d'art ancien, pages 7 à 14.

Formes composées de vingt-sept vases en bronze, art chinois, du quatorzième au dix-huitième siècle, pages 14 à 18. — *Contrefaçons des œuvres d'Art oriental,* Surdécorations de pièces en céramique, pages 19 à 22.

COMPRÉHENSION DES FORMES DE VASES ANTIQUES

Tracé de douze formes typiques principales, relevées d'après des bronzes antiques : canthares, coupes, cratères, page 23.

COMPRÉHENSION DES ŒUVRES D'ART EN CÉRAMIQUE

Formes comparées de majoliques italiennes, page 24. — Bernard Palissy, l'*Œuvre de Bernard Palissy comprend trois manières* correspondant aux phases de sa vie, pages 25 à 30. — Procédés employés, page 30. — Fayences et émaux de Bernard Palissy. Caractéristiques de ses trois manières, pages 31 à 46. — *Imitation et contrefaçon des Bernard Palissy.* Comment les discerner. Le père Porthiot célèbre vieillisseur de céramique. Les fabriques modernes de rustiques figulines, pages 47 à 52. — *Recettes et procédés :* Réparation des fayences de Bernard Palissy. Réparation et recollage à la gomme laque. Préparation de la gomme blanche et brune. Emploi de la colle forte. Ciment et mastic pour recoller et réparer la fayence et la porcelaine, pages 53 à 56.

COMPRÉHENSION DES ÉCOLES PROVINCIALES DU MEUBLE FRANÇAIS
— SEIZIÈME SIÈCLE —

Le sculpteur s'empare du meuble, tout se règle sur les maîtres de l'œuvre architecturale, pages 57 à 63. — La division provinciale fut d'une grande utilité au développement de l'art, pages 63 à 65. — *Dénomination et contours des anciennes provinces.* Accroissement graduel et figuré des territoires français depuis Hugues Capet (987-996) jusqu'en 1815, pages 65 à 67. — Les douzes provinces françaises au seizième et au dix-septième siècle, jusqu'en 1614, pages 67 à 70. — *Origine, limites, influence des Écoles,* pages 71 à 128.

Picardie, 71 ; Normandie, 77 ; Ile-de-France, 83 ; Champagne, 93 ; Bretagne, 97 ; Orléanais, 102 ; Bourgogne, 105 ; Guyenne, 113 ; Auvergne, 115 ; Languedoc, 119 ; Dauphiné, 124 ; Provence, 125.

COMPRÉHENSION DES ŒUVRES D'ART EN DINANDERIE

Cuivre, laiton, bronze, fondus, tournés et repoussés: Chaudronnerie historiée et ustensiles de ménage, pages 129 à 150. — Décadence de l'art de la dinanderie, pages 150 et 151. — *Recettes et procédés :* Nettoyage des dinanderies anciennes et modernes, des bronzes ou cuivres oxydés; cuivres ternis; objets en cuivre recouverts de taches de graisse, pages 151 et 152.

COMPRÉHENSION DES OEUVRES D'ART EN BRONZE CISELÉ
— ÉPOQUE LOUIS SEIZE —

Montures de vases, fixes ou mobiles, en bronze ciselé et doré, pages 153 à 161. — Ciseleurs et doreurs de bronzes d'ameublement, pages 161 à 165. — *Technique de la ciselure et de la dorure*, pages 165 à 167. — *Imitations et malfaçons*, pages 167 et 168. — *Recettes et procédés* : Nettoyage des bronzes ciselés et dorés. Bronzes dorés, tachés d'encre ou de graisse, page 168.

COMPRÉHENSION DES OEUVRES D'ART EN TAPISSERIE

Quelques notes sur la tapisserie, pages 169 à 177. — Ce que doit être la coloration des tapisseries, pages 177 et 178. — *Technique des œuvres d'art en tapisserie*. Tapisseries dites de haute lisse, de basse lisse, et de la savonnerie. — Ce qu'on entend par Haute lisse, par Basse lisse, et par Savonnerie, pages 178 à 190. — *Tapisseries dites verdures*, décor dit Nicotiana, Tapisseries parlantes, héraldiques, grotesques, etc., pages 191 à 197. — Importance donnée aux bordures. — Comment suspendre les tapisseries, pages 197 à 210.

Ateliers français : Arras, Amiens, Angers, Aubusson, Autun, Avignon, Bellegarde, Beauvais, Béthune, Blois, Boulogne-sur-Mer, Bourges, Cadillac, Cambrai, Felletin, Fontainebleau, Gisors, Lille, Limoges, Maincy, Marseille, Montpellier, Nancy. — Paris : Trinité, Maison des Jésuites, Palais du Louvre, Savonnerie, Tourelle, La Planche, Gobelins, — Poitiers, Reims, Rouen, Saumur, Tourcoing, Tours, Troyes, Valenciennes, pages 211 à 231.

Ateliers étrangers : Allemagne, Angleterre, Flandres, Danemark, Espagne, Italie, Russie, pages 231 à 240.

CONNAISSANCES NÉCESSAIRES AUX AMATEURS ET ANTIQUAIRES

Représentation, analyse et compréhension de *cent soixante-huit blasons*, couronnes, cordelières. *Ordres de chevalerie*, religieux, civils et militaires, *Dignités ecclésiastiques* de l'ancien régime, pages 241 à 250.

Trois cent trente-cinq *Lettres, Chiffres et Monogrammes historiques*, représentés, décrits, identifiés, pages 251 à 272.

Neuf cent quarante *différents des orfèvres français*. Ouvrages en tous genres, or, argent, ou doublé : Argenterie, boucles, boutons, cachets, chaînes, christs, clefs, coutellerie, couverts, croix, filigranes, fourbisseurs, garnitures, goblets, grosserie, horlogerie, instruments de chirurgie, jaseron, montres, nécessaires, optique, orfèvrerie, ouvrages en cheveux, paillons, parures, tabletterie, tasses, timbales, vaisselle, etc. — Époques du Consulat, Directoire, Premier Empire, Restauration, pages 273 à 276.

Recense au contrôle de neuf cent quarante poinçons d'orfèvres, exécution de la loi du 19 brumaire an VI (9 novembre 1797) pour la session du bureau de garantie à Paris, et pour ceux des départements, jusqu'au 16 août 1819, classés par ordre alphabétique des différents, avec indication des noms, ouvrages et initiales des fabricants, orfèvres, bijoutiers, pages 276 à 296.

Formes des poinçons pour or, argent, doublé ou plaqué, pages 275, 276. — Vérification des poinçons, page 276. — Argenterie et bijoux anciens, dits de hasard, pages 276 et 296. — Tableaux synoptiques de cent trente poinçons de garantie, de 1798 à 1838, pages 296 à 302. — Bigornes fausses, page 303. — Termes propres à l'orfèvrerie et à la bijouterie, pages 303 et 304.

ANALYSE ET COMPRÉHENSION

DES

ŒUVRES ET OBJETS D'ART

PRÉSENTÉES DISTINCTEMENT ET CLAIREMENT A L'ESPRIT

DES

AMATEURS, ANTIQUAIRES

OFFICIERS MINISTÉRIELS

PAR

ÉDOUARD ROUVEYRE

Officier de l'Instruction publique.

Membre de la Commission extra parlementaire chargée d'étudier toutes les questions relatives
à l'organisation des Musées de Province et à la Conservation de leurs richesses artistiques.

—— PORCELAINES ET BRONZES ORIENTAUX ——

FORMES TYPIQUES DE VASES ANTIQUES ET DE VASES EN MAJOLIQUE

CARACTÉRISTIQUE ET CONTREFAÇONS DES FAYENCES DE BERNARD PALISSY

ÉCOLES PROVINCIALES DU MEUBLE FRANÇAIS AU SEIZIÈME SIÈCLE

DINANDERIE ET CHAUDRONNERIE HISTORIÉES

MONTURES DE VASES FIXES OU MOBILES, EN BRONZE CISELÉ ET DORÉ, LOUIS XVI

TAPISSERIES DE HAUTE ET BASSE LISSE, ET SAVONNERIE

—— RECETTES ET PROCÉDÉS ——

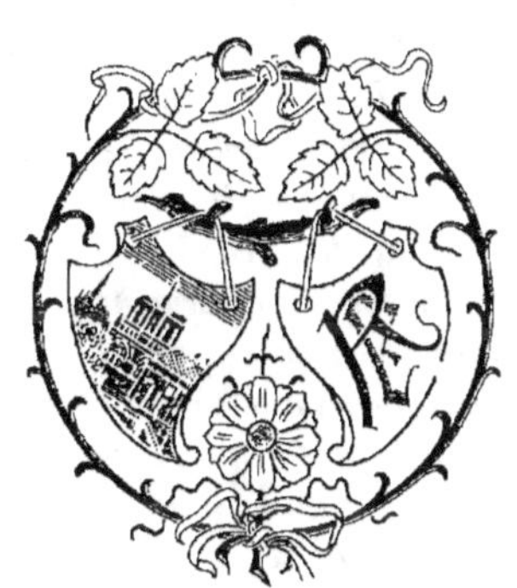

—— LETTRE FAC-SIMILÉ ——

CINQ CENT CINQUANTE DOCUMENTS — CARTES GÉOGRAPHIQUES DRESSÉES PAR H. BARRÈRE

CENT SOIXANTE-HUIT BLASONS, COURONNES ET ORDRES DE CHEVALERIE

TROIS CENT TRENTE-CINQ CHIFFRES ET MONOGRAMMES HISTORIQUES

NEUF CENT QUARANTE DIFFÉRENTS D'ORFÈVRES ET DE BIJOUTIERS

CONSULAT, DIRECTOIRE, PREMIER EMPIRE, RESTAURATION

1798 — CENT TRENTE POINÇONS DE GARANTIE, BIGORNES ET CONTRE-MARQUES — 1838

PARIS

LIBRAIRIE EUGÈNE REY ÉDITEUR

11 bis, RUE DROUOT, **11** bis

1925

Dans ses « *Lettres sur l'Italie* », *Charles de Brosses* (1709 † 1777), premier président au parlement de Dijon, écrivait avoir remarqué, au cours de ses études dans les musées, qu'un dessin donne plus de travail à l'esprit qu'une description.

En effet, pour comprendre un tableau, faire parler les objets, saisir les intentions du peintre, il faut avoir une vaste érudition; l'écrivain, au contraire, expose les situations les plus diverses, interprète les sentiments les plus délicats ou les plus violents, sans crainte que le lecteur perde, à chercher le sujet de son ouvrage, le temps de l'admirer.

Ce que ce jurisconsulte éminent et auteur estimé déplorait, il y a plus d'un siècle et demi, existe encore de nos jours, quoique M. Alexandre Frappart, directeur de la « Gazette de l'Hôtel Drouot » ait, il y a quelques années, appelé l'attention des conservateurs de musées et celle des experts, sur l'inconvénient résultant du manque de notices décrivant les œuvres et objets d'art, exposés dans les musées ou mis en vente. — « C'est une erreur que l'on remarque très souvent. Il s'ensuit que seuls, les connaisseurs savent ce qu'ils voient, tandis que la plus grande partie du public regarde, passe devant les œuvres et les objets exposés, sans emporter aucun enseignement, faute d'indications lui expliquant ce qu'il a sous les yeux. »

Ayant mis à profit les observations que nous venons de signaler; nous nous sommes astreints à ce que toutes nos représentations d'œuvres et d'objets d'art, ainsi que les reproductions de blasons, chiffres et monogrammes historiques, poinçons, etc., soient accompagnées de notices, marquant leur place dans l'Histoire de l'Art et permettant de les analyser et de les comprendre.

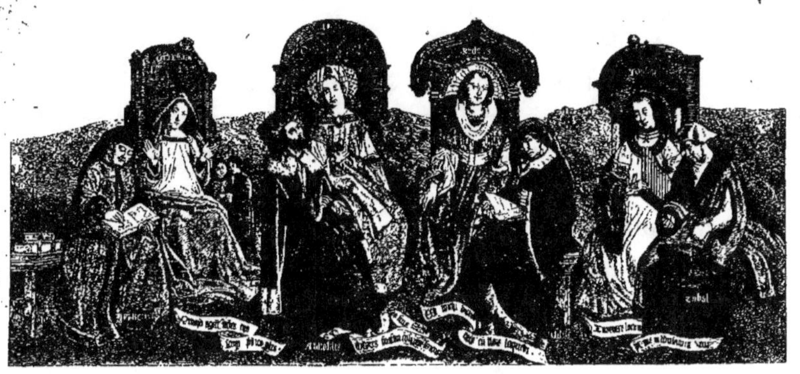

Fresque dans l'ancienne librairie du Chapitre Notre-Dame.
Cathédrale du Puy-en-Velay. — *Chapelle des Reliques* (¹).

IL NE SUFFIT PAS D'AVOIR LE SENTIMENT DU BEAU

Il ne suffit pas d'avoir le sentiment du beau : pour en comprendre la perfection, il faut l'étudier en se plaçant à un double point de vue analytique et synthétique, s'attacher moins aux artisans qu'à leurs travaux, et poursuivre des études permettant d'envisager les particularités des œuvres et objets d'art, afin de pouvoir en déterminer les caractères.

S'il y a des différences entre les périodes, entre les époques, il n'y en a guère entre les artisans célèbres d'un siècle à

(¹) Cette remarquable peinture murale représentait, originairement, les *Sept Arts libéraux* réglementés par Martianus Mineus Felix Capella, grammairien du cinquième siècle, et tels qu'ils furent enseignés au Moyen Age et jusqu'au dix-septième siècle.

Sur une des parois de l'ancienne *Librairie*, il n'en subsiste que quatre : la Grammaire, la Rhétorique, la Logique et la Musique, placés dans l'ordre du distique classique :

Gram loquitur; Dia. vera docet; Rhet. verba colorat;
Mus. canit; Astr. numerat; Geo. ponderat; Ast. colit astra.

Ce qui frappe tout d'abord dans cette représentation des Arts libéraux, c'est que leurs attributs étaient inconnus ; car, ainsi que l'a démontré un érudit chercheur, M. Giron, ce ne sont pas ceux symbolisés par une précieuse miniature de l'*Hortus deliciarum*, par les sculptures des cathédrales de Chartres et de Laon, la tapisserie de l'*Abbaye de Quedlinburg* (V. fig. 471), et les miniatures que le célèbre florentin Attavante exécuta pour les *Noces de la Philologie et de Mercure* de Capella.

Chaque Art libéral est figuré par un groupe; une femme qui le symbolise et le personnage qui l'a le mieux illustré.

l'autre, bien que leur sentiment d'art diffère, car ce sentiment reflète les coutumes et les mœurs des contemporains.

Le beau n'a rien de fixe ni d'absolu, il est vivant : la raison, l'imagination le perçoivent. Nous sommes impressionnés par toute forme qui est un symbole de la pensée ; les œuvres marquées au sceau de l'intelligence sont seules parvenues jusqu'à nous.

Dans les siècles passés, il n'y avait pas de distinction entre les arts dits industriels et le grand art ; le plus modeste artisan savait donner du charme aux objets, même vulgaires. Les ustensiles domestiques, les poteries les plus communes avaient un décor original ; il se constituait ainsi, dans les métiers, une Ecole naturelle de goût, capable d'inspirer la réalisation d'œuvres durables.

Evoquer le cadre dans lequel artisans et artistes se sont formés, exposer les circonstances qui ont déterminé leur développement, faire revivre l'Histoire par les œuvres et les objets d'art, les analyser, les comprendre, puis s'élever jusqu'à la critique, c'est étudier l'évolution artistique de sa patrie et s'appliquer à la bien connaître.

Edouard Rouveyre,

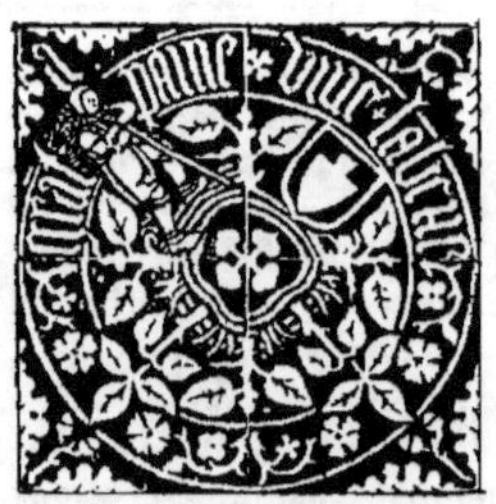

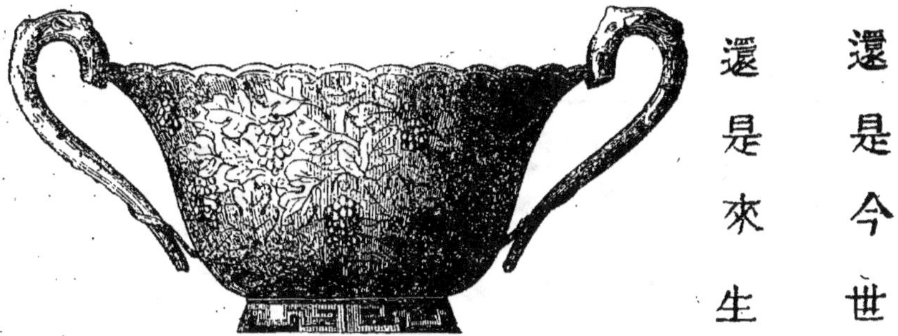

XIV· SIÈCLE. — ART CHINOIS — *Ancienne collection Debruge Dumenil*

Fig. 2. — Coupe forme dite *calice* à bords dentelés. La *panse* est couverte de feuilles de vignes et de grappes de raisins ciselées, des sarments forment les anses.
Sur le fond on lit une inscription, reproduite à droite: *Hoan-chi-king chi-hoan-chi-laï-sing,*
Sera-ce dans la vie actuelle ou dans la vie future [que nous nous reverrons].

COMPRÉHENSION DES ŒUVRES D'ART ORIENTAL

FORMES DE VINGT-SEPT VASES EN BRONZE
SURDÉCORATIONS DE PIÈCES ORIENTALES EN CÉRAMIQUE

PIÈCES AVEC INSCRIPTIONS
PORCELAINES DITES A MODÈLES OU HIÉRATIQUES
ORNEMENTS EMPLOYÉS PAR LES ARTISANS DE TOUS PAYS
SCEAU DE CHAQUE ÉPOQUE
EMPREINT SUR LES ŒUVRES ET OBJETS D'ART ANCIEN

Pénétré de l'idée qu'il n'est guère de révolution politique ou religieuse, de préoccupation dominante à un moment donné, d'influences ou d'événements notables, qui n'aient mis leur empreinte sur des œuvres d'art contemporaines, et désireux de les analyser à ce point de vue, nous avons appris à les connaître.

Les inscriptions, les ornements, les figures, les sujets placés avec profusion et variété sur les porcelaines et œuvres d'art oriental, ont été l'objet de notre attention. En poursuivant nos recherches, nous avons constaté, sur des *pièces dites à modèles* ou *hiératiques*, des représentations de meubles ou des signes caractéristiques exprimant un sentiment religieux, soit par les sujets, soit par une figuration multiple d'emblèmes sacrés reconnaissables à leur forme même, ou au

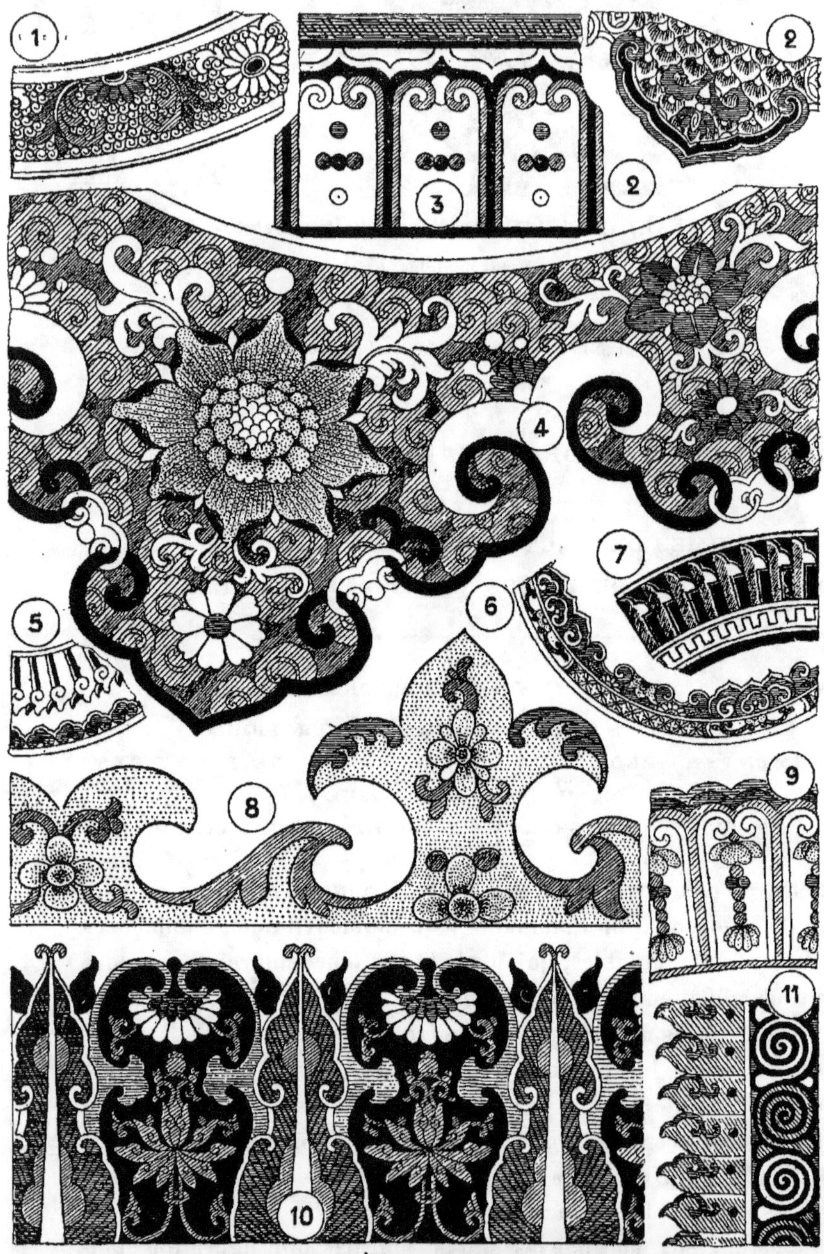

XVIIᵉ-XVIIIᵉ SIÈCLES. — ART CHINOIS

Fig. 3 à 13. — Disposition de marlys, de chutes et de rinceaux
Combinaisons Géométriques et Combinaisons Florales.

nœud qui les retient, véritable lemnisque aux extrémités retombant flottantes, semblable à celui avec lequel les Grecs et les Romains attachaient leurs couronnes votives.

Nous allons, en quelques notes, indiquer les trois classes d'ornements que les artisans, de tous les pays et de toutes les époques, ont employées pour la décoration de leurs œuvres d'art.

La première comprend les motifs d'ornementation dont l'idée est pour ainsi dire commune, parce que la source s'en trouve également chez tous les peuples; tels sont les fleurs, les fruits, les feuilles, les oiseaux, les coquilles, etc. (fig. 3 à 13, n°ˢ 1, 2, 4, 8, 10).

La deuxième renferme les motifs spéciaux à certaines nations, parce qu'ils sont tirés de son culte ou de sa mythologie, de ses instruments de sacrifices, de musique, etc. (fig. 15 à 25, pages 11 et 12).

Dans la troisième viennent se ranger ceux qui sont dus au caprice et à l'imagination des artisans tels, par exemple, les combinaisons géométriques, les enroulements bizarres, les volutes et les enlacements, variés à l'infini (fig. 3 à 13, n°ˢ 3, 5, 6, 7, 9, 11).

Il est intéressant de se rendre compte comment les premiers ont été choisis, transformés, quelles métamorphoses ils ont subies en s'éloignant de l'imitation primitive.

Ensuite, de connaître les deuxièmes, puisqu'ils peuvent fournir de précieuses indications touchant la religion, les mœurs, les institutions des nations qui les ont employés.

Et, enfin, il n'est pas moins instructif d'examiner les troisièmes, qui sont toujours empreints d'un important caractère d'originalité, ayant l'empreinte d'un art indigène.

Fig. 3 à 13. — On trouvera, dans cette réunion de combinaisons géométriques et florales, des éléments pour la décoration des parties les plus importantes de pièces en céramique, *marlys*, *chutes*, qui sertissent et encadrent des décors, sujets à figures, etc.

Plusieurs de ces éléments sont empruntés, soit aux combinaisons géométriques, bandes de canaux pour les rétrécissements du pied des vases; disposition à *redents trilobés* et placés en *lambrequins*, pour terminer l'insertion du col sur la panse, etc. soit aux combinaisons florales de rinceaux d'ornement.

Les fig. 1 (fond à trait rouge); 2 écailles; 5 canaux rouges, bord bleu; 7 rouge; et 9 sont des dispositions de *marlys*; 4 et 8 montrent de beaux développements du *rinceau*. Les contours sont des fers de lance et des *trilobes frettés*, avec rosaces (semis de fonds) étoffées de feuillages.

Les fig. 3, canaux à traits d'émail vert se détachant sur une distribution courante en rouge vif ; 10, médaillons à fond rouge alternés de feuilles d'eau à fond bleu, et 11, canaux terminés par des rinceaux en crête, s'appuyant sur un cours de spirales alternées rouge et vert, montrent plusieurs dispositions géométriques.

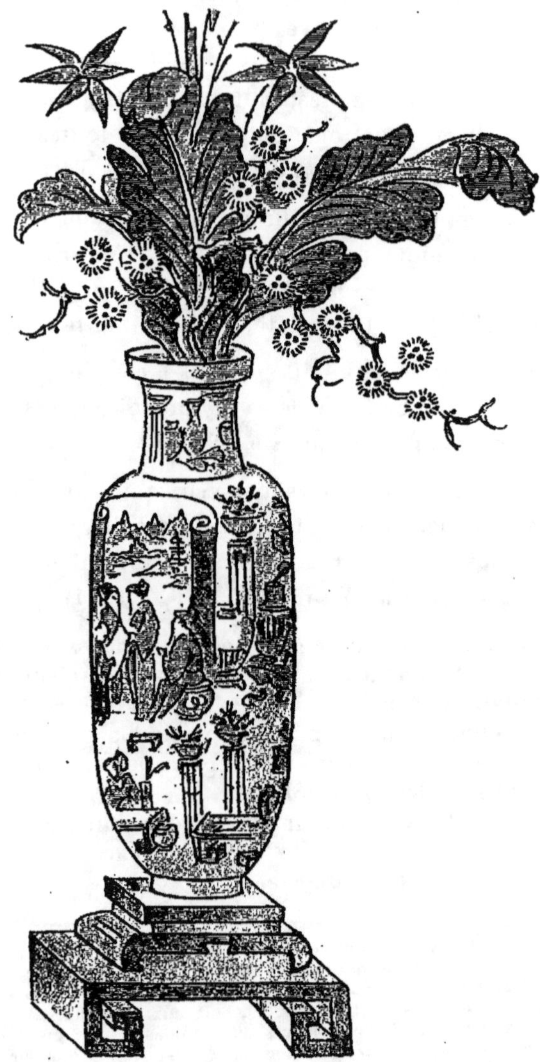

XVIIIᵉ SIÈCLE. — ART CHINOIS. — PORCELAINE DURE
fabriquée sous le règne de Kien-Long (1736-1795), de la dynastie des Tai-Tsing.
Collection Edouard Rouveyre.

Fig. 14. — Vase dit a Modèles, Décor Bleu. (Voir développement, fig. 15 à 25.)

Vase forme cylindro-ovoïde dite *rouleau*, garni d'un bouquet *à la chinoise* (pins, bambou,
bananier) dont la masse balance heureusement la disposition générale.

Tous ces éléments de décoration ont donc un grand intérêt au point
de vue des études d'art en général ; mais, spécialement en ce qui

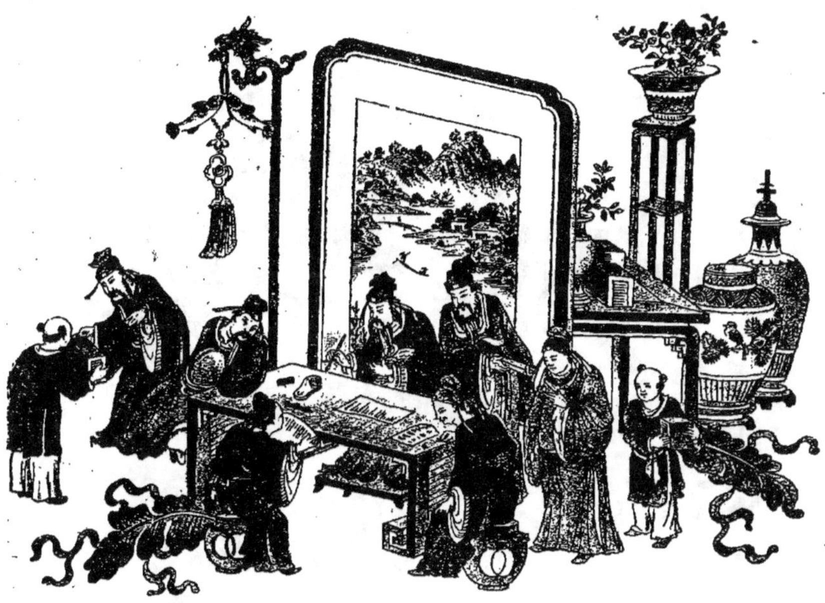

XVIIIe SIÈCLE. — ART CHINOIS. — PORCELAINE DURE

fabriquée sous le règne de Kien-Long (1736-1795), de la dynastie des Tai-Tsing.

Fig. 15. — Trophées a Personnages relevés sur le Vase dit a Modèles, fig. 14.

Le col est décoré de *trophées* formant un semis irrégulier remplissant, sur la *panse*,
les intervalles laissés par les sujets principaux placés à l'opposite l'un de l'autre, qui
représentent des sujets relatifs à l'enseignement public : les examens subis par les
candidats aux grades de lettrés et de maîtres-ès-arts.

Ici, devant un large écran décoré d'un paysage et accompagné d'un montant élevé
portant la *pierre sonore*, emblème des lettrés : deux poissons, et diverses pièces de
mobilier, une table est disposée sur laquelle le candidat lit une composition manuscrite
devant des examinateurs, qui l'écoutent attentivement.

De chaque côté, des assistants apportent des livres dont ce candidat va expliquer
les textes vénérables par leur antiquité (*Koung-Fou-Tseu*, et ses disciples).

concerne l'art ornemental, la distinction que nous venons d'établir
a une importance spéciale ; nous allons la définir.

Les ornements, dont toute l'idée est empruntée aux sujets de la
première catégorie, peuvent, chez différents peuples, se trouver sur
les œuvres d'art antique, sans que leur apparition simultanée im-

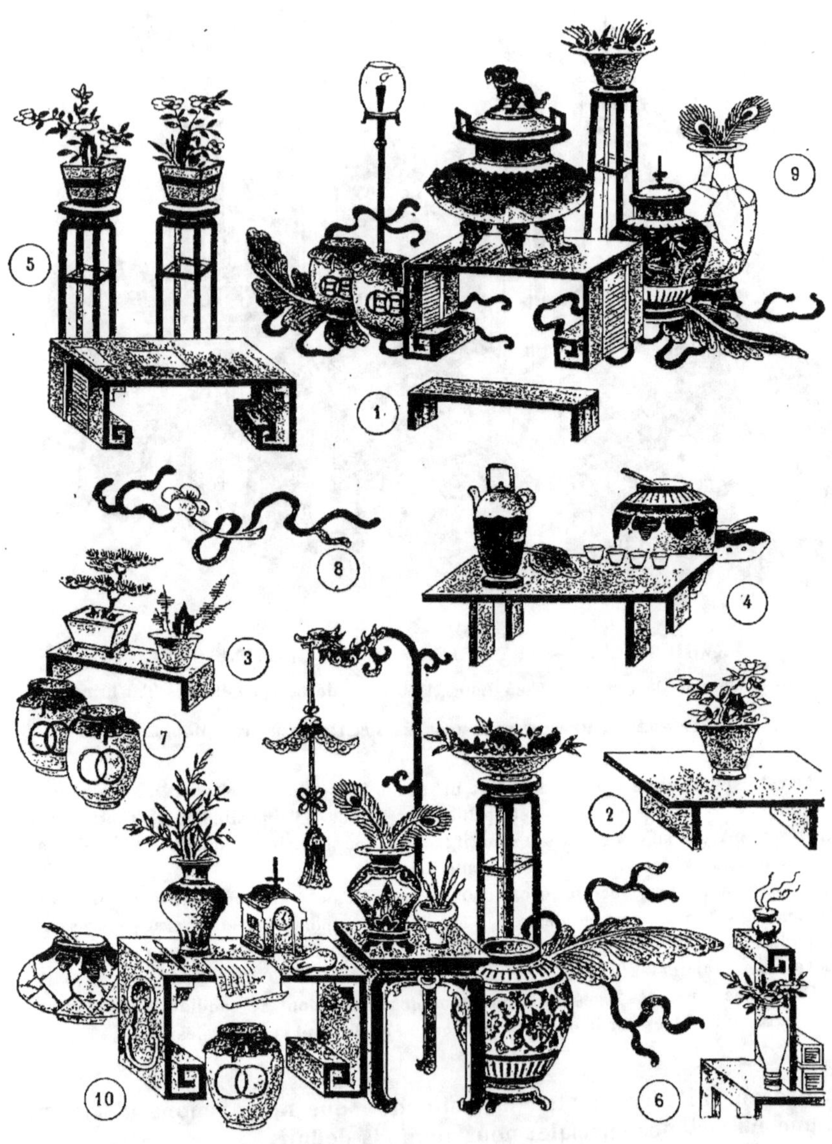

XVIIIe SIÈCLE. — ART CHINOIS. — PORCELAINE DURE

abriquée sous le règne de Kien-Long (1736-1795), de la dynastie des Tai-Tsing.

Fig. 16 à 25. — Trophées a symboles relevés sur le Vase dit a Modèles, fig. 14.

plique nécessairement l'existence de relations antérieures ou contemporaines, entre ceux qui en auront fait usage, puisque tous avaient, sous les yeux, le même élément d'inspiration.

Les ornements qui rentrent dans la deuxième ou dans la troisième catégorie, portent toujours avec eux, quelque chose de très significatif, puisque leur présence sur les œuvres d'art de deux civilisations entièrement différentes, révèle que des communications existaient entre les deux pays.

Les porcelaines orientales, *dites à modèles* ou *hiératiques*, nous semblent porter en elles-mêmes un enseignement de ce genre ; l'étude de leur décoration a fourni d'intéressantes révélations, quant aux mœurs et aux coutumes des peuples de l'Extrême-Orient.

On peut diviser les porcelaines hiératiques en deux groupes : *Hiératiques à personnages*, et *Hiératiques à symboles*.

Les scènes qui décorent les *Hiératiques à personnages* se passent, d'après Albert Jacquemart, dans l'empyrée au milieu des nuages et des tonnerres : « Les personnages, revêtus des insignes de l'autorité, sont entourés d'une assistance nombreuse et procèdent aux cérémonies du culte au bruit des chants et des instruments de musique.

« Pour mieux exprimer l'intervention céleste, on voit apparaître au-dessus d'eux, entourés des flammes fulgurantes, le *dragon*, le *ki-lin*, le *fong-hoang*, ou même des divinités ou des saints, reconnaissables au nimbe et au sceptre. »

Dans la décoration des *hiératiques à symboles*, les symboles religieux sont excessivement variés.

« On doit mettre en première ligne les animaux sacrés, le *dragon*, le *ki-lin*, le *fong-hoang*, la grue, la tortue, le poisson, etc. ; puis viennent les *tings* ou brûle-parfums, les *vases honorifiques* dans lesquels se placent le sceptre, les plumes de paon, le corail ; les *tablettes* ou

---

Note relative aux documents représentés ci-contre. — On trouve dans cette réunion de *trophées*, des indications sur les formes du mobilier chinois.

En 1, nous voyons un simple escabeau et, en 2, une table basse sur laquelle est posé un vase à large orifice où fleurit une plante.

L'escabeau 3 porte une fougère dans un vase analogue, et un arbre nain (pin) dans une vasque carrée.

En 4, on voit une théière sur son réchaud, quatre tasses et une feuille d'arbre servant à activer le feu ; au second plan, des vases pour l'eau et le thé. Derrière l'accotoire 5, deux pieds élevés supportent des vases carrés garnis de plantes.

En 7, sont deux sièges en porcelaine (forme *baril*) garnis d'étoffe et, en 8, est un *bâton de commandement* avec crosse façonnée comme une fleur.

En 9, sont groupés : une table basse surmontée d'un vase *ting* (trépied brûle-parfums), deux sièges, une lanterne (en papier), un chevalet porte-fleurs, et deux grands vases, dont un est *craquelé* ; des feuilles de bananier et des banderoles terminent agréablement le groupe.

En 10, est une table avec papier, pinceaux, encre de Chine, pierre à broyer, horloge et vase de fleur ; puis un montant à tête de dragon, supportant la *pierre sonore*, emblème des lettrés. Derrière le grand vase orné, faisant office de corbeille à papier, un haut montant porte une vasque remplie de grenades.

kouei, enfin tous les signes de dignités que les grands portent aux sacrifices, ou déposent à titre d'hommage dans les temples des divinités ou des ancêtres ».

Un autre genre de décoration donne la représentation de meubles usités dans la vie intime; il en est qui réunissent, sur une même pièce, assiette ou vase, tous les attributs du dieu de la longévité, de la richesse, etc., ou plusieurs emblèmes du bonheur et du talent.

Ce qui précède démontre que, si l'on entreprend d'analyser les signes caractéristiques des œuvres et objets d'art en général et, spécialement, ceux des artisans orientaux, on reconnaîtra que l'origine de certains ornements fournit, à la critique, des indications aussi précises que celles trouvées par la philologie dans l'étymologie de certains mots.

Il n'est pas un connaisseur qui ne sache avec quelle netteté le sceau de chaque époque est empreint sur les œuvres et objets d'art ancien; l'antiquaire et l'amateur expérimentés n'ont besoin d'autre indication que l'aspect même de leur ensemble, pour décider à quel pays et à quel siècle ils appartiennent.

COMPRÉHENSION DES FORMES DE VASES, ART CHINOIS

L'activité remarquable et la puissance de production de l'*industrie du Bronze*, dans les pays de l'*Extrême-Orient*, nous ont été révélées par des importantes collections qui nous ont aidé à disposer les *Tableaux des Formes comparées* (fig. 26 à 52).

Il résulte des travaux de savants sinologues qu'en Chine il faut, comme en Égypte, remonter à des époques très reculées pour rencontrer la meilleure époque de l'Art. C'est ainsi que l'industrie des *vases de bronze qui servirent de types aux formes des vases en porcelaine*, fournit des dates remontant à une haute antiquité : celles de la dynastie des *Chang*, 1766-1372 *avant* notre ère, par exemple. Les vases des *Ming* et ceux des *Tai-Tsing*, que nous représentons fig. 26 à 52, reproduisent les formes de cette période caractéristique des annales chinoises.

Fig. 26 à 32. — Si l'on admet que les formes des plus beaux vases de *l'ancienne Chine* sont ceux qui remontent à la plus haute antiquité, c'est le n° 1 qui, par ses belles proportions et la perfection de son profil, l'emporte sur tous les autres. Un double jonc rappelle, dans le col, la filiation dérivée de la forme *bursaire* et, sur la pente de l'épanouissement de la panse, six médaillons à *tracés hiératiques* (le *suastica*, ici représenté par des courbes en C affrontées) décorent les intervalles des attaches des anses. Le 2 est un autre *bursaire* à plan carré, décoré d'anses en forme de têtes d'éléphants; sur la panse, une *salamandre en relief*. — 3, troisième *bursaire* à col largement épanoui, formant cornet; anses à têtes d'animal fantastique. — 4, tube avec anneau; panse

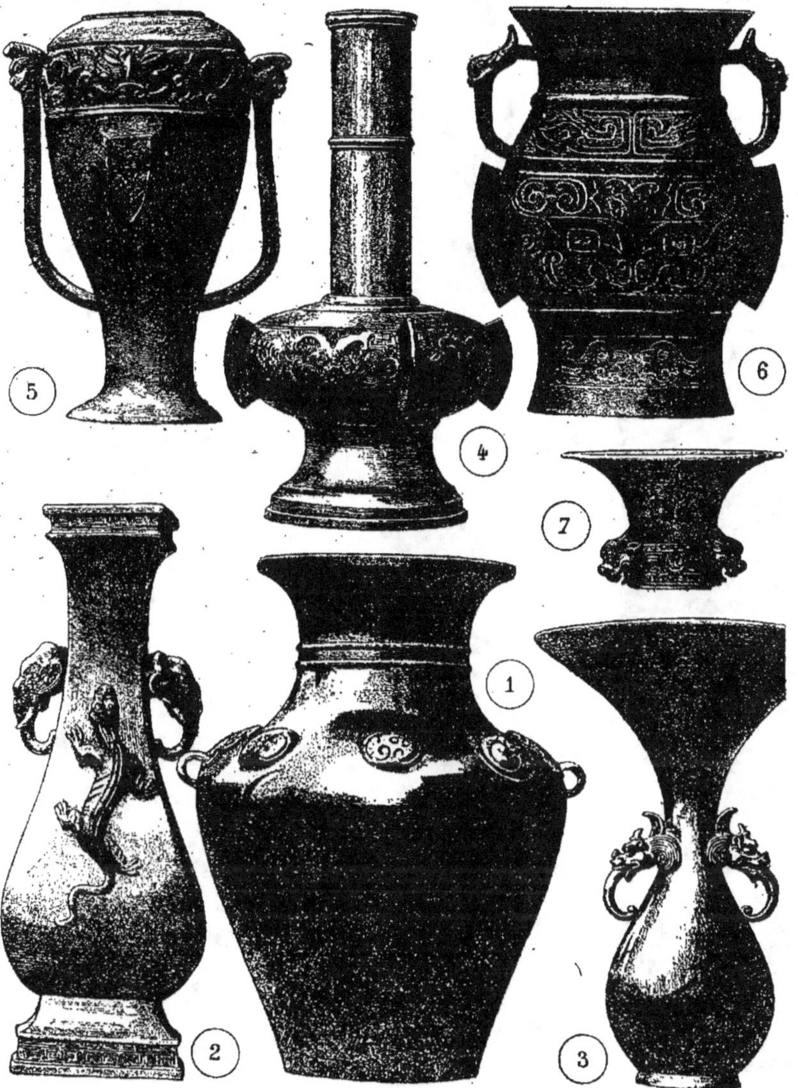

renflée de forme aplatie avec côtes et crêtes de poisson séparant des mascarons de *Chiens de Fô*, en demi-relief (*insecta*). — 5, *puisette* à anse mobile, instrument du culte ; frise *insecta*, mascaron de *Chien de Fô*. — 6, vase à plan ovale, à anses carrées avec angles arrondis : arêtes de poisson sur le grand diamètre, renflement maximum de la panse. Le profil, en forme d'accolade est divisé en trois zones d'incrustations en argent : dans la zone centrale, un large *masque de Fô*. — 7, *cornet évasé* haut et bas, avec bate.

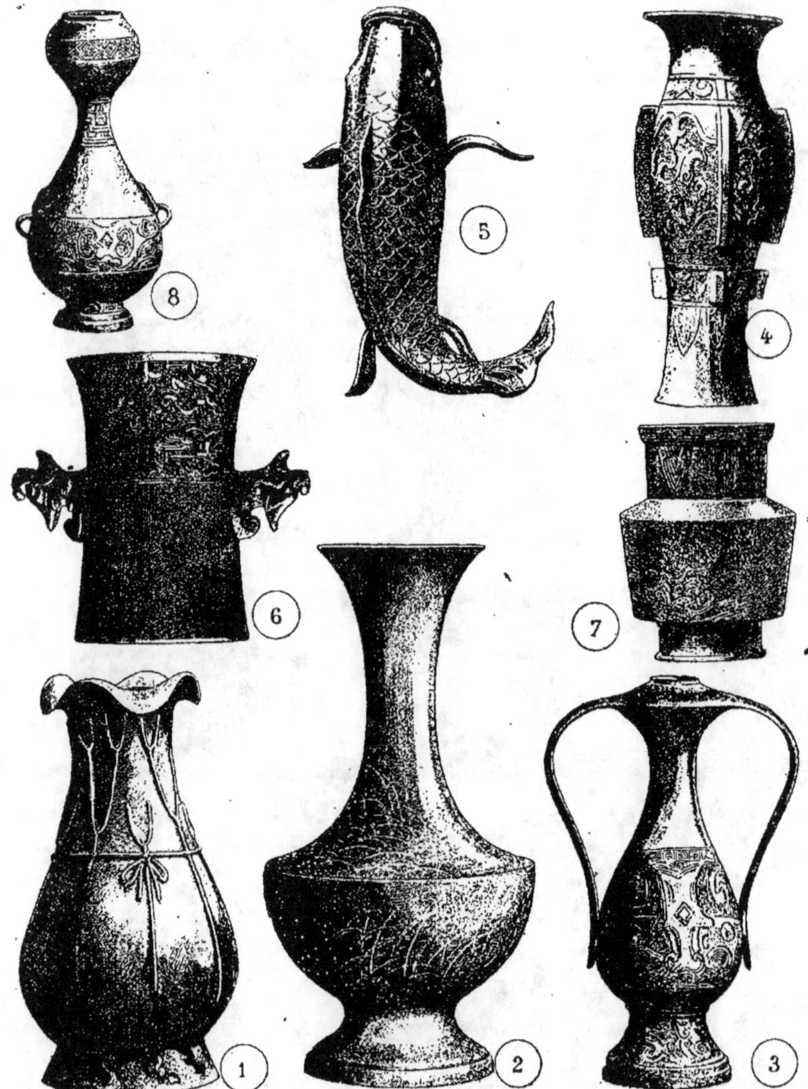

Fig. 33 à 40. — Nous avons représenté trois spécimens variés de la famille des *Vases bursaires* ; la fig. 1 nous en montre un type très accentué : c'est une feuille de *nelumbo* avec ses nervures, repliée en forme de bourse, munie de son *lien*, formé d'un simple jonc. Au 2, le profil porte un brusque jarret qui se traduit par une arête vive sur le renflement maximum : décor de *brins d'herbe (incrustations d'argent)* semés de *gouttes de rosée (clous d'argent en relief)*. Le 3, monté sur pied, est orné de figures archaïques en découpure (*insceta*) sur fond de *grecques* : anse prolongeant le profil.

Le très caractéristique vase *en fuseau* nº 4, avec ses quatre nervures, est manifestement inspiré de la forme du célèbre poisson *Taï* (5), disposé pour porte-bouquet.

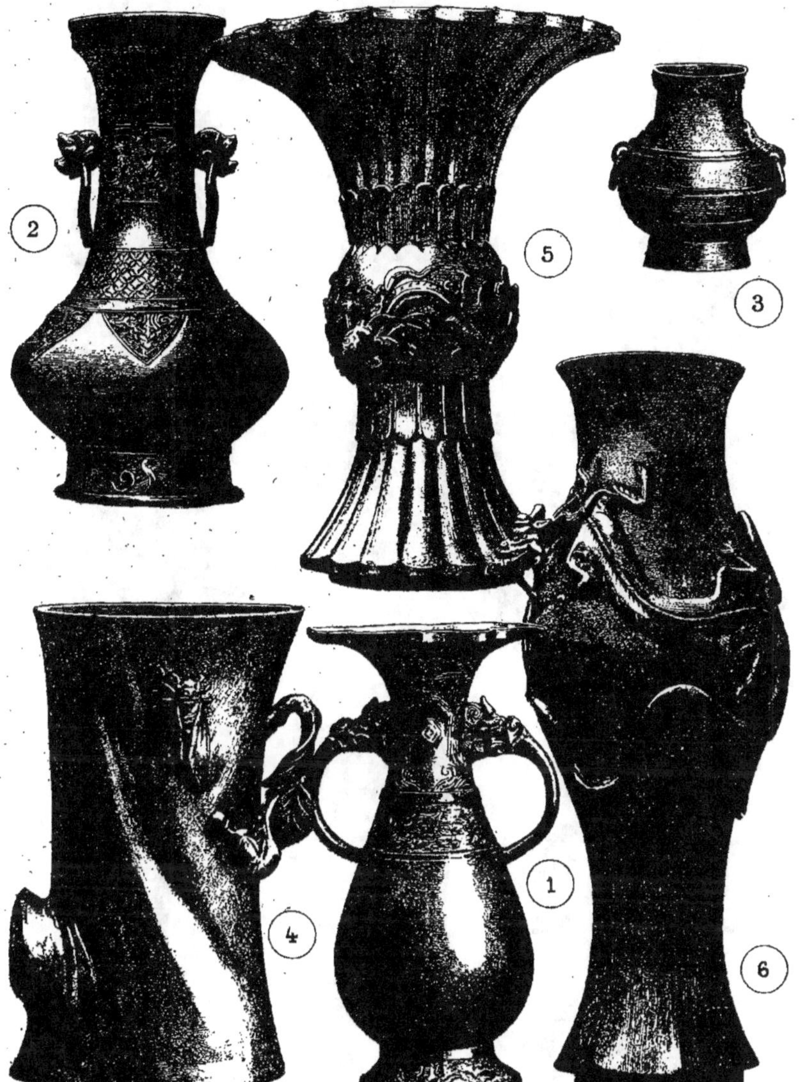

Fig. 41 à 46. — Formes *bursaires*; 1, 2, 3, deux *cornets*; 4, 5 et 6, vases de la famille des *fuseaux*. Les décors sont puisés aux *traditions hiératiques* et aux objets naturels.

Suite de la note, fig. 33 à 40. — La forme du beau *tube galbé*, 6, *mortier*, à anses en *têtes de chimères*, remonte à une haute antiquité : la bande ornée du bas est faite de découpures dont l'ensemble montre le masque du *Chien de Fô*, emblème vénéré en Chine dès les temps les plus reculés. 7 est un enfilage de deux formes coniques, décor de vagues niellées argent. 8, *gourde*, à bandes d'ornements découpés.

2 — L. 3

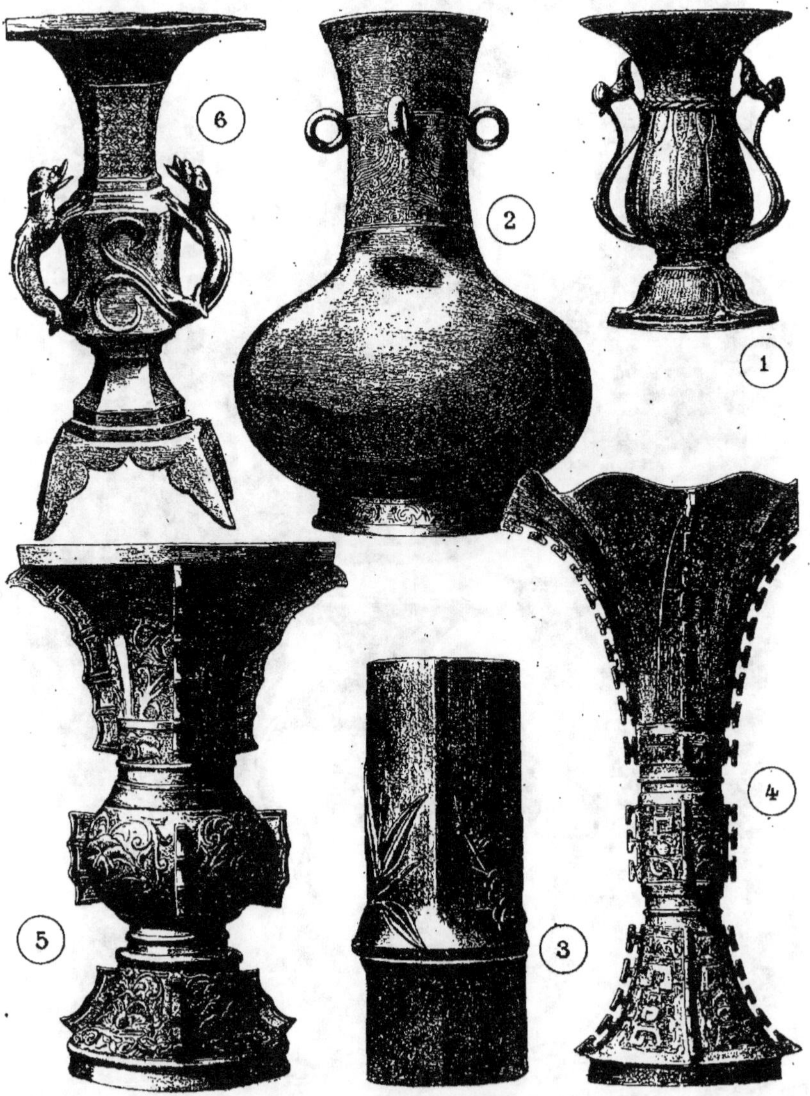

Fig. 47 à 52. — Les formes représentées ci-dessus se rattachent aux formes *bursaires* : 1, *feuille de nelumbo* liée. dont les anses sont formées de jeunes tiges et de boutons ; 2. quatre anneaux permettent de suspendre le vase à des cordons ou chaînettes) ; aux *tubes* : 3, cylindre, bambou orné de ses feuilles et de fleurs de cognassier aux *cornets*, dont le 4 est à renflement peu sensible, le 5 en boule, et le 6 très accentué : avec anses de *salamandres*.

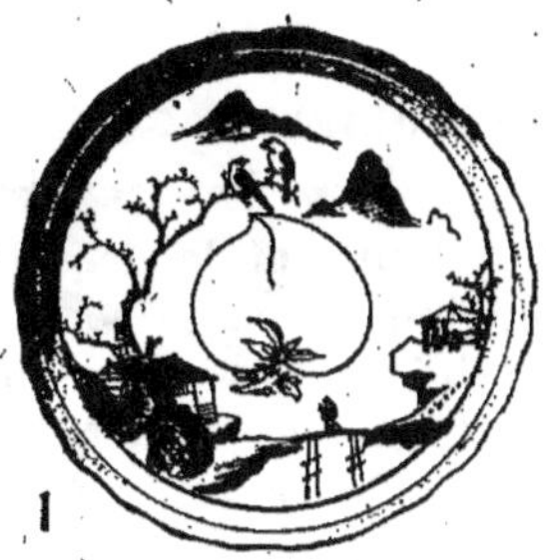 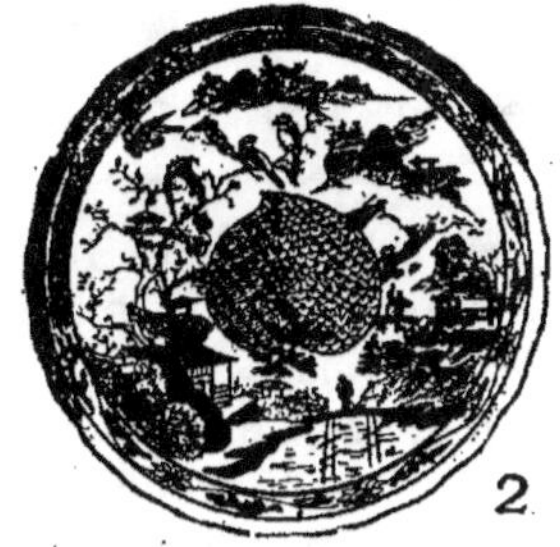

SURDÉCORATIONS JAPONAISE ET HOLLANDAISE

EXEMPLE DES SUPERCHERIES USITÉES AU JAPON
ET SURDÉCORATION DELFTOISE SUR UN PLAT EN PORCELAINE DU JAPON

Fig. 53 et 54. — N° 1. Plat à bords relevés, dentelés et à tranche brune, portant au centre un léger *ombilic* affectant la forme d'une pêche, que le décorateur japonais avait délimitée d'un simple trait et entourée d'un paysage légèrement esquissé en bleu sous couverte. En dessous se trouvent inscrits en caractères chinois, singulièrement disposés, le nien-hao Ta-Ming-Kia-tsing-nien-tchi (1522-1567), et le *signe Bonheur* sous une forme plus usitée au Japon qu'au Céleste Empire.

Dans cet état primitif, ce plat, d'une fabrique antérieure au commencement du dix-huitième siècle, était déjà un frappant exemple des savantes supercheries usitées au Japon pour faire croire à l'ancienneté et à l'authenticité des porcelaines qu'on y fabriquait; mais le sort lui en réservait de nouvelles.

Les Delftois, trouvant sans doute sa décoration trop simple, surdécorèrent le ton bleu du peintre japonais, avec une infinité de détails peints dans le style décoratif du Japon, et en firent le plat polychrome surdécoré que nous représentons figure 2.

CONTREFAÇONS DES ŒUVRES D'ART ORIENTAL

SURDÉCORATIONS DE PIÈCES EN CÉRAMIQUE

De nombreuses pièces en porcelaine de Sèvres ont été surdécorées; nous ne voulons pas parler des pièces blanches mises au rebut et vendues comme telles, puis décorées par des faussaires, mais de celles dont la décoration a été radicalement transformée. Ici, des médaillons à portraits ont remplacé des fleurs ou des bouquets; des *oiseaux en terrasse* ont été entourés d'un paysage; là, des chiffres et monogrammes de personnages historiques ont été ajoutés.

Albert Jacquemart et Le Blant dans leur *Histoire artistique, industrielle et commerciale de la porcelaine*, avec eaux-fortes de Jules Jacquemart, somptueusement éditée par J. Techener, ont donné des renseignements sur ce sujet.

« Afin de rendre la surface à décorer aussi nette que possible, écrivent ces connaisseurs, on use les fleurs ou les bouquets dont elle était originairement parsemée; souvent la couleur a pénétré à travers la couverte; c'est un mal, mais à côté est le remède.

« Grâce à sa facilité d'imbibition, la pâte s'est saturée d'une telle quantité de glaçure, qu'en remettant à la moufle, une fois la nouvelle peinture faite, il ressort assez de cette glaçure pour fixer la couleur

et pour rendre à la pièce un lustre suffisant. Pourtant la parcimo-
nieuse dispersion du vernis silico-plombique donne à cette peinture
un *aspect plus sec, moins fluide* qu'au décor original. Quant au mode
d'exécution, il faut insister sur le style *peint, empâté, gouaché*, des
œuvres primitives de Vincennes et de Sèvres, si différent du procédé
lavé, pointillé, à lumières conservées de la miniature, qu'on a employé
depuis sur la *porcelaine dure* ; cette seule distinction aiderait à reconnaître bon nombre de pièces surdécorées. »

Mais, il est des marques presque inévitables du passage fraudu-
leux à la moufle, de toute pièce ancienne.

Si cette pièce a été dorée, le métal tend à se réduire au feu ; il se
ternit, se gâte, et exige ensuite des retouches faciles à constater.

Si l'or ancien était absent ou a été précédemment enlevé et remplacé, il se produit un autre signe certain : la *porcelaine tendre* a une
tendance singulière à s'approprier les corps gras mis en contact avec
elle, le simple toucher dépose à la surface une matière que le feu
transforme en charbon animal et qui forme, sur le blanc ou la
peinture, une série de points noirs très sensibles à l'œil nu et plus
appréciables encore à la loupe.

En fabricant la *porcelaine tendre*, on prend tous les moyens possibles pour éviter ce défaut ou pour l'atténuer dans ses effets ; mais
nulle précaution ne saurait en préserver entièrement des vases
imprégnés par l'usage, usés par le temps, et déjà couverts d'une
patine respectable.

Les surdécorateurs comptent bien d'ailleurs sur l'inattention et la
confiance, souvent même ils négligent d'effacer certains détails
étrangers à leurs nouvelles compositions, et passent hardiment un
fond turquoise ou vert tendre, sur des portions de *terrasses* brunâtres
qui repoussent ou se dénoncent par un relief sensible.

Ce goût d'imitation des œuvres et objets d'art ancien témoigne-t-il
d'une absence absolue d'originalité ? le génie créateur auquel nous
devons les chefs-d'œuvre variés des styles louis quatorze, louis
quinze et louis seize, a-t-il épuisé sa fécondité ? assisterions-nous
à sa décadence ? « Cette conclusion pessimiste n'est pas la nôtre,
écrit O. du Sartel dans *La Porcelaine de Chine*. Ce qui se passe sous
nos yeux est pour nous la conséquence naturelle du retour à une
plus juste appréciation des choses vraiment belles, une revanche du
goût, momentanément faussé par l'engouement pour les formes rares
de l'antiquité, qu'avaient mises à la mode ceux qui croyaient au
retour des Brutus ou des Césars.

« Quoi qu'il en soit, nous devons malheureusement constater,
qu'après s'être honnêtement inspiré du sentiment décoratif oriental,
le pinceau des peintres sur porcelaine en est venu jusqu'au plagiat le
plus éhonté, et le faussaire a complété leur œuvre en mettant une

véritable science au service de cette supercherie. Il a maculé les porcelaines neuves, en a discrètement ébréché les arêtes et le pied; a irisé les émaux ou les a ternis. »

A cette contrefaçon totale ne se bornent pas les embûches tendues aux antiquaires et aux amateurs souvent encore exposés à rencontrer des porcelaines *véritablement anciennes*, habilement *surdécorées* pour

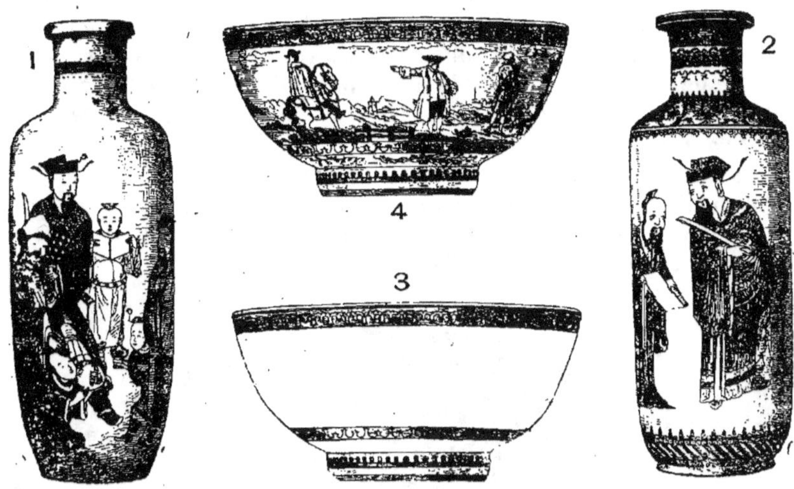

SURDÉCORATIONS HOLLANDAISE ET SAXONNE

EXEMPLES DE SURDÉCORATION EN USAGE AU DIX-HUITIÈME SIÈCLE

Ancienne Collection O. du Sartel.

Fig. 55 à 58. — 1. Vase *rouleau* décoré d'un sujet à grands personnages, représentant le groupe emblématique de la Prospérité, peint en beau bleu agatisé *sous couverte*.

2. Vase *rouleau*, à sujet légendaire et du même type que le précédent. Ce vase a été *surdécoré* de riches bordures peintes avec les *émaux* de la *famille verte*.

3. Bol en porcelaine de Chine, primitivement décoré de rinceaux gravés dans la pâte et d'étroites bordures en bleu sous *couverte, surdécoré* (fig. 4) par des artisans saxons, puisque nous y retrouvons leurs couleurs de petit feu, leur faire et leur manière, et enfin les qualités spéciales à leur or, dont ont été composées les bordures qui recouvrent les bleus du céramiste chinois.

leur donner l'apparence de types plus riches, plus estimés, et, par conséquent, d'une valeur marchande de beaucoup plus élevée. La fraude est ici quelquefois plus difficile à reconnaître, parce que beaucoup de ces surdécorations datent du dix-huitième siècle.

Il est d'ailleurs utile, ne fût-ce qu'à un point de vue purement historique, de signaler cet ensemble de produits faux ou falsifiés, qui ne méritent pas tous, au même degré, la réprobation des antiquaires et celle des amateurs.

Nous estimons même que ces collectionneurs ne doivent point dédaigner d'admettre quelques spécimens des curieuses porcelaines orientales décorées en Europe, pendant la première moitié du dix-huitième siècle, types relativement anciens de la fabrication de l'Extrême-Orient, en même temps que précieux échantillons des premiers essais de peinture sur *pâte dure*.

C'est en comparant les œuvres originales avec les *contrefaçons surdécorées*, surchargées, qui en sont faites, que l'on en comprend le véritable caractère qui est une sorte de sobriété dans la richesse.

Le pouvoir impérieux de la mode peut dissimuler cette absence de charme aux yeux de ceux qui se laissent entraîner par la vogue, et les *porcelaines orientales surdécorées* trouveront peut-être longtemps encore des acquéreurs, à défaut d'admirateurs véritables; mais elles choquent le sens artistique de quiconque s'est épris du génie des Orientaux et de leur fertile imagination, savante à unir la grâce à la bizarrerie des formes (fig. 26 à 52), l'harmonie à la multiplication des couleurs éclatantes.

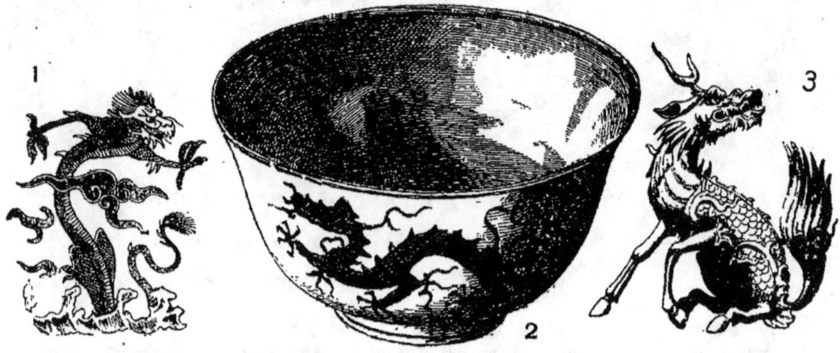

SURDÉCORATION CHINOISE

EXEMPLE D'UN BOL EN PORCELAINE DE CHINE SURDÉCORÉ DU DRAGON A CINQ GRIFFES

Fig. 59 à 61. — 1. Dragon chinois à quatre griffes. — 2. Dragon chinois à cinq griffes, surdécorant un bol en porcelaine de Chine. — 3. *Kirin* japonais ou *Ki-ling*.

Le dragon, en Chine, est l'emblème sacré par excellence, l'esprit de l'air et des montagnes; les empereurs en ont fait les signes de leur dignité. Un des plus intéressants spécimens de cet être surnaturel, que nous possédions en France, se trouve au palais de Fontainebleau, dans la cour de la Fontaine, à l'entrée du Musée Chinois.

Le *dragon à cinq griffes* est l'attribut de la famille impériale chinoise et des princes de premier et de deuxième rang; il ne figure que sur tous les objets qui leur sont spécialement destinés; celui à *quatre griffes* est attribué aux princes de troisième et de quatrième rang. Par étiquette, on le rapetisse en raison du degré de filiation ou de parenté des membres de la famille impériale, qui ont seuls le droit d'en charger leurs armoiries. Le dragon à trois griffes est le dragon impérial japonais.

Sur les *plats dits au dragon*, provenant des ateliers rouennais, c'est le dragon à quatre griffes qui est le plus communément représenté.

TRACÉS DE FORMES TYPIQUES

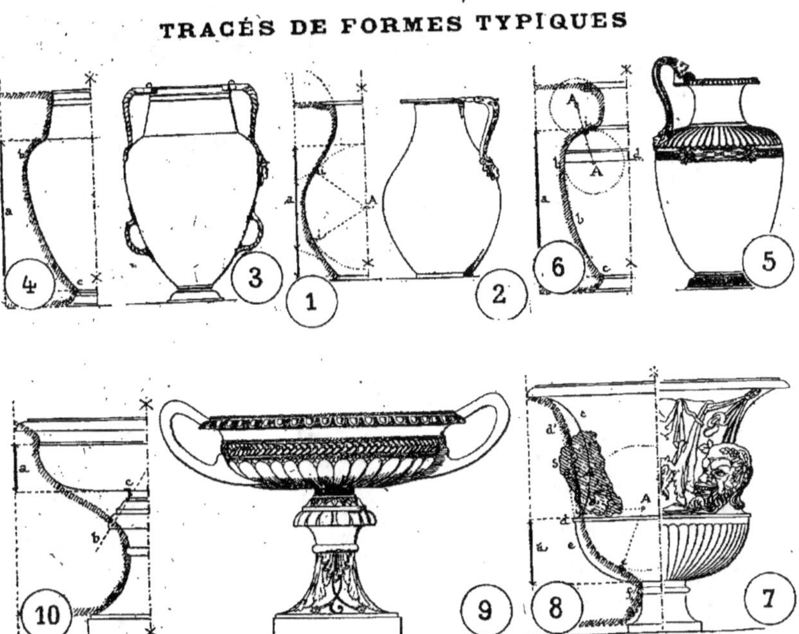

Fig. 62 à 71. — Ces formes typiques principales (*canthares, coupes, cratères*) ont été relevées d'après des Bronzes antiques.

Les figures 1 à 6 se rapportent aux *usages domestiques* :

1 et 2 est un *bursaire* à galbe continu (*accolade tronquée*), dont la figure A explique le tracé; une simple bate sert de pied, et la *hauteur de la panse*, élément important de la *proportion* générale, est indiquée en *a*, comme aux figures suivantes; — 3 et 4, *panse ovoïde* avec col droit, conique, la bate est moulurée; doubles anses superposées; — L'élégante *hydrie*, 5 et 6, où le col (inflexion en *i*) s'insère en formant jarret sur la panse ovoïde, est ornée d'une bague feuillue au maximum du renflement.

Les figures qui suivent sont des *vases d'ornement*. Pour expliquer le galbe des *coupes* 7 et 8, portant un *jarret* motivé par la saillie *s* des masques, il faut admettre que le profil primitif, continu, *d' i i f* a dû être transformé en celui plus accentué *c d e f*, qui exagère la concavité, ainsi que la convexité; de même le profil continu *a b* de la *coupe* 10 a été modifié par la large entaille *b c*, afin d'accentuer les deux éléments : *panse* et *pied*.

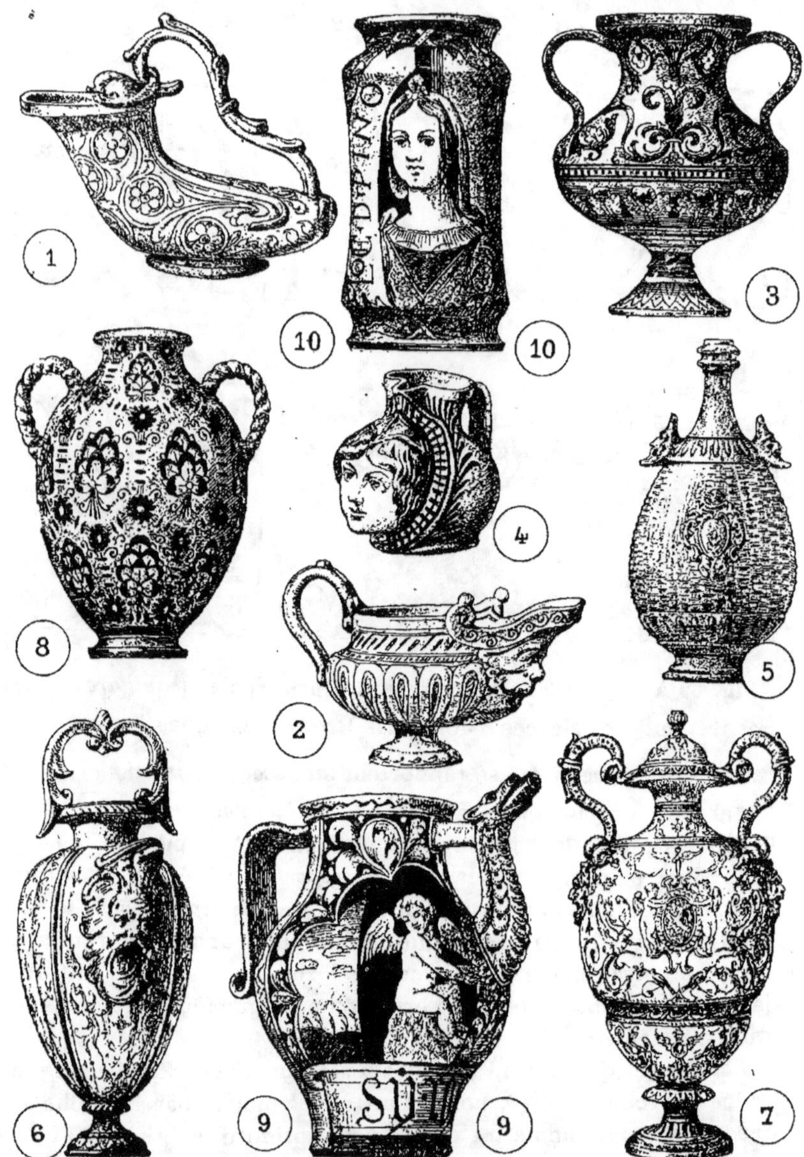

Fig. 72 à 81. — Consulter la note au bas de la page suivante.

Le terme *majolique* est celui sous lequel on doit désigner les fayences italiennes de la Renaissance. — Selon quelques auteurs, Bernard Palissy en aurait été inspiré pour ses travaux ; nous avons donc jugé intéressant de représenter quelques formes et différents décors choisis parmi les plus typiques.

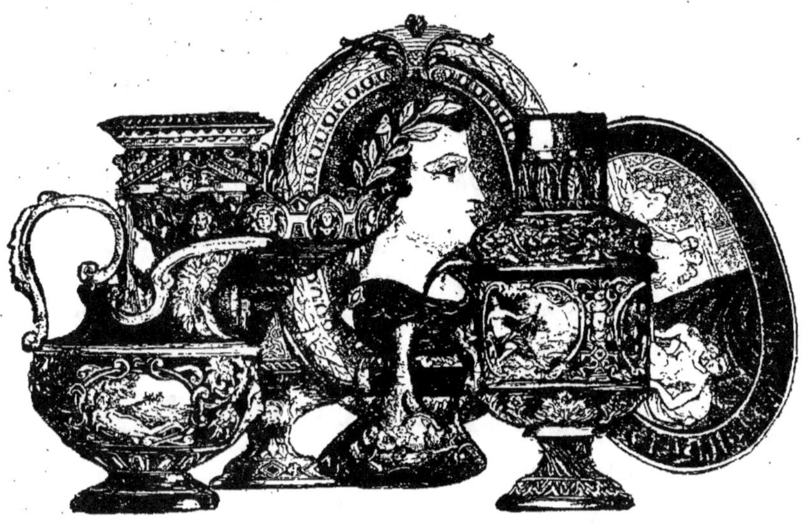

Fig. 82 à 87. — Types de la troisième manière de Bernard Palissy.

(*Voir, Salière, fig.* 106, *et Buire, fig.* 108).

COMPRÉHENSION DES ŒUVRES D'ART EN CÉRAMIQUE

— BERNARD PALISSY (1510 † 1590) —

L'ŒUVRE DE BERNARD PALISSY COMPREND TROIS MANIÈRES CORRESPONDANT AUX PHASES DE SA VIE

Vers le milieu du seizième siècle, à l'époque où des minorités successives livraient la France aux désordres et à la ruine, où le royaume était, pour ainsi dire, écartelé par des ambitions rivales qui tiraient, chacune de leur côté, les lambeaux du pouvoir et la richesse publique, où l'intérêt général était sacrifié aux intérêts privés, alors, comme aujourd'hui, l'homme de génie était en butte à la risée des sots. A cette époque néfaste, un homme s'est dévoué

Fig. 72 à 81. — Il convient de distinguer ces dix types comparés de *majoliques*, en formes *basses* (1, 2), en formes *moyennes* (carré circonscrit, 3, 4) et en formes *hautes*. Le 1 est un *rython* avec décor à l'antique ; la *coupe* 2 porte une anse et s'évase à l'opposite sur un mascaron en relief. — 3 est un *bursaire* à deux anses, monté sur pied, et 4 offre le renflement caractéristique des vases antiques. — 5 est une *gourde* à panse en vannerie ; 6 est un *biberon* de forme ovoïde ainsi que le vase à deux anses ; 7, à décor en arabesque avec armoiries sur la panse déprimée par une zone de grecques. Le 8, à anses cordées et décor polygonal, inspiré des *majoliques maures*, se rattache à la même famille, le 9 appartient à la famille des *fuseaux*, renflement maxima à mi-hauteur, et le 10 est un *cornet*, vase de pharmacie, *type profil à brisure.*

à la misère, pour doter son pays d'un art nouveau et qui, pour enrichir les arts d'une découverte utile, vendait jusqu'à ses derniers haillons, jetait son lit au feu : cet homme est Bernard Palissy.

Bernard Palissy, né à La Chapelle-Biron, près Agen, en 1510, mort à Paris en 1590, est l'un des plus remarquables artisans de la Renaissance française ; ses actes et ses idées le placent au seuil de la Période Moderne.

Partageant l'inquiétude qui agitait alors tous les esprits, il fut saisi de l'invincible ardeur d'investigations du seizième siècle, qui faisait sortir la science du mysticisme nuageux du Moyen-Age, et entrevoyait des connaissances positives et des découvertes utiles, à travers les merveilles fantastiques de l'alchimie.

Bernard Palissy nous a relaté plusieurs particularités de sa vie ; cependant sa naissance et sa jeunesse restent assez obscures. Ayant étudié le dessin, les mathématiques et la géométrie, de manière à pouvoir exercer les fonctions d'arpenteur, mais, n'y trouvant pas sa vocation, il s'adonna à la composition des verrières, qui comprenait la mise en place des *cartons*, la taille et la peinture du verre.

Dès que ce célèbre artisan fut au courant des procédés de son art, il quitta le lieu de sa naissance et, allant de ville en ville, parcourut une partie de la France, particulièrement le Midi, sans autre moyen d'existence que le maigre produit de son travail.

Après avoir fréquenté les laboratoires des chimistes et des alchimistes, les cabinets des savants, Bernard Palissy observa les phénomènes de la nature, étudia les particularités du globe, les sources thermales et les bains minéraux des Pyrénées. et fit des observations sur la sylviculture montrant, en tout, la sévère exactitude d'un profond investigateur.

Après ces voyages, vers 1538, il s'établit peintre sur verre à Saintes. dans la Saintonge, où il décora quelques verrières [1].

Étant arpenteur-juré et faisant des levés de plans pour diverses propriétés de la contrée, Bernard Palissy fut chargé, en 1544,

---

[1] La fabrique de Saintes, témoin des premiers essais de Bernard Palissy, existait dès les premières années du xvie siècle ; sa production de terres vernissées s'est transformée vers la fin du xviie par la fabrication de la faïence blanche rehaussée de dessins en couleurs. En 1788 il y avait à Saintes quatre usines se livrant à cette industrie.

d'établir le cadastre des marais salants des côtes ; il y trouva l'occasion, au cours de ses voyages, de faire de nouvelles recherches géologiques, à la suite desquelles il conçut un projet pour pourvoir la ville d'Hyères d'eau potable, projet qui fut mis à exécution sous A.-J. du Plessis, duc de Richelieu (1585 † 1642).

Marié à Saintes en 1539, notre précurseur se vit bientôt entouré d'une nombreuse famille, à l'entretien de laquelle il dut vouer toute son activité.

Ce fut, croyons-nous, vers l'an 1550, qu'une circonstance, insignifiante par elle-même, amena un changement dans sa vie. Le hasard lui fit tomber, entre les mains, un vase en terre cuite émaillée, d'une telle beauté qu'il en fut saisi d'admiration et pensa aussitôt que, trouvant le procédé de l'émail, il pourrait modeler et décorer de pareils vases. « A partir de ce moment, écrit-il dans son *Art de terre*, sans me préoccuper que je n'avais aucune connaissance du maniement de l'argile, je me mis à chercher l'émail, à peu près comme un homme qui tâtonne dans les ténèbres ».

Il n'est guère possible de préciser d'où provenait ce vase ; les uns croient que c'était un ouvrage allemand de Hirschvogel ; d'autres pensent que cette pièce pouvait être un vase de Saint-Porchaire. La couverte, il est vrai, n'est pas ce qu'il y a de plus important dans ces vases ; cependant il y en a quelques-uns qui sont ornés de figures presque identiques à celles des premiers ouvrages de Bernard Palissy.

Le vernis blanc nous reporte aux *majoliques*, d'autant plus qu'il était facile à Bernard Palissy d'en avoir connaissance. En effet, nous savons que notre célèbre potier était placé sous la protection d'Antoine de Pons qui revenait de la Cour d'Alphonse, duc de Ferrare, avec Mlle de Soubise, sa femme, obligée de rentrer en France pour cause de protestantisme, mais comblée de présents ; une des pièces de faïence qu'Alphonse d'Este faisait fabriquer à son usage pouvait y figurer. De plus, un vaisseau espagnol, pris par les pirates rochelais en 1542, avait pour cargaison des *faïences italiennes* que François Ier, qui se trouvait alors à La Rochelle, fit distribuer en partie aux dames de la cour (V. types, fig. 72 à 81).

Quoi qu'il en soit, le vase émaillé avait captivé l'esprit de Bernard Palissy qui, saisi d'une idée fixe, n'eut plus d'autres pensées. Pendant quinze ans il mena une vie de soucis et de peines, négligeant sa famille et ses affaires, ne pensant plus au gain, s'endettant chaque jour davantage et, finalement, tombant dans la misère.

Quand il revenait de ses fourneaux, il entendait les reproches de sa femme et les cris de ses enfants mourant de faim. Méprisé de tous, il avait l'air si misérable que les femmes se le montraient en disant : « voyez donc maître Bernard qui laisse mourir de faim sa femme et ses enfants et qui fait de la fausse monnaie! » et les gamins criaient : « eh! maître Bernard, le fou! ». Mais le stoïque potier supportait tout : reproches, plaintes, calomnies, pauvreté, ne pensant qu'au but à atteindre.

Novice dans l'art du potier, ainsi que l'apprend son *Discours admirable de l'Art de terre* ([1]) ne connaissant ni les argiles, ni l'émail,

---

([1]) *Discours admirable de l'art de terre, de son utilité, des esmaux et du feu, par* M. BERNARD PALISSY, *inventeur des rustiques figulines du Roy et de la Reyne, sa mère.* Livre sans apprêt et fort de sa simplicité; on y sent l'âpre loyauté d'une conviction profonde, une dignité de caractère : c'est le plus beau livre qui ait été consacré à la glorification du travail.

Il faut lire, dans cet entretien sur l'*Art de terre*, le récit des difficultés qu'il eut à surmonter pendant une lutte qui dura seize ans, et dans laquelle il déploya la persévérance opiniâtre d'un alchimiste et la patience d'un savant, pour conquérir un à un les secrets de son art. Ainsi, quand il eut découvert celui de l'émail blanc et fait ses premiers vases, il lui fallut lui-même « bâtir avec un labeur indicible » son premier fourneau. « Il falloit que je maçonnasse tout seul, et aussi aller quérir la brique sur mon dos, à cause que je n'avois nul moyen d'entretenir un seul homme pour m'aider en cette affaire. » Au moment de la deuxième cuisson, quand il croyait toucher au but, tout l'ouvrage se trouva gâté par suite d'une erreur de dosage dans ce premier essai d'émail; il fallut recommencer sur de nouveaux frais, et ce fut alors que « le bois lui ayant failly », il dut brûler d'abord les échalas de son jardin, puis « les tables et plancher de sa maison. Il y avoit plus d'un mois que ma chemise n'avoit séché sur moi; et encore, pour me consoler, on se moquoit de moi.... » Et, ailleurs : « j'estois toutes nuits à la mercy des pluies et des vents, sans avoir aucun secours ni consolation, sinon des chats-huants qui chantoient d'un costé et des chiens qui hurloient de l'autre. Parfois il se levoit des vents et tempêtes qui souffloient de telle sorte le dessus et le dessous, que j'estois contraint de quitter le tout avec perte de mon labeur. — Je m'en allois coucher au point du jour, accoustré comme un homme qu'on auroit traîné par tous les bourbiers de la ville, *et trouvois en ma chambre une seconde persécution pire que la première.... »*

L'histoire des travaux de Palissy, fort semblable à celle de Job, a été racontée par lui-même avec une naïve éloquence. « Il me fust montré, écrit-il, une coupe de terre tournée et esmaillée d'une telle beauté, que dès lors j'entray en dispute avec ma propre pensée en me remémorant plusieurs propos qu'aucuns m'avoient tenus, lorsque je *peindois* les images. Or, voyant que l'on commençoit à les délaisser au pays de mon habitation... je pensoy que si j'avois trouvé l'invention des esmaux, je pourrois faire des vaisseaux de terre et autres choses de belle ordonnance, parce que Dieu m'avoit donné d'entendre quelque chose de la pourtraicture; et dès lors, sans avoir esgard que je n'avois nulle connaissance des terres argileuses, je me mis à chercher les esmaux comme un homme qui taste en ténèbres. »

ni les procédés d'exécution, il acheta un certain nombre de pots, les brisa, en numérota les morceaux, les enduisit de ses différentes préparations et construisit un fourneau. Ignorant l'action et la durée du feu, son vernis brûlait, ou ne pouvait fondre (¹).

Les années se succédant et ses tentatives, pour obtenir des émaux, demeurant infructueuses, Bernard Palissy se procura de nouveaux pots, les brisa, recouvrant de son émail des centaines de leurs morceaux et les confia à un potier pour qu'il les mît dans son four, afin de faire une précieuse économie de combustible ; mais le feu du potier étant trop faible, tous ces essais n'eurent aucun résultat.

S'étant rendu compte que le feu du potier n'était pas assez fort, il prépara de nombreux morceaux de vase d'argile et les exposa à la chaleur d'un four de verrier, en surveillant la cuisson des nuits et des jours entiers. Enfin, il vit une partie des substances se fondre et, bien que l'expérience fût incomplète, ce faible résultat affermit son espoir.

Pendant deux années il porta à la verrerie tessons sur tessons sans obtenir de nouveaux résultats. Complètement découragé, il fit une dernière tentative en opérant sur trois cents fragments et, cette fois, enfin, il vit apparaître une matière fondue, blanche et brillante, d'une beauté incomparable.

Bernard Palissy paraissait avoir atteint son but mais, ce qui semblait être l'effet du hasard devait être confirmé par des expériences scientifiques, et l'essai renouvelé avec des vases entiers. Obligé de reconstruire un four, il se procura briques et mortier, allant chercher l'eau, faisant le maçon ; et, ne pouvant en acheter, modelant des vases. Ce n'est que huit mois après, qu'il parvint à terminer son four et tourner ses vases ; puis il prépara les substances dont la fonte lui avait procuré l'émail blanc dans le four du verrier.

Enfin tout est prêt ; Bernard Palissy place les vases dans le four, et, pendant six jours et six nuits, mit du bois au feu ; l'émail ne fond point. Désespéré, croyant que le vernis ne contient pas assez de substances fusibles, il en pulvérise à nouveau et en

---

(¹) La *découverte* de *l'art de teindre les vases d'argile de diverses couleurs de verre* n'aurait pas coûté autant de peine à Bernard Palissy s'il avait eu connaissance du *Diversarum artium schedula* que le moine Théophile (C. XVI, *De vasis fictilibus diverso colore vitri pictis*) écrivit au XIᵉ siècle.

Une fabrique de *terres vernissées* a existé à Épernay (Marne), dès le début du dix-huitième siècle. Les poteries d'Épernay portent le nom de *terre de Champagne*.

recouvre d'autres vases pour lesquels il a donné sa dernière pièce d'argent. Anxieux, voyant avec terreur que le bois va faire défaut, poussé par l'angoisse et le désespoir, il jette dans le four tout ce qui lui tombe sous la main : poteaux, clôtures de son jardin ; tables, chaises, lits, enfin son mobilier entier.

Les voisins accourent, croyant qu'il a perdu l'esprit et qu'il met le feu à sa maison. Mais l'émail fond, le secret est découvert : le fou devient *génie*.

La chaleur, l'éclat, l'harmonie des émaux de Bernard Palissy sont incomparables. « Il faut reconnaître, écrit notre collaborateur et ami, M. Roger-Peyre, dans sa *Céramique Française*, que Bernard Palissy, dont on admire surtout les animaux, les fleurs en relief, etc., faisant corps avec la pièce qu'ils recouvrent tout entière, est un sculpteur, un orfèvre qui se sert de la terre et des émaux pour réaliser sa pensée, plutôt qu'un véritable céramiste qui doit laisser à ses œuvres au moins l'apparence de l'utilité ou d'une appropriation déterminée » ([1]).

PROCÉDÉS EMPLOYÉS PAR BERNARD PALISSY

André Pottier a fait connaître, d'après un manuscrit *Recueil de réceptes* du seizième siècle, les procédés que Palissy dut employer pour l'exécution de ses singuliers reliefs.

« On se servait, pour préparer le motif de la composition, d'un plat d'étain sur la surface duquel on collait, à l'aide de térébenthine de Venise, le lit de feuilles à nervures apparentes, de galets de rivière, de pétrifications, qui constitue le fond ordinaire de ces compositions ; sur ce champ, on disposait les petits *bestions*, qui devaient en former le sujet principal ; on fixait ces animaux, reptiles, poissons et insectes, au moyen de fils très fins, qu'on faisait passer de l'autre côté du plat en pratiquant à ce dernier de petits trous avec une alêne ; enfin l'ensemble ayant reçu tous ses perfectionnements par l'exécution d'une foule de détails variables suivant les circonstances, on coulait sur le tout une couche de plâtre fin,

---

([1]) *La Céramique Française* par Roger Peyre. Fayences, Porcelaines, Biscuits Grès. Date de la fondation des ateliers. Caractéristiques. Marques et monogrammes. Paris, Ernest Flammarion (1904), in-8° ; accompagné de 334 figures et de 876 marques et monogrammes.

dont l'empreinte devait former le moule ; on dégageait ensuite avec soin les animaux de leur enveloppe de plâtre ».

Par ce procédé on ne pouvait obtenir le plus souvent qu'une épreuve, et il est à croire que Palissy en a employé un autre plus pratique et plus expéditif, qui consistait à se servir de pièces de rapport sorties de moules divers ; et ce qui tend à le prouver c'est qu'il a reproduit identiquement plusieurs de ses bassins à reptiles. Ces bassins, dont les décorations en relief étaient moulées sur nature, n'étaient pas destinés aux usages domestiques, mais bien à parer les *dressoirs* qu'il était d'étiquette, chez les grands seigneurs, de charger d'une *vaisselle d'apparat*, quelque splendide que fût le service de la table (¹).

NATURE DES FAYENCES ET DES ÉMAUX DE BERNARD PALISSY
CARACTÉRISTIQUE DE SES TROIS MANIÉRES

En ce qui concerne la nature des *fayences* et des *émaux*, que Bernard Palissy inventa au prix des plus persévérants efforts, plus de cent ans après que *Luca della Robbia* eut, le premier, appliqué l'émail sur la terre modelee, Palissy entra-t-il *en dispute avec sa propre pensée* pour imiter les *grès* allemands à *reliefs émaillés* ou les *majoliques*? à en juger par la nature de ses travaux, il faudrait penser qu'il étudia spécialement un ouvrage en terre cuite émaillée.

Mais, si l'on se souvient que les premiers travaux du persévérant potier eurent pour but la recherche de l'émail blanc, on est reporté aux *majoliques italiennes* et peut-être vers les œuvres d'un *della Robbia*. Palissy, n'ayant rien entrepris avant l'année 1544, quelques-uns des travaux de *Girolamo della Robbia*, au château de Madrid, près Paris, en 1528, ne peuvent-ils pas avoir été étudiés par lui? quoi qu'il en soit, Palissy est original dans ses travaux, soit que l'on considère la forme qu'il a donnée à la matière, soit que l'on s'attache aux émaux dont il l'a revêtue.

Ses fayences sont caractérisées par une manière et des qualités personnelles. On n'y rencontre pas de peinture proprement dite, c'est-à-dire de peinture à plat, à couleurs nuancées ; les décors dont elles sont enrichies consistent toujours en bas-reliefs coloriés.

L'émail, dur, a beaucoup d'éclat, on y remarque de petites craquelures. Les couleurs employées sont le *jaune pur*, le *jaune d'ocre*, un *beau bleu indigo*, un *bleu grisâtre*, le *brun*, le *violet* et un *blanc jau-*

(¹) Le grand style de plusieurs de ses figures laisse supposer qu'il prit, autour de lui, des empreintes sur des modèles qu'il n'avait point exécutés. Des plats, moulés sur des étains de François Briot, en fournissent la preuve.

naître, car Palissy ne parvint pas à trouver l'*émail blanc* des *majoliques italiennes*, but de ses recherches, ou du moins il ne l'employa pas dans ses travaux. Le dessous de ses plats n'est jamais d'un ton uni, mais bien moucheté de plusieurs couleurs disposées en *marbrures nuancées de bleu, de jaune* et *de brun violacé* : c'est là sans doute cette glaçure de *divers esmaux entremeslez en manière de jaspe*, premier résultat de ses travaux.

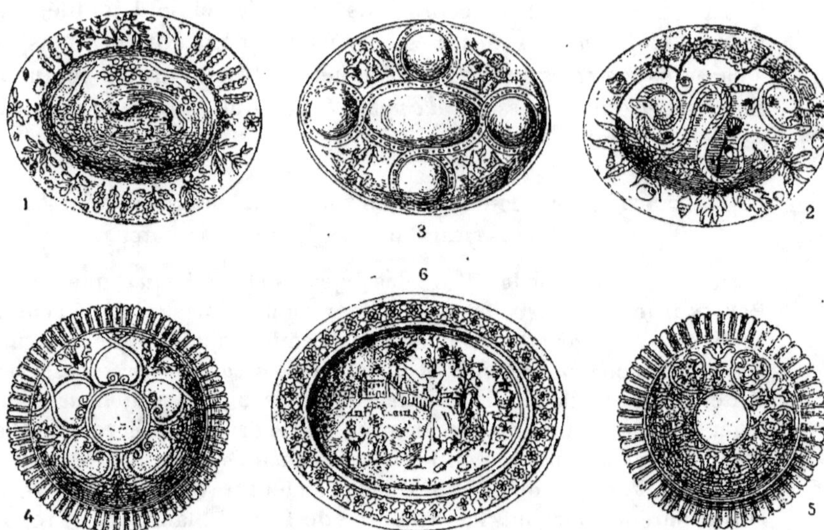

XVIᵉ SIÈCLE. — TYPES DES MANIÈRES DE BERNARD PALISSY.

Musée du Louvre, Paris.

Fig. 88 à 93. — FORMES ET DÉCORS COMPARÉS DE PLATS, BASSINS, PIÈCES DE DRESSOIRS.

1 et 2. *Plats ovales,* moulages sur nature, motifs, *Reptiles, Poissons, Feuillages.* — 3. *Plat ovale* et 4, 5, *Plats ronds à entrelacs de combinaisons géométriques.* — 6. *Plat ovale à marly droit.* motif *Printemps.*

3, 4 et 5 première manière, 1 et 2 deuxième manière, 6 troisième manière.

Analyse du type nᵒ 6. — Le *Printemps.* — *Jeune femme* assise à terre, en avant d'un arbre, levant de la main droite un bouquet et tenant de la gauche une gerbe de fleurs, couronnée de fleurs par-dessus sa chevelure relevée, qui tombe en longues nattes de chaque côté du visage et des seins, entièrement découverts. Elle est vêtue d'une robe jaune lacée au-dessous des seins, mais garnie d'un plastron qui traverse la poitrine au-dessus; des manches courtes et bouffantes s'ajustent à un manteau bleu qui retombe à droite. Un vase décoré de mascarons, etc., d'où s'échappe un lis; un cratère renfermant une plante, un arrosoir, un râteau et une bêche sont posés à terre autour de la figure.

Au fond, à gauche, un *parterre à compartiments* entourant un jet d'eau entouré de balustres, en avant d'un *castel.* Entre le parterre et la figure, dans un terrain bordé d'une haie treillagée, un jardinier travaillant et deux femmes portant des fleurs.

Marly droit. Bord orné d'un *entrelacs violet* encadrant des *rosaces* alternativement *blanches et vertes,* bordé intérieurement et extérieurement par un *galon bleu en torsade.*

Carnations blanches, yeux bleus; accessoires bleus, jaunes, orangés; terrains et bâtisses vert pâle, violet gris violet et gris vert. — Revers jaspé de bleu pâle entouré de violet et de vert.

De la *première époque*, celle des recherches et des tâtonnements, datent les plats, *les vaisseaux de divers émaux entremeslez en manière de jaspe* et le commencement des *bassins rustiques*. Bien que ces pièces ne soient pas aussi estimées que celles des deuxième et troisième époques, elles n'en sont pas moins les plus intéressantes au point de vue céramique. En effet, lorsqu'il fut arrivé à posséder parfaitement la pratique de son art, Palissy n'a rien produit qui vaille

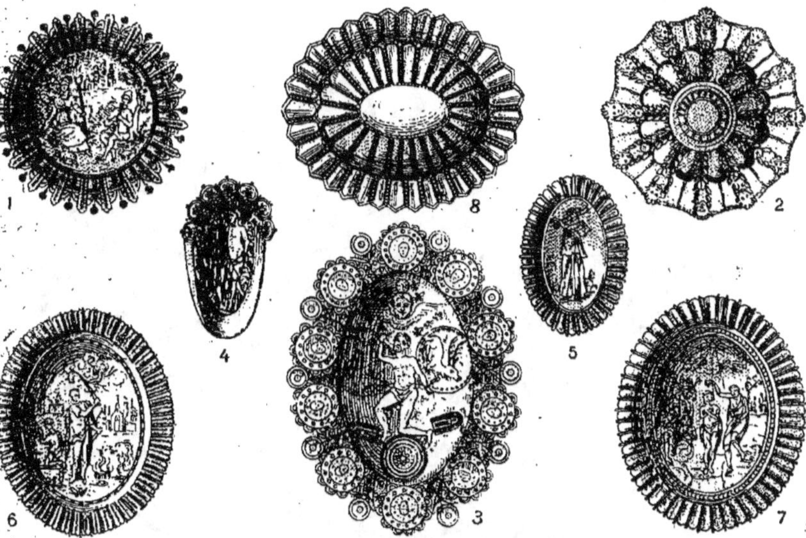

XVIᵉ SIÈCLE — TYPES DES MANIÈRES DE BERNARD PALISSY.

Documents tirés de plusieurs Collections.

Fig. 94 à 101. — FORMES ET DÉCORS COMPARÉS DE PLATS, BASSINS, PIÈCES DE DRESSOIRS.
2 et 8, première manière. — 1, 4 à 7, troisième manière.

1. *Plat rond, à bords échancrés, crête de godrons* formant le *marly*; motif, *Pastorale*. — 2. *Plat rond, à bords échancrés, feuillages rayonnants* terminés par des *masques*. — 3. *Plat ovale, à bords échancrés*, motif, *Prométhée enchaîné*. — 4. *Saucière*, motif, *Bacchus et Cérès*. 5. *Ravier*, motif, *La Force*. — 6. *Plat ovale festonné*, motif, *Le Sacrifice d'Abraham*. — 7. *Plat ovale festonné*, motif, *Le Baptême du Christ*. — 8. *Plat ovale festonné, décor rayonnant*.

Tous les sujets sont présentés en *bas-reliefs*, et obtenus par *moulages* soit sur nature, soit sur des objets modelés ou empruntés par le maître-potier aux ornements de pierre, bois, métaux, que les artisans des diverses industries, au seizième siècle, produisirent en quantité considérable.

Analyse du type nᵒ 7. — Le *Christ*, nu, sauf une étroite draperie, est debout dans le Jourdain ; *Saint-Jean-Baptiste*, vêtu d'une peau et d'un manteau, debout, à droite, verse de l'eau sur sa tête. A gauche, trois *anges* vêtus, debout ou agenouillés. Au sommet, le *Saint-Esprit* dans une *gloire* entourée de nuages où volent trois *chérubins* et deux petits *anges nus*. Fond de paysage.

Bord formé de longs *feuillages* terminés par trois *lobes aigus formant feston*, la côte de chaque feuille étant chargée de sequins.

Carnations blanches. Draperies bleues, jaunes, violettes. Fond vert et gris. Feuilles de bord gris bleu vert. Sequins blancs. — *Revers jaspé bleu sur violet.*

2 — L. 5

ces premières pièces aux tons chauds et brillants, aux émaux limpides et profonds.

Sa manière, pour la *deuxième époque*, la plus originale, est tellement personnelle, que nous ne connaissons aucune autre œuvre céramique qui puisse lui être comparée, en sorte que leur auteur est aussi bien le créateur de leur formation technique et de leurs décors.

Ces ouvrages de cette *deuxième époque* sont désignés sous le nom de *rustiques figulines*, vraisemblablement parce que tous les ornements sont empruntés à la nature champêtre. Ce sont, pour la plu-

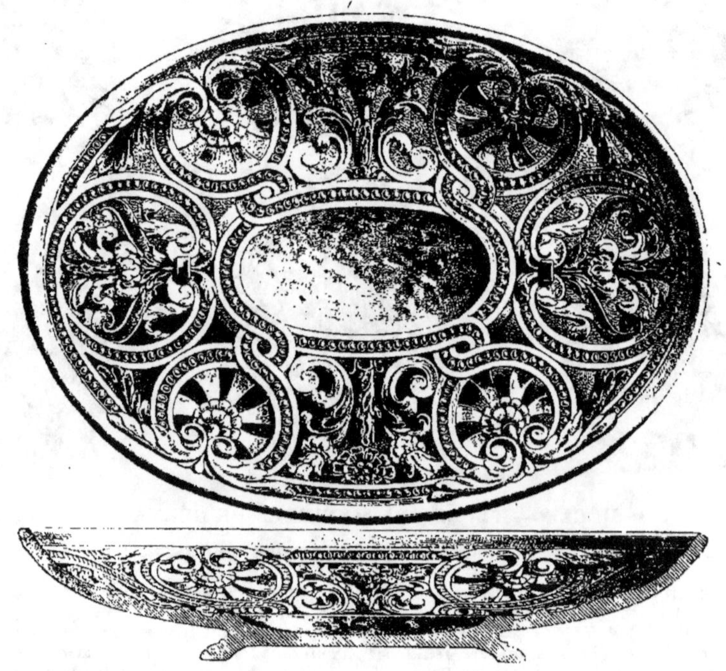

TYPE DE LA PREMIÈRE MANIÈRE DES ŒUVRES DE BERNARD PALISSY

Fig. 102 et 103. — Plat ovale a jour (et coupe), de divers esmaux entremeslez en manière de jaspe.

Collection de M. Bernard Rouam.

Récipient central ovale, bordé d'un *galon formé d'un perlé entre deux filets*, et divisé en quatre parties, qui se bouclent deux à deux, pour s'arrondir en *médaillon circulaire* encadrant une *palmette* naissant d'un *fleuron feuillage* appuyé sur le bord.

Les quatre *médaillons* sont séparés suivant le grand diamètre, par un *médaillon circulaire* encadrant un *fleuron feuillage* symétrique, formé par le bouclement d'un *galon* qui borde intérieurement le bord extrême du plat. Un *fleuron symétrique* suivant le petit diamètre sépare les premiers *médaillons*.

Galons bleus, fleurons blancs, gris bleu, jaunes et blancs. Fond jaspé bleu, vert et violet sur blanc. — Revers jaspé gris bleu et violet mélangés, sur blanc.

part, des *vases plats.* tels que *coupes ovales ou rondes* et, plus rarement, des *vases en forme de cruches*, modelés dans une *pâte argileuse blanche-jaunâtre*, d'une pesanteur spécifique moyenne. Le *revers de ces plats* est ordinairement en *brun*, en *bleu ou en gris*, d'une *manière nuageuse*, comme si le peintre y avait essuyé son pinceau; la partie antérieure a souvent un fond du même ton; quelquefois elle est entièrement *jaune*, mais ordinairement elle a les couleurs du fond que doivent posséder les tableaux empruntés à la nature. Parfois c'est

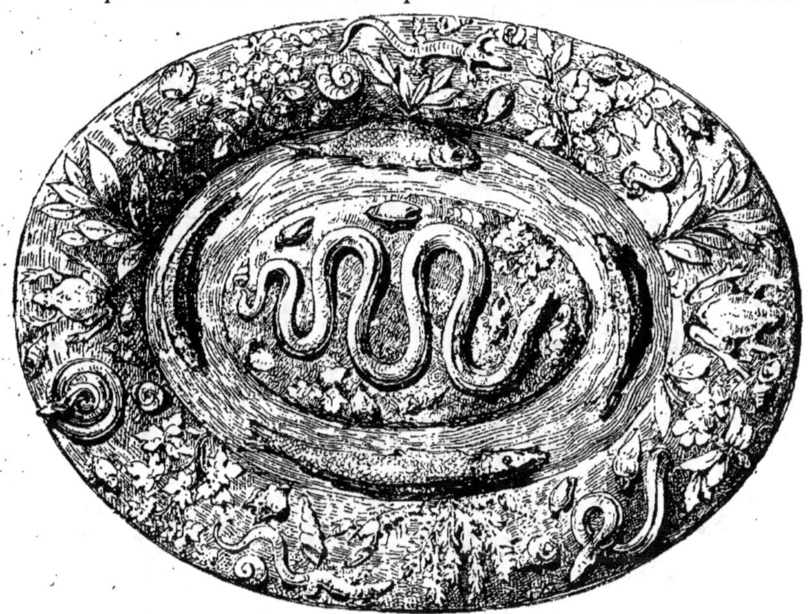

TYPE DE LA DEUXIÈME MANIÈRE DES ŒUVRES DE BERNARD PALISSY
Fig. 104. — Pièce de dressoir, dite rustique, modelée et coloriée au naturel.
Collection Edouard Rouveyre.

Sur un *îlot sablonneux*, couvert de *coquillages*, ondule une *anguille*; autour de cet *ombilic* circule un *courant d'eau* dans lequel nagent quatre *poissons*. Le *marly* est recouvert de *plantes*, de *coquillages*, de *grenouilles*, de *lézards* et de *reptiles*.
(*Voir type d'une interprétation moderne, fig. 114.*)

une rivière qui coule tout autour dans la gorge de la coupe, ou un ruisseau qui sort d'un rocher, tandis que le milieu forme un *ombilic*, espèce d'*île*. La surface est animée par des plantes et des animaux, qui la recouvrent. Des *poissons*, des *grenouilles* et des *écrevisses* nagent: tandis que le sol est parsemé de toutes sortes de *feuillages* et de *rinceaux* portant des *escargots* et des *coquillages*, sur lesquels se meuvent, rampent ou serpentent des *lézards*, des *serpents*, des *salamandres*, des *graisets* ou des *insectes*.

Les éléments de cette décoration sont empruntés à la contrée où Palissy vivait alors : la forêt a fourni son feuillage, la prairie sa flore, la rivière et les marais leur faune.

Tout est exécuté en ronde-bosse et tend à reproduire une imitation de la nature, non seulement sous le rapport de la forme et de la couleur, mais encore sous celui du mouvement et de la vie. L'enrou-

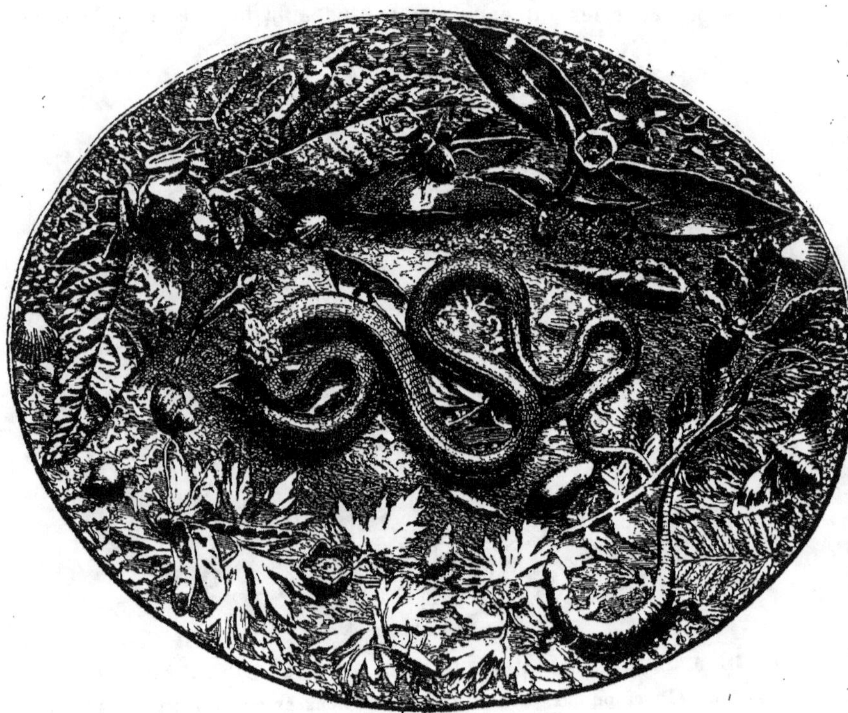

TYPE DE LA DEUXIÈME MANIERE DES OEUVRES DE BERNARD PALISSY

Fig. 105. — Pièce de dressoir modelée et coloriée au naturel.

Musée du Louvre, Paris.

Sur un fond général accidenté et semé de *coquilles bivalves ou en volute*, et de *feuilles* vertes de *fougères*, d'*érable*, etc., ondule une *couleuvre gris bleu*, ponctué de violet; une *grenouille* et un *lézard* vert sont placés sur le bord où des *frelons*, des *papillons*, etc., sont posés.

Fond bleu, violet et blanc; coquilles blanches. — Revers jaspé violet et bleu par traînées.

Les plantes et les animaux sont *coloriés au naturel*, c'est-à-dire représentés avec leurs couleurs naturelles et non avec des couleurs de convention. On emploie, principalement pour la *céramique vernissée*, et notamment pour les œuvres de Bernard Palissy, l'expression *coloriée au naturel*.

Ces *pièces rustiques*, dont les *décorations* étaient *moulées sur nature*, n'étaient pas destinées aux usages domestiques, mais bien à orner les *dressoirs* qu'il était d'étiquette à la *Cour*, chez les *seigneurs* et dans la *haute bourgeoisie*, de laisser chargés d'une *vaisselle d'apparat*, quelque splendide que fût d'ailleurs le *service de table*.

lement de la *vipère* quand elle guette, ses mouvements onduleux au moment où elle s'élance, la manière dont elle se déroule lorsqu'elle repose voluptueusement ; le glissement furtif du *lézard* entre les *coquillages* et les *plantes*, les courbures déliées et flexibles de son allure ; l'ascension lente et maladroite de l'*écrevisse* du fond de l'eau, toutes ces particularités fidèlement représentées sont le fruit de l'observation d'un véritable ami de la nature.

Les animaux ne sont pas modelés à main libre ; l'artisan s'est procuré des formes sur les originaux eux-mêmes, auxquels il a donné la position la plus naturelle, puis il a pressé la matière plastique dans le moule. Ayant toujours des originaux à sa disposition, il pouvait constamment renouveler ses formes ; c'est pour cette raison que la répétition des mêmes types offre un changement dans les motifs. Ce qui est également à remarquer, c'est la vérité avec laquelle les tons naturels de ses modèles sont rendus, bien qu'il n'eût, comme tous les céramistes du seizième siècle, qu'un petit nombre de couleurs à sa disposition.

Le charme de ces *rustiques figulines* réside dans l'adresse avec laquelle la nature est rendue, non moins que dans la beauté et l'éclat de l'émail, la profonde harmonie des couleurs et le merveilleux effet d'ensemble (¹).

En ce qui concerne la forme, le point de vue artistique est des plus élevés ; l'attrait de l'originalité et de la rareté, la fantaisie des amateurs, ont rendu célèbre le nom de Bernard Palissy ; ses œuvres, après être restées dans l'oubli, ont repris une importante valeur.

Dès leur création, ces *plats* et *vases* ne tardèrent pas à être en vogue et recherchés pour décorer les beaux dressoirs de la Renaissance. Les détracteurs de cette époque firent place aux admirateurs, au nombre desquels le connétable Anne de Montmorency comptait comme l'un des plus puissants. Il fit construire à Bernard Palissy un atelier, pour l'agrandissement duquel il décida la ville de Saintes à abandonner une tour de ses murs d'enceinte.

(¹) Le terme *figuline* n'est plus guère employé dans le langage de la céramique que pour qualifier une *argile* d'une nature spéciale, qui sert à la *confection des fayences communes*, des *terres cuites*, des *briques* et, en général de toutes les poteries qui n'ont pas besoin d'être soumises pour leur cuisson à une haute température.

L'interprétation donnée par Littré : *vase en terre cuite* n'est plus usitée, si ce n'est pour désigner *exclusivement les œuvres sorties des mains de Bernard Palissy ou de ses successeurs et imitateurs directs*, et il semble que ce soit Palissy qui ait, sinon inventé le mot, — puisque dans des actes officiels le plus modeste potier de terre est appelé *figulus* — au moins appliqué le premier aux produits de l'art du potier.

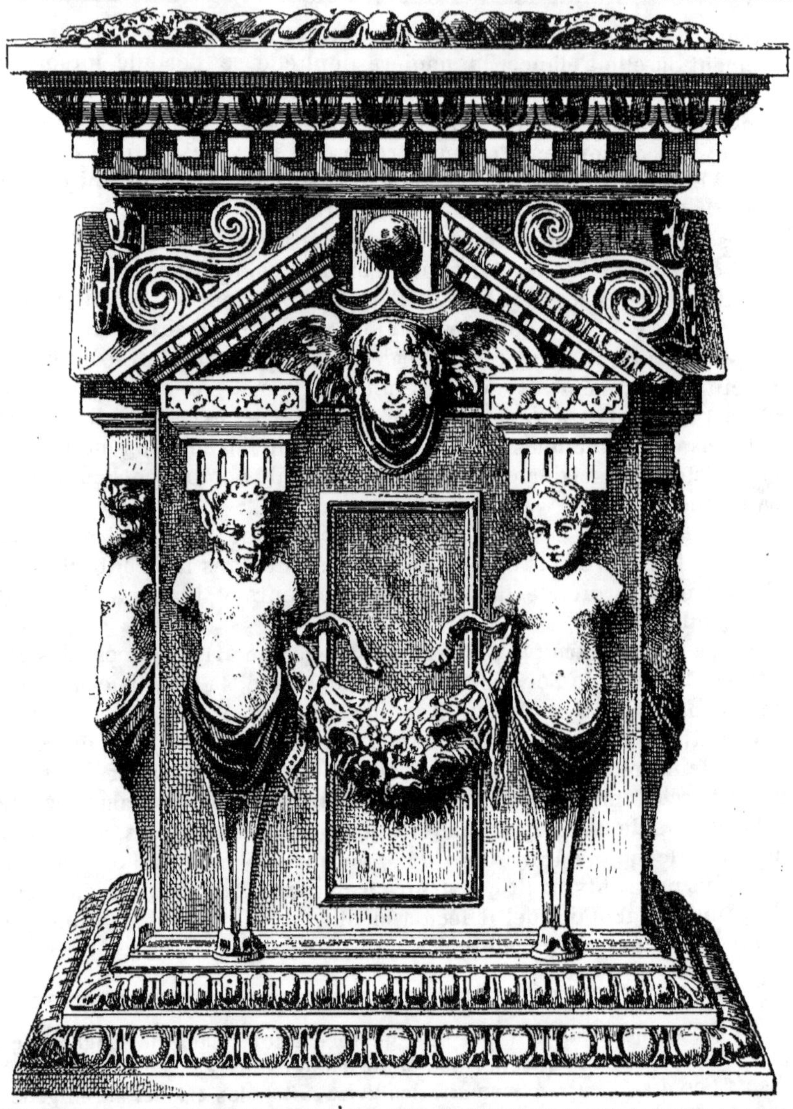

TYPE DE LA TROISIÈME MANIÈRE DES ŒUVRES DE BERNARD PALISSY.
Fig. 106. — SALIÈRE DE FORME ARCHITECTURALE.
Musée du Louvre, Paris.

Bernard Palissy était particulièrement dessinateur et émailleur. — Il sculptait et modelait peu, croyons-nous : se bornait le plus souvent à modeler les bestioles, les reptiles et les feuillages, dont il décorait ses pièces, et ne se donnait même pas toujours la peine de les retoucher à l'ébauchoir.

Dans la salière représentée ci-dessus, la décoration n'emprunte rien à l'histoire naturelle ; c'est aux formes, à l'ornementation, aux détails de l'architecture que Palissy s'est adressé, et il faut constater qu'il a parfaitement réussi dans ses emprunts.

Le connétable faisant alors reconstruire somptueusement son château d'Ecouen, appela, pour le seconder, des artisans en tous genres. A Palissy fut confiée la mission d'édifier et d'orner une grotte, décoration à la mode. Accomplissant la tâche qui lui était confiée, le maître potier construisit une sorte de grotte, garnie de mousses et de plantes; des *lézards* des *serpents* et autres animaux sortaient d'une masse rocheuse, le tout en terre cuite vernie et imitant la nature (¹).

Le célèbre connétable eut d'autres occasions de donner à Bernard Palissy des marques de sa faveur. C'est vers 1555, époque à laquelle son protégé venait de compléter sa découverte, et se trouvait dans la plus heureuse phase de son activité artistique, que la contrée qu'il habitait devint le théâtre des premières rencontres entre les huguenots et les catholiques.

En juin 1562, la ville de Saintes, prise par les huguenots, fut reprise dans le mois d'octobre de la même année, par les catholiques qui usèrent de représailles. Palissy, depuis longtemps converti au protestantisme, fut compris dans les poursuites, bien qu'il se tînt en dehors de toute politique, et que le duc de Montpensier, commandant de l'armée royale, eut déclaré son atelier un asile libre.

Arrêté, ses amis parvinrent à le faire envoyer à Bordeaux pour y être jugé. Dans le même temps, le connétable le recommanda à la puissante reine Catherine, qui lui accorda le brevet royal d'*inventeur des rustiques figulines*, brevet en vertu duquel il fut soustrait à toutes poursuites. La paix, conclue avec les huguenots, à Amboise, en mars 1563, lui permit de reprendre ses travaux.

Aussitôt après ces événements, et encore en l'année 1563, la première œuvre littéraire de Palissy, fut publiée à La Rochelle (²).

Malgré son titre emphatique, ce livre contient de nombreuses vérités scientifiques et d'idées nouvelles, applicables aux sciences naturelles.

Dans la première partie, consacrée à l'agriculture, l'auteur pose ce principe, dont l'importance n'a été reconnue que de nos jours, que

---

(¹) Cf. *Architecture et ordonnance de la grotte rustique* de Mᵍʳ le duc de Montmorency (1563), publié par Edouard Rahir, en 1919.

(²) *Vraye recepte* au moyen de laquelle tous les habitans de la France peuvent multiplier et augmenter les richesses. — *Item*, ceux qui n'ont jamais eu connaissance des sciences, pourront apprendre une philosophie qui est nécessaire à tous les habitans de la terre. — *Item*, ce livre contient le dessin d'un jardin, qui est d'une invention aussi agréable qu'utile. *Item*, dessin et arrangement d'une ville fortifiée, la plus imprenable dont jamais un homme ait entendu parler. — Composé par maître BERNARD PALISSY, ouvrier de terre et inventeur des *rustiques figulines* du Roy et de Monseigneur le duc de Montmorency, pair et connétable de France, demeurant dans la ville de Saintes, La Rochelle, de l'imprimerie de B. Berton.

l'on doit rendre au sol, en parties essentielles, ce qui lui a été enlevé par la culture et la récolte annuelles.

La seconde partie traite principalement des sels végétaux et de l'origine des sources ; elle montre, dans Palissy, un clairvoyant observateur de la nature, aussi bien comme chimiste, physicien et géologue, que comme minéralogiste. Il n'est pas seulement un investigateur hardi et exact, il est encore poète et paysagiste dans sa manière d'interpréter la nature.

Son *Jardin délectable* dessine, avec une sorte de pressentiment de l'arrangement le plus moderne, un jardin rustique où il est fait la part de l'amour de l'étude et du penchant à la mélancolie, tout en développant des idées grandioses, comme pour inspirer à l'homme, par une réunion des œuvres merveilleuses de Dieu, l'amour de la nature et l'admiration envers le Créateur.

Peu d'années après, vers 1565, Palissy quitta la contrée où il avait si longtemps souffert et si péniblement travaillé; et pendant un voyage dans le sud de la France, que Charles IX fit avec sa mère, la reine Catherine de Médicis, notre célèbre artisan fut présenté à la reine qui, dès lors, eut l'occasion d'apprendre à connaître ses travaux. Catherine s'occupait, à cette époque, du plan des Tuileries édifié par Philibert de l'Orme ; elle avait l'intention d'orner, de la manière la plus artistique, ce château dont elle voulait faire sa propre demeure, pendant que le roi résiderait au palais du Louvre. A son retour à Paris, elle manda aussitôt Bernard Palissy pour se faire construire, dans le jardin des Tuileries, une grotte en terre cuite émaillée, pareille à celle du château d'Ecouen (Voir fig. 110).

En 1566, ou au commencement de l'année 1567, Palissy possédait un atelier et un four dans la cour des Tuileries; ce qui lui valut le surnom de *Maître Bernard des Tuileries.*

Son séjour à Paris occasionna un grand changement dans la caractéristique de ses œuvres. Ce qu'il avait produit à Saintes en fait de terres cuites émaillées, paraît généralement avoir été dans le genre naturiste de ses *rustiques figulines.* Il semblerait qu'à Paris on eût dédaigné, à cette époque, ce genre un peu uniforme, bien que révélant une extrême adresse d'exécution; on désirait du changement et aussi des représentations de *figures humaines.* Palissy, qui se trouvait de plus en plus en rapport avec la Cour avait l'occasion d'étudier les chefs-d'œuvre les plus divers. Il donna de l'extension à sa manière artistique, en complétant la faune de quelques espèces nouvelles, telles que lui en offrait la contrée de Paris; mais, comme il ne se trouvait plus en un contact immédiat avec la nature, l'élément naturiste fit place, d'une part, à des *représentations de figures* et, d'autre part, à des *ornements stylisés* qui remplissaient particulièrement le *marly* des vases (¹). C'est ainsi que furent créées les œuvres de la *troisième époque*. Afin de conserver toute son originalité, Palissy aurait eu besoin d'une culture artistique plus perfectionnée. Pour les *figures plastiques*, par exemple, il était quelquefois obligé de demander le concours d'un habile modeleur, en sorte qu'il ne lui restait plus que le mérite technique. Se servant également de peintures et de sculptures italiennes et françaises, il modelait, reproduisait, en terre cuite coloriée et émaillée, des ustensiles en métal. Bien qu'il exécutât des œuvres intéressantes, tant sous le rapport de la beauté de la forme, des justes proportions et de la pureté des ornements, que sous celui des détails, ce ne sont que des *imitations et des copies*.

Beaucoup de ces travaux, comme le comportait le genre, dépassèrent les limites permises et, de même que les *majoliques italiennes* tentèrent de s'élever jusqu'à la grande peinture, de même certaines des créations de Palissy cessèrent d'être des *vases* et des *ustensiles* pour devenir des *sculptures* et des reliefs *coloriés*. Cette particularité se remarque dans la décoration des plats offrant des sujets allégoriques : plats de *Diane*, de *Calisto*, du *Déluge*, de *Madeleine dans le désert*, de la *Charité*, fig. 107, et autres.

Le célèbre artisan fut conduit à l'abandon complet de la forme pour en arriver à remplacer le bord par un cadre profilé : ce fut le cas pour différents *portraits en bas-relief* (Voir fig. 82 à 87), ou bien à former des *figures indépendantes*, dont quelques-unes sont devenues célèbres : telles sont, par exemple, la *statuette* de la *Nourrice avec l'enfant*, celle du *Joueur d'orgue*, et plusieurs autres.

Ces dernières œuvres sont-elles dues à Bernard Palissy, à ses successeurs ou à ses imitateurs? quelques *portraits* comme, par exemple, celui d'*Henri IV* et la représentation de la famille de ce monarque, n'ont été exécutés qu'après la mort de Palissy; les *statuettes*, que

---

(¹) Le terme *marly* signifie la ligne intérieure, décor ou moulure, suivant le contour du bord d'une assiette ou d'un plat. *Filet* ou *décor au marly* désigne les *décors* ou les *filets* que le céramiste *peint*, ou que l'orfèvre *enforme*, sur la limite de l'extrémité intérieure du bord désigné sous le nom de *chute*, en céramique, et qui, en orfèvrerie, court en parallèle avec l'ombilic ou le bord extérieur.

La partie inclinée du bord extérieur des assiettes ou des plats, s'appelle *talus*; et l'*ourlet* (sorte de boudin) formé sur le bord de tout objet, plat, assiette, pied d'aiguière ou de flambeau, etc., est désigné *suage*.

Quant à ce qui concerne l'origine du terme *marly*, appliqué à la céramique, nous croyons qu'il a été donné parce qu'on en présenta le premier service de fayence, ainsi décorée, au roi Louis XIV, à Marly, lorsqu'il se mit en fayence.

Au dix-huitième siècle, on appelait *coiffes en marli*, les coiffes de femmes formées par une espèce de gaze nommée *marli*.

nous venons de mentionner, peuvent être attribuées à une fabrique du commencement du dix-septième siècle, établie à Avon, près Fontainebleau.

Quoique ayant déjà souffert à cause de ses croyances religieuses, Palissy resta attaché à la foi protestante, malgré sa situation auprès de la reine Catherine de Médicis.

C'est vraisemblablement à ses rapports avec cette amie des arts qu'il doit d'avoir échappé à la mort, en 1572, pendant les massacres de la Saint-Barthélemy. Peu de temps après, Palissy quitta Paris pour quelques mois et parcourut la Lorraine, la Flandre, les Ardennes et une partie de l'Allemagne.

De retour à Paris, vers 1575, il ne tarda pas à se remettre au travail et, cette fois, comme un savant ayant tous les regards fixés sur lui. Presque septuagénaire, il osa lui, autodidacte, porter un défi à la science officielle.

Dans ses *Discours admirables de la Nature* [1] Bernard Palissy donne le résultat de ses recherches, une longue suite d'expériences non interrompues dans le domaine des sciences naturelles, résultats presque généralement en contradiction avec les opinions reçues. Mais la vérité eut raison de la routine; les amis et les disciples, que Palissy gagna de la sorte à sa cause, furent bientôt plus influents que ses adversaires. Le succès de ses *Discours* fut si considérable qu'ils lui assurèrent la gloire d'un initiateur.

Des savants parmi les plus renommés, Ambroise Paré, Alexandre Champier, Pierre Pena, La Magdeleine, docteurs en médecine, devinrent les auditeurs attentifs et assidus de ce *simple artisan, instruit pauvrement aux lettres.*

Ces *Discours admirables*, qui sont en grande partie la reproduction de ses conférences, parurent en 1580, date considérée comme l'apogée de la renommée de Bernard Palissy; les mauvais jours n'allaient pas tarder à revenir.

La Ligue s'organisait, prête à triompher; le déchaînement des haines religieuses faisait chaque jour, dans les deux partis, huguenots et catholiques, de nouvelles victimes. Palissy, protestant zélé et sincère, désigné à l'attention publique par le succès de ses *conférences*,

[1] *Discours admirables de la Nature, des Eaux et Fontaines,* tant naturelles qu'artificielles, des Métaux, des Sels et Salines, des Pierres, des Terres, du Feu et des Emaux, avec plusieurs autres excellents secrets des choses naturelles. Plus un Traité de la Marne, fort utile et nécessaire pour ceux qui se mêlent de l'agriculture, le tout dressé par dialogue; esquels sont introduits la théorie et la practique; par M° BERNARD PALISSY, inventeur des rustiques figulines du Roy et de la Royne sa mère. Paris, chez Martin Lejeune, à l'enseigne du Serpent, dèvant le collége de Cambray, 1580.

était trop en vue pour échapper à ses ennemis. Arrêté en 1587 et emprisonné à la Bastille par l'ordre de Mathieu de Launay, l'un des plus fougueux des Seize et deux fois renégat, son supplice, que le même de Launay ne cessait de réclamer, ne fut retardé que sur les

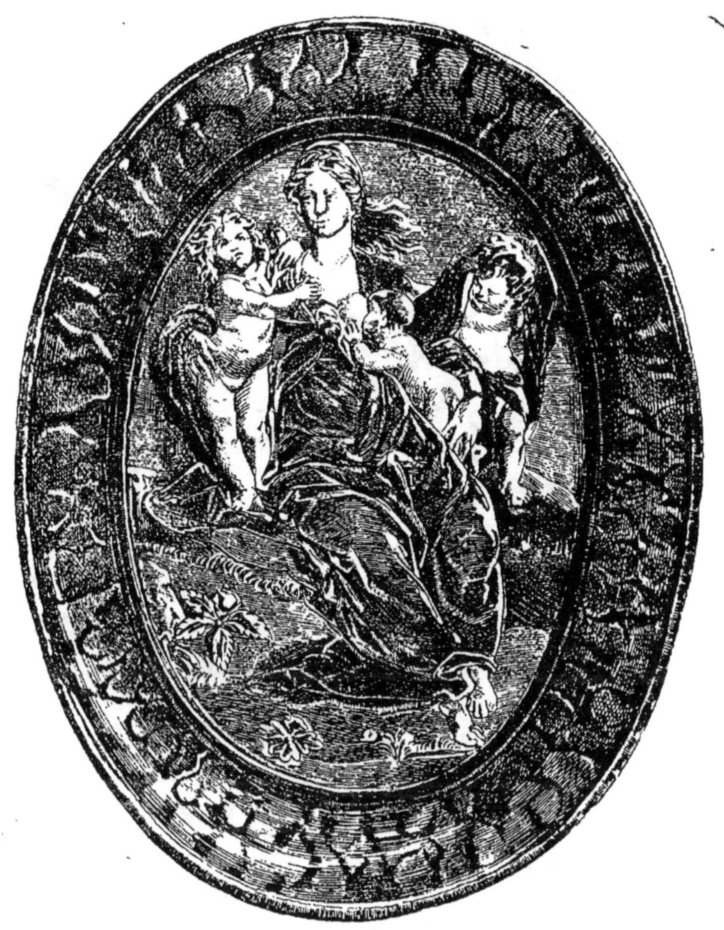

TYPE DE LA TROISIÈME MANIÈRE DES ŒUVRES DE BERNARD PALISSY

Fig. 107. — La Charité, plat creux, ovale. Marly renversé jaspé. Revers jaspé.

Ancienne Collection Spitzer.

La *Charité*, assise sur un *tertre*, vêtue d'une *robe brune* et d'un *manteau bleu*, soutien deux petits *enfants nus* debout près d'elle; un troisième s'est emparé de son sein.

Marly jaspé. — *Carnations blanches, yeux bleus. Draperies vertes, bleues et jaunes. Revers jaspé violet, bleu et vert par traînées.*

instances du duc de Mayenne, chef de la Ligue, qui veillait sur Palissy
et le protégeait.

Mais Mayenne, assez puissant pour épargner à Palissy la question
et le dernier supplice, ne pouvait rien contre la mort naturelle, qui

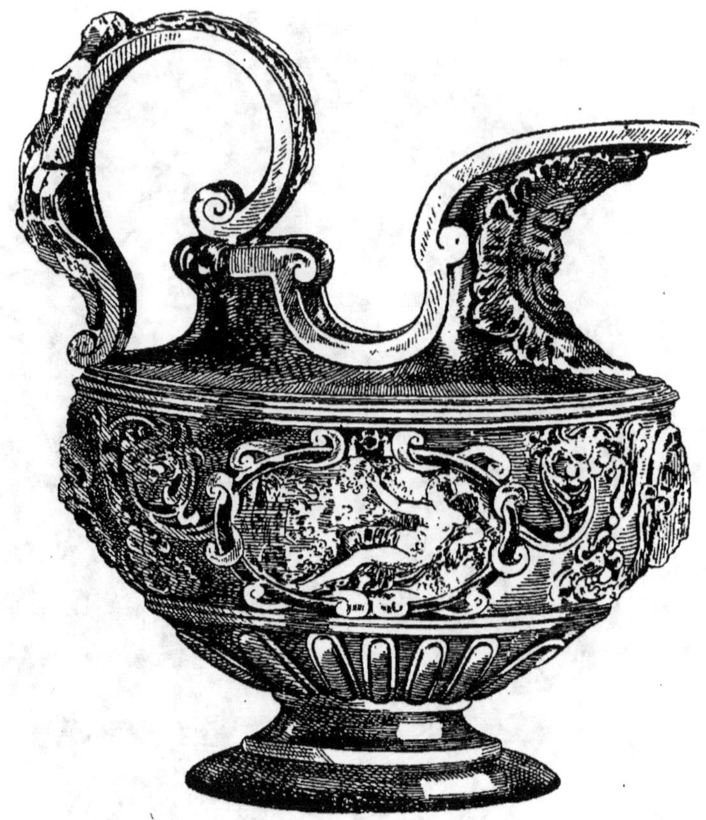

TYPE DE LA TROISIÈME MANIÈRE DES ŒUVRES DE BERNARD PALISSY
Musée Céramique de la Manufacture Nationale de Sèvres.
Fig. 108. — BUIRE, BASE DE FORME, A SECTION ELLIPTIQUE.

Cette *buire* est une des pièces les plus remarquables pour les facultés diverses de
Bernard Palissy; il s'y révèle comme inventeur et décorateur.

La *forme* générale en est *originale et très gracieuse*. Le *col court et échancré*, l'*anse
élégamment rattachée au vase*, et dont la courbe en complète heureusement l'aspect et
l'équilibre, la *figure de femme* qui la décore, la *panse* en forme de *coupe* et assise sur
un *pied étroit*, constituent un ensemble heureux.

Des *émaux en relief*, *nuancés de violet* et figurant des *mascarons* et des *rinceaux* dont
les tiges viennent s'entrelacer autour d'un *cartouche*, se détachent sur un *fond bleu pâle*
admirable de finesse et de ton.

Une *femme nue*, très élégante de formes, modelée en *émail blanc*, est allongée sur un
fond gris rompu par un lointain de paysage colorié en *vert très tendre*. Cette *combinaison
chromatique* est particulièrement *harmonieuse*.

vint, deux ans plus tard, et est relatée, en ces termes, dans les
Mémoires-Journaux de Pierre Taisan de L'Estoile (1546 † 1611) : « Eu
ce mesme an (1590), mourust aux cachots de la Bastille de Bussi
(Bussi-Leclerc, qui en était le gouverneur), maistre Bernard Palissy,

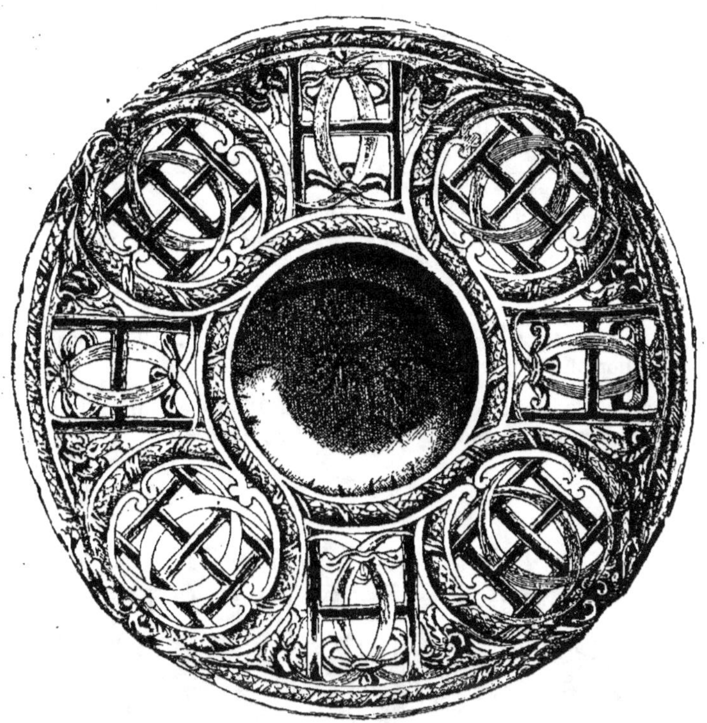

TYPE DE LA TROISIÈME MANIÈRE DES ŒUVRES DE BERNARD PALISSY
Musée du Louvre, Paris.

Fig. 109. — Plat rond ajouré, et dont la décoration se compose des monogrammes
de Henri II et de Catherine de Médicis. On remarquera la disposition du câble qui sert à
relier les chiffres entre eux et à les encadrer, et qui s'enroule, à cet effet, sur lui-même
après avoir entouré deux fois le plat pour en marquer l'*ombilic* et le *marly*.

prisonnier pour la religion, âgé de quatre-vingts ans, et mourut de
misère, nécessité et mauvais traitements et avec lui trois autres
personnes détenues prisonnières pour les mêmes causes de religion,
que la faim et la vermine estranglèrent. »

Bernard Palissy n'eut pas d'autre oraison funèbre que cet énergique
et lamentable passage des *Mémoires-Journaux de l'Estoile.*

L'un des premiers, par le caractère et le génie scientifique, dans un
temps fertile en grands hommes. il mourut misérablement, obscu-
rément, et sa mémoire ne paraissait pas devoir lui survivre. Réaumur,

Buffon, Fontenelle, Cuvier, deux siècles plus tard, lui rendirent une tardive justice et ramenèrent l'attention des savants sur cet humble potier, que quelques travaux ont rendu justement célèbre [1].

Sans étude et sans lettres Palissy fut, en effet, non seulement le premier des *émailleurs de terre*; mais physicien, chimiste, géologue, il peut être considéré, dans presque toutes les branches des sciences naturelles, comme un révélateur, comme un précurseur, imparfait sans doute mais, en bien des points alors obscurs, mettant une lueur, où d'autres, après lui, grâce à lui, firent la lumière.

[1] *Les œuvres de Bernard Palissy, publiées d'après les textes originaux, avec une notice historique et bibliographique, et une table analytique*, par Anatole France. Paris, Charavay frères, 1880, in-18.

La Céramique Française, Bernard Palissy et les Fabriques du XVIe siècle, par Mlle M.-J. Ballot, attachée au Musée du Louvre. Texte historique et 48 planches dont 25 en couleurs. Paris, Editions Albert Morancé (1924), in-4°, en portefeuille.

Consulter les travaux de Louis Audiat, Philippe Burty, Henri Delange, Ernest Dupuy, Ferdinand de Lasteyrie, L. Roger-Milès.

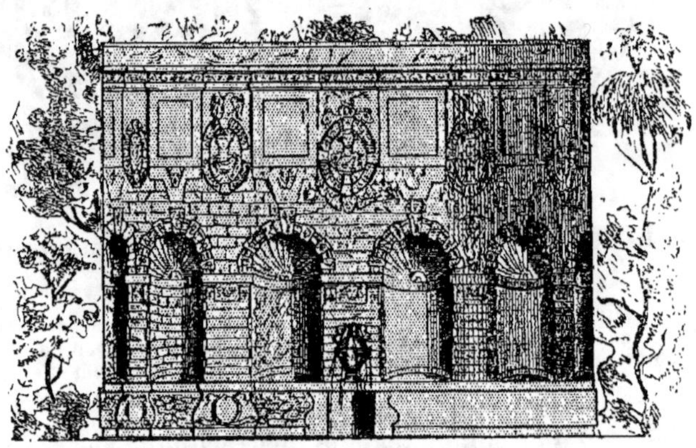

Fig. 110. — PROJET DE GROTTE EN TERRE CUITE ÉMAILLÉE, POUR LE JARDIN DES TUILERIES, A PARIS.

(Consulter page 40 et la Note page 48.)

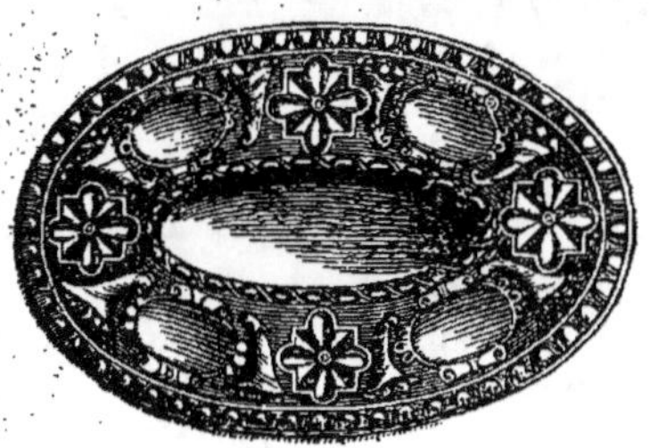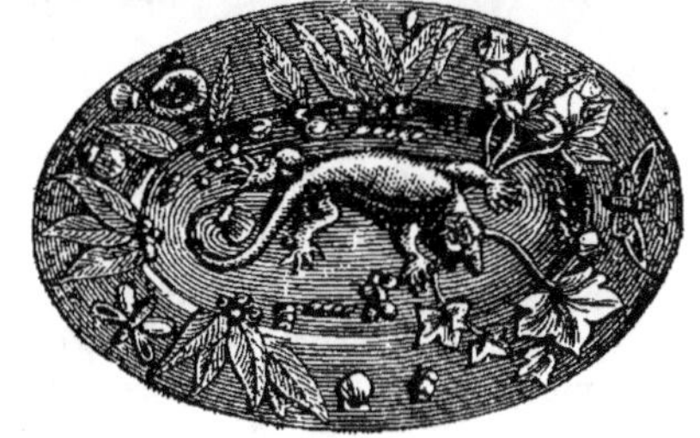

Fig. 111 et 112. — Types de la première et de la deuxième manière de Bernard Palissy,
imités par Pull 1810 † 1883), surnommé le digne élève du maître potier.

IMITATION ET CONTREFAÇON DES BERNARD PALISSY

COMMENT LES DISCERNER

LE PÈRE PORTHIOT CÉLÈBRE VIEILLISSEUR DE CÉRAMIQUE

La renommée des œuvres de Palissy leur fit subir l'imitation et
la contrefaçon, d'autant plus que les formes ainsi que les matrices
originales, à l'aide desquelles les fils et les successeurs de l'inventeur
continuèrent à travailler, s'usèrent et donnèrent des *exemplaires
empâtés*.

Aussi est-il facile de discerner les ouvrages provenant de la main
du Maître ou de son atelier, de ceux des imitations contemporaines.

Dans quelques cas, ce discernement peut s'établir par le caractère
des ornements, car les imitations se continuent pendant tout le
dix-septième siècle, pour reprendre au dix-neuvième [1].

Palissy et ses fils paraissent être restés fidèles à la mise en œuvre
de l'émail, quoique, en ce qui concerne Bernard Palissy, dans les
dernières années de sa vie, il ne soit plus l'observateur silencieux et
l'investigateur solitaire d'autrefois.

On peut supposer que Nicolas et Mathurin Palissy ont continné l'œuvre
de leur père, et l'on doit, non sans raison, leur attribuer quelques petits

---

[1] « Chaque maître dans les arts, écrit le comte A. de Laborde, est suivi
par une troupe servile, à plus forte raison dans les arts multiplicateurs
dont les procédés sont une propriété. Les neveux de Bernard Palissy ne
laissèrent pas ses procédés se perdre, ils eurent le tort de contribuer à les
laisser dégénérer. Dans leurs mains, ce qu'il y avait de goût et de bonheur
dans les arrangements de l'inventeur disparaît, ce qu'il y avait de vivacité
et souvent de vérité s'évanouit. On n'a plus qu'un pâle décalque et des
répétitions monotones. C'est encore bien pis avec leurs successeurs. »
Palissy eut, non pas des élèves dans la véritable acception du mot,
puisqu'il ne les initia pas entièrement à la connaissance de la fabrication de
ses émaux, mais des aides, entre autres ses deux fils, quelques auteurs
disent ses neveux, Nicolas et Mathurin Palissy, dont les noms figurent avec
le sien sur les *Comptes de la reine-mère*.

bassins, comme le *Baptême du Christ*, la *Décollation de saint Jean*, *Diane et Actéon*, la *chaste Susanne*, où l'on retrouve l'emploi des bordures et de quelques ornements créés par Palissy ou appartenant à son atelier, mais dont le style n'est pas suffisamment caractérisé pour qu'on puisse les regarder comme étant son œuvre. On peut attribuer également, soit aux enfants de Palissy, soit à leur continuateur, le plat où *Henri IV est représenté avec la reine, le dauphin Louis XIII et une jeune princesse*, qui doit être Elisabeth, l'aînée des filles du roi.

Le dauphin, né au mois de septembre 1601, paraît avoir cinq à six ans ; ce plat aurait donc été modelé en 1606 ou 1607. Mais à quelle époque les héritiers directs de Palissy ont-ils cessé de travailler? à quelle époque ont-ils été remplacés par un successeur ou un imitateur?

On a voulu trouver ce successeur dans un certain Guillaume Dupré, qui est nommé comme céramiste dans un *Journal* écrit par Hérouard, médecin du dauphin Louis XIII, et lui attribuer quelques-uns des ouvrages qui, jusqu'à présent, avaient passé pour des œuvres de Palissy. Voici ce qu'on lit dans ce *journal* : « Mardi 21 septembre 1604, à Fontainebleau, le Dauphin amené au Roi et à la Reine, qui alloient à la chasse, (est) ramené en la salle pour estre retiré tout de son long en terre de poterie, vestu en enfant, les mains jointes, l'espée au costé, par Guillaume Dupré, natif de Sissonne près de Laon. » Plus loin, le même chroniqueur constate qu'il y avait à Avon, près Fontainebleau, une fabrique de poterie. « Le dauphin va souvent à cette poterie, dit-il, pour y acheter des jouets, des chevaux, des bœufs, un joueur de cornemuse, un enfant sur un dauphin, une nourrice, des anges, une figure de roi, etc. » En s'appuyant sur le *Journal* de Hérouard, on a retiré des œuvres de Palissy, pour les donner à son prétendu continuateur Guillaume Dupré, le *Joueur de cornemuse*, l'*Enfant sur un dauphin*, les *Chérubins* ou *Anges porte-flambeau*, et la *Nourrice*, qui passaient pour les meilleures figurines émaillées de notre célèbre artisan. On lui a même attribué l'*Enfant au chien*, bien qu'on ne trouve dans le *Journal* d'Hérouard aucune désignation se rapportant à cette pièce. Le texte du chroniqueur semble assez formel, il est vrai, à la première lecture; cependant il ne nous paraît pas sans objections.

On peut laisser à Bernard Palissy toutes les terres émaillées auxquelles un expert ou un connaisseur peuvent assigner une date antérieure au règne de Henri IV, car ses fils ne devaient agir que sous sa direction et d'après lui. Quant aux pièces qui dénotent le règne de ce roi ou celui de Louis XIII, soit par le costume, soit par l'infériorité de l'exécution, on doit les attribuer à ses successeurs ou à ses imitateurs.

Si donc, de son vivant, Palissy n'eut pas de rivaux, après sa mort il eut des continuateurs. Ses moules passèrent dans des mains moins scrupuleuses et moins expérimentées que les siennes. Il est facile d'avoir la compré-

Note relative à la fig. 110. — A Bernard, Nicolas et Mathurin Palissis, la somme de quatre cens livres tournoys — sur et tant moings de la somme de deux mil six cens livres tournoys pour tous les ouvraiges de terre cuite esmaillée qui restoyent à faire pour parfaire et parachever les quatre pons (pans) ou pourtour de dedans de la grotte encommencée pour la Royne en son pallais à Paris (plus bas : lèz le Louvre à Paris) suivant le marché faict avecq eulx. (*Despence faicte à cause de la grotte esmaillée*, 1570).

hension de ces produits souvent difformes, mauvais d'épreuves, et couverts d'un émail décoloré. Si Palissy avait laissé ses moules, il emporta le secret de la beauté des émaux dus à ses opiniâtres recherches

Un de ses continuateurs, probablement, s'est distingué d'ailleurs par le soin qu'il a pris de ponctuer de rouge les yeux des personnages, circonstance qui correspond avec une nature particulière du contre-émail.

Telles sont les erreurs que nous avons constatées dans les travaux de Jehan Biot, dit Mercure, qui fut, avec Jehan Chipault, un des continuateurs et, peut-être, un élève de Bernard Palissy, mais on ne sait rien de particulier sur sa vie (¹).

Presque toutes ces reproductions sont des *anachronismes*, c'est-à-dire que le style du seizième siècle caractérisant les œuvres de Bernard Palissy n'a pas été observé et que les tons sont fantaisistes (²).

Une manufacture de céramique établie à Lambeth, Pays-Bas, en 1649, imita le Delft, puis le Palissy, et fit de la porcelaine au dix-huitième siècle.

LES FABRIQUES MODERNES DE RUSTIQUES FIGULINES

A l'époque où les Palissy, redevenant en faveur, furent recherchés par les amateurs de céramique, des artisans improvisés réparateurs modelèrent des cols, des anses et des pieds dans la manière du maître potier, pour remettre à neuf de nombreuses pièces authentiques, sans se rendre compte que les tons dont ils couvraient les parties réparées étaient, pour un grand nombre, de pure fantaisie, Bernard Palissy n'ayant guère employé que quatre tons : le bleu de Cobalt, le vert de cuivre, le violet de manganèse et le jaune de fer.

Parmi les céramistes qui fabriquèrent, de toutes pièces, des *rustiques figulines* nous citerons Pull qualifié, dans un *Rapport de l'exposition de* 1855, de digne élève de Bernard Palissy.

« M. Pull, y est-il mentionné, est le digne *élève de Bernard Palissy*; il s'est *tellement identifié* avec le maître que les vrais connaisseurs hésitent entre les deux, quand il s'agit de *séparer le moderne de l'ancien*. Une aiguière, exécutée dans le style du fameux orfèvre français Briot, est d'une finesse d'exécution et d'une délicatesse d'ornementation qui ne laissent rien à désirer. Sa manière est à la fois plus simple et plus harmonieuse dans les

---

(¹) Il y aura toujours entre Palissy et ses modernes émules l'immense intervalle qui sépare les originaux des copies.

L'insuffisance même de ses ressources en couleurs profite à l'effet de ses travaux, et leur donne un cachet sombre, tout à fait particulier. Ses œuvres d'une sévérité tout à fait puritaine, devaient faire un intéressant effet de contraste sur les dressoirs et dans les armoires des Valois, persécuteurs du protestantisme.

Ajoutons que les pièces authentiques de Palissy étaient obtenues au moyen de *moules* et non à l'aide du tour de potier.

(²) Il existait, à Fontenay-le-Comte (Vendée), au xviᵉ siècle, une fabrique de poteries vernissées dans laquelle on cherchait à imiter les fayences à relief et les *rustiques figulines* de Palissy, mais les produits assez grossiers qui lui sont attribués ne méritent guère qu'une simple mention.

fonds que celle des autres *imitateurs de Bernard Palissy*. Quelque profonds
que soient encore parmi nous les souvenirs artistiques de cette Ecole, quel
que soit d'ailleurs le talent de leur *imitateur*, M. Pull, nous n'hésitons pas
à le dire, ce n'est pas là la véritable voie de la fayence; il lui faut un champ
plus vaste, et il serait trop limité s'il se bornait à l'*imitation* de quelques
œuvres d'orfèvrerie et à la *reproduction servile* du règne végétal ou animal. »

Pull imita d'une façon tellement remarquable les fayences du maître potier

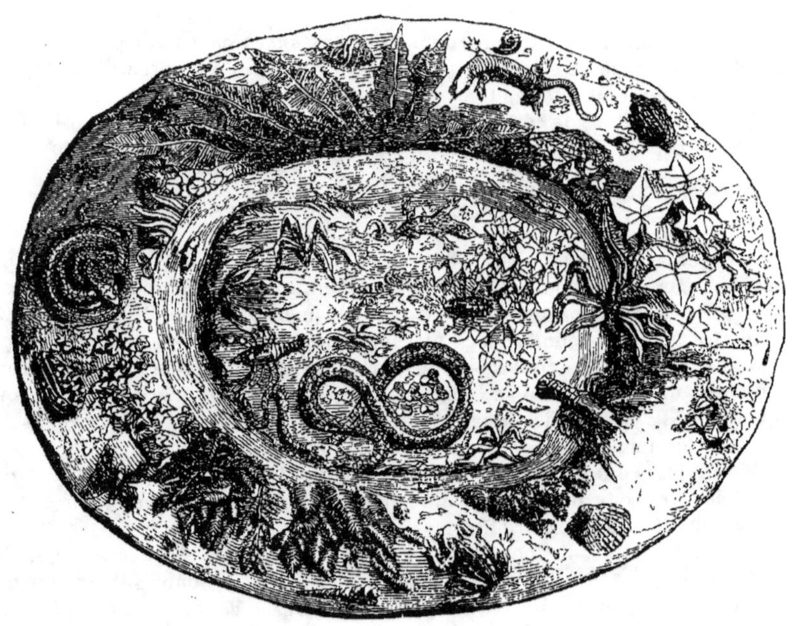

Fig. 115. — Type de Palissy moderne, modelage original de C.-J. Avisseau.

et de son Ecole que ses premières copies, entre autres celles de *la Nourrice*
et du *Joueur de vielle*, furent *vendues à des prix très élevés comme fayences originales*. Ne voulant pas se faire complice de fraudes qui répugnaient à sa
loyauté, Pull, prévenu, marqua alors ses fayences de son nom, en relief ou
en creux dans la pâte; quelquefois, aussi, en émail blanc.

Cet artisan consciencieux n'est pas le seul à qui les amateurs doivent être
reconnaissants de les avoir prémunis contre la malversation d'antiquaires
peu consciencieux, rares, il est vrai, dans un commerce où la loyauté du
commerçant doit être toujours à l'égal de la confiance de l'amateur.

Nous citerons encore, parmi ces artisans, loyaux et honnêtes, Charles-Jean
Avisseau (1795 ✝ 1861), céramiste tourangeau. Outre les *plats rustiques* faits
à *l'imitation de ceux de Palissy* et qui ont commencé à établir sa réputation,
on doit, à C.-J. Avisseau, plusieurs pièces importantes, vasques, aiguières,
bassins, flambeaux, etc., conservées dans certains musées et quelques col-

lections. Ces pièces portent, en creux, son monogramme souvent accompagné de son nom : Avisseau à Tours, ou Avisseau (Voir fig. 115).

Nos éloges ne sont pas sans restrictions ; car, tout en rendant justice au talent d'Avisseau, nous avons remarqué que la finesse du goût est ce qui manque à ses fayences. C'est en cela que Palissy est supérieur à Avisseau et à tous ses imitateurs. Égaux peut-être comme chimistes, l'égalité devient discutable quand on arrive au domaine élevé de l'art. En dehors de l'imita-

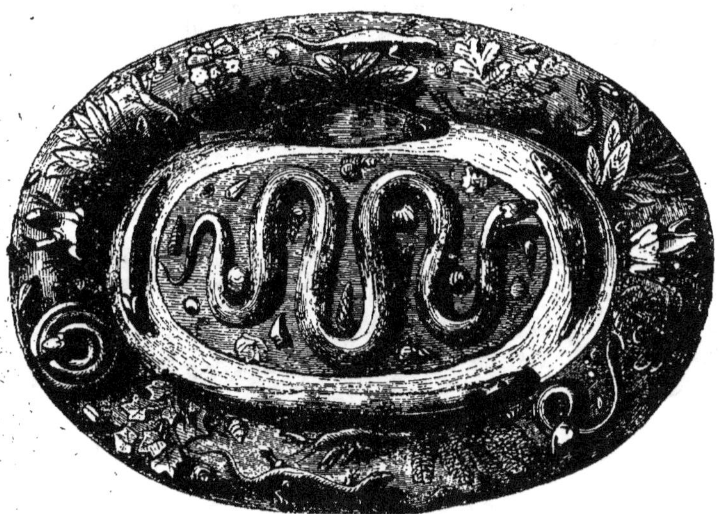

Fig. 114. — Type de la deuxième manière des œuvres de Bernard Palissy, interprétée par C.-J. Avisseau (Voir type original, fig. 104).

tion des poissons ou des reptiles, Avisseau s'est rarement hasardé à tracer sur l'argile de ces délicates arabesques, de ces capricieux enroulements, où le génie de Palissy éclate plus encore que dans les représentations naturelles. Les œuvres des deux potiers sont impossibles à confondre; celles de Palissy, outre la supériorité dans l'harmonie des couleurs, rendent, quand on les frappe, un son clair, sonore, presque métallique ; au contraire, celles d'Avisseau ont un timbre sec, sourd, que nous attribuons à la différence de préparation de la pâte.

À l'exemple de Pull, C.-J. Avisseau ne fut pas un mercanti ; il est de notoriété qu'il a repoussé les offres de *marchands de bric et de brac* qui lui demandaient de ne pas frapper, comme il l'a fait, tous ses produits de son nom, s'engageant à les placer comme des Palissy, et à partager avec lui les bénéfices de cette vente frauduleuse. Nous en fournissons une preuve, en donnant le fac-similé d'une lettre conservée dans notre collection d'autographes (voir entre les pages 52 et 53).

L'histoire des tâtonnements du céramiste Charles-Jean Avisseau est aussi douloureuse que celle de son maître Bernard Palissy; elle est plus longue, mais la conclusion est la même.

Mais, s'il est de notre devoir de citer de tels exemples de probité, nous avons celui de signaler l'un des plus tristement célèbres parmi les contrefacteurs des Palissy, et autres œuvres d'art céramique.

Il y a quelques années, un artisan en faux rendit au diable sa belle âme de contrefacteur. Le père Porthiot était le plus célèbre vieillisseur de céramique française et étrangère ; on donnait une pièce neuve à ce faussaire des moins scrupuleux, et il la vieillissait si bien qu'on eût juré, quelques jours après, qu'elle était authentique. Le père Porthiot imitait admirablement les *Bernard Palissy* ; il avait, en outre, sa vie durant, *vieilli* plus de quatre mille assiettes, vases, etc. Sa fortune fut estimée à plus de trois cent mille francs.

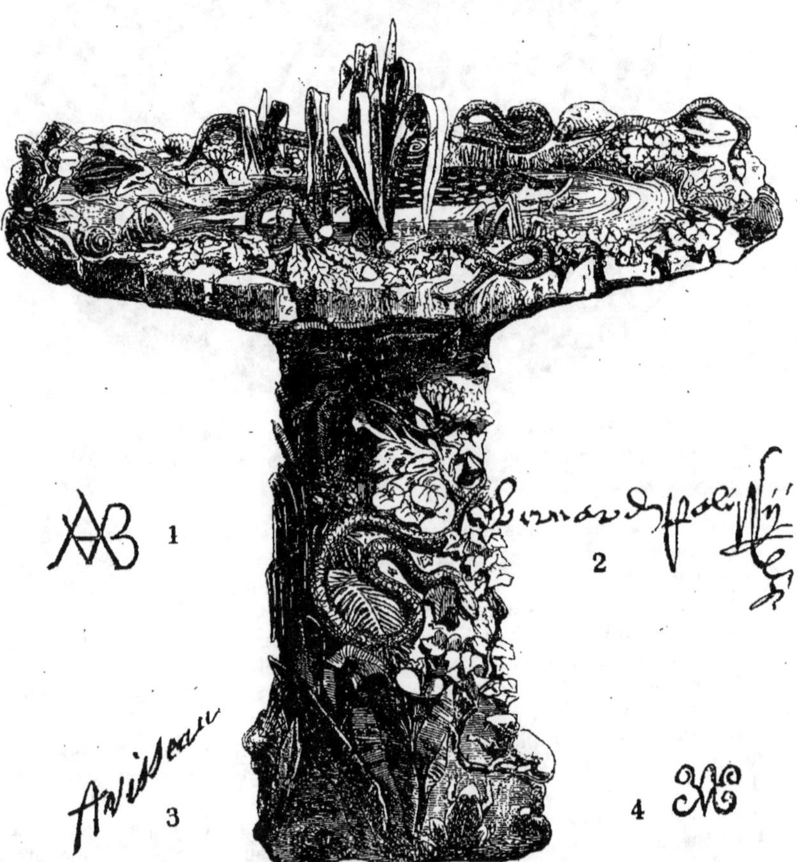

Fig. 115. — Forme modelée par C.-J. Avisseau, et décorée d'après les procédés de Bernard Palissy.

1 et 2, Monogramme et signature de Bernard Palissy (*Musée Carnavalet, Paris*).
3 et 4, Signature et monogramme de C.-J. Avisseau. (*Collection Edouard Rouveyre.*)

Tours ce 6 8bre 1845

Monsieur

Je vous demande bien pardon si je prends la liberté de vous écrire c'est pour remercier Monsieur des bontés que vous avez pour moi relativement à mes traveaux. Dernièrement le Conseil Générale a tenu à Tours à la Préfecture Mr Diard Procureur Général de la Cour Royale d'Orléans a eu la bonté de venir me prévenir qu'il fallait que je porte plusieurs pièces de mes traveaux à la Préfecture a seul fin que ces Messieurs les voient je ne puis vous en faire un plus long détail Vu que je crois bien que Monsieur en aura eu éveil sur le Journal d'Indre et Loire. Aussi Monsieur je vous ai mille obligations Car je crois bien Monsieur Sans votre protection l'on n'en s'en serait pas occupé bien mieux Vu qu'après la séance de ces Messieurs l'on a parlé d'un homme a qui l'on ne pensait nullement qui fait un abrégé de ces traveaux là Vu qu'il n'a été trois mois avec moi ce qui est bien peu de chose qui n'est même

L. 7*

pas modeleur il. seulement empailleur
et brocanteurs d'antiquités voilà
et parait qu'à Paris il en a vendu
à des antiquaires et l'on dit que c'est
moi. Ces ouvrages là n'approchant
nullement des miens mon nom et
mon chiffre étant sur tous mes ouvrag[es]
Monsieur il est venu des Dames de Sucis
qui m'ont dit qu'ils avaient des ... plats chez des marchands de Bric et de
Brac qui étaient peints et vernis
en couleurs factices je leur ai dit que
je n'avais fait aucun commerce avec
ces personnes la et que je garantissais
mes marchandises à l'eau chaude et dans
l'eau froide Voyez Monsieur? les mal
que l'on cherche à me faire auprès
au 2 Bansde pénibles recherches d'ailleurs
je laisse p[ar] Mr Brongnard de la fabrique de Sèvres
la vérification de mes émaux — et à vous
Monsieur toute ma confiance en vous seule

C'est que la grande pièce que j'avais
parlé à Monsieur je viens de la cuire
en biscuit ces jours ici sitôt qu'elle sera
cuite en émail j'en ferai part A Monsi[eur]

Je suis avec respect votre très
humble et très obéissant
serviteur Avisseau

Modeleur et émailleur rue St Maurice
n° 41 Tours

Monsieur nous avons reçu la visite de Mr
le Vte Hericart de Thury qui est venu
voir nos traveaux et il nous a dit
qu'il s'occuperait de moi pour mes traveaux

<hr>

TRANSCRIPTION LITTÉRALE DE LA LETTRE CI-DESSUS

Tours ce 6 8bre 1845

Monsieur

Je vous demande bien pardon si je prends la liberté de vous écrire
c'est pour remercier Monsieur des bontés que vous avez pour moi
relativement à mes traveaux. Dernièrement le Conseil générale a tenu
à Tours à la Préfecture M. Diard Procureur Général de la Cour
Royale d'Orléans a eu la bonté de venir me prévenir qu'il fallait
que je porte plusieurs pièces de mes traveaux à la Préfecture à seul
fin que ces Messieurs les voient je ne puis vous en faire un plus
long détail vu que je crois bien que Monsieur en aura eu éveil
sur le Journal d'Indre et Loire. Aussi Monsieur je vous ai mille
obligations car je crois bien Monsieur sans votre protection l'on
n'en s'en serait pas occupé (bien mieux) vu qu'après la séance de
ces Messieurs l'on a parlé d'un homme à qui l'on ne pensait nullement qui fait un abrégé de ces traveaux là vu qu'il n'a été trois
mois avec moi ce qui est bien peu de chose qui n'est même pas

modeleur seulement empailleur et brocanteurs d'antiquités (voila)
il paraît qu'à Paris il en a vendu à des antiquaires et l'on dit que
c'est moi. Ces ouvrages là n'approchant nullement des miens mon
nom et mon chiffre étant sur tous mes ouvrages Monsieur il est
venu des Dames de Paris qui m'ont dit qu'ils avaient vus de mes
plats chez des marchands de Bric et de Brac qui étaient peints et
vernis en couleurs factices je leur ai dit que je n'avais fait aucun
commerce avec ces personnes la et que je garantissais mes marchandises à l'eau chaude et dans l'eau froide Voyez Monsieur? les
mal que l'on cherche à me faire après 23 ans de pénibles recherches
d'ailleurs je laisse a M. Brongnard de la fabrique de Sèvres la vérification de mes émaux et à vous Monsieur toute ma confiance en
vous seule.

Tant qu'à la grande pièce que j'avais parlé à Monsieur je viens
de la cuire en biscuit ces jours ici sitôt qu'elle sera cuite en émail
j'en ferai part A Monsieur.

Je suis avec respect votre très humble et très obéissant Serviteur

AVISSEAU,

Modeleur et émailleur rue St Maurice n° 41 Tours

P. S. Monsieur nous avons reçu la visite de M^r le Vte Héricart
de Thury qui est venu voir nos traveaux il nous a dit qu'il s'occuperait de moi pour mes traveaux.

Au verso de la troisième page de cette lettre, qui fait partie de
notre collection d'autographes, se trouve la suscription ci-dessous :

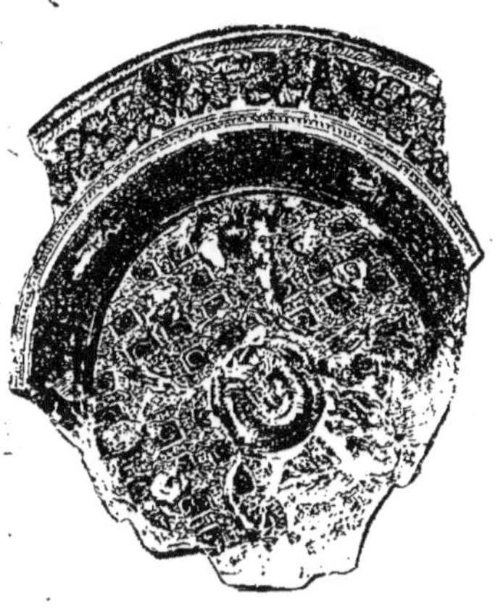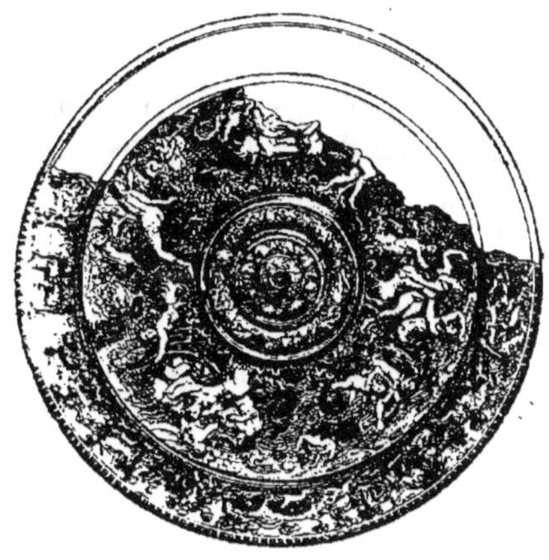

Fig. 116 et 117. — Fragments de plats, celui placé à droite, œuvre de Bernard Palissy.
Musée de la Manufacture nationale de Sèvres, et Musée du Louvre, Paris.

RECETTES ET PROCÉDÉS

POUR PARER A LA DIFFICULTÉ DE SE PROCURER
LES PRODUITS INDIQUÉS OU POUR SUPPLÉER A L'INEXPÉRIENCE
DES ANTIQUAIRES ET DES AMATEURS
NOUS AVONS VARIÉ LES RECETTES ET LES PROCÉDÉS

RÉPARATION DES FAYENCES DE BERNARD PALISSY.

La réparation est facile; la principale difficulté de l'art du réparateur consistant à réussir les fonds blancs; or ces fonds se rencontrent rarement dans les fayences de Palissy. On procède comme pour les fayences non vernissées, c'est-à-dire que, pour refaire les morceaux manquant, on prendra huit parties de plâtre à modeler, une d'ocre jaune et une d'ocre rouge en poudre, ainsi qu'une pincée de sel blanc; puis, on mélangera le tout ensemble à sec et on délayera dans un bol, avec un peu d'eau en observant que le mélange ne soit ni trop clair, ni trop épais. Après avoir laissé ce mélange se reposer quelques minutes, on en garnira, avec une spatule, la place où manque un morceau auquel on donnera la forme qui lui convient.

Les morceaux de fayences polychromes se raccordent avec de la peinture à l'huile contenant beaucoup de siccatif en poudre et très peu d'huile; l'émail de Bernard Palissy étant plus gras et plus épais, on pourra employer le vernis en passant une couche sur la pièce avant d'y poser les tons, ce qui n'empêchera pas de terminer par une nouvelle couche de vernis.

PRÉPARATION DE LA GOMME LAQUE PURE.

La gomme laque pure est brune, et se vend en feuilles; on ne la trouve pas prête à être employée; nous croyons utile d'en donner la préparation. On en prend dix grammes auxquels on ajoute un demi-gramme de soufre en poudre, et on fait fondre dans un vase au bain-marie. Lorsque le tout est fondu, on remue avec un bâton afin de bien mêler les deux substances, puis on verse dans l'eau tiède ; on obtient ainsi une matière épaisse et molle ; puis, la prenant ensuite avec les doigts, on l'allonge en bâtons qui se durcissent en refroidissant.

Cette gomme est utile pour les recollages qu'il faut faire de suite, car elle sèche très rapidement ; elle offre de plus un avantage sur les autres colles, c'est de résister parfaitement à l'eau.

RECOLLAGE A LA GOMME LAQUE PURE.

On ne peut y avoir recours ni pour les grandes pièces, ni pour celles cassées en beaucoup de morceaux ; en effet, comme tous les morceaux doivent être chauffés fortement, il ne serait pas possible de les ajuster.

La gomme laque est utile pour recoller des objets de peu de surface, comme l'anse d'un vase ou l'anse d'une tasse, le bouton d'un couvercle, etc. L'emploi en est très facile : on prend une lampe à esprit-de-vin sur laquelle on fait chauffer les morceaux assez forts pour que leur seul contact fasse fondre la gomme laque et remplisse la partie qui doit être recollée. Lorsque les deux morceaux sont chauffés, on les rapproche immédiatement en les ajustant bien, et on les tient ainsi une minute ; ce temps suffit pour que les morceaux adhèrent. Il faut éviter de chauffer la laque à la flamme de la lampe : elle perdrait sa qualité.

Ce recollage est pratique, surtout pour les objets qui peuvent être exposés à l'humidité : on l'emploie pour les porcelaines qu'il est impossible de percer, comme par exemple le vieux Sèvres. Il n'existe pas de meilleure manière de recoller ; mais il faut réussir du premier coup, sans quoi on serait obligé de recommencer. Lorsqu'on remet les morceaux au feu, la laque se brûle et ne colle plus.

Quand il existe, dans des vases ou autres pièces, des *trous*, des *coups de feu* ou des *fentes* qui empêchent d'y tenir de l'eau, le seul moyen de les boucher est d'employer la gomme laque. On fait chauffer la pièce, on y applique, sur les trous ou fentes, de la gomme laque ordinaire ; on la fait pénétrer et on l'étend ensuite avec une lame de couteau chauffée. Lorsqu'elle est refroidie, il suffit de gratter ou d'égaliser.

PRÉPARATION DE LA GOMME LAQUE BLANCHE.

La gomme laque blanche est moins solide que la gomme laque pure, mais, étant incolore, elle offre l'avantage de ne pas former tache et de recoller très proprement. Pour la préparer, on prend 10 grammes de gomme laque blanche, 3 grammes de mastic en larmes, et 1 gramme de térébenthine de Venise ; le tout, mis dans un petit vase au bain-marie, se fond et produit un mélange que l'on tire en bâtons, exactement comme le précédent.

PRÉPARATION DE LA GOMME LAQUE BRUNE LIQUIDE.

Cette gomme est très utile pour le recollage des pièces de fayence dans lesquelles il reste de l'humidité ce qui détériore les colles fortes et autres :

elle résiste à l'eau, et est très pratique pour les pièces qui ne peuvent être chauffées.

Pour préparer cette gomme, on met, dans un flacon en verre, de la gomme laque en feuilles, puis on remplit avec trois parties d'alcool à 40 degrés et une partie d'éther à 56 degrés, et on bouche avec un bouchon de liège, on laisse reposer quelques jours, et la dissolution est faite. Si elle est trop claire, on ajoute de la gomme laque en feuilles, afin de lui donner plus d'épaisseur et, par suite, plus de solidité.

Chaque fois que l'on se sert de cette gomme, on doit y ajouter quelques gouttes d'éther, afin d'accélérer la dessiccation; elle est à employer pour la plupart des recollages.

EMPLOI DE LA COLLE FORTE.

La colle forte, lorsqu'elle est bien préparée, est la meilleure de toutes les colles. Voici la manière de l'employer : on met, dans un pot, une partie de colle de Givet et une partie de colle de Flandre; on remplit d'eau froide, et on laisse reposer quinze heures; puis, on jette l'eau qui reste dans le pot et on le fait chauffer sans y ajouter d'eau, au bain-marie pendant deux heures; cette cuisson rend la colle limpide et claire.

Lorsque, au bout de quelque temps, la colle épaissira, on y ajoutera quelques gouttes d'eau du bain-marie pour la rendre assez liquide.

Lorsque la colle devient trop vieille, il faut la renouveler, sans quoi elle perdrait de sa solidité.

La colle forte est d'un bon usage, surtout pour les objets cassés qui comportent beaucoup de morceaux; car, étant très liquide, elle occupe peu de place et tous les morceaux y adhèrent facilement.

CIMENT POUR RECOLLER LA FAYENCE ET LA PORCELAINE.

On fait une dissolution assez concentrée de colle de poisson dans l'eau, à laquelle on ajoute un peu d'alcool et de la gomme ammoniaque, de manière à faire du tout une pâte très liquide. Pour s'en servir, on l'applique avec une petite spatule en bois sur les parties qu'on veut recoller; on les presse fortement l'une contre l'autre et on laisse sécher. On peut, du reste, remplacer la gomme ammoniaque par de la résine mastic en dissolution dans l'alcool.

MASTIC POUR RÉPARER LA PORCELAINE ET LA FAYENCE.

On prend 250 grammes de caillé de lait écrémé, on le lave jusqu'à ce que l'eau qui sert au lavage reste limpide; puis, après avoir exprimé toute l'eau, on mélange ce caillé avec six blancs d'œufs; d'un autre côté, on exprime le jus d'une quinzaine de gousses d'ail et on l'ajoute aux deux premières substances; on triture alors le tout fortement dans un mortier, en y ajoutant, par petites portions, de la chaux vive, en poudre très fine, de manière à obtenir une pâte sèche et bien liée.

Lorsqu'on veut se servir de ce mastic, on en prend une partie qu'on broie sur une glace avec une molette et un peu d'eau ; lorsqu'il est bien broyé, on le pose sur les fragments qu'on veut réunir ou dans les fentes que l'on veut boucher ; on ajuste avec soin, on fixe très fort les objets réunis et on laisse sécher à l'ombre. Ce mastic résiste au feu et à l'eau bouillante, si on a la précaution de le bien laisser sécher. Il convient aussi à la fayence, au verre et au cristal.

On désigne l'ensemble des produits céramiques sous le terme de *poterie* ; nous en empruntons la classification au
Traité des arts céramiques, publié par Alexandre Brongniart :

— I. Poteries à pâte tendre, argilo-sableuse, calcarifère, généralement fusible au feu de porcelaine.
1° *Terres cuites* (briques, tuiles, carreaux céramiques, alkrasas, pots à fleurs, terres cuites) : pâte argilo-sableuse, surface mate ; sans glaçure. — 2° *Poteries lustrées* : — glaçure mince silico-alcaline, (Poteries étrusques et grecques). — 3° *Poteries vernissées* : — glaçure plombifère (Avignon). — 4° *Poteries émaillées* (fayence commune, majoliques) : — glaçure stannifère.

— II. Poteries à pâte dure, opaque, argilo-siliceuse : infusible.
5° *Fayence fine* (terre de pipe) : pâte incolore ; glaçure vitro-plombique. — 6° *Grès-cérame* : — pâte colorée ; sans glaçure ou avec glaçure silico-alcaline.

— III. Poteries à pâte dure, translucide, argilo-siliceuse, alcaline.
7° *Porcelaine dure* : — pâte kaolinique ; glaçure feldspathique. — 8° *Porcelaine pâte tendre naturelle* (demi-porcelaine) : — pâte argilo-saline, phosphatique, kaolinique : glaçure vitro-plombique, boracique. — 9° *Porcelaine pâte tendre artificielle* (dite « pâte tendre) » : — pâte marno-saline, frittée : glaçure vitro-plombique. Terres vernissées vert de cuivre.

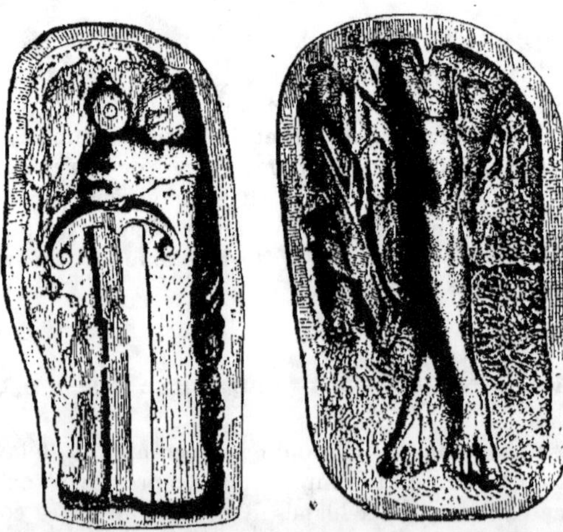

Fig. 118 et 119. — Moules provenant des ateliers de Bernard Palissy, découverts dans des fouilles exécutées au Palais des Tuileries, à Paris.

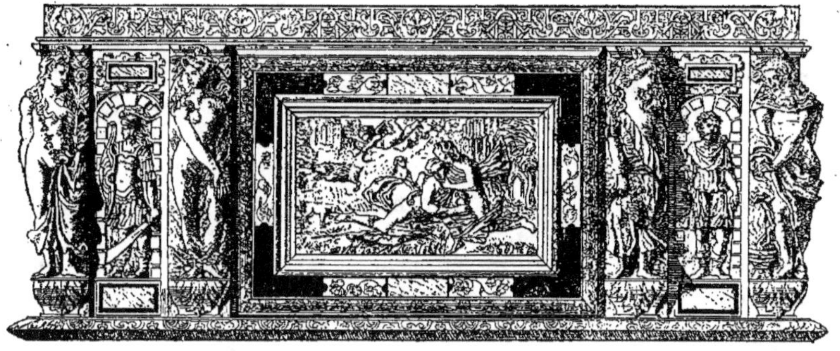

Fig. 120. — Face d'un coffre représentant, en bas-relief, la *Mort d'Adonis*. Quatre *cariatides* tenant des fleurs, entre lesquelles des niches occupées par les figures de *Mars* et de *Vulcain* sont ménagées, complètent cette décoration.

L'amour de l'Art, quelle que soit l'expression qu'il choisisse pour se manifester, s'identifie toujours avec l'amour de la Patrie (1).

L. ROGER-MILÈS.

ANALYSE ET COMPRÉHENSION
DES
ÉCOLES PROVINCIALES DU MEUBLE FRANÇAIS
★
– SEIZIÈME SIÈCLE ET DIX-SEPTIÈME JUSQU'EN 1614 –

LE SCULPTEUR S'EMPARE DU MEUBLE
TOUT SE RÈGLE SUR LES MAITRES DE L'ŒUVRE ARCHITECTURALE

Les meubles des époques Charles huit et Louis douze marquent la transition de l'inspiration chrétienne et mystique, déjà bien altérée par l'orientalisme vénitien, à la conception grecque et romaine du beau rénovée par l'Italie.

Ceux du seizième siècle témoignent du goût scrupuleux et de l'habileté des huchiers français. La solidité, l'utilité et ce que, au dix-septième siècle, on désignera sous le terme de commodité, en sont les principes.

La diversité du style de ces meubles dénote un travail étudié par des compagnons habiles, instruits des secrets de leur métier.

Ces artisans, ornemanistes et décorateurs, étaient imbus des

(1) Cf. *Discours* prononcé le 4 août 1898, par M. L. ROGER-MILÈS, délégué du Ministre de l'Instruction publique et des Beaux-Arts, à la distribution des prix des Ecoles Académiques et de l'Ecole de Musique de la ville de Douai.

idées dominantes de leur époque et savaient les interpréter. Leur science théorique de l'art du meuble, résultant de leur séjour dans différents ateliers provinciaux, où ils avaient travaillé au cours de leur tour de France, se modifiait en même temps que la civilisation elle-même ; de là, le caractère tranché, toujours pittoresque, de ces œuvres puissantes et gracieuses où la fantaisie, subordonnée à une conception générale de l'Art, est l'expression de la vie publique et privée de leurs contemporains.

Lorsque, de l'époque où nous vivons, nous tournons nos regards vers le passé, pour étudier les diverses formes que revêtirent les édifices et les œuvres d'art des quinze ou seize derniers siècles, et en opérer le classement, nous sommes dans un état d'esprit tout différent de celui où se trouvaient les témoins de ces modifications.

La généralisation est plus facile, elle est même inévitable pour ceux qui peuvent arriver à résoudre toutes les conditions du problème, analyser et comprendre les mœurs, usages et coutumes, que nos ancêtres ont vu lentement se développer.

Indépendamment de l'esprit philosophique qui appartient aux Temps Modernes, certains faits nous frappent. C'est ainsi que nous voyons, au treizième siècle, la forme ogivale traduite en différentes manières, et décorée d'ornements en tous genres, caractériser les arts de ce siècle. Recherchant alors ses destinées ultérieures, nous la suivons à travers les quatorzième et quinzième siècles, jusqu'au commencement du seizième où elle disparaît.

Sans un ordre chronologique absolu, la période dite *Renaissance française* comprend trois époques : — 1° Union des styles, nombreux emprunts aux styles royaux Charles huit et Louis douze ; — 2° Mélange de l'art italien et de l'art français ; — 3° Manière grave, simple et sévère.

Si l'architecture en Italie, la peinture dans les Flandres, la sculpture en France, manifestent une tendance nouvelle dès la fin du quatorzième siècle, c'est vers le milieu du quinzième, en 1453, dès la prise de Constantinople par Mahomet II, septième empereur des Turcs, surnommé Bojuc, c'est-à-dire le Grand, que s'unissent ces efforts pour créer une *Renaissance des arts*.

En désignant cette période sous le nom de *Renaissance*, période qui commença en Italie, presque un demi-siècle avant son introduction en France à la suite des guerres d'Italie et des expéditions des rois Charles VIII, Louis XII et François Ier, les historiens ont exprimé une idée très juste, car c'est bien l'*Antiquité* qui renaît avec tous ses souvenirs profanes, et le culte de la beauté naturelle. Le Moyen-Age exigeait avant tout des beaux-arts, un enseignement moral et religieux ; la Renaissance leur demanda un éblouissement pour les yeux, un plaisir pour l'intelligence, Elle embrasse, dans une immense évolution, la société tout entière et marque, de son cachet, les œuvres et les objets d'art.

Les *menuisiers*, les *verriers*, les *enlumineurs*, les *potiers*, les *charpentiers de la grande cognée*, ne sont plus, comme au Moyen-Age, d'obscurs artisans qui meurent inconnus dans la ville qui les a vus naître ; les rois et les plus hauts personnages les appellent auprès d'eux.

Les objets les plus vulgaires, les assiettes, les serrures, les plats, sont transformés en œuvres d'art. Le génie païen de la Grèce et de Rome met partout son empreinte ; les figures de la *Bible* et de l'*Apocalypse* font place aux figures mythologiques. Silène reparaît sur les aiguières et les hanaps, traîné, comme sur les coupes grecques, dans un char attelé de panthères et de lynx. Les faunes aux pieds de bouc, font cortège à Bacchus sur les tapisseries, et les cavaliers romains se battent sur les émaux.

Les sciences et les arts, sécularisés, se vulgarisent, se répandent. Les alchimistes ne s'enferment plus, comme au Moyen-Age, dans la recherche de la pierre philosophale et de l'or potable. Ils appliquent, aux métiers, leurs connaissances sur les combinaisons et les transmutations des corps, parce que l'industrie leur donne cet or qu'ils demandaient en vain aux formules de la Table d'Emeraude des philosophes, et aux conjonctions des astres.

Les procédés de fabrication qui, jusqu'alors, avaient été tenus secrets, sont divulgués par l'imprimerie ; les guerres de religion (1562-1629), la misère et la famine, n'arrêtent pas plus le progrès des arts que ne l'avaient fait, dans le siècle précédent, les guerres des Anglais et des ducs de Bourgogne, car le génie de la France survit à toutes les catastrophes : « France du passé et France du présent, une et indivisible dans son Histoire, et qui constitue le patrimoine commun de toutes les philosophies, de toutes les périodes et de toutes les classes », tel que l'a proclamé M. René Besnard, le distingué ambassadeur de France à Rome.

Les guerres d'Italie et les fréquents rapports, qui s'étaient établis entre la France et la Péninsule, contribuèrent, dans une large mesure, aux progrès qui se sont accomplis au seizième siècle. Charles VIII avait à peine franchi les Alpes qu'il songeait déjà à utiliser les peintres et les artisans italiens. « J'ai trouvé en ce pays, écrivait-il, plusieurs artisans et aussy des meilleurs peintres, pour faire aussi beaux planchers qu'il est possible... pourquoi je m'en fourniray et les mèneray avec moi pour en faire à Amboise. » En attendant que le moment fût venu de faire les planchers à Amboise, le roi fit transporter en France des tapisseries, des statues, des meubles précieux, pour orner les résidences royales. François Ier attira les artisans italiens dans son royaume et les rétribua largement. Les artisans français ne voulurent pas rester tributaires des étrangers, et notre Ecole nationale se montra capable de rivaliser avec eux.

Quoique la législation des métiers fût encore la même qu'au Moyen-Age, les rois y dérogèrent souvent et favorisèrent, par des concessions libérales, l'initiative des inventeurs qui perfectionnaient les procédés de fabrication. Ils les autorisèrent à faire autrement que l'exigeaient les *statuts des métiers*, et on trouve, au seizième siècle, de nombreux privilèges admettant l'emploi de formules nouvelles.

Les corporations ne manquaient jamais de protester ; elles intentaient des procès aux artisans qui s'écartaient de leurs anciens usages ; mais les rois, de leur côté, se montraient presque toujours favorables aux innovations et, sous ce rapport comme sous bien d'autres encore, ils étaient en avance sur leur temps.

Dès l'avènement du roi François Ier (1515), la *Renaissance* triomphe ; des artisans italiens renouvellent en même temps l'architecture, la sculpture, la peinture, créent un style d'une élégance achevée ; l'Occident s'éprend d'une nouvelle beauté.

L'art de la période ogivale cependant, ne s'efface pas encore entièrement ; ses belles lignes droites, élancées comme des flèches, fleuronnées ou en ogives, se proportionnent aux délicatesses des constructions néo-grecques, et l'uniformité sévère des frontons, des portiques, des péristyles, est heureusement variée, égayée par les enroulements des rinceaux. Les figures grimaçantes des mascarons, les cariatides des soubassements, les chimères, les sirènes, les centaures, sont placés avec une profusion discrète sur toutes les parties unies des édifices et des meubles.

Puis, dans la décoration, la mythologie prend la place du christianisme : la nudité des Vénus succède à la chasteté des Vierges, l'amour et le plaisir tiennent lieu des suggestions de la foi.

Le sculpteur s'empare du meuble, tout se règle sur les maîtres de l'œuvre architecturale. Les meubles de la période dite Renaissance, dessinés par les architectes des palais royaux et des maisons seigneuriales représentent, en raccourci, leurs œuvres préférées. Le travail du bois, fouillé, chantourné, acquiert un plus haut degré de perfection. Déjà l'industrie lui vient en aide ; Jean de Vérone introduit, en France, la manière de teindre le bois en diverses couleurs, et voici qu'apparaît la marqueterie.

Si le seizième siècle ne fut pas le Grand Siècle de la France il ouvrit, du moins en les annonçant, les temps glorieux d'une civilisation nouvelle et en fut le précurseur.

Tout se réveille, tout s'anime à la fois ; la lumière se répand avec une force égale sur une génération de penseurs profonds et d'esprits charmants : les érudits et les savants se comptent nombreux ; les grands prosateurs, les conteurs ingénieux, viennent de naître ; et les poètes brillent et se réunissent en pléiades.

Un souffle inspirateur s'élève de l'Italie et féconde, comme par enchantement, le génie des architectes et des sculpteurs français.

Au milieu de ce concours de talents si divers, les esprits obéissent de toutes parts à l'élan qui les entraîne. Bientôt il ne restera plus rien des vestiges du Moyen-Age : les mœurs, coutumes et arts de cette période disparaîtront rapidement.

Les idées nouvelles ont créé des usages nouveaux ; d'une éducation toute littéraire naissent les jouissances élevées de l'esprit ; le sentiment délicat des arts se montre et, avec lui, le sentiment de la vie élégante ; les mœurs publiques ont pris plus d'urbanité et de douceur ; la passion pour la belle compagnie pénètre de toute part ; la conversation est devenue un besoin ; les grands seigneurs, les femmes, les artisans et les lettrés, se rapprochent ; on se cherche, on se réunit sans se confondre, enfin la société polie est formée : elle nous apparaît pour la première fois.

Son langage n'est pas encore complètement épuré ; il laisse échapper de temps à autre quelque vice de goût ; une certaine gaillardise lui donne parfois une audace dangereuse ; mais sa naïveté fait pardonner sa licence et quand, un siècle après, une société plus raffinée atteindra la perfection des nobles manières et du bien dire, le naturel et l'abandon seront regrettés.

Ce n'est pas seulement au palais de Fontainebleau, dans les châteaux de Chambord ou de Chenonceaux que nous trouverons le monde brillant du seizième siècle ; là il se manifeste, il est vrai, dans son plus vif éclat au milieu d'une Cour qui forme autour de François Ier, de Henri II ou de son épouse, Catherine de Médicis, un cortège d'esprits charmants et de femmes élégantes ; mais ce goût naissant pour la belle compagnie ne s'arrête pas à la Cour, il franchit rapidement les demeures royales où il a pris naissance ; à Anet, à Josselin, à Chaumont, il anime les châteaux de la duchesse de Valentinois, des Rohan et des Bouillon ; il vole de tourelle en tourelle et s'introduit jusque dans les manoirs de la noblesse des provinces. Arrivée à cette limite extrême du pays qu'elle a conquis, la vie du seizième siècle n'est plus qu'un écho affaibli de la vie du souverain et des grands seigneurs dans les résidences princières, mais elle en reste l'écho fidèle.

Pour être vu dans ses proportions réduites, le tableau n'en conserve pas moins la vérité du modèle. Bien plus, c'est peut-être dans le milieu où se cache, loin d'un monde d'apparat, une société jusqu'alors oubliée, que notre esprit préfère pénétrer; c'est là que l'attendent les découvertes les plus inattendues, les observations les plus attachantes.

Il existe une notable différence entre les progrès des sciences et les triomphes de l'art; ceux-là sont continus, durables, ceux-ci sont personnels, passagers et, souvent, leur décadence suit de très près une époque de gloire.

Les guerres civiles et religieuses, qui ensanglantèrent les dernières années du seizième siècle, avaient arrêté à peu près tous les grands travaux; mais une société, élevée dans le goût des arts et habituée au luxe, ne peut y renoncer subitement, et si les guerres interdisent les entreprises de longue durée, on se rejette sur les fêtes, le luxe de l'ameublement, des costumes, et sur tout ce dont on peut jouir rapidement.

Ce fut ce qui arriva : nos artisans français n'ayant plus de palais à édifier, de châteaux à construire, décorèrent des salles de bal, sculptèrent des meubles, dessinèrent des étoffes, ciselèrent des bijoux, damasquinèrent des armes et des armures, etc.

Sous le dernier Valois (1574-1589) le luxe fut porté à l'excès et le goût italien, qui dominait, devint de plus en plus raffiné, jusqu'à ce qu'il perdît le sentiment de pureté et de délicatesse, si remarquable pendant la deuxième époque de la Renaissance. Malgré cette décadence le roi Henri III, qui avait un entendement profond des arts, encouragea des travaux remarquables tels que les Tuileries à Paris, et quelques parties importantes du palais de Fontainebleau.

L'éducation reçue par Henri de Bourbon n'était pas faite pour développer en lui un sentiment très intelligent du beau; plus tard, sa vie au milieu des milices protestantes étouffa les goûts que son séjour à la Cour de France aurait pu faire naître en lui.

Pour faire prospérer les arts dans un pays, il ne suffit pas au souverain de les protéger et de les encourager, il doit, avant tout, les comprendre. Henri IV (1589-1610) ne fut qu'un grand bâtisseur; il laissa disparaître les derniers artisans de la Renaissance, comprenant mieux le *style flamand*, dont les formes et l'ornementation, un peu massives, lui paraissaient avoir plus de grandeur que celles de la troisième époque de la Renaissance.

Un nouveau style se produisit alors, empruntant aux Flandres et à l'Italie leurs manières; mais, tandis que les disciples de Michel-Ange, en exagérant les formes déjà très tourmentées du Maître, étaient tombés en pleine décadence, les artisans flamands avaient adopté une ornementation sans lignes accusées.

De ces deux tendances sortit un style bâtard qui servit de transition au style Louis treize. Sous la régence de Marie de Médicis (1610-1617), des artisans, la plupart d'origine étrangère, n'offrent, dans leurs œuvres, que de légères différences. Salomon Debrosse, à qui on doit le palais du Luxembourg (1615-1620), et le portail de l'église Saint-Gervais, à Paris (1616), type des portails d'église pendant près de deux siècles, est un des rares *architecteurs* ayant conservé le sentiment des belles proportions.

LA DIVISION PROVINCIALE

FUT D'UNE GRANDE UTILITÉ AU DÉVELOPPEMENT DE L'ART

La division provinciale, qui fut d'une si grande utilité au développement de l'Art et a servi pour le caractériser, ne fut jamais plus nettement délimitée qu'à l'époque où prit naissance la première École française, c'est-à-dire sous Philippe IV, dit Le Bel, en 1302, lors de la première réunion des États généraux et du Parlement.

Chaque province, ayant son gouvernement, avait son unité et cultivait un esprit particulier.

Paris, alors, ne dominait point les provinces et n'offrait pas, aux artisans, une École constituée. Les artisans travaillaient, sinon dans la ville où ils étaient nés, du moins, au retour de leur tour de France, peu en dehors des limites de leur province, et créaient ainsi des œuvres ayant un caractère d'art spécial.

Il ne faut pas perdre de vue que les races diffèrent en France du Nord au Midi, de l'Ouest à l'Est, et que l'esprit, jadis comme de nos jours, y variait : autant de climats, autant de tempéraments, et les artisans du Nord ou de l'Ouest ne créèrent pas des œuvres d'art ayant la même conception que celles dues aux artisans du Midi ou de l'Est.

Lorsque nous publierons nos documents relatifs aux *Écoles du meuble au dix-huitième siècle*, nous verrons qu'en 1789, il coexistait, en France, trois divisions administratives : 1°, Division en Circonscriptions Ecclésiastiques ; 2°, Gouvernements militaires, vulgairement appelés Provinces ; 3°, Généralités et Intendances.

Il y avait trente-deux Grands Gouvernements et huit petits enclavés dans les Provinces ; c'est ainsi que, parmi les Provinces, on ne trouve pas seulement des divisions importantes, telles que la Bourgogne, la Bretagne, la Guyenne, la Normandie, mais encore des divisions de moindre importance qui s'y trouvaient enclavées (consulter la note pages 70 et 71).

La division en Gouvernements militaires était, pour ainsi dire, la *division historique*, celle qui conservait le souvenir des annexions et, par suite, la formation de l'unité territoriale de la France.

Les provinces centrales, sans cesse parcourues par les armées, furent lentes à s'organiser ; mais, lorsque la royauté fut devenue plus forte, l'ordre ne tarda pas à remplacer le chaos féodal.

François Ier (1515-1547) institua neuf gouvernements militaires : la Normandie, la Guyenne, le Languedoc, la Provence, le Dauphiné, la Bourgogne, la Champagne et la Brie, la Picardie, l'Ile-de-France.

Sous Henri III (1574-1589), le nombre de ces gouvernements fut augmenté de trois : la Bretagne, le Lyonnais, l'Orléanais ; enfin, après

Louis XIV, il y eut quarante gouvernements, trente-deux grands gouvernements et huit petits.

De ces quarante provinces, la Révolution fit quatre-vingt-trois départements ; elle remplaça par une pure détermination administrative, les

CARTE DE FRANCE (FRANCIA), DRESSÉE AU SEIZIÈME SIÈCLE — 1570

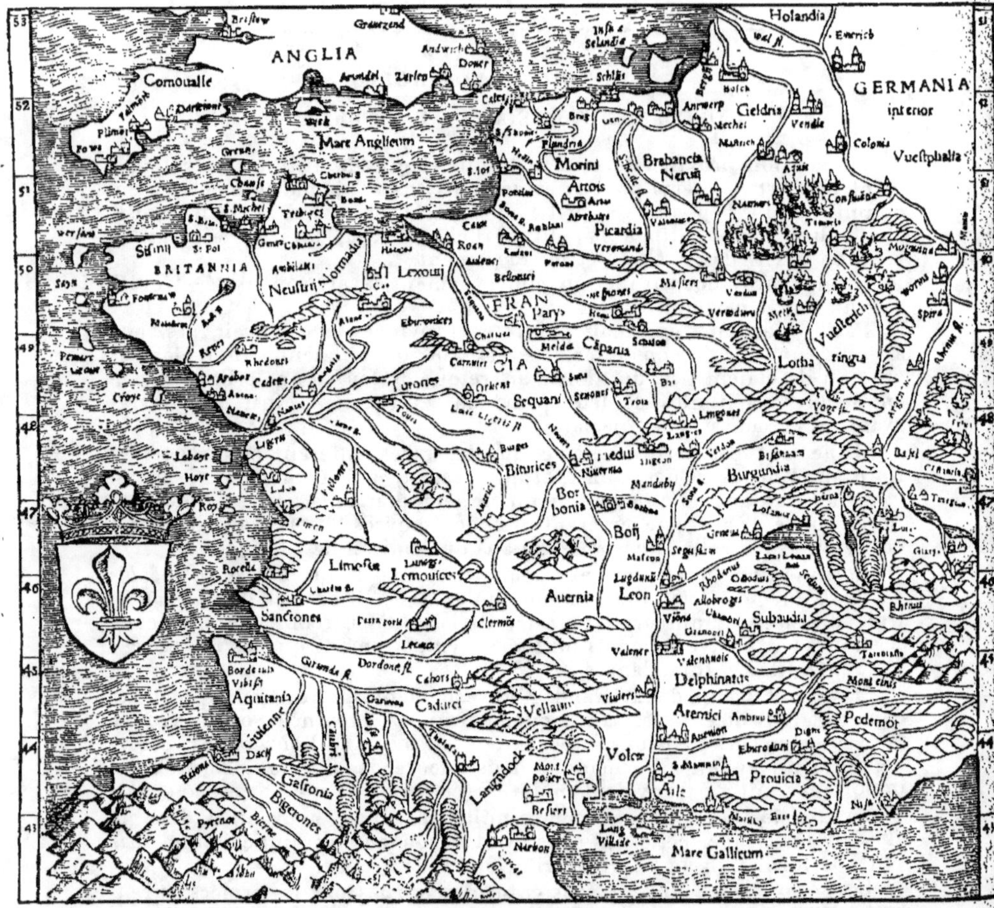

Fig. 121. — Document témoignant du manque de précision géographique, faute de points fixes ou de lignes de repère auxquels on pût rapporter les situations relatives des villes, délimiter les provinces et situer le millier de petits fiefs, dont les noms subsisteront jusqu'en 1789, tels qu'ils existaient au seizième siècle.

C'est au seizième siècle que l'abus (dont cette carte offre un exemple), de latiniser les noms, surnoms, mots techniques, devint général. Dans son *Historia sui temporis*, mise à l'index en 1609, l'historien Jacques-Auguste de Thou (1553†1617), en fit un usage immodéré. Ce fut Louis XII qui introduisit, le premier, le français dans les tribunaux ; François 1er, en 1529, l'ordonna pour les jugements et les actes publics. Depuis les Traités de Nimègue (1678-1679), la langue française a servi petites nationalités provinciales qui entretenaient la France dans la division. Ainsi fut créée l'unité française, c'est-à-dire la France même.

Si la géographie fixe les événements au sol, à plus forte raison est-elle indispensable pour aider à la compréhension de la marche de l'Art, marche lente mais irrésistible, en des temps assez reculés pour être imprécisée.

L'Europe du Moyen-Age doit à la France de s'être remise en marche ; c'est à son foyer, où se sont réunis et confondus les trois éléments : romain, chrétien, germanique, qu'elle est redevable de sa civilisation moderne.

Jusque vers la fin du seizième siècle, les routes, n'existant pour ainsi dire que de nom, ne présentant que des sentes, des pistes ou des vestiges d'anciens chemins de l'Empire romain ; les artisans, routiers d'art courant les chemins à l'aventure, se liant, se quittant, se retrouvant, allaient travailler d'une province à l'autre, sans autre itinéraire que des cartes, des *tables* comme on disait à cette époque, inexactes, fort incomplètes, ne pouvant rendre que de médiocres services, ou indiquant à peine la position relative des provinces, leur étendue, la situation des villes, le cours des fleuves, ainsi que l'on s'en rendra compte par la représentation que nous en donnons ci-contre, fig. 121.

C'est pendant les dernières années du règne de Henri III (1574-1589) qu'un peu d'ordre fut mis dans ce désordre ; les administrations provinciales durent se plier à des *ordonnances royales* qui avaient en vue l'intérêt général ; mais, il faut arriver au dix-huitième siècle pour rencontrer une organisation sérieuse des ponts et chaussées.

DÉNOMINATIONS ET CONTOURS DES ANCIENNES PROVINCES

ACCROISSEMENT GRADUEL ET FIGURÉ DU TERRITOIRE FRANÇAIS
DEPUIS HUGUES CAPET (987-996) JUSQU'EN 1815

La Gaule, après être demeurée plus de quatre siècles au pouvoir des Romains, leur fut conquise au commencement du cinquième par trois nations barbares ; les *Visigoths*, qui habitèrent le sud ; les *Bourguignons*, qui s'établirent dans l'est ; et les *Francs* qui se saisirent du nord ; ces derniers, en peu de temps, anéantirent ou chassèrent les deux autres, donnèrent à la plus grande partie de la Gaule le nom de France, et fondèrent une monarchie, sous trois dynasties différentes, la Mérovingienne, la Carolingienne, et la Capétienne.

La première posséda tout le territoire français ; la deuxième perdit presque tout par les abus du système féodal ; la troisième, par une poli-

(Suite de la note Carte fig. 121). — d'instrument diplomatique pour les conventions internationales importantes. Ce n'est guère qu'au dix-septième siècle que le français atteignit toute sa perfection, grâce à laquelle la langue du Siècle de Louis XIV est devenue classique. « Elle fut, écrit Charles Nodier (1780 † 1844), tout ce que peut être une langue à son apogée, tout ce qu'une langue n'est jamais deux fois, pleine de simplicité dans sa force et sa grandeur, de modération dans ses conquêtes, et de prudence dans son audace. »

2 — D. 9

DÉNOMINATIONS ET CONTOURS DES ANCIENNES PROVINCES

ACCROISSEMENT GRADUEL ET FIGURÉ DU TERRITOIRE FRANÇAIS
DEPUIS HUGUES CAPET (987-996) JUSQU'EN 1815

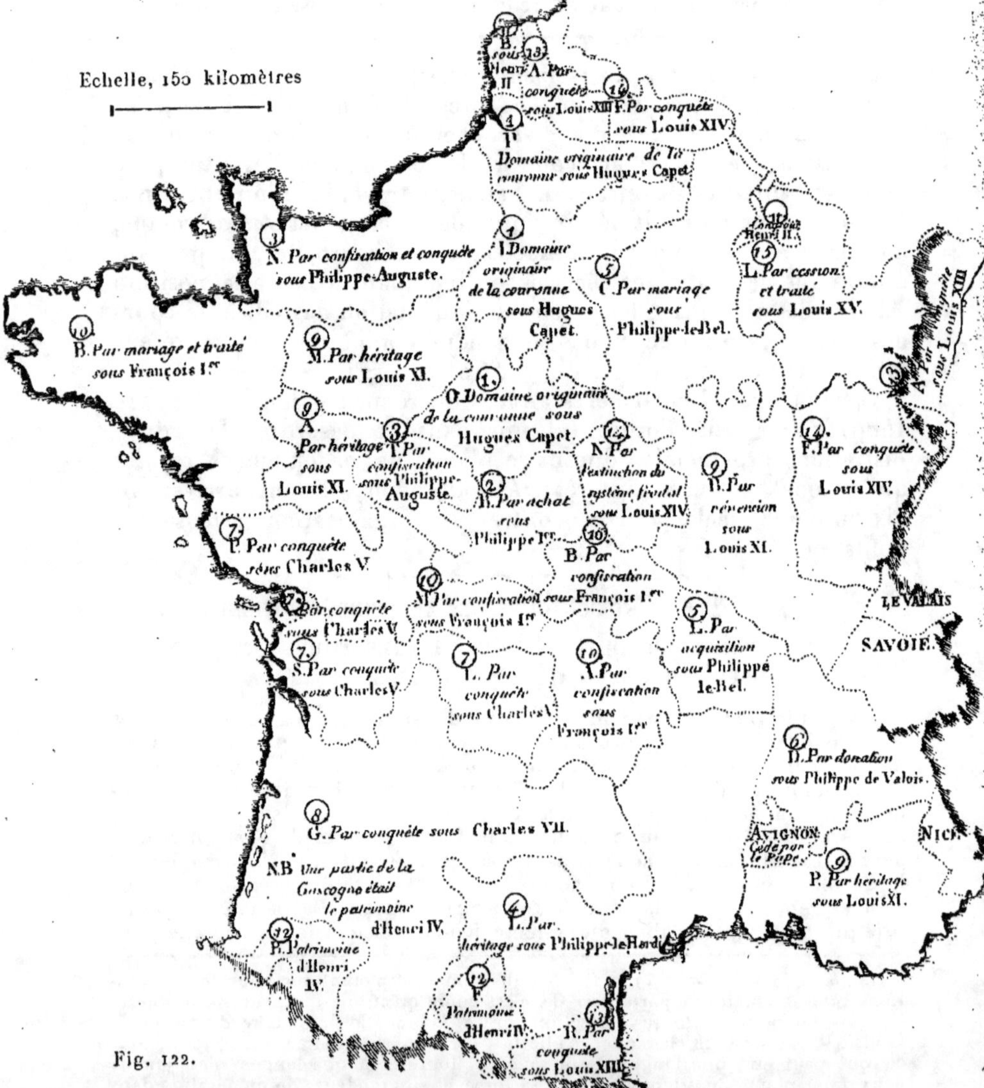

Fig. 122.

LE CHIFFRE ENCERCLÉ DONNE L'ORDRE NUMÉRIQUE DE LA RÉUNION
LA MAJUSCULE PLACÉE EN DESSOUS EST L'INITIALE INDIQUANT LE NOM DE LA PROVINCE

tique non interrompue et une longue suite de succès, a recouvré et organisé de nouveau, en un seul corps, les démembrements épars des deux tiers de la Gaule. Ce sont ces réunions graduelles, auxquelles on a ajouté les acquisitions confirmées par un grand nombre de traités jusqu'en 1814 et 1815, que la carte ci-contre (fig. 122) montre et précise.

Il faut y observer : 1° *Les initiales* indiquant le nom des provinces qu'on trouve mentionnées ci-dessous ; — 2° *Le chiffre* placé immédiatement au-dessus de l'initiale, donnant l'ordre numérique dans lequel chaque province a été réunie au domaine originaire ou primitif.

EXEMPLES

— La province à l'ouest, marquée B, avec *un 10 précisément* au-dessus, veut dire *Bretagne, dixième* réunion opérée par *mariage et traité.*

— La province placée au-dessus, marquée N, avec un 3 au-dessus, signifie *Normandie, troisième* réunion opérée par *confiscation et conquête.*

— La province à l'est de celle-ci, marquée d'un I avec un *1* au-dessus, veut dire *Ile-de-France,* partie du *domaine originaire ou de la couronne.*

1, **P**, Picardie ; **I**, Ile-de-France ; **O**, Orléanais. — *2,* **B**, Berry. — *3,* **N**, Normandie ; **T**, Touraine. — *4,* **L**, Languedoc. — *5,* **C**, Champagne ; **L**, Lyonnais. — *6,* **D**, Dauphiné. — *7,* **P**, Poitou ; **A**, Angoumois ; **S**, Saintonge ; **L**, Limousin. — *8,* **G**, Guyenne. — *9,* **M**, Maine ; **A**, Anjou ; **B**, Bourgogne ; **P**, Provence. — *10,* **B**, Bretagne ; **B**, Bourbonnais ; **M**, Marche ; **A**, Auvergne. — *11,* Les trois Evêchés, Metz, Toul, Verdun. **B**, Boulonnais. — *12,* **B**, Béarn ; **F**, Comté de Foix. — *13,* **A**, Artois ; **A**, Alsace ; **R**, Roussillon. — *14,* **F**, Flandre ; **F**, Franche-Comté ; **N**, Nivernais. — *15,* **L**, Lorraine.

Des grandes provinces comprennent des subdivisions, dont la réunion n'a pas toujours suivi celle de la province dont elles font partie ; ce sont des détails que le format de notre carte ne nous a pas permis d'admettre.

— Quelques provinces ayant été réunies ou séparées plusieurs fois, la carte ne précise que la réunion solennelle ou finale.

— Il est encore utile de faire connaître des distinctions qui aideront à concilier des contradictions, qu'on rencontre dans différents auteurs au sujet des réunions. Plusieurs souverains ont joui de leurs acquisitions comme patrimoine particulier, sans les réunir à la Couronne ; c'est, quelquefois, leur successeur qui a proclamé cette réunion : sur ces deux points reposent beaucoup de contradictions parmi les historiens, *les uns ayant fixé pour la réunion la date de l'acquisition,* tandis que d'autres *ont pris celle de l'incorporation solennelle.*

Nous avons donné la préférence *aux premiers,* parce que leur méthode se trouve plus liée aux événements importants de l'Histoire.

AU SEIZIÈME SIÈCLE IL N'EXISTAIT QUE DOUZE PROVINCES FRANÇAISES

Avant de présenter la *division de la France en douze gouvernements militaires, ayant formé douze provinces au seizième siècle et au dix-septième, jusqu'en 1614 inclusivement,* il y a intérêt, sinon à faire leur histoire, du moins à les délimiter. Ce sont celles qui, traversées par cinq grands

CARTE DES DOUZE PROVINCES FRANÇAISES AU SEIZIÈME SIÈCLE

★ portant, pour plus de clarté, les limites des départements englobés en 1789 ★

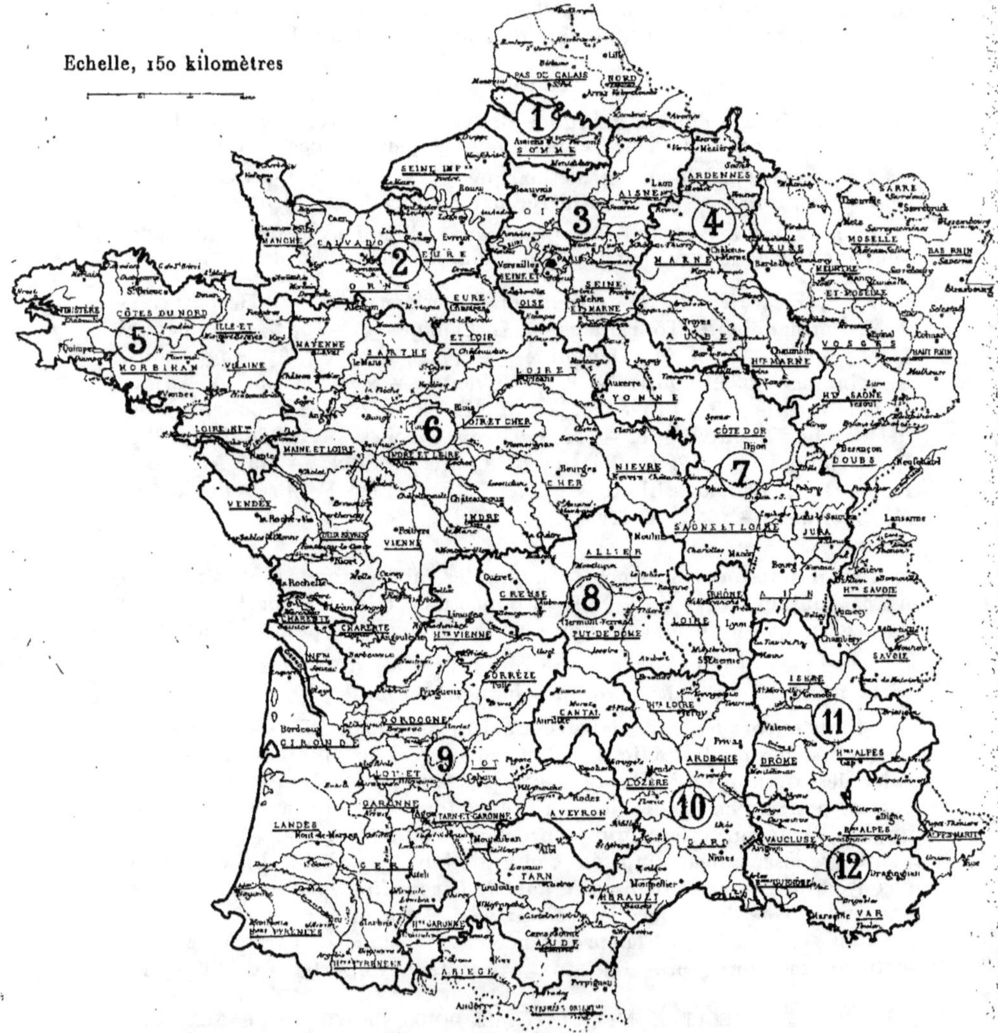

Les cartes spéciales à chaque province, division depuis 1789, sont représentées pages 71 à 125.

Fig. 123. — Quelles que soient les dimensions d'une carte géographique, l'inscription de tous les noms présenterait une telle confusion, qu'il serait, parfois, difficile de trouver celui cherché, sans compter que ces noms seraient souvent défigurés ou rendus illisibles par le tracé topographique.

L'emplacement qu'occupent les diverses localités, étant nécessairement difficile à préciser par l'inscription du nom de chacune d'elles, il en résulterait des erreurs inévitables.

fleuves courant vers tous les points de l'horizon, ont le plus longtemps gardé le culte des vieilles choses et sont elles-mêmes les plus anciennes terres de la France et du monde.

Les provinces de l'ouest, qui penchent vers l'Atlantique et ses brumes, sont encore plus pauvres d'artisans que l'Angleterre. « Il semble, au contraire, écrit Victor Duruy, qu'un reflet de la Grèce et de l'Italie

DIVISION DE LA FRANCE EN GOUVERNEMENTS MILITAIRES
VULGAIREMENT APPELÉS PROVINCES
EN USAGE AU SEIZIÈME SIÈCLE ET AU DIX-SEPTIÈME, JUSQU'EN 1614

LE N° D'ORDRE, PLACÉ AVANT LE NOM DE CHAQUE PROVINCE RENVOIE A CELUI INDIQUÉ, DANS UN CERCLE, SUR LA CARTE CI-CONTRE.

LE CHIFFRE EN CARACTÈRE GRAS, **1**, Somme, DONNE LE NOMBRE DES DÉPARTEMENTS QUE CHAQUE PROVINCE A FORMÉS EN 1789.

1. — PICARDIE. — **1**, Somme. — Voir page 71.

2. — NORMANDIE. — **5**, Calvados, Eure, Orne, Manche, Seine-Inf. V. p. 77.

3. — ILE-DE-FRANCE ET BRIE. — **5**, Aisne, Oise, Seine, Seine-et-Oise, Seine-et-Marne. — Voir page 83.

4. — CHAMPAGNE. — **4**, Ardennes, Aube, Marne, Haute-Marne. V. p. 93.

5. — BRETAGNE. — **5**, Côtes-du-Nord, Finistère, Ile-et-Vilaine, Loire-Inférieure, Morbihan. — Voir page 99.

6. — ORLÉANAIS. — **15**, DEÇA LA LOIRE : *Maine*, **2**, Mayenne, Sarthe ; *Beauce*, **2**, Eure-et-Loir, Loir-et-Cher. — DESSUS LA LOIRE : *Niver-nais*, **1**, Nièvre ; *Orléanais*, **1**, Loiret ; *Blaisois* (partie du Loir-et-Cher) ; *Touraine*, **1**, Indre-et-Loire ; *Anjou*, **1**, Maine-et-Loire. — DELA LA LOIRE : *Poitou*, **3**, Deux-Sèvres, Vendée, Vienne ; *Aunis*, **1**, Charente-Inférieure ; *Angoumois*, **1**, Charente ; *Berry*, **2**, Cher, Indre. V. p. 102.

7. — BOURGOGNE ET BRESSE. — **5**, Ain, Côte-d'Or, Saône-et-Loire, Jura, Yonne. — Voir page 103.

8. — LYONNAIS. — LYONNAIS : *Lyonnais*, **2**, Loire, Rhône ; *Forez* (a fait partie de la généralité de Lyon). — Voir page 109.

AUVERGNE : *Bourbonnais*, **1**, Allier ; *Auvergne*, **2**, Cantal, Puy-de-Dôme ; *Marche*, **1**, Creuse. — Voir page 115.

9. — GUYENNE. — *Guyenne*, **9**, Aveyron, Dordogne, Gers, Gironde, Hautes-Pyrénées, Landes, Lot, Lot-et-Garonne, Tarn-et-Garonne ; *Saintonge* (avec l'Angoumois) ; *Limousin*, **2**, Corrèze, Haute-Vienne ; *Gascogne* (partie de la Guyenne-Gascogne) ; *Béarn*, **1**, Basses-Pyrénées. — Voir page 118.

10. — LANGUEDOC. — **8**, Ardèche, Aude, Gard, Haute-Garonne, Haute-Loire, Hérault, Lozère, Tarn. — Voir page 119.

11. — DAUPHINÉ (*et Pignerol*). — **3**, Drôme, Hautes-Alpes, Isère. V. p. 124.

12. — PROVENCE. — **3**, Basses-Alpes, Bouches-du-Rhône, Var. V. p. 125.

s'étende, par la Vallée du Rhône, jusqu'aux bords de la Seine et de l'Escaut, où il brille en deux foyers ardents, Paris et la Flandre. » Les étapes de l'art français ont été Marseille, Aix, Avignon, Lyon, qui doit la supériorité de son industrie à ses écoles de dessin, et Dijon, où les Etats de la province avaient fondé un grand prix de Rome.

Le grand art du Moyen-Age a suivi une marche contraire, il s'est propagé du nord au midi, mais c'est dans la Normandie et l'Ile-de-France, c'est à Amiens, à Beauvais, à Reims, à Chartres, à Rouen et à Paris, qu'il s'est montré dans sa majestueuse beauté.

La Renaissance a eu son épanouissement dans cette même région de la France, aux bords de la Seine et de la Loire.

FORMES ET DÉCORS DES MEUBLES CLASSÉS PAR ORDRE HISTORIQUE
CORRESPONDANT A LA DIVISION DE LA FRANCE EN DOUZE PROVINCES
AU SEIZIÈME SIÈCLE ET AU DIX-SEPTIÈME, JUSQU'EN 1614

Le déplacement des artisans et les différentes manières de leurs travaux, ont rendu assez ingrate la tâche des historiens et celle des écrivains d'art. Les origines, les attributions, une classification, sinon rigoureuse du moins approximative et forcément imprécise, ne seraient guère possibles si un connaisseur, amateur éclairé, le regretté Edmond Bonnaffé (1825 † 1905), n'avait, le premier, établi pour la période dite Renaissance française, une géographie du meuble. — De cette géographie, publiée dans *Le meuble en France au seizième siècle*, Paris, J. Rouam, 1887, nous avons retenu des enseignements qui nous ont fait préférer, pour notre travail, un ordre historique.

Nous avons donc adopté, pour le classement des formes et celui des décors de meubles que nous allons représenter, un ordre correspondant à la division de la France en douze Provinces ou douze Nations (Gouvernements Militaires), en usage au seizième siècle et au dix-septième, jusqu'en 1614 inclusivement, ordre figuré par la carte d'ensemble, fig. 123. Les douze cartes qui vont suivre, pages 71, 77, 83, 93, 99, 102, 103, 109, (115), 118, 119, 124, 125, sont spéciales à chacune de ces provinces ; elles aideront à situer leur centre artistique et à en délimiter les influences.

Nous croyons utile de donner la liste des *gouvernements militaires* entre lesquels était partagée la France avant 1789, avec le nom de leurs chefs-lieux et celui des départements actuels qui correspondent à ces gouvernements.

On en comptait 40, dont 32 grands et 8 petits. — 1. *Flandre française* : LILLE ; Nord. — II. *Artois* : ARRAS ; Pas-de-Calais. — III. *Picardie* : AMIENS ; Somme. — IV. *Normandie* : ROUEN ; Seine-Inférieure, Eure, Orne, Calvados, Manche. — V. *Champagne-et-Brie* : TROYES ; Ardennes, Marne, Haute-Marne, Aube. — VI. *Lorraine-et-Barrois* : NANCY ; Meurthe, Vosges, Moselle, Meuse. — VII. *Alsace* : STRASBOURG ; Haut-Rhin, Bas-Rhin. — VIII. *Bretagne* : RENNES ; Ille-et-Vilaine, Côtes-du-Nord, Finistère, Morbihan, Loire-Inférieure. — IX. *Anjou* : ANGERS ; Maine-et-Loire. —

PICARDIE (ET NORD)
ORIGINE, LIMITES, INFLUENCE
——— *Consulter la carte d'ensemble, page 68.* ———

PICARDIE. — 987-996, Domaine de Hugues Capet. 1463, par conquête, Louis XI (1461-1483). Capitale *Amiens*, a formé un département : Somme.

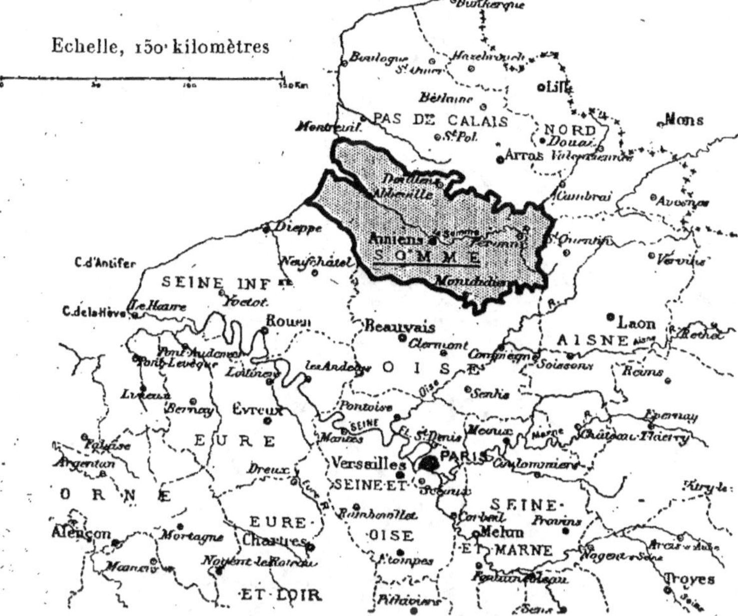

ANCIENNES LIMITES. — *Nord*, suit le cours de la Somme, s'étend dans la Flandre ; *Sud*, se fait sentir jusqu'à Beauvais, puis jusqu'aux rives de l'Aisne, vers Rethel. On en trouve des traces sur la Meuse, au-dessous de Mézières.

X. *Maine-et-Perche* : LE MANS ; Sarthe, Mayenne. — XI. *Touraine* : TOURS ; Indre-et-Loire. — XII. *Poitou* : POITIERS ; Vienne, Deux-Sèvres, Vendée. — XIII. *Aunis* : LA ROCHELLE ; Charente-Inférieure. — XIV. *Saintonge-et-Angoumois* : SAINTES ; Charente. — XV. *Ile-de-France* : PARIS : Seine, Seine-et-Oise, Seine-et-Marne, Oise, Aisne. — XVI. *Orléanais* : ORLÉANS ; Loiret, Eure-et-Loir, Loir-et-Cher. — XVII. *Berry* : BOURGES ; Indre, Cher. — XVIII. *Auvergne* : CLERMONT ; Puy-de-Dôme, Cantal. — XIX. *Limousin* : LIMOGES ; Haute-Vienne, Corrèze. — XX. *Marche* : GUÉRET ; Creuse. — XXI. *Bourbonnais* : MOULINS ; Allier. — XXII. *Nivernais* : NEVERS ; Nièvre. — XXIII. *Franche-Comté* : BESANÇON ; Haute-Saône, Doubs, Jura. — XXIV. *Bourgogne-et-Bresse* : DIJON ; Yonne, Côte-d'Or, Saône-et-Loire, Ain. — XXV. *Guyenne-et-Gascogne* : BORDEAUX ; Gironde, Dordogne, Lot, Lot-et-Garonne, Tarn-et-Garonne, Aveyron, Landes, Gers, Hautes-Pyrénées. — XXVI. *Languedoc* : TOULOUSE ; Haute-Loire, Ardèche, Lozère, Gard, Hérault, Tarn, Aude, Haute-Garonne. — XXVII. *Béarn-et-Navarre* : PAU ; Basses-Pyrénées. — XXVIII. *Comté de Foix* : FOIX ; Ariège. — XXIX. *Roussillon* : PERPIGNAN ; Pyrénées-Orientales. — XXX. *Lyonnais-et-Forez* : LYON ; Rhône, Loire. — XXXI. *Dauphiné* : GRENOBLE ; Isère, Drôme, Hautes-Alpes. — XXXII. *Provence* : AIX ; Basses-Alpes, Bouches-du-Rhône, Var.

Les petits gouvernements étaient *Paris, Boulogne, Le Havre, Sedan, Toul, Metz et Verdun, Saumur* et la *Corse*. A l'exception de cette dernière, tous les petits gouvernements étaient enclavés dans les grands.

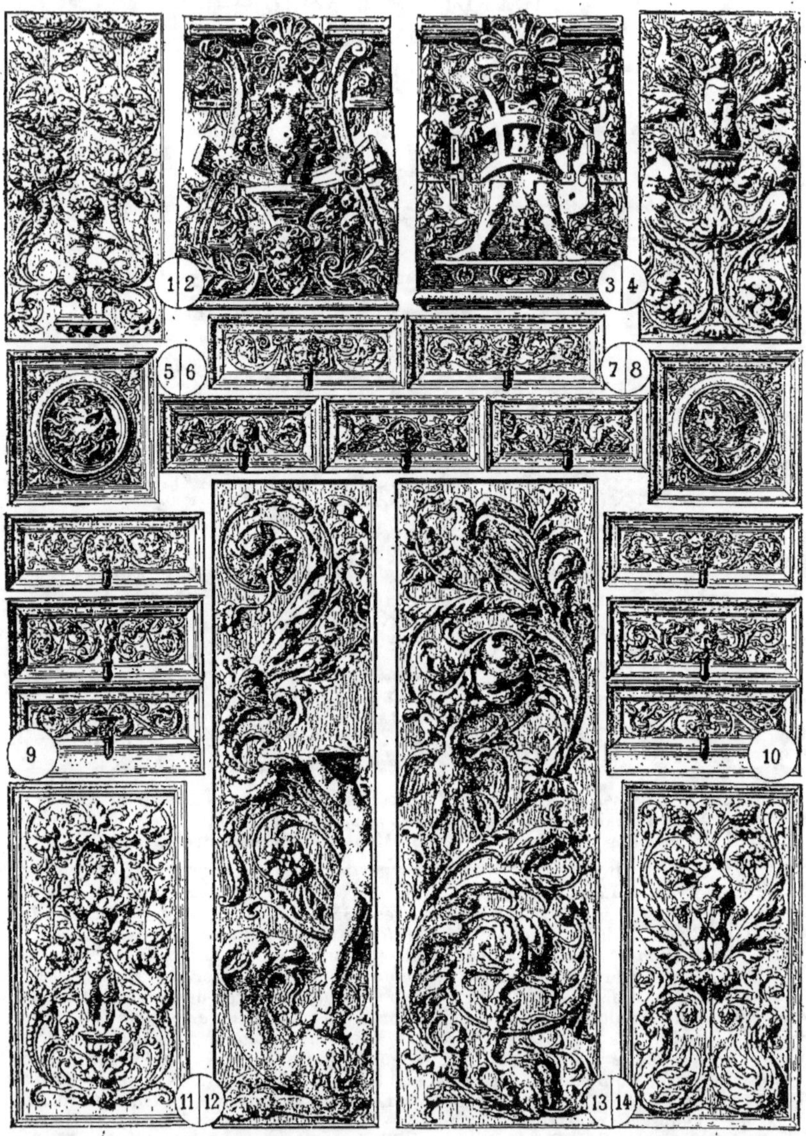

PICARDIE. — Fig. 126 à 139. — CARACTÉRISTIQUES. — Ornementation riche. —
Excessive délicatesse. — Remarquable unité. — Aisance et ampleur magistrale. —
Colonnettes trapues, cannelées. — Compartiments rectilignes. — Cornes d'abon-
dance. — Moulures bien profilées. — Pilastres saillants, forme de contreforts. —
Relief puissant, arrondi, motivé par le ton sombre du bois. — Rinceaux symé-
triques formés de feuillages, d'oiseaux, de gaines, de chimères étoffées de guivre.
— Sculpture en arabesques. — Spirales feuillées d'acanthe.

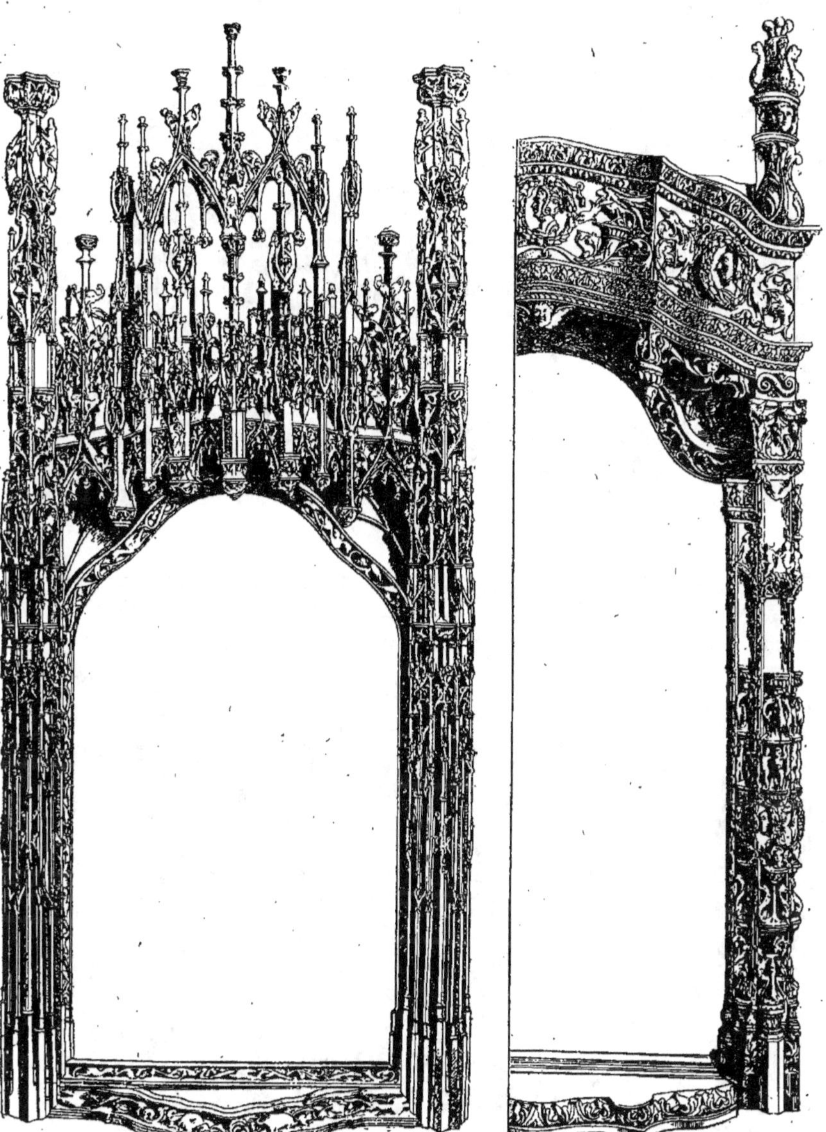

COMMENCEMENT DU XVIᵉ SIÈCLE. — ART FRANÇAIS. — ÉCOLE DE PICARDIE

Fig. 140 et 141. — Cadres provenant de la Confrérie de Notre-Dame-du-Puy, d'Amiens. Le Musée de Picardie conserve quatre bordures encadrant des peintures du commencement du seizième siècle. Ces précieuses bordures, dont nous représentons deux types, sont menuisées à jour, les unes, fig. 140, sont à nervures ajourées, et appartiennent encore à la troisième époque de la Période ogivale, les autres, fig. 141, offrent, par leurs pilastres et leurs arabesques, la caractéristique des débuts de la Renaissance. — *Musée de Picardie, Amiens.*

2 — D. 10

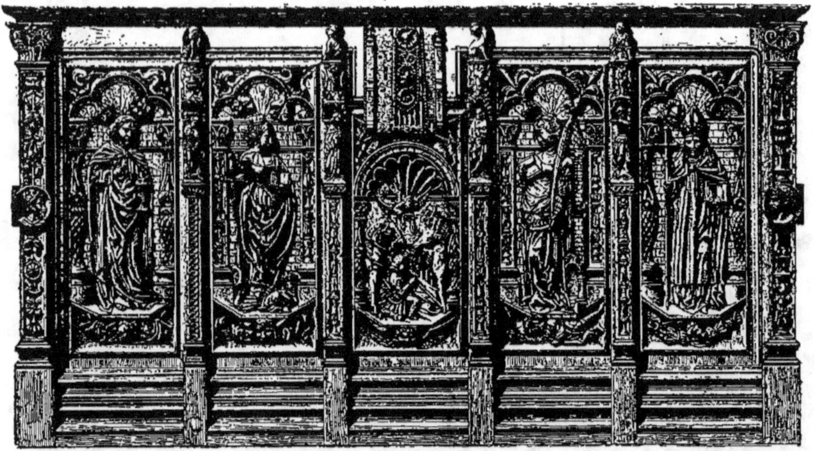

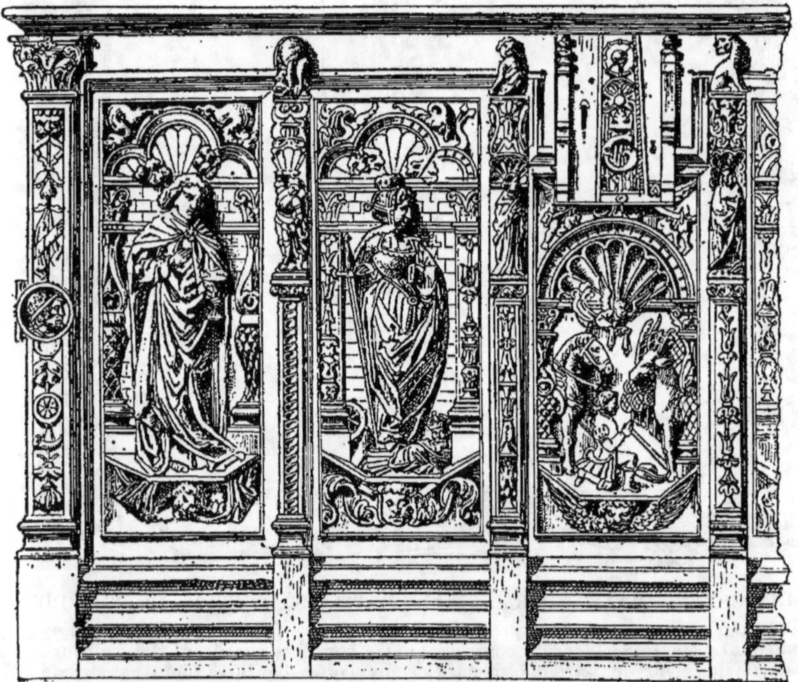

XVIᵉ SIÈCLE. — ART FRANÇAIS. — ÉCOLE DE PICARDIE

Fig. 142 et 143. — Ensemble et détails (Voir note page suivante).

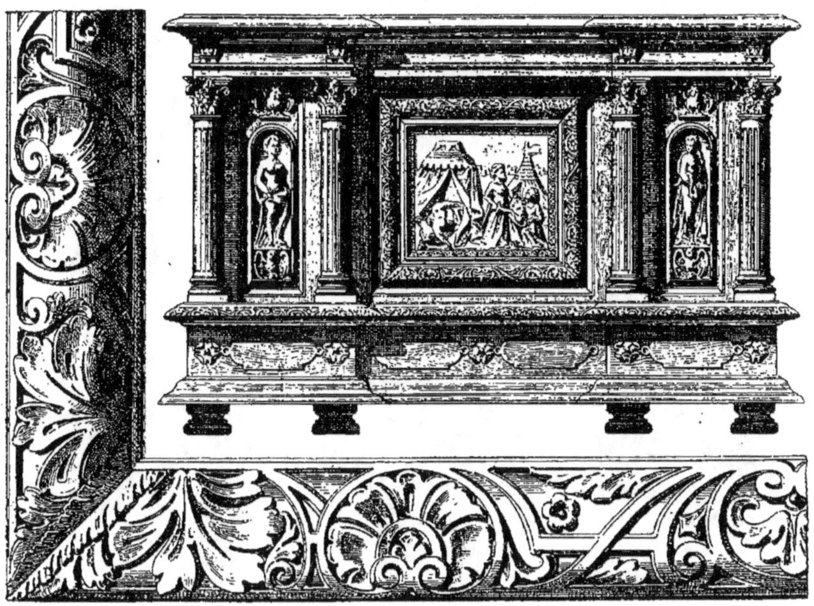

XVIe SIÈCLE. — ART FRANÇAIS. — ÉCOLE DU NORD

Ancienne collection Paul Recáppé

Fig. 144. — Les meubles sculptés de la Renaissance, bahut, arche ou coffre, ont très souvent emprunté leur forme générale et leur décoration, aux formes et aux lignes de l'architecture, et il faut dire que ceux qui procèdent ainsi sont presque toujours les mieux réussis. Le bahut, que nous représentons, ci-dessus, n'est pas un meuble rare et précieux, mais on ne peut lui refuser des qualités sérieuses, et ces qualités lui viennent précisément de l'emploi d'une décoration architecturale. Les colonnes cannelées, bien qu'un peu trapues, qui flanquent les angles des avant-corps, font bon effet, les moulures sont bien profilées, et les ornements qu'elles reçoivent d'un bon goût.

Les deux niches des avant-corps contiennent deux vertus : la Prudence et la Force, et le panneau du milieu présente, dans une scène naïve, Judith venant de trancher la tête à Holopherne. — Nous avons représenté, sur un côté et en dessous, une partie de la moulure ornée qui encadre le sujet central.

XVIe SIÈCLE. — ART FRANÇAIS. — ÉCOLE DE PICARDIE

Ancienne collection Emile Gavel

Note des fig. 142 et 143. — L'excellence des profils et la construction, franchement accusée par des piliers saillants en forme de contre-forts, attestent la main d'un architecte. Dans le panneau central, l'artisan a représenté saint Hubert à genoux devant le cerf traditionnel; sur les quatre autres panneaux on voit saint Jean, sainte Catherine, sainte Barbe et un saint évêque, du plus grand style et drapés avec une aisance et une ampleur magistrales.

Des arabesques, formées par des angelots, aux ailes éployées, courent le long des pilastres, supportant des figurines pleines d'esprit et de goût.

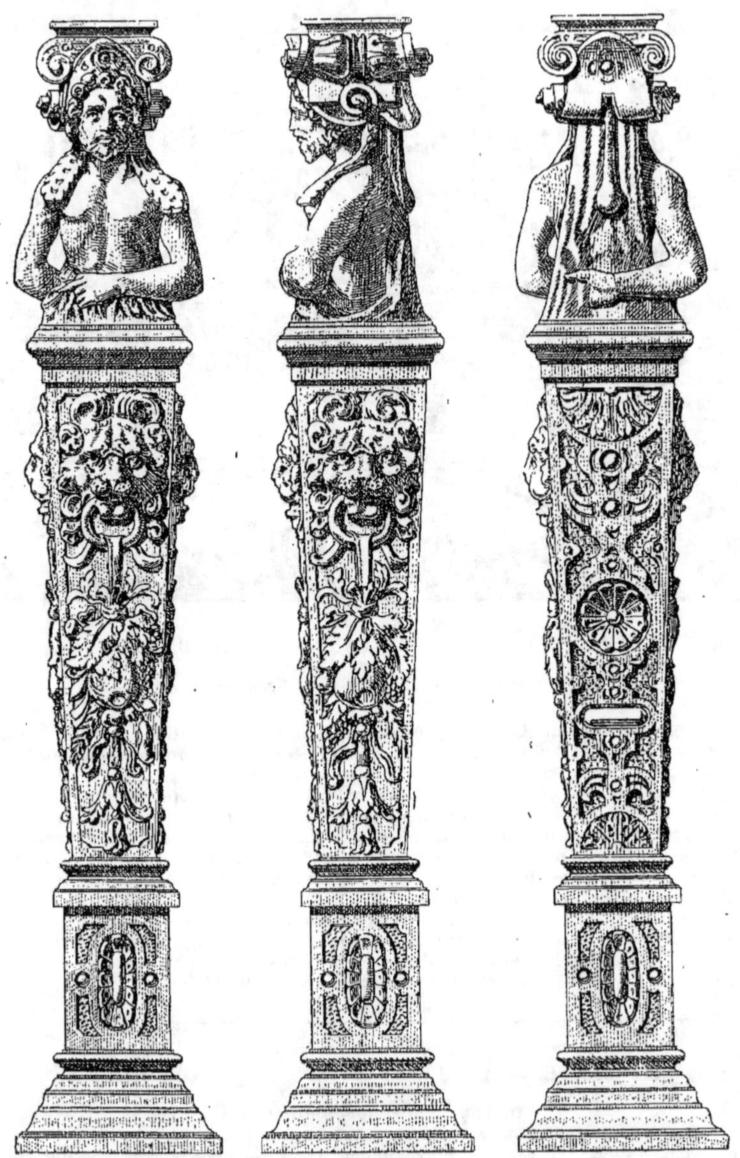

XVIᵉ SIÈCLE. — ART FLAMAND. — ÉCOLE DU NORD

Ancienne Collection Charles-Albert, Bruxelles

Fig. 145 à 147. — Terme, bois sculpté. Montant de crédence. — Dans le mobilier de la Renaissance, les *montants* (colonnes et pilastres), libres, ou encastrés dans l'intervalle des panneaux, ont souvent reçu les formes plus vivantes des

NORMANDIE

ORIGINE, LIMITES, INFLUENCE

——— *Consulter la carte d'ensemble, page 68.* ———

NORMANDIE. — 1204. Philippe II, dit Auguste, par confiscation ; Capitale *Rouen*, a formé cinq départements : Calvados, Eure, Manche, Orne, Seine-Inférieure.

Echelle, 150 kilomètres

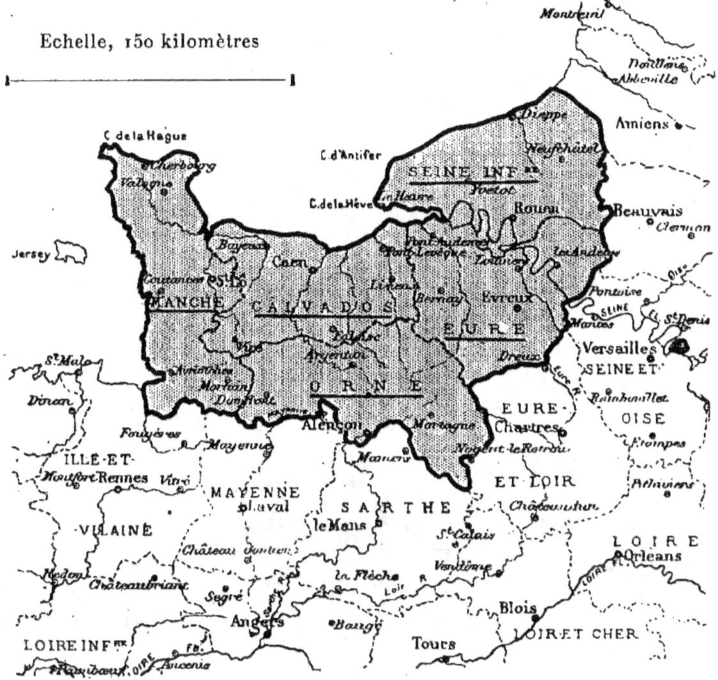

ANCIENNES LIMITES. — Rive gauche de la Seine, d'Evreux jusqu'à Rouen ; de là elles se dirigent au Nord, sur la côte ; d'Evreux elles remontent l'Iton, descendent la Sarthe jusqu'à Alençon, passant à Domfront, Vire, Avranches et la baie du Mont-Saint-Michel.

INFLUENCE. — *Nord*, jusqu'à Dieppe ; *Sud-Ouest*, jusqu'à Redon, Dol et Dinan ; *Sud*, jusqu'à Chartres, Nogent-le-Rotrou, Mamers ; *Est*, jusqu'à Beauvais, Amiens.

(*Suite de la Note* fig. 145 à 147). *termes à l'antique*, composés d'un buste coiffé d'un chapiteau, reposant sur une gaine carrée, ornée, s'amincissant vers le bas (pyramide renversée) et munie d'un socle ou piédestal.

L'Ecole du Nord a souvent donné des proportions exagérées aux moulures et détails : ce Terme se recommande par la disposition originale du chapiteau ionique, se développant d'un corps carré avec diadème sur la face, terminé en volutes sur les côtés. Il y a trois faces semblables, à mufle de lion avec chutes : celle de derrière est à simples compartiments dérivés des intersections du cercle et de la ligne droite. Le piédestal est un panneau rectangulaire avec ovale inscrit.

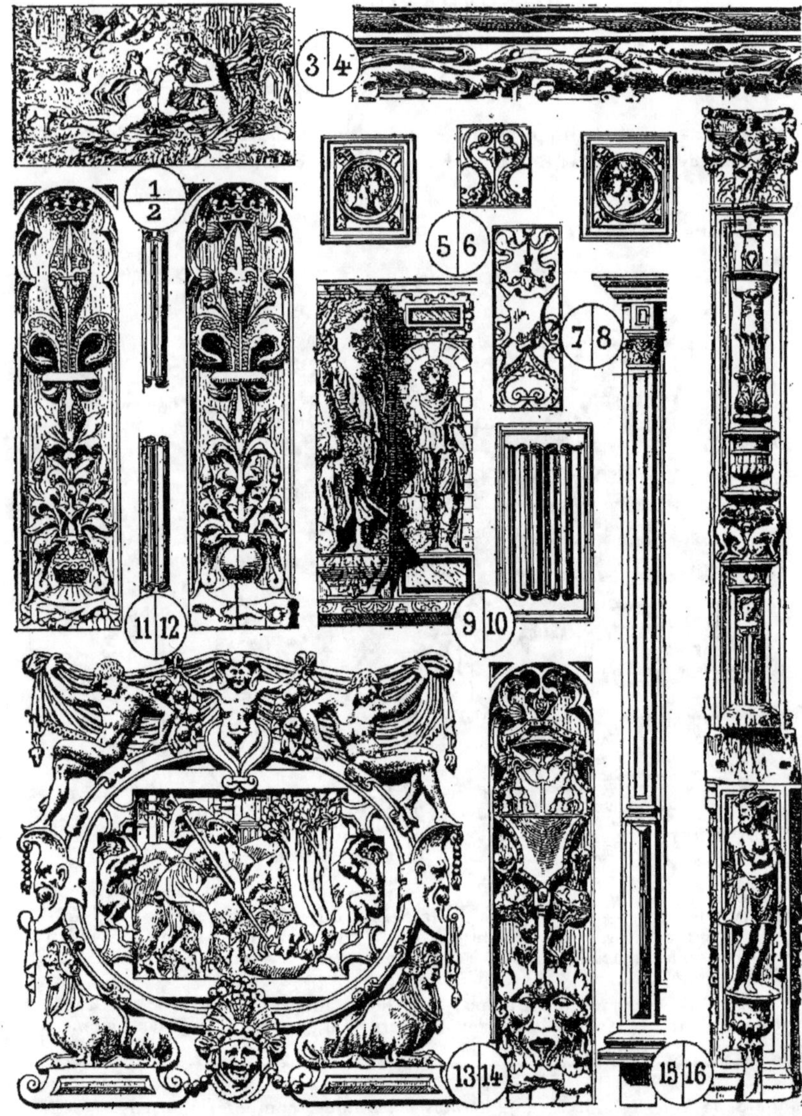

NORMANDIE. — Fig. 149 à 164. — CARACTÉRISTIQUES. — Bordures à moulures. — Cariatides. — Cartouches. — Ciseau mâle, franc et généreux. — Couronnes de feuillages. — Encadrements à nervures saillantes. — Feuilles courtes, ramassées, à haut relief. — Figures presque méplates. — Grâce allongée, souple et majestueuse. — Mascaron. — Médaillon entourant des bustes. — Menuiserie délicate, exécution ferme. — Monstres marins. — Nervures ajourées. — Nymphes allongées. Ornements disposées avec goût. — Panneaux à *draperye*. — Rinceaux. — Silhouettes nettement découpées. — Sirènes. — Tableaux de marqueterie.

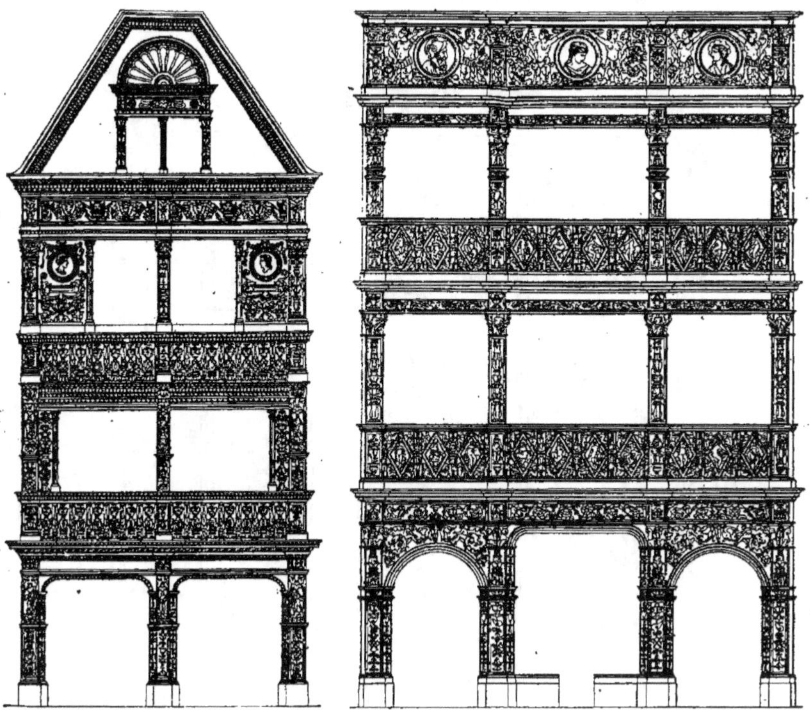

XVIe SIÈCLE. — ART FRANÇAIS. — ÉCOLE DE NORMANDIE

Façades de maisons, bois sculpté, Rouen

Fig. 165 et 166. — Vers les premières années du règne de François Ier, Claude de Seyssel mentionne, dans son *Histoire de Louis XII* que, « pour un gros et riche négociant que l'on trouvoit à Rouen du temps du roy Louis XI, on en trouve aujourd'hui cinquante », et il ajoute : « L'on void généralement par tout le royaume bâtir de grands édifices, tant publics que particuliers, et sont plains de dorures, non pas les planchers tant seulement et les murailles qui sont par le dedans, mais les couvertures, les toits, les tours et les statues qui sont au dehors. Et si sont les maisons meublées de toutes choses plus somptueusement que jamais ne furent. »

Et telle était la renommée des *huchiers normands*, que de riches bourgeois firent élever leurs *maisons en pans de bois* garnis de panneaux de menuiserie sculptés. Les artisans de l'Ecole de Normandie fouillaient ces panneaux, avec un talent égal à celui que Roulland Leroux mettait pour la sculpture des marbres du tombeau du Cardinal d'Amboise, que l'on admire à la Cathédrale de Rouen.

Les villes de Caen, Lisieux, Rouen, en possèdent encore de curieusement travaillées.

La vogue des constructions en bois, dont l'époque la plus brillante commence avec Louis XII pour finir avec François Ier, persista jusqu'à l'*ordonnance* de Henri III, Blois (1579), qui en restreignit, puis en interdit l'usage.

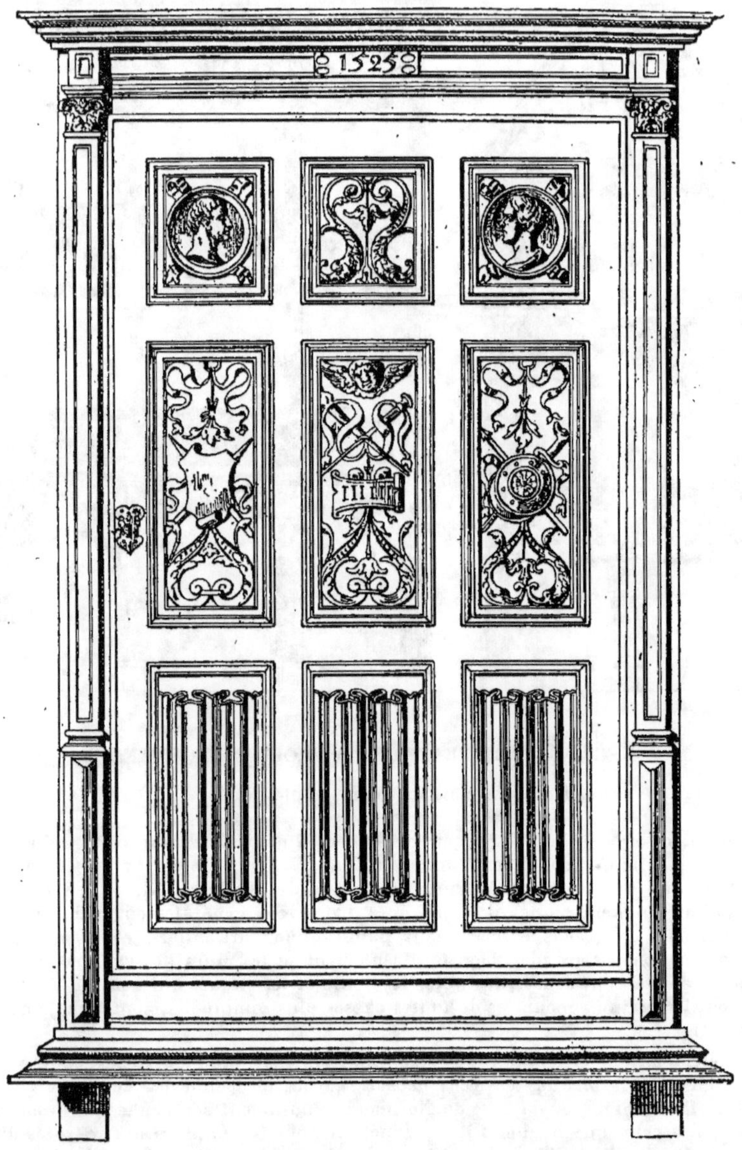

XVIe SIÈCLE. — ART FRANÇAIS. — ÉCOLE DE NORMANDIE

Fig. 167. — *Exemple de panneaux à draperye.* — *Ancienne Collection Bligny.*

Les lambris, montant de fond, de la boiserie intérieure d'une salle située au premier étage de la tour de l'Hôtel Bourgtheroulde, à Rouen, sont composés de curieux *panneaux à draperye.*

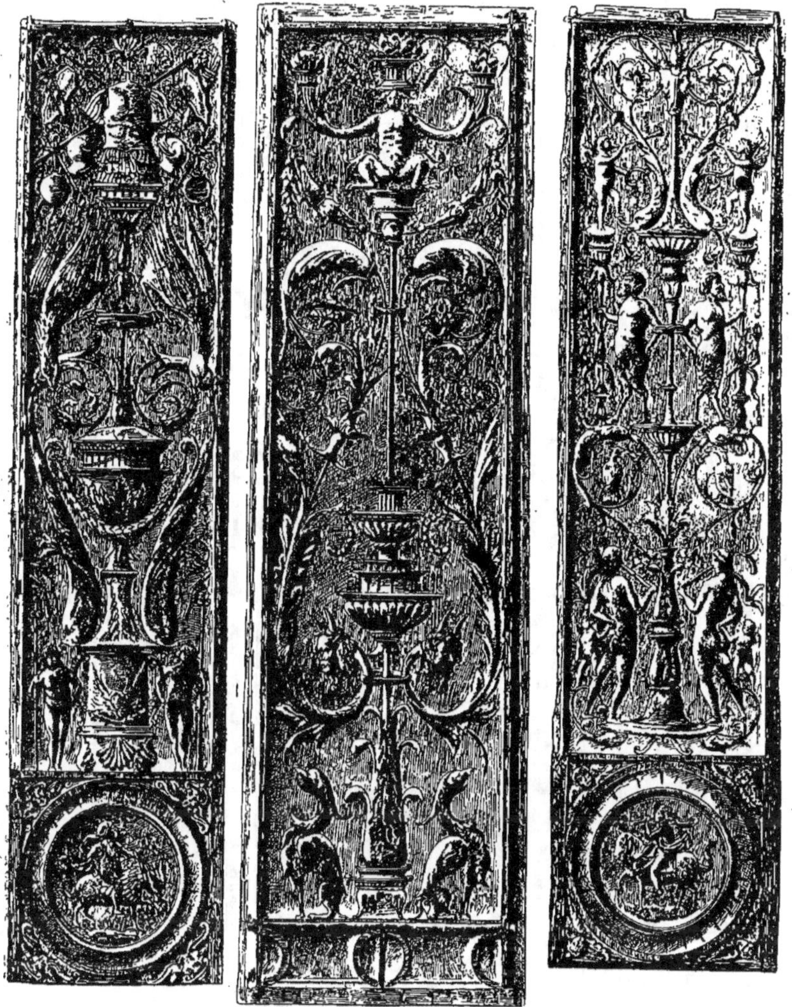

XVIᵉ SIÈCLE. — ART FRANÇAIS. — ÉCOLE DE NORMANDIE

(Ancien château de Gaillon). Eglise abbatiale de Saint-Denis.

Fig. 168 à 170. — Parmi les œuvres d'art dispersées du château de Gaillon, les montants d'*arabesques* que nous représentons peuvent donner une idée de la richesse décorative de la somptueuse demeure de *Georges d'Amboise* ; ils montrent combien était grand l'esprit d'invention des artisans dont le cardinal avait su s'entourer. Georges d'Amboise peut être considéré comme le promoteur de la Renaissance en France, et son château de Gaillon constituait une merveille que maintes dévastations ont mis en ruines. Sa construction, commencée en 1502, était achevé vers 1510 ; ces montants de pilastres datent de cette époque.

Le caractère de ces boiseries s'est propagé, non seulement en Normandie, mais encore sur les bords de la Loire et jusque dans toute la France.

2 — D. 11

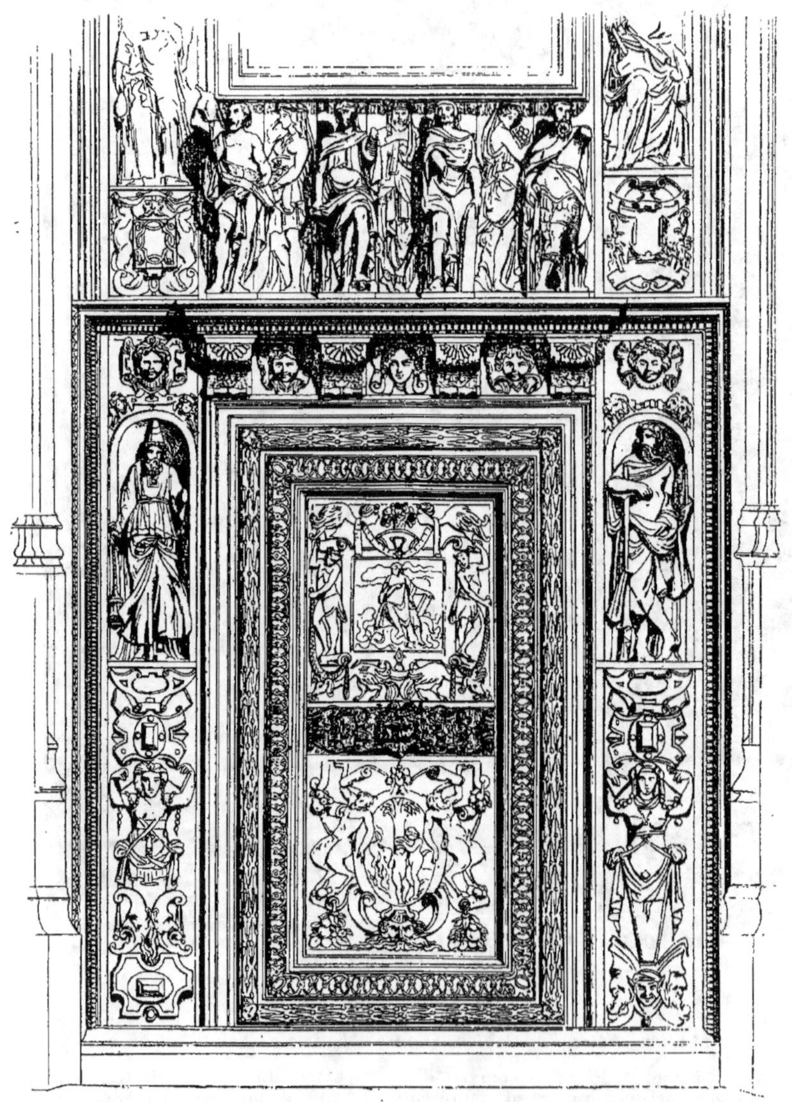

XVIᵉ SIÈCLE. — ART FRANÇAIS. — ECOLE DE NORMANDIE

Eglise Saint-Maclou, Rouen

Fig. 171. — On attribue à *Jean Goujon*, la décoration de portes, dont nous représentons un ensemble, où se retrouve la *grâce allongée*, souple et majestueuse à la fois du *maistre* sculpteur, dont le nom apparaît à Rouen, en 1540-1541, et pour la première fois dans un document officiel.

La menuiserie de l'Ecole de Normandie s'inspire de ses motifs à profils, *cartouches*, *figures*, *mascarons*, etc., pour les appliquer à la décoration des meubles.

ILE-DE-FRANCE
ORIGINE, LIMITES, INFLUENCE

——— *Consulter la carte d'ensemble, page 68.* ———

ILE-DE-FRANCE. — 987-996. — Domaine de Hugues-Capet ; Capitale *Paris*, a formé cinq départements : Aisne, Oise, Seine, Seine-et-Marne, Seine-et-Oise.

Echelle, 150 kilomètres

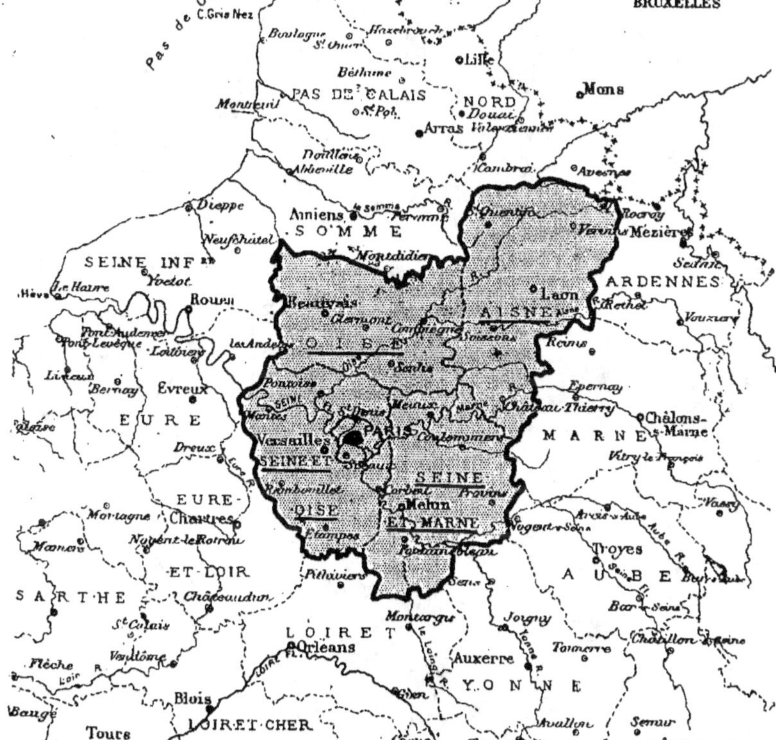

ANCIENNES LIMITES. — Cours de l'Eure, de Chartres à Pont-de-l'Arche ; s'étendent jusqu'à la mer vers Dieppe, passent par Beauvais, remontent le cours de l'Oise jusque près de Saint-Quentin ; passent par Laon, Château-Thierry, Provins, Nogent-sur-Seine ; touchent à Sens, descendent à Montargis jusqu'à Orléans.

INFLUENCE. — Ces limites, rigoureusement historiques, ne correspondent pas à son influence comprenant l'Orléanais, le Perche, le Maine, l'Anjou, la Touraine, le Berry. L'Ecole de l'Ile-de-France, débute à Amboise, se propage à Tours, Blois, Orléans, se transforme à Fontainebleau et s'achève à Paris.

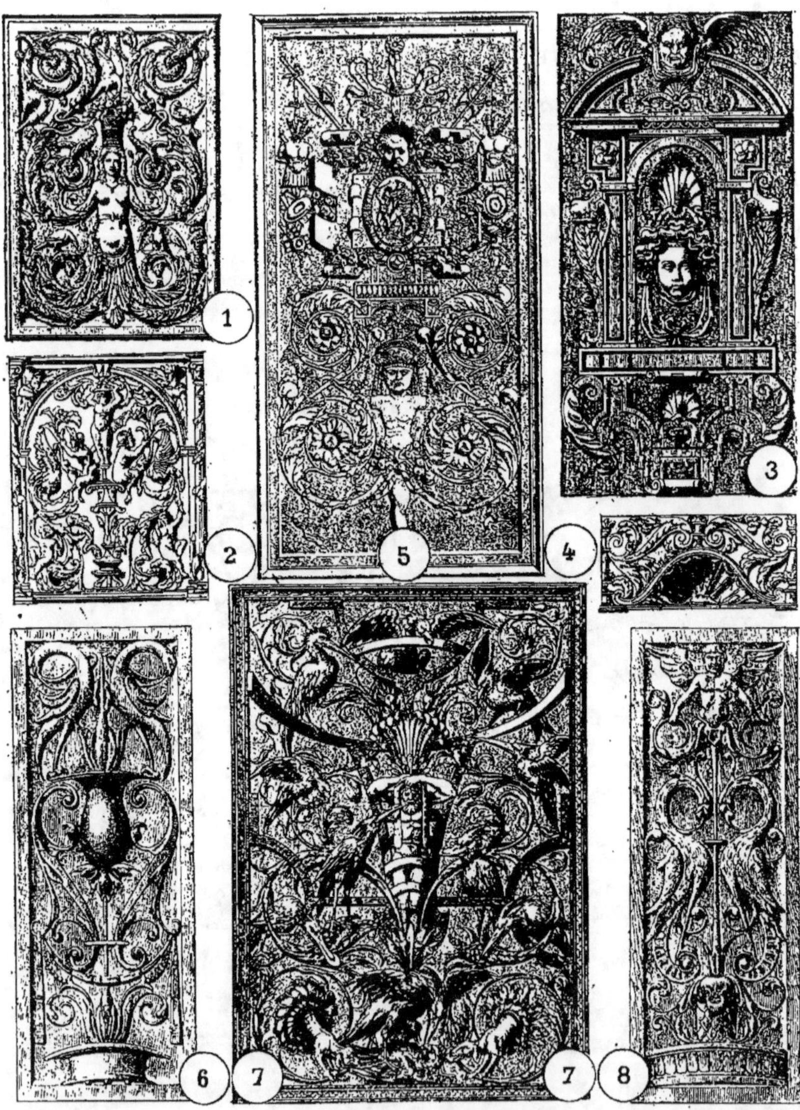

ILE-DE-FRANCE. — Fig. 173 à 194. — CARACTÉRISTIQUES. — Aigles ailes éployées.
— Cariatides, femmes engainées, soutenant des guirlandes chargées de fleurs et de
fruits. — Cartouches agencés avec simplicité. — Chimères ailées, à griffes de
lion, formant consoles. — Colonnettes ornées de rudentures. — Cygnes au col
allongé. — Exécution délicate. — Figures traitées en bas-relief méplat. — Fleurs

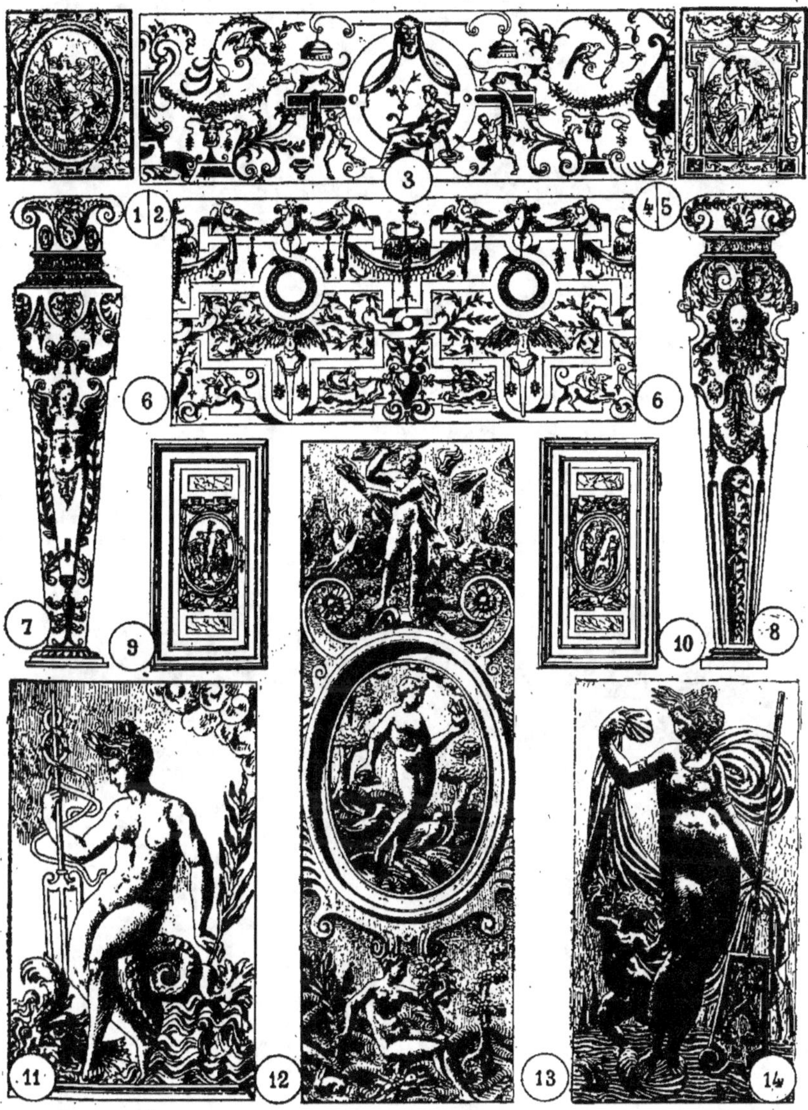

de lys fréquemment employées. — Frises élégantes dont les ornements et le décor
sont inspirés par Androut dit du Cerceau. — Gracilité des nymphes de Jean-
Goujon. — Marqueterie de bois, de marbre et de pâtes. — Moulures rectilignes et
fines. — Ornements discrets, lisibles, équilibrés. — Sirènes à tête de monstres, et
à corps terminé en volute. — Têtes casquées. — Termes engainés ou enguirlandés.
— Vantaux à personnages, ou à scènes historiques et mythologiques.

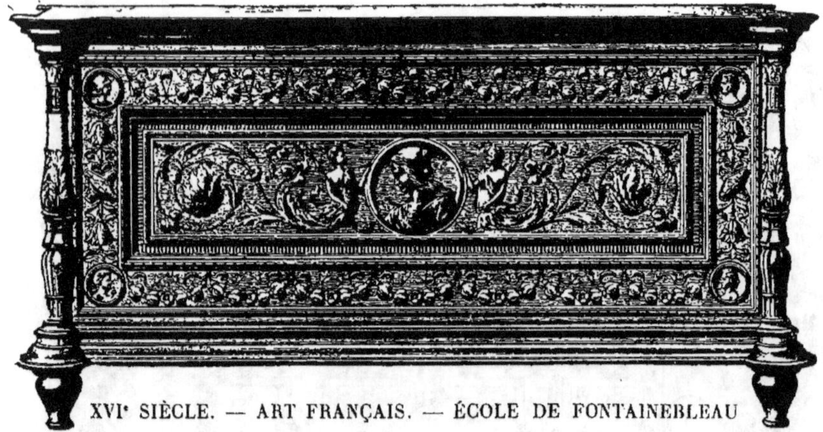

XVIᵉ SIÈCLE. — ART FRANÇAIS. — ÉCOLE DE FONTAINEBLEAU

Collection du comte de Mallet

Fig. 195. — C'est dans les coffres à ordonnance architecturale que l'on peut étudier la transition du style du Moyen-Age à celui de la *Renaissance française*, et se rendre compte de l'influence que, par la suite, la *Renaissance italienne* a exercée sur les arts industriels en général et sur les arts du meuble en particulier.

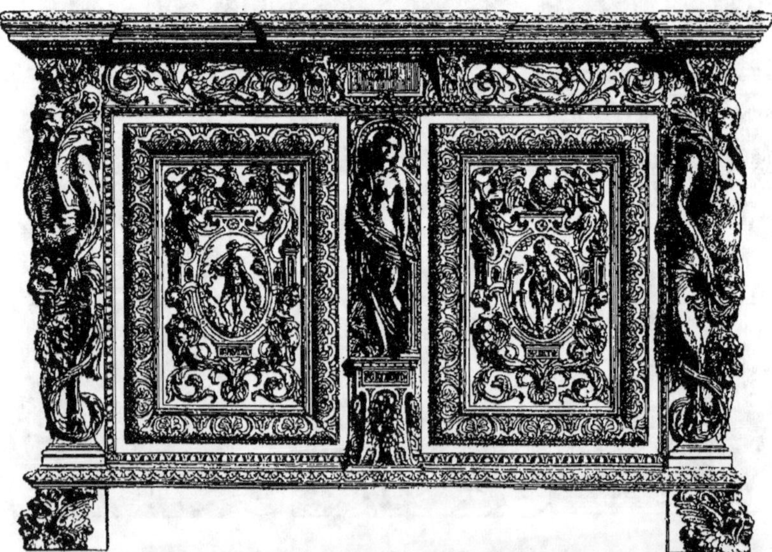

XVIᵉ SIÈCLE. — ART FRANÇAIS. — ÉCOLE DE FONTAINEBLEAU

Musée des Thermes et de l'Hôtel de Cluny, Paris

Fig. 196. — La structure de ces meubles, c'est-à-dire les lignes, est parfaitement accusée, et l'ornementation, toute fine et toute gracieuse qu'elle est, ne remplit qu'un rôle subordonné sans pour cela même être sacrifiée.

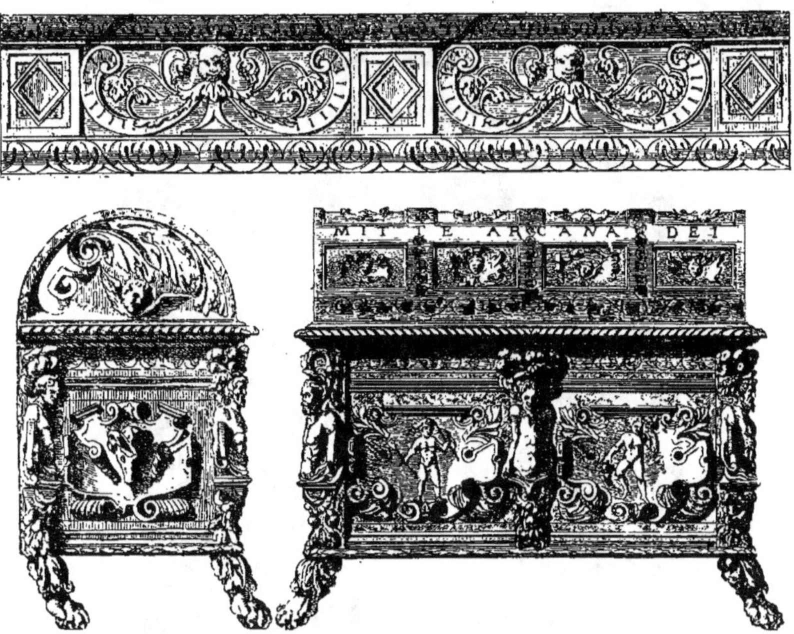

XVIᵉ SIÈCLE. — ART FRANÇAIS. — ÉCOLE DE FONTAINEBLEAU

Ancien château de Loches

Fig. 197 et 198. — Le nom d'*Arches* doit s'appliquer spécialement aux coffres fixes montés sur quatre pieds courts, et dont le couvercle s'arrondit en forme de voûte. Nous représentons un spécimen curieux de ce genre de meuble en usage au Moyen-Age et à la période de la Renaissance. Cet arche est évidemment un cadeau de mariage ; sur une des bandes, incrustées des marqueteries en bois de couleur, qui divisent le couvercle en caissons ornés de cartouches sculptés à têtes de chérubin, on lit l'inscription : MITTE ARCANA DEI. Le corps du coffre est soutenu par des cariatides avec chutes de fruits. La sculpture, très vivement exécutée, s'accommode bien par ses reliefs vigoureux avec le jour discret, que tamisaient les verrières à compartiments de plomb, pour les intérieurs sévères de cette période. Dans les grands cartouches de la face on voit l'Hymen tenant son flambeau et l'Amour armé de son arc. La fig. 197 représente une face latérale.

Note de la fig. ci-contre (196). — La deuxième époque de la Renaissance n'a rien produit de plus riche que ce demi-meuble. Quoique couvert d'ornements, il n'en paraît pas surchargé, tant l'arrangement en est harmonieux. Le décor des vantaux, rappelant certains *cuirs découpés* supportant des *enlacements de rubans*, d'arabesques, servent de cadre aux figures ; c'est *David* tenant la tête de *Goliath* et *Judith* celle d'*Holopherne*. Une cariatide debout entre les deux vantaux symbolise la *force* ; le mot *fortitudo* est gravé dans un cartouche placé sous ses pieds. Les angles du meuble sont flanqués d'une *chimère*. Une *frise délicate*, où parmi les enroulements des rinceaux apparaissent deux figures couchées, dans la manière de l'École de Fontainebleau, assigne à ce meuble une date à peu près certaine. C'est, à n'en pas douter, une des belles œuvres françaises du temps de François Iᵉʳ.

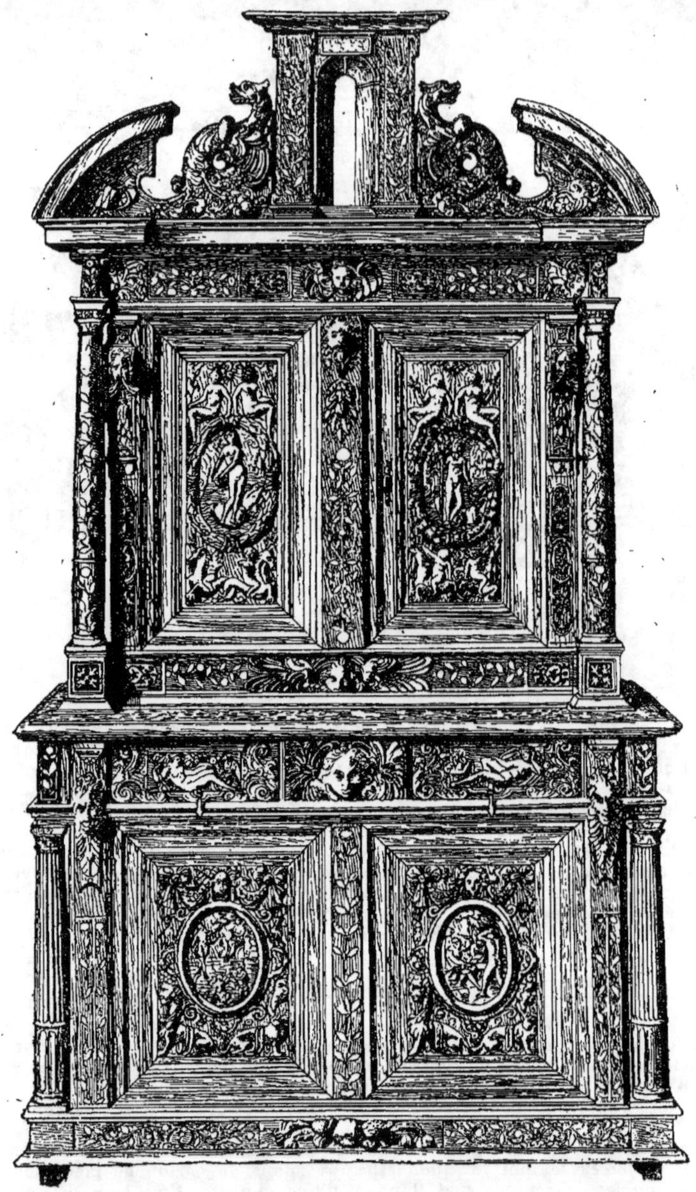

XVIᵉ SIÈCLE. — ART FRANÇAIS. — ÉCOLE DE FONTAINEBLEAU

Musée des Thermes et de l'Hôtel de Cluny, Paris

Fig. 200. — Dans la construction de ce meuble à quatre vantaux, à fronton coupé, et flanqué aux angles de quatre colonnettes, des *incrustations de nacre* tranchent harmonieusement sur la couleur foncée du bois de noyer.

Les sujets des panneaux sont empruntés à l'art profane ou sacré : *Neptune* et *Amphitrite* avec leurs attributs ; les *Forges de Vulcain* et le *Jugement de Salomon*.

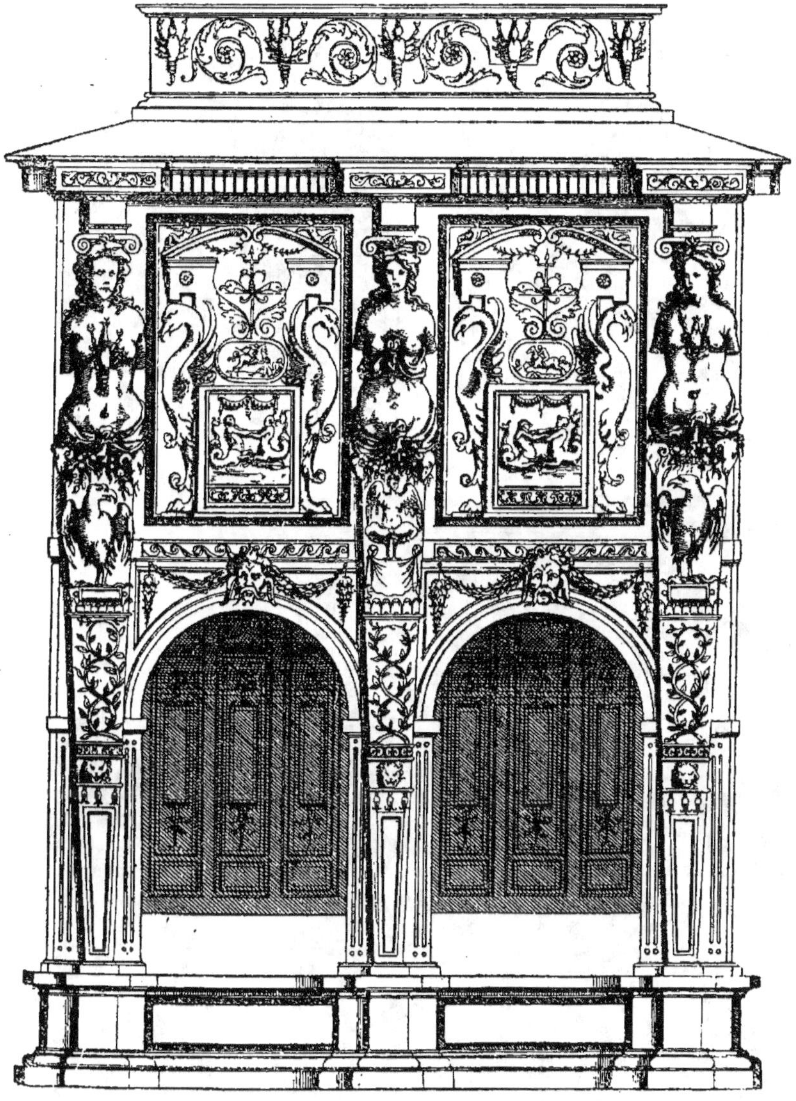

XVIᵉ SIÈCLE. — ART FRANÇAIS. — ÉCOLE DE L'ILE-DE-FRANCE

Fig. 201. — Dans les *cabinets* de l'époque Henri trois dus, pour la plupart, à la collaboration des architectes, à Androuet dit du Cerceau en particulier, les vantaux de la partie supérieure sont couverts d'*élégants bas-reliefs* encadrés de *gaines, bustes de femmes couronnés* par des chapiteaux *d'ordre ionique.*

Dans le bas, des arcades dont les tympans portant des masques ou des attributs, laissent apercevoir, au second plan, un fond formé par un ajustement de panneaux de menuiserie. Le couronnement est décoré d'un ornement courant.

2 — D. 12

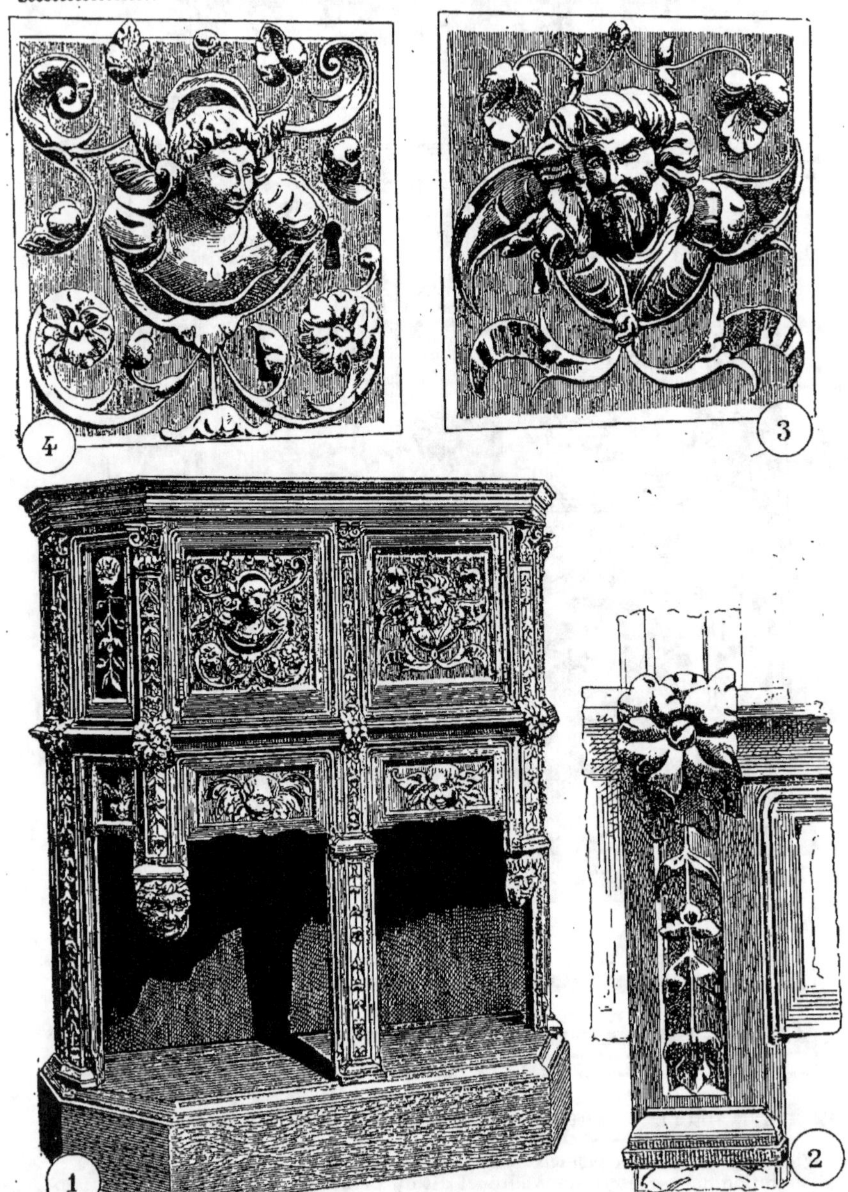

XVI⁰ SIÈCLE. — ÉCOLE DE L'ILE-DE-FRANCE
Collection Edouard Rouveyre

Fig. 202 à 205. — Les pans coupés, les *armoires à guichet* dans le corps supérieur, une étagère dans la partie du bas, des sculptures largement traitées (3 et 4) et des motifs d'angle formant pendentifs (2), sont du plus gracieux effet.

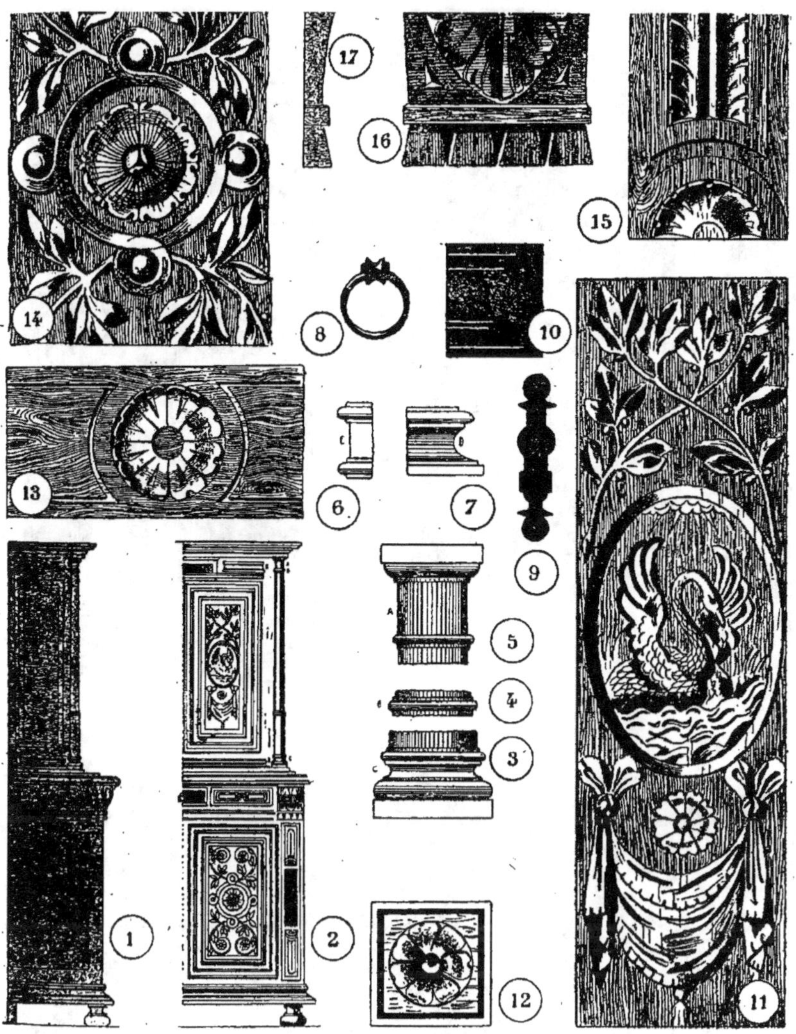

XVIᵉ SIÈCLE. — ART FRANÇAIS. — ÉCOLE DE L'ILE-DE-FRANCE

Fig. 206 à 222. — Cabinet époque Henri deux. — Nous représentons fig. 1 et 2, côté et face géométrale; fig. 11 à 15, détails des deux grands panneaux, d'une belle composition et finement travaillés; fig. 8 et 9, loquetcau et entrée de serrure; fig. 16 et 17, détails des supports d'angle; fig. 3 à 7, détails des colonnettes. Les figures et les ornements, délicatement modelés et exécutés en bas-relief méplat, conviennent au grain du *noyer* prenant un très beau poli et présentant souvent des veines, autant de qualités qui le firent rechercher et travailler spécialement par les artisans menuisiers de l'Ile-de-France, et de l'Orléanais.

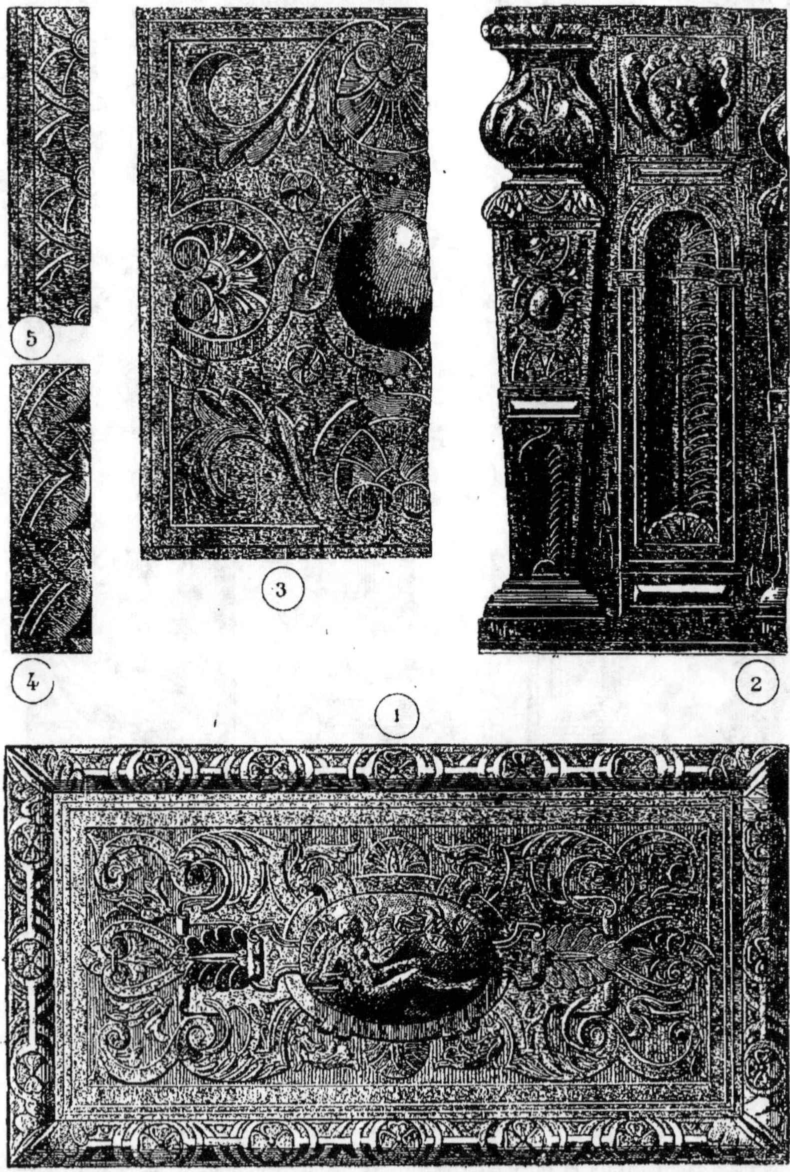

XVIᵉ SIÈCLE. — ART FRANÇAIS. — ÉCOLE DE L'ILE-DE-FRANCE

Musée Carnavalet, Paris

Fig. 223. — Quelques meubles, de la fin du seizième siècle, sortant des *ateliers parisiens* offrent, dans leur ensemble, des réminiscences de l'époque Henri deux; nous en donnons un exemple : 1, dessus de coffre; 2 à 5, détails de la face et des côtés.

CHAMPAGNE
ORIGINE, LIMITES, INFLUENCE

——— Consulter la carte d'ensemble, page 68 ———

CHAMPAGNE. — 1284. Philippe IV, par son mariage. A la mort de Philippe-le-Bel (1314), le Domaine royal s'est étendu, englobant la Champagne, capitale *Troyes*; a formé quatre départements : Ardennes, Aube, Marne, Haute-Marne.

Echelle, 150 kilomètres

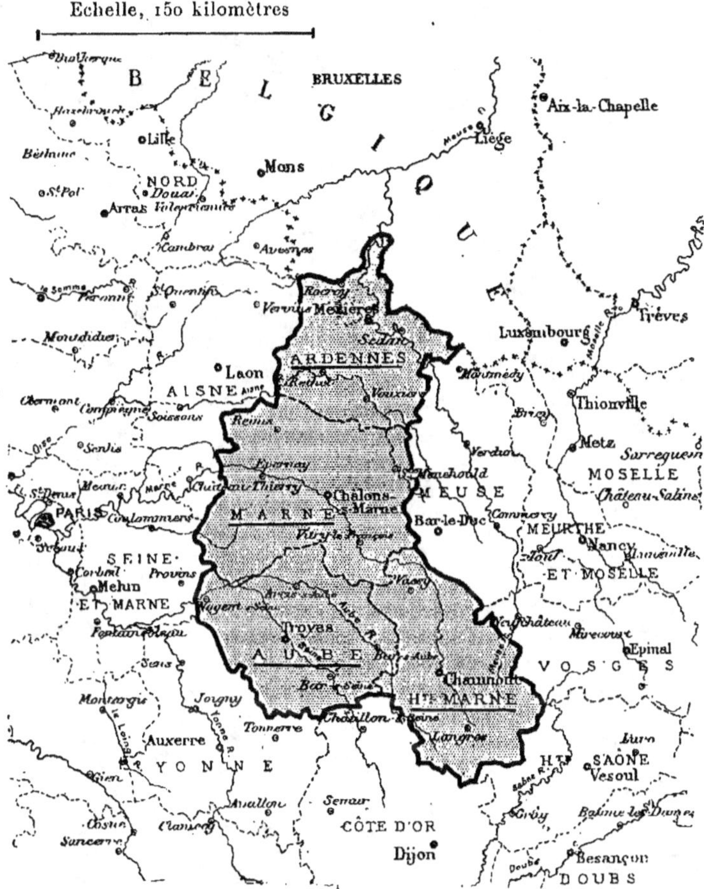

ANCIENNES LIMITES. — Cours de la Seine, de Bar-sur-Aube à Nogent-sur-Seine, remontent jusqu'à l'Aisne en passant à Essommes ; puis le cours de l'Aisne jusqu'à Rethel. De la Meuse à Mouzon remontent jusqu'à Commercy, englobent Toul ; passent par Neufchâteau, Chaumont, Bar-sur-Seine.

INFLUENCE. — *Est*, jusqu'à Metz ; *Sud*, au delà de Nancy, Blamont, Mirecourt et Langres ; *Ouest*, jusqu'à Sens. — Ecole mixte, influencée par celle de l'Ile-de-France.

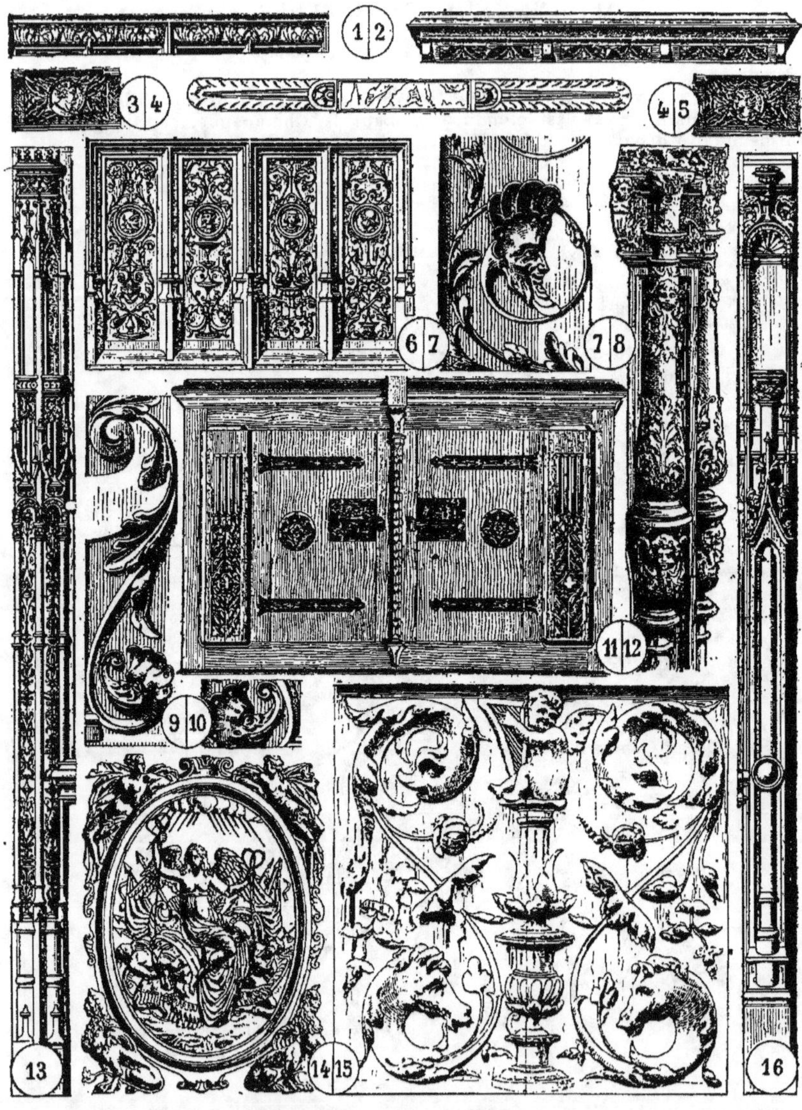

CHAMPAGNE. — Fig. 225 à 240. — CARACTÉRISTIQUES. — Bustes d'applique en haut relief, inscrits dans des couronnes. — Arabesques. — Cariatides engainées. — Colonnettes cordées ou imbriquées — Coquilles. — Décoration luxueuse. — Dentelures ajourées, en bois sculpté. — Etres humains, accroupis. — Feuillages, fruits, largement traités. — Grâce un peu maniérée. — Médaillons à rinceaux. — Monstres affrontés, corps terminés en arabesques. — Sculpture délicate, quoique simple et magistrale. — Sujets religieux, mythologiques, armoriés ou fleuronnés.

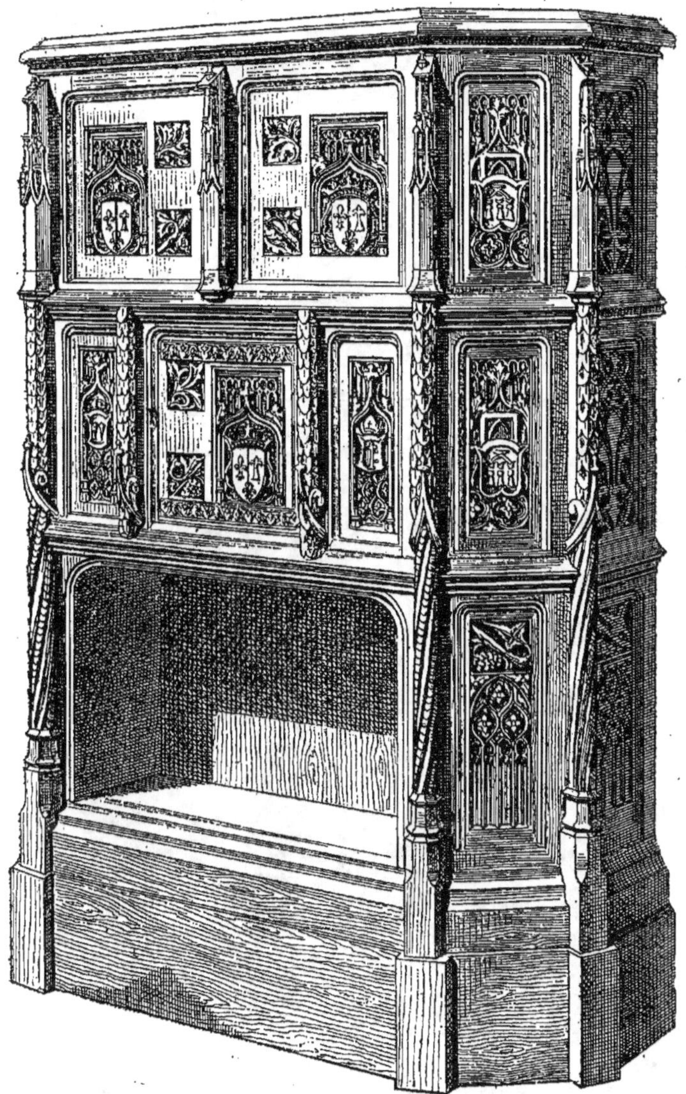

XV°-XVI° SIÈCLES. — ART FRANÇAIS. — ÉCOLE DE CHAMPAGNE

Ancienne collection Lancelot

Fig. 241. — Crédence résumant la caractéristique de l'École de Champagne au commencement du seizième siècle. On y retrouve, dans ses montants et ses panneaux, une décoration en usage à la fin du quinzième. — Les blasons, armes de la reine Anne de Bretagne, mêlées aux armes de France, sont peints, et cette coloration partielle ajoute à l'harmonie de l'ensemble.

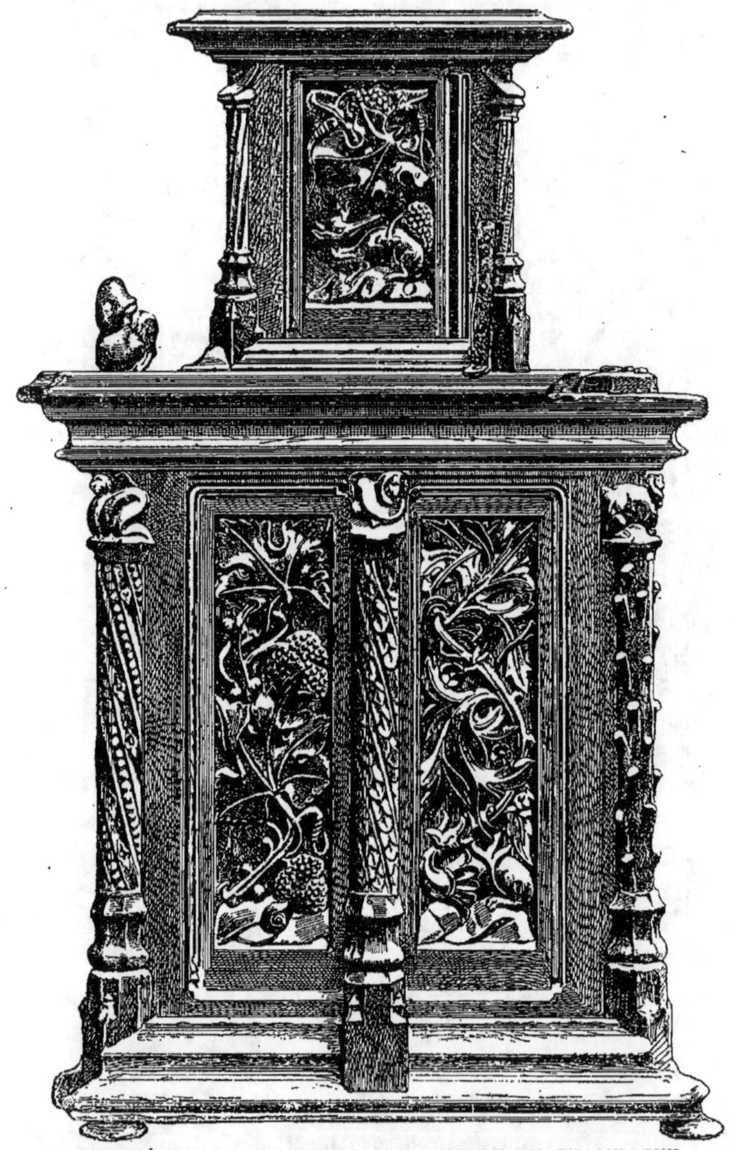

XVIᵉ SIÈCLE. — ART FRANÇAIS. — ECOLE DE CHAMPAGNE

Musée de Troyes

Fig. 242. — Nous reconnaissons, dans ce meuble, les caractéristiques de l'Ecole de Champagne pendant le premier tiers du seizième siècle. Les feuilles et les fruits, les *animaux chimériques*, largement travaillés, qui en décorent les panneaux; les *colonnes torses*, surmontées de *chapiteaux fantastiques*, le profil des corniches, rendent certaine notre attribution.

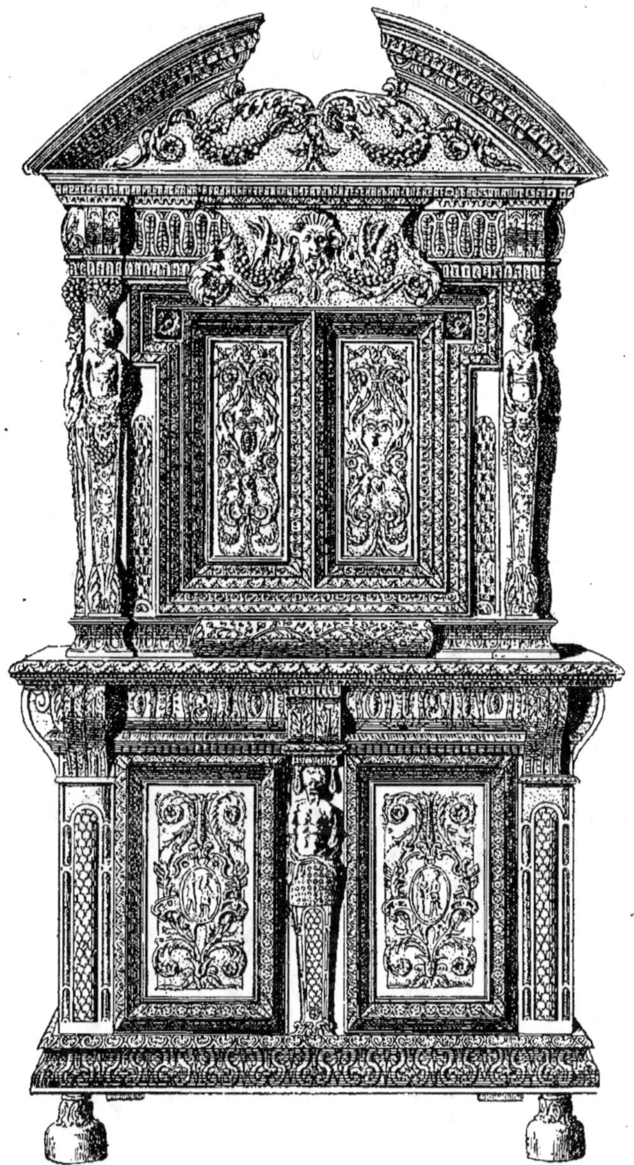

XVIe SIÈCLE. — ART FRANÇAIS. — ÉCOLE DE CHAMPAGNE
Musée des Thermes et de l'Hôtel de Cluny, Paris

Fig. 243. — Ce grand cabinet, qui date du milieu du seizième siècle, aurait été fait par les moines de l'abbaye de Clairvaux, à l'occasion de la fête de leur abbé. Le luxe de la décoration, la perfection des ornements et des arabesques, la beauté de la sculpture de ses *sept cariatides*, en constituent une œuvre d'art unique. Si la forme générale appartient à l'Ecole de Champagne, l'abondance du décor et quelques détails rappellent l'Ecole de Bourgogne.

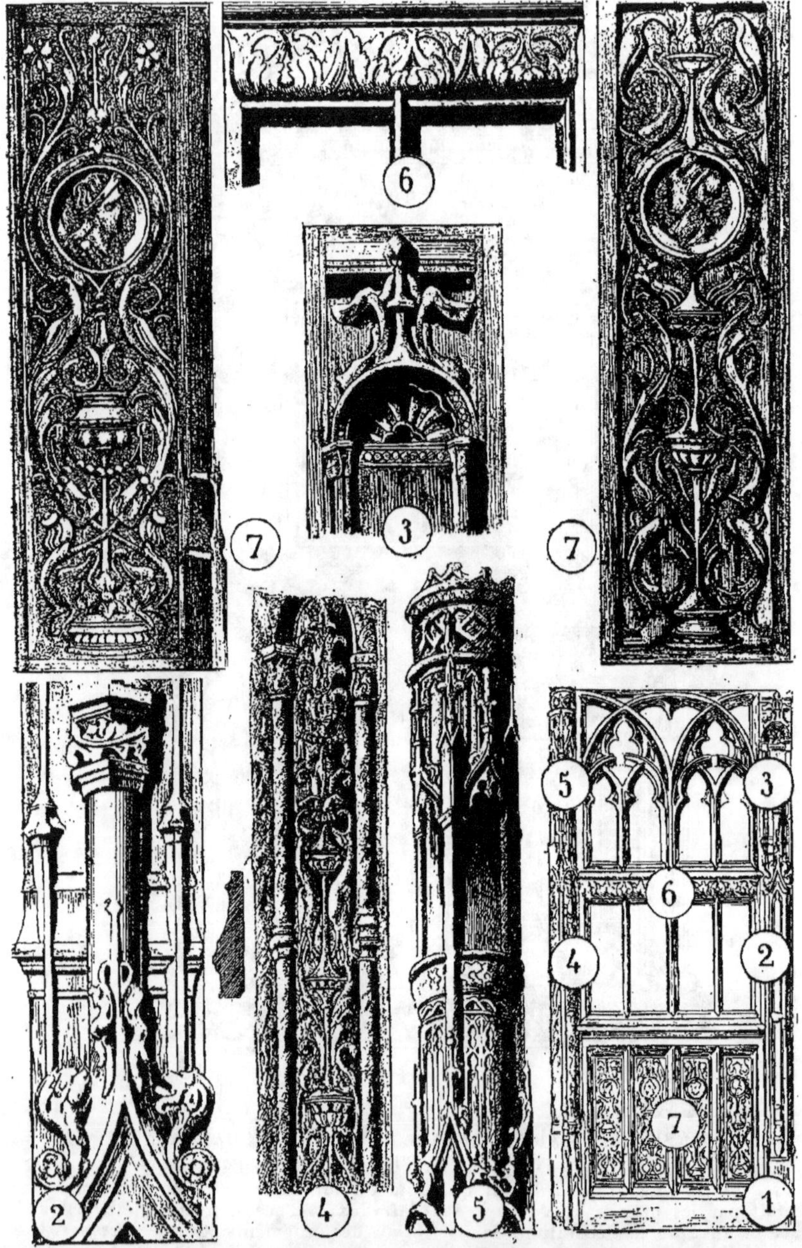

XVIe SIÈCLE. — ART FRANÇAIS. — ECOLE DE CHAMPAGNE

Fig. 244 à 25o. *Musée de Troyes.* — Voir note ci-contre.

BRETAGNE

ORIGINE, LIMITES, INFLUENCE

———— *Consulter la carte d'ensemble, page 68* ————

BRETAGNE. — 1491. Charles VIII, par mariage. — François Ier. Réunion définitive; Capitale *Rennes*; a formé cinq départements : Côtes-du-Nord, Finistère, Ille-et-Vilaine, Loire-Inférieure, Morbihan.

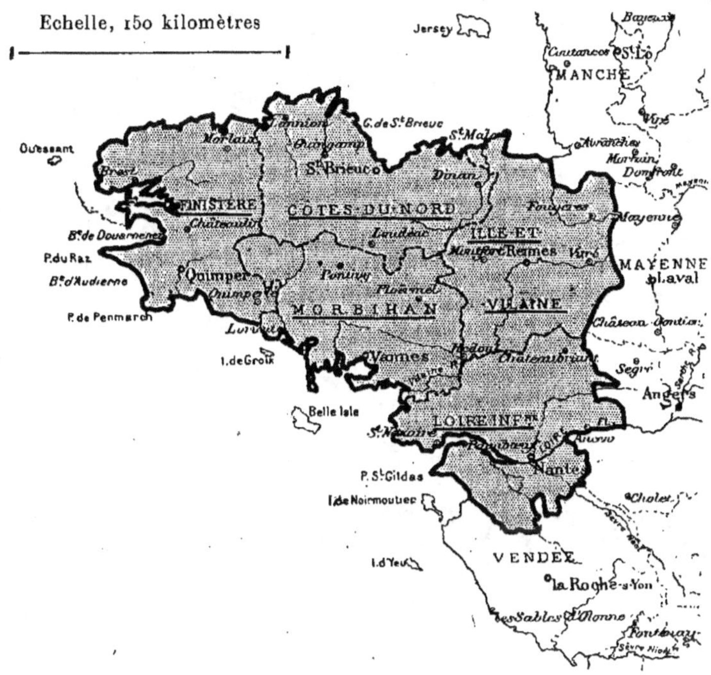

ANCIENNES LIMITES. — Ne dépassent pas celles fixées sur la carte ci-dessus.

INFLUENCE. — *Nord-Est*, jusqu'à Vire, Saint-Lô, Coutances; *Est* jusqu'à Mortain, Laval et Angers ; *Sud*, jusqu'à La Roche-sur-Yon, Fontenay.

———

Note des figures 244 à 250. — Cette porte (document représentant divers éléments de l'École de Champagne), dont nous donnons la face principale en 1, provient du jubé de l'église Sainte-Madeleine, aujourd'hui démolie.

La partie supérieure forme claire-voie ; la partie inférieure est menuisée avec des panneaux très délicatement sculptés.

Nous avons donné, sur l'ensemble de la figure 1, les numéros renvoyant aux sept détails.

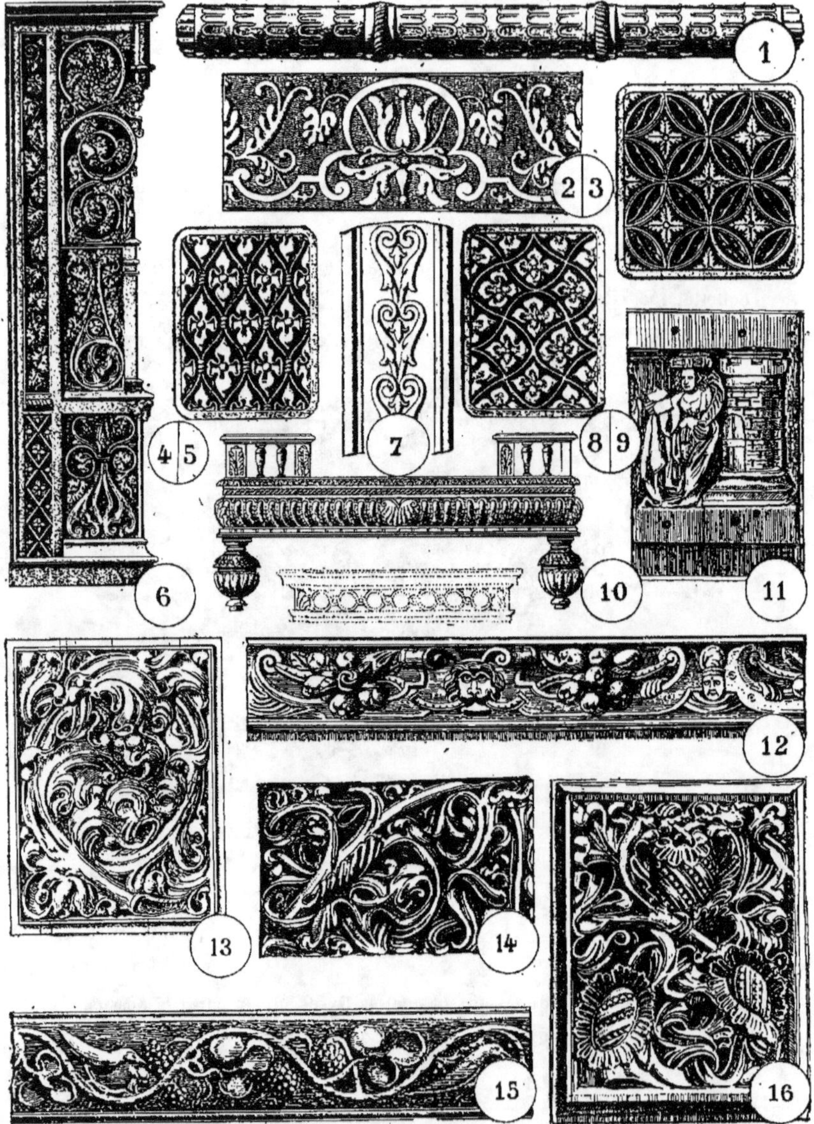

BRETAGNE. — Fig. 252 à 277. — CARACTÉRISTIQUES. — École influencée par celle de la Normandie. — Arcades. — Carrés. — Dents de scie. — Feuillages. — Fruits. — Ornements géométriques. — Rosaces. — Sculpture dans la masse.

Fig. 270 à 278 (*Voir ci-contre*). — Cette crédence, dont nous représentons l'ensemble, a conservé des traces de peinture ; c'est un curieux spécimen de menuiserie courante appliquée à l'art religieux. En 2, est un détail du baldaquin ; 3, la partie supérieure du cadre central ; 4, une colonnette, et détail 5 ; 6, panneau de côté ; 7, 8 et 9, figures grotesques placées sur les colonnettes.

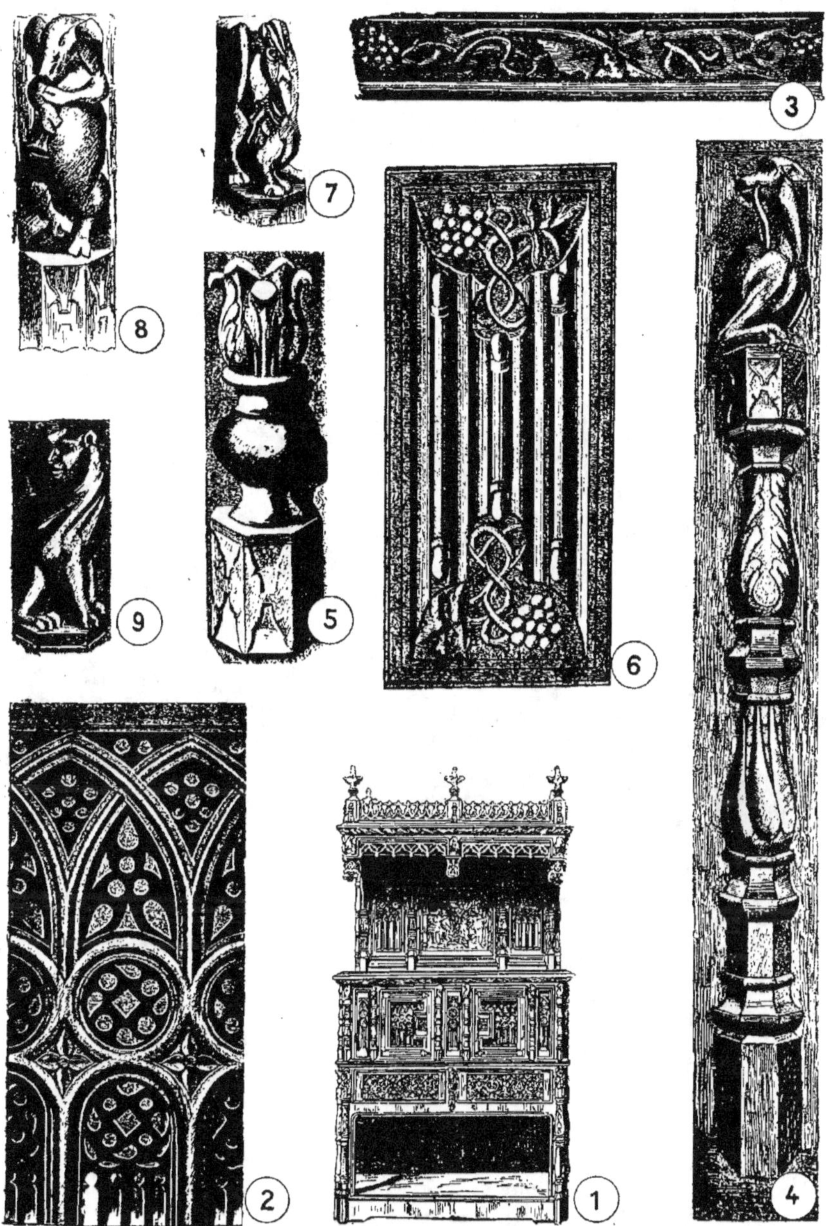

XVIe SIÈCLE. — ART FRANÇAIS. — ÉCOLE DE BRETAGNE

Fig. 270 à 278. — Note placée au bas de la page précédente.

Orléanais. — A formé, en 1793, trois départements, Eure-et-Loir, Loiret, Loir-et-Cher, et une partie de ceux de la Nièvre, de l'Yonne, de la Sarthe et de l'Indre ; mais, au seizième siècle, correspondait à quinze départements, soit : Deça la Loire : *Maine*, 2, Mayenne, Sarthe ; *Beauce*, 2, Eure-et-Loire, Loir-et-Cher. — Dessus la Loire : *Nivernais*, 1, Nièvre ; *Orléanais*, 1, Loiret ; *Blaisois* (partie de Loir-et-Cher) ; *Touraine*, 1, Indre-et-Loire ; *Anjou*, 1, Maine-et-Loire. — Dela la Loire : *Poitou*, 3, Deux-Sèvres, Vendée, Vienne ; *Aunis*, 1, partie de la Charente-Inférieure ; *Angoumois*, 1, Charente ; *Berry*, 2, Cher, Indre.

——— *Consulter la carte d'ensemble, page 68* ———

Echelle, 150 kilomètres

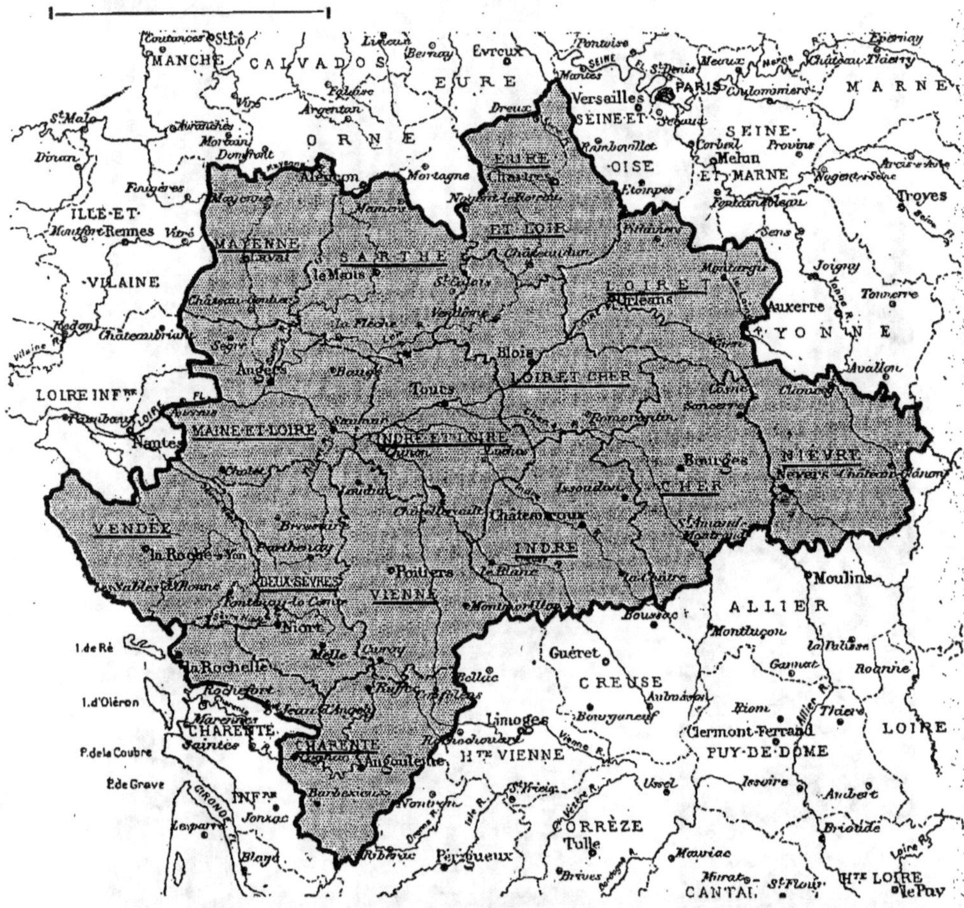

Influence. — Pour cette Ecole, que nous pourrions dénommer *Ecole Ligerine*, l'idée la plus généralement admise est que, dans cette région, les meubles ont des traits de ressemblance assez frappants ; on peut donc admettre qu'ils étaient, soit l'œuvre de mêmes artisans, soit celle d'un groupe de compagnons huchiers, transfuges des Cours somptueuses des Ducs de Bourgogne, ou influencés par les longs séjours de la Cour des Valois-Orléans (1498-1515) et celle des Valois-Angoulême (1515-1589), dans les contrées arrosées par la Loire.

BOURGOGNE
ORIGINE, LIMITES, INFLUENCE
———— *Consulter la carte d'ensemble, page 68* ————

BOURGOGNE. — 1477. Louis XI, par reversion; Capitale *Dijon*; a formé quatre départements : Ain, Côte-d'Or, Saône-et-Loire, Yonne.

Echelle, 150 kilomètres

ANCIENNES LIMITES. — Joigny, Cosne, Nevers, Bellay ; suivent le cours du Rhône jusqu'à Genève et Lausanne. Rejoignent le cours de la Haute-Saône, passent à l'ouest de Belfort, à Remiremont, Epinal, Langres, Mussy-sur-Seine et Joigny.

INFLUENCE. — *Nord*, jusqu'à Saint-Dié, en passant par Sens, Bar-sur-Seine et Chaumont; *Est*, jusqu'à Epinal, Besançon, Nantua, Chambéry ; *Ouest*, jusqu'à Moulins et Cosne-sur-Loire.

Suite de la note, page précédente. — **CARACTÉRISTIQUES.** — Les meubles empruntèrent leurs formes et leurs décorations aux Ecoles d'Italie, et les artisans, modestes sculpteurs, puisèrent leurs inspirations dans les dessins et les estampes de maîtres célèbres. Les crédences ou bahuts surmontés de frontons, pour lesquels le bois de noyer a été employé de préférence, étaient souvent décorés de sujets galants.

Nous considérons cette *Ecole Ligerine* comme étant le centre le plus avancé sous le rapport de l'Art. La répétition des motifs dénote une entente habile, observatrice et expressive. Une délicate ornementation, résultant d'un choix judicieux des plantes, des feuillages et des fleurs, témoigne d'un naturalisme séduisant.

(Consulter les caractéristiques et types, fig. 173 à 223).

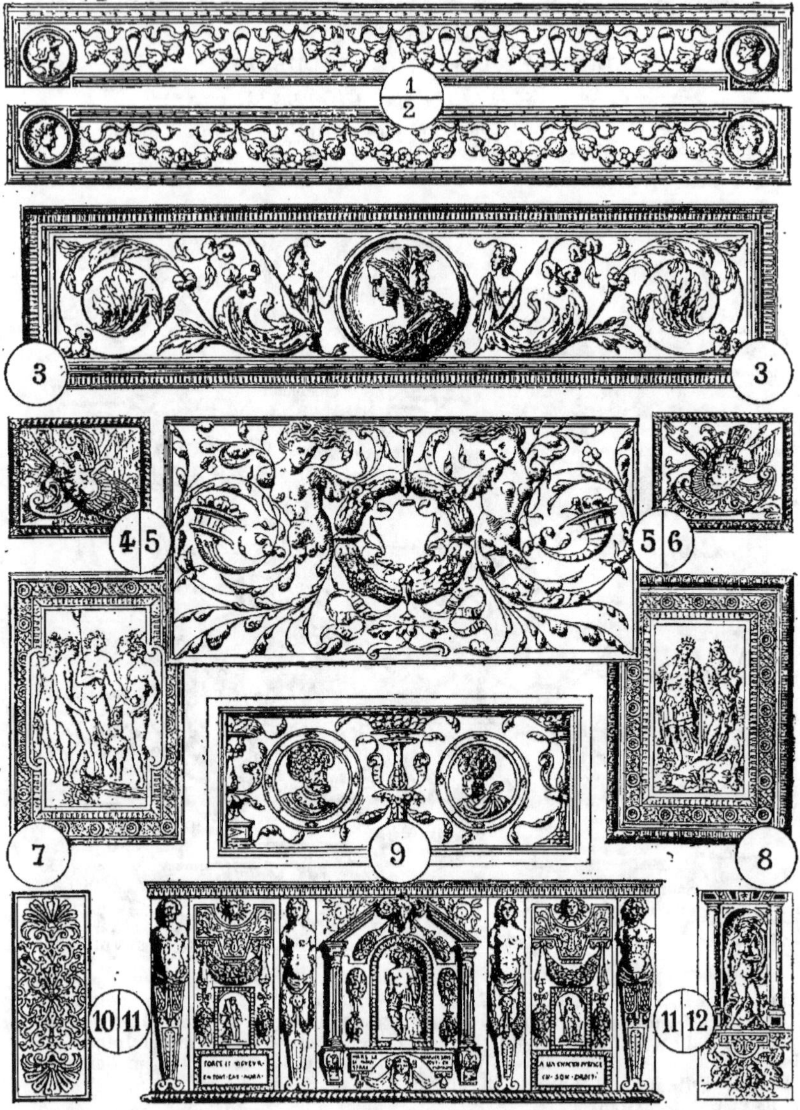

BOURGOGNE. — Fig. 280 à 291. — CARACTÉRISTIQUES. — Manière plus originale
que celle de l'École Lyonnaise. — Arabesques terminées par des chimères. —
Architecture du meuble inégale. — Canaux. — Cariatides cuirassées. — Cariatides
à gaines fleuronnées, ou soutenues par des génies, des chimères. — Décor compliqué, tourmenté. — Décor à camaïeu haché d'or sur fond brun. — Enroulements
à griffes et à têtes de bélier. — Exécution nerveuse, accentuée. — Figures allégoriques, symboliques, un peu ramassées, bien nourries, à la flamande. — Figures
bronzées, haussées d'or bruni. — Frontons brisés et renversés. — Guirlandes de
fleurs, de fruits, plantureuses et débordantes.

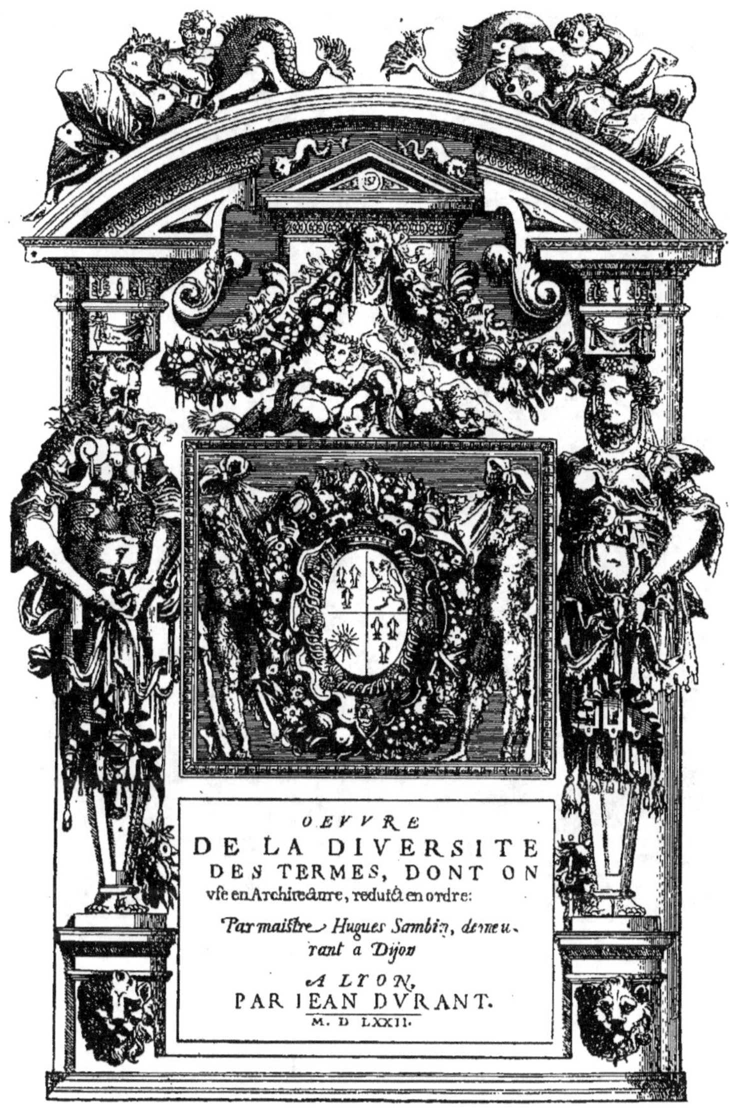

Collection Edouard Rouveyre

Fig. 292. — Hugues Sambin, qualifié d'*architecteur* et de *maistre-menuisier*, a publié un curieux *Recueil de dix-huit gaines ou termes*. On y trouve des « Termes d'hommes et de femmes, aornez de leurs Bases, Cornices, Frises, et composez de diuers enrichissemens auec obseruance des nombres, et mesures, propres et requises » ainsi que l'auteur le mentionne « avec diligente application de son esprit » dans sa *dédicace* à très haut et très puissant seigneur monseigneur Elenor Chabot, Lieutenant pour sa Majesté au gouvernement de Bourgogne.

2 — D. 14

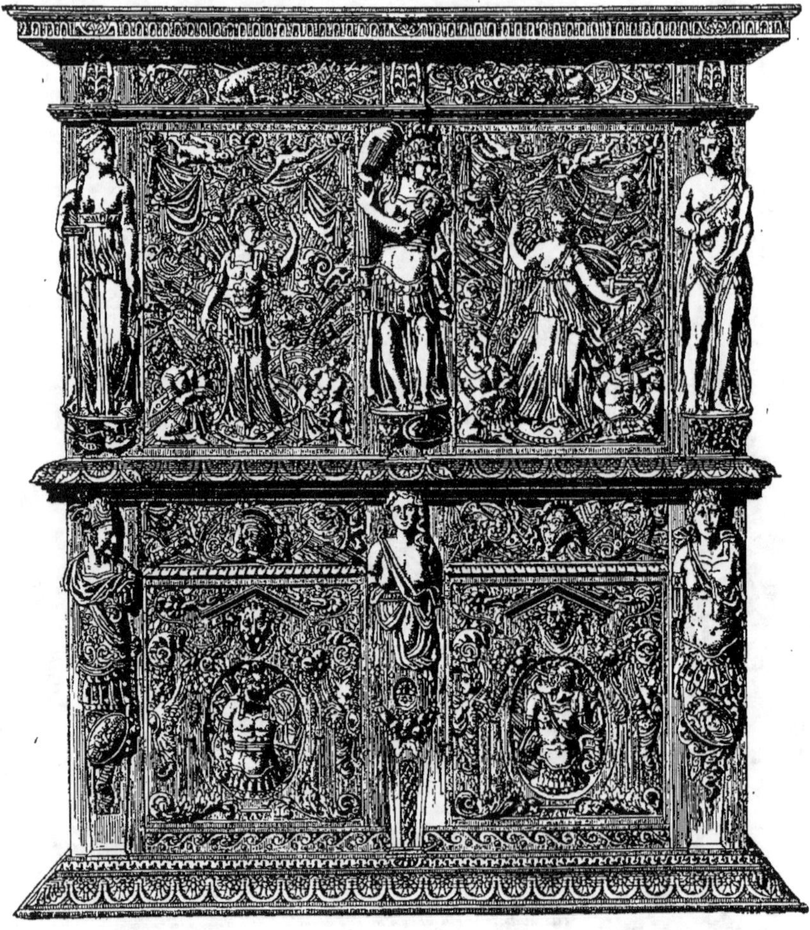

XVIᵉ SIÈCLE. — ART FRANÇAIS. — ÉCOLE DE BOURGOGNE

Ancienne Collection Spitzer

Fig. 293. — Les *vertus cardinales* ont souvent servi de décoration aux artisans de l'École de Bourgogne. Il est peu de meubles de cette École qui ne montrent quelques-unes de ces *figures symboliques*, soit sous forme de bas-reliefs, ou de statuettes isolées, soit sous forme de *cariatides*. On en voit disposées dans les montants et succéder aux *cariatides à gaines* de la partie inférieure de ce beau meuble : La *Force* coiffée d'un casque et brisant une colonne ; la *Justice* s'appuyant sur une épée formidable et la *Providence* accompagnée d'un serpent, son emblème préféré. Les panneaux sont ornés de trophées au centre desquels se détachent la *Sagesse* et la *Victoire*.

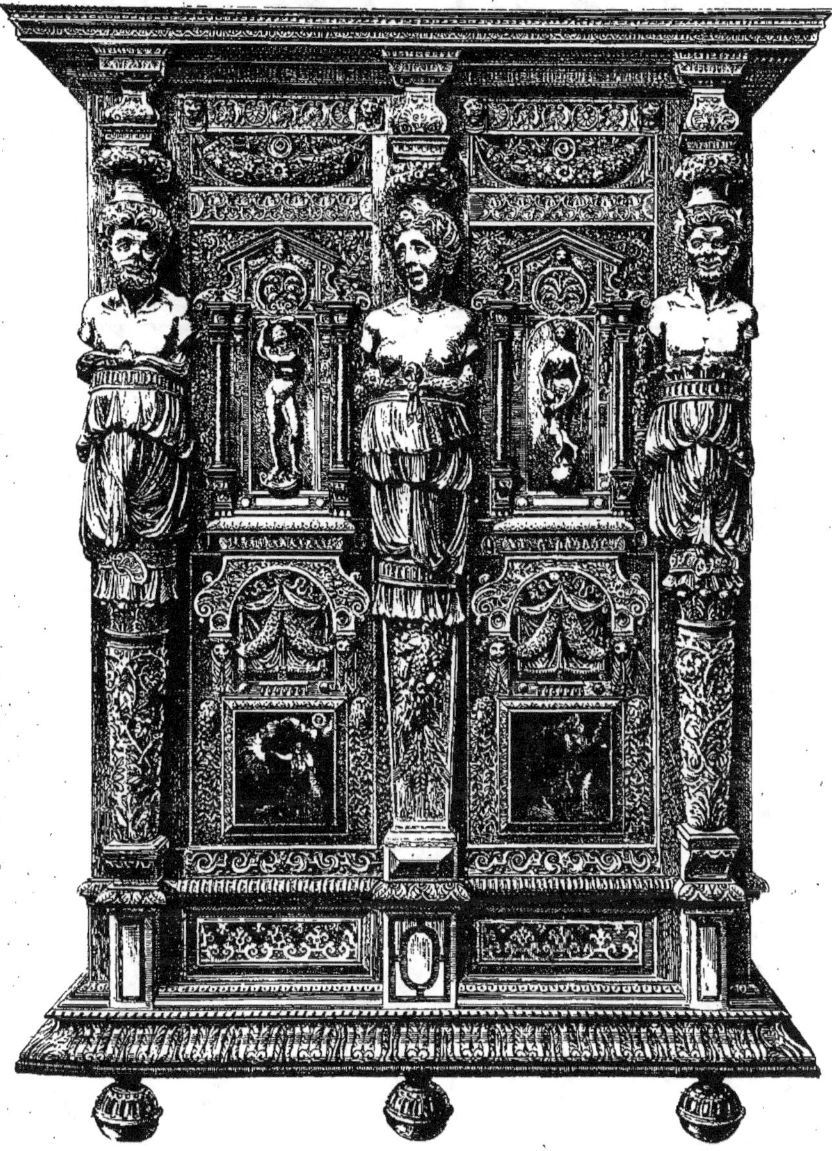

XVIᵉ SIÈCLE. — ART FRANÇAIS. — ÉCOLE DE BOURGOGNE

Musée du Louvre, Paris. — Donation de la marquise Arconati-Visconti

Fig. 294. — Ce beau meuble en noyer sculpté, peint et doré, que nous
attribuons à Hugues Sambin, rappelle, par le style de son architecture aussi bien
que par les détails de sa décoration, les portes du Palais de Justice de Dijon,
ainsi que l'armoire conservée à l'Hôtel de Ville de Besançon, considérée comme
provenant des ateliers du maître dijonnais.

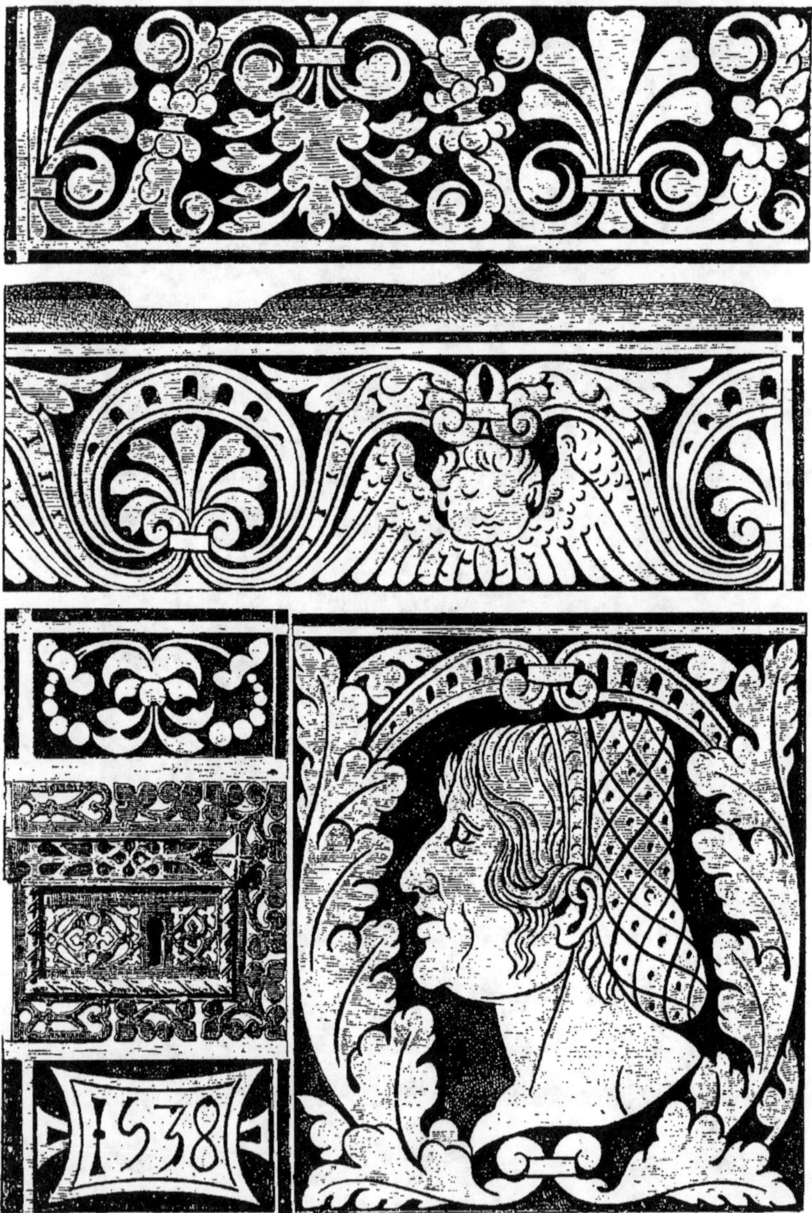

XVIe SIÈCLE. — ART FRANÇAIS. — ÉCOLE DE LA FRANCHE-COMTÉ

Collection du Château d'Issogne

Fig. 295 à 300. — Ces représentations sont de curieux spécimens d'un genre de
décor, en *gravure champlevée*, dont nous ne connaissions que quelques types

LYONNAIS
limité par une ligne pointillée sur la carte ci-dessous
ORIGINE, LIMITES, INFLUENCE

——— *Consulter la carte d'ensemble, page 68* ———

LYONNAIS. — 1314, par acquisition, Philippe IV, dit le Bel (1285-1314). Capitale. Lyon ; a formé deux départements : Loire, Rhône (Voir Auvergne, pages 115 à 117).

Echelle, 150 kilomètres

ANCIENNES LIMITES. — *Nord*, penche dans la basse Bourgogne ; *Ouest*, entame une partie de l'Auvergne et du Bourbonnais ; *Est*, confine à la Suisse ; *Sud*, descend avec le Rhône, côtoyant le Languedoc et le Dauphiné, jusqu'aux limites de la Provence. Nous avons séparé le Lyonnais de l'Auvergne par une ligne pointillée.

LYONNAIS. — Fig. 302 à 314 (*Voir page suivante*). — CARACTÉRISTIQUES. — Manière moins vigoureuse que celle de l'École de Bourgogne. — Arabesques vermiculées, fleuronnées. — Bases à tête de lion. — Bordures sculptées. — Cariatides de pilastre rappelant celles de Hugues Sambin. — Chimères, nymphes et satires reposés. — Colonnettes feuillagées. — Enfants ronds et potelés. — Facture calme, réfléchie. — Figures *dites de bronze* — Godrons. — Guirlandes concises, décor architectural. — Influences des nielles italiens. — Incrustations à la moresque blanche, mastic remplissant des creux entaillés dans le bois. — Mascarons à expression grimaçante. — Médaillons à faible relief. — Moulures fleuronnés. — Ornements découpés, entrelacés, vermiculés. — Perspectives d'architecture. — Pilastres à arabesques. — Sculptures habiles. — Sphinx ailés accolés ou formant consoles. — Sirènes à rinceaux. — Termes en gaine. — Têtes de lion.

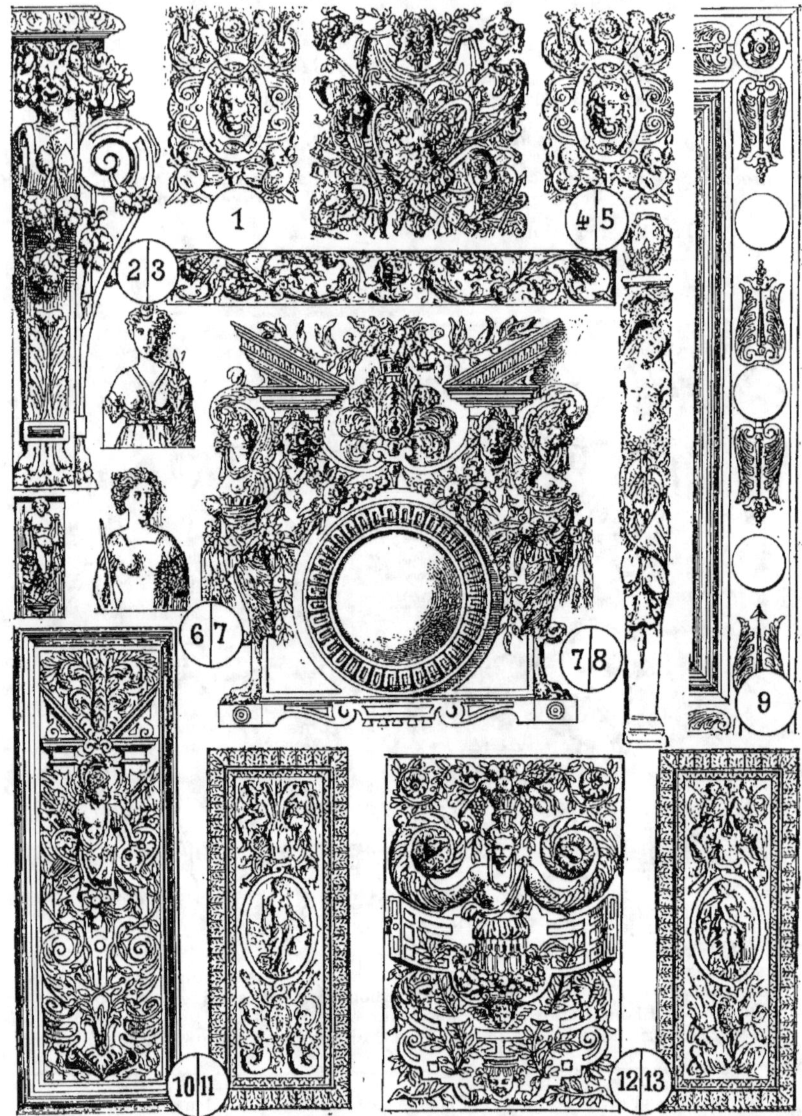

LYONNAIS. Fig. 3o2 à 3i4. — Voir, au verso, Note relative aux documents ci-dessus.

XVI⁰ SIÈCLE. — ART FRANÇAIS. — ÉCOLE DU LYONNAIS

Ancienne Collection Basilewski

Note de la fig. 3i5, page iii. — Dressoir formé d'un buffet central à vantaux et à tiroirs, surmonté d'un dossier. Panneaux à figures d'apôtres et sujets de la vie de Jésus-Christ, séparés par des *pilastres à arabesques; serrures et pentures* très ouvragées. La frise du couronnement est formée de *bucranes* alternant avec

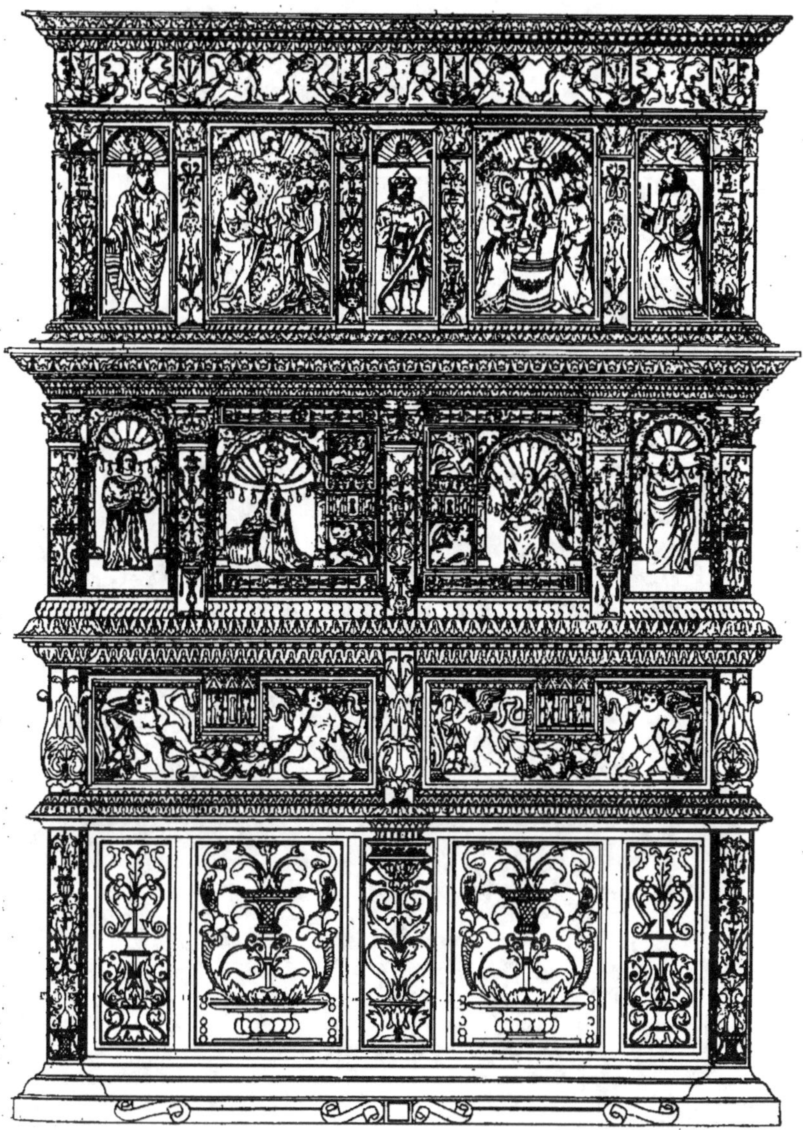

Fig. 315 (*Suite de la note*). — des écus soutenus par des enfants, et reliés par des guirlandes. L'assemblage général est maintenu par des tiges, qui permettent de démonter facilement le meuble pour le transporter en voyage. Ce précieux monument, d'une grande beauté malgré de nombreuses réparations, vient du château de Bâgé, en Mâconnais. Il servait de cage à lapins chez un maraîcher dés environs et la partie inférieure avait disparu, lorsqu'un pharmacien de Mâcon en fit l'acquisition et le revendit, pour 300 francs, à l'antiquaire Carrand père, qui entreprit de le réparer et le céda pour 100.000 francs à M. Basilewski.

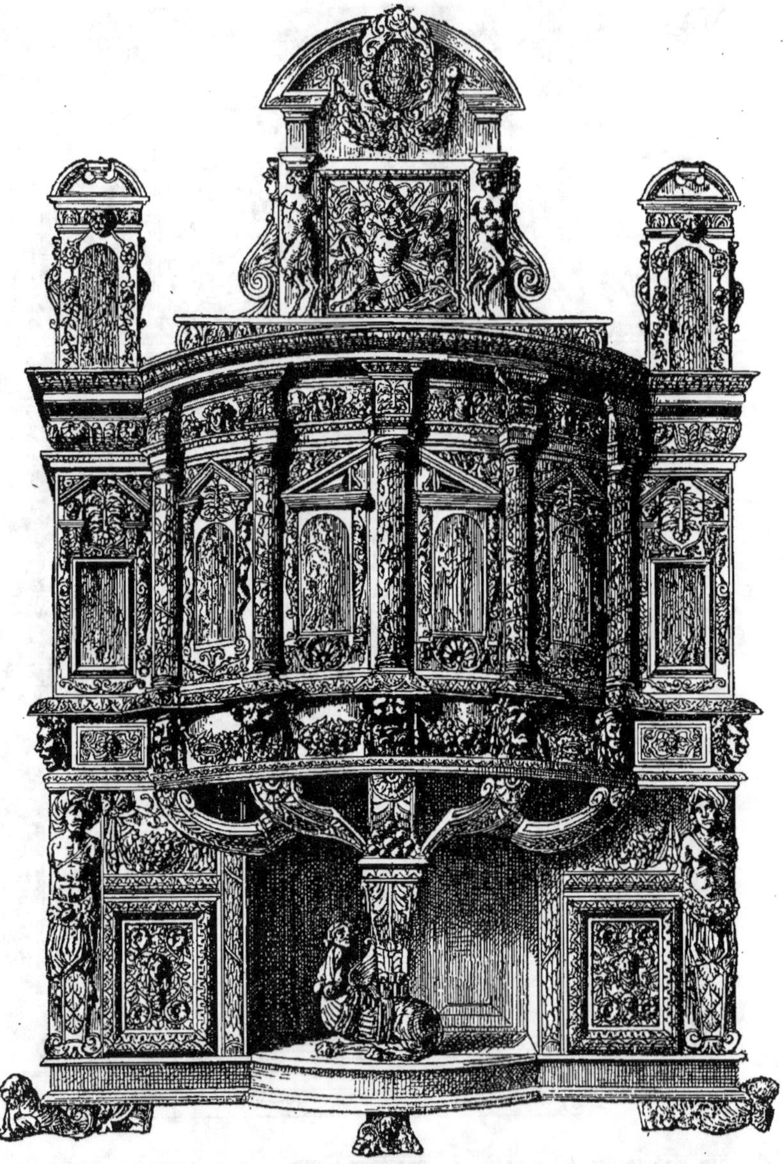

XVIᵉ SIÈCLE. — ART FRANÇAIS. — ÉCOLE DU LYONNAIS

Musée de Besançon

Fig. 316. — Cabinet orné de *huit figures de bronze* dont l'une porte la signature de Bredin et la date de sa collaboration (avec Pierre Chenevière) *E. Bredinus, F. 1581*, d'après, croyons-nous, une composition de Hugues. Sambin. « Ung

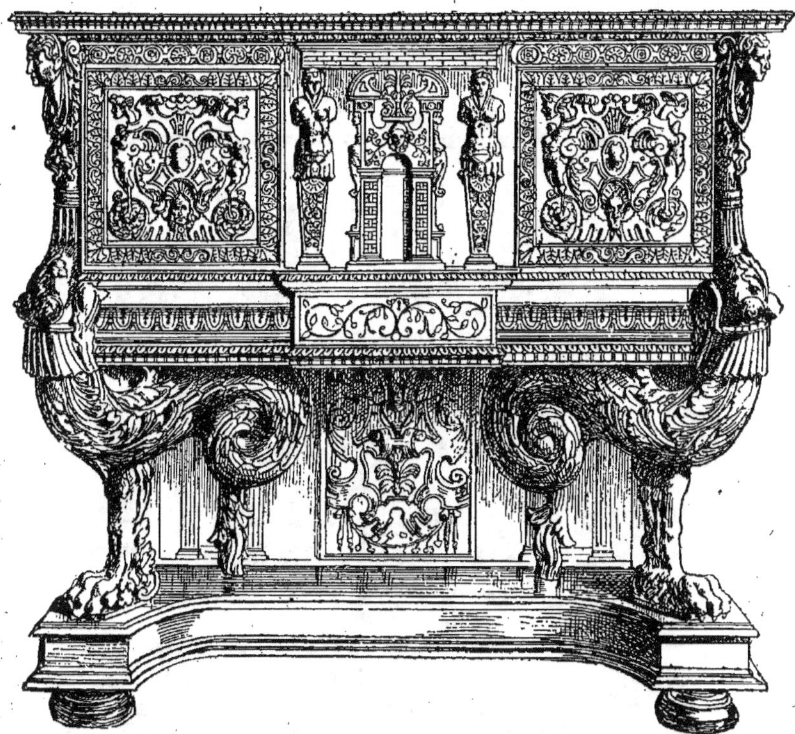

XVIᵉ SIÈCLE. — ART FRANÇAIS. — ÉCOLE DU LYONNAIS

Collection Sennegon

Fig. 317. — Grand dressoir, corps supérieur à deux vantaux ornés d'un
cartouche à mascarons et à chimères ; au centre une niche et deux *termes en
gaine*. La partie du bas est flanquée de deux *chimères*, au col extrêmement
allongé, dont le corps rentrant sous le buffet, pour former une console,
s'arrondit en volant et se termine par un *pied à griffes* portant sur le socle.

Suite de la note fig. 316. — cabinet fait en ovalle, le corps du haut supporté par
celluy d'embas, avec ung satyre tenant un cournet à boucquin, le tout remply de
figures de bronze, terme, colonnes et autres enrichissements remplant (remplissant)
les dictz deux corps ; et dessus un dociel où il a dans le milieu ung panneau
de truffée (trophée) avec deux satyres remplant le dit dociel, et gousset (console)
et vase. Et sur la dicte retraite du dict cabinet, deux autres tableaux servant de
couronnement, dans ung chascun desquelz il y a une *figure de bronze*, et où sont
armoyées les armes de la maison mortuaire. »

Les vases, placés dans le vide de chaque côté du couronnement central, ont
disparu ; le satyre sonnant du « cournet à bouquin » a été remplacé par une
figure de chimère.

Les huit *figures peintes en camaïeu haché d'or*, dites *figures de bronze*, représentent *Lucrèce, Mercure, Flore, Cérès, Pan, l'Envie, Apollon* et *Orphée.*

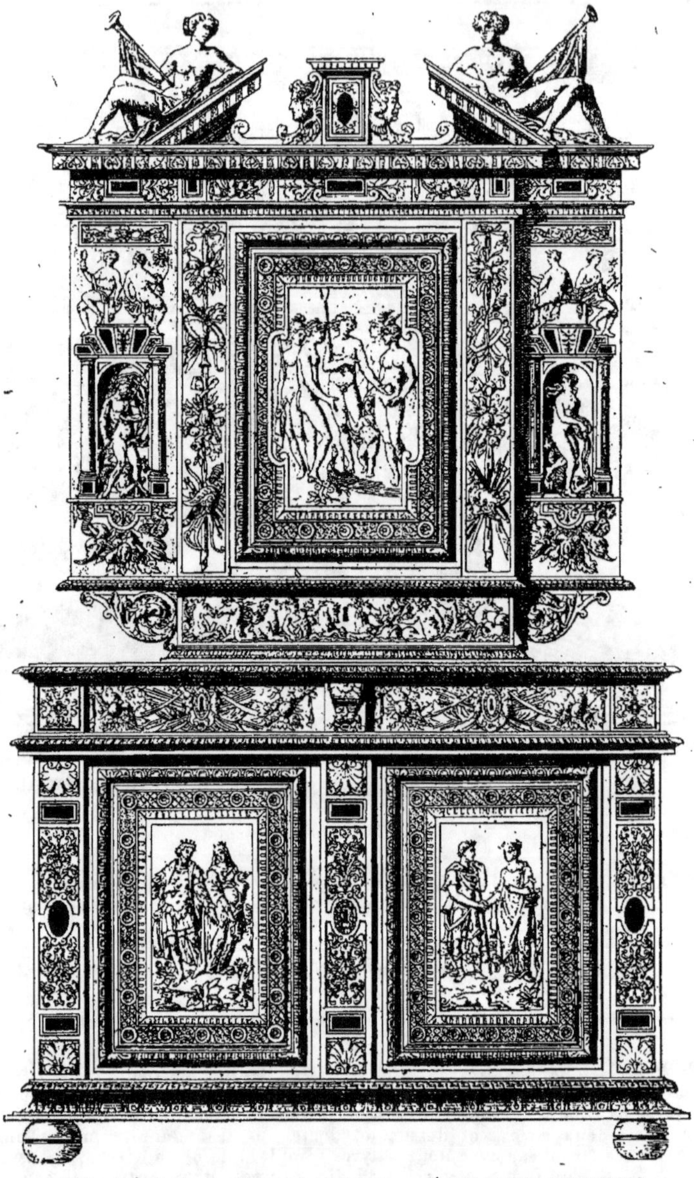

XVIᵉ SIÈCLE. — ART FRANÇAIS. — ÉCOLE DU LYONNAIS

Collection du baron Adolphe de Rothschild

Fig. 318. — Meuble à deux corps. Sur le panneau central du haut, le
Jugement de Pâris est encadré par des frises formées de trophées et de fruits. De
chaque côté est une niche, surmontée d'un groupe de femmes assises, et dans

AUVERGNE

limitée par une ligne pointillée sur la carte ci-dessous

ORIGINE, LIMITES, INFLUENCE

———— *Consulter la carte d'ensemble, page 68* ————

Auvergne. — 1527. François Ier, par confiscation ; Capitale, *Clermont-Ferrand*, a formé la presque totalité de quatre départements : Allier, Cantal, Creuse, Puy-de-Dôme (Voir Lyonnais, pages 109 à 114).

Echelle, 150 killomètres

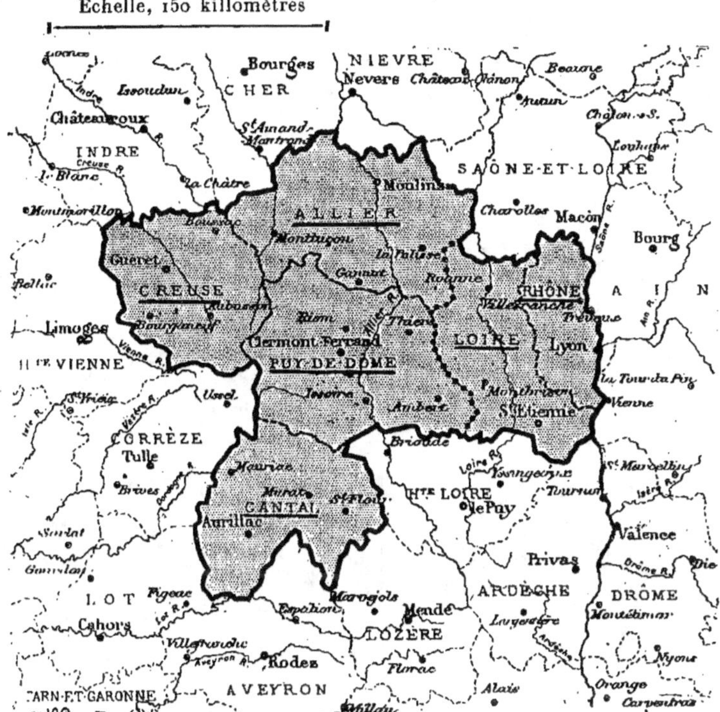

Anciennes limites. — Remontent la Dordogne à Orcival, se dirigent vers Ebreuil, Saint-Pourçain et Moulins ; suivent le cours de la Loire de Decize au Puy, se dirigent sur Rodez et descendent l'Aveyron jusqu'à Villefranche.

Influence. — *Nord,* jusqu'à Nevers ; *Est,* jusqu'aux rives du Rhône, ne dépasse pas l'Ardèche ; *Sud,* jusqu'à Toulouse ; *Ouest,* jusqu'à Agen, Ussel, Néris, Bourbon-l'Archambault. Nous avons séparé l'Auvergne du Lyonnais par une ligne pointillée.

Suite de la note fig. 318. — cette niche se trouve une figure nue, debout : à droite, *Amphitrite* ; à gauche, *Neptune.* Ces deux figures sont gravées par Jacques Bink, dans l'œuvre du Rosso. La frise qui sépare les deux corps est une imitation libre du combat des *Tritons,* par A. Mantegna. Sur les vantaux du corps inférieur on voit, d'un côté, un roi et une reine debout ; de l'autre, un jeune homme et une jeune femme, près d'un troupeau et se tenant par la main. L'artisan a probablement voulu représenter, sur le premier des vantaux du bas, *Hélène et Ménélas,* et sur l'autre, cette même *Hélène et le berger Pâris.* Tous les détails de ce meuble, d'une admirable conservation, offrent une rare perfection. Les ornements, en *pâte incrustée,* qui en décorent certaines parties, sont d'une grande délicatesse.

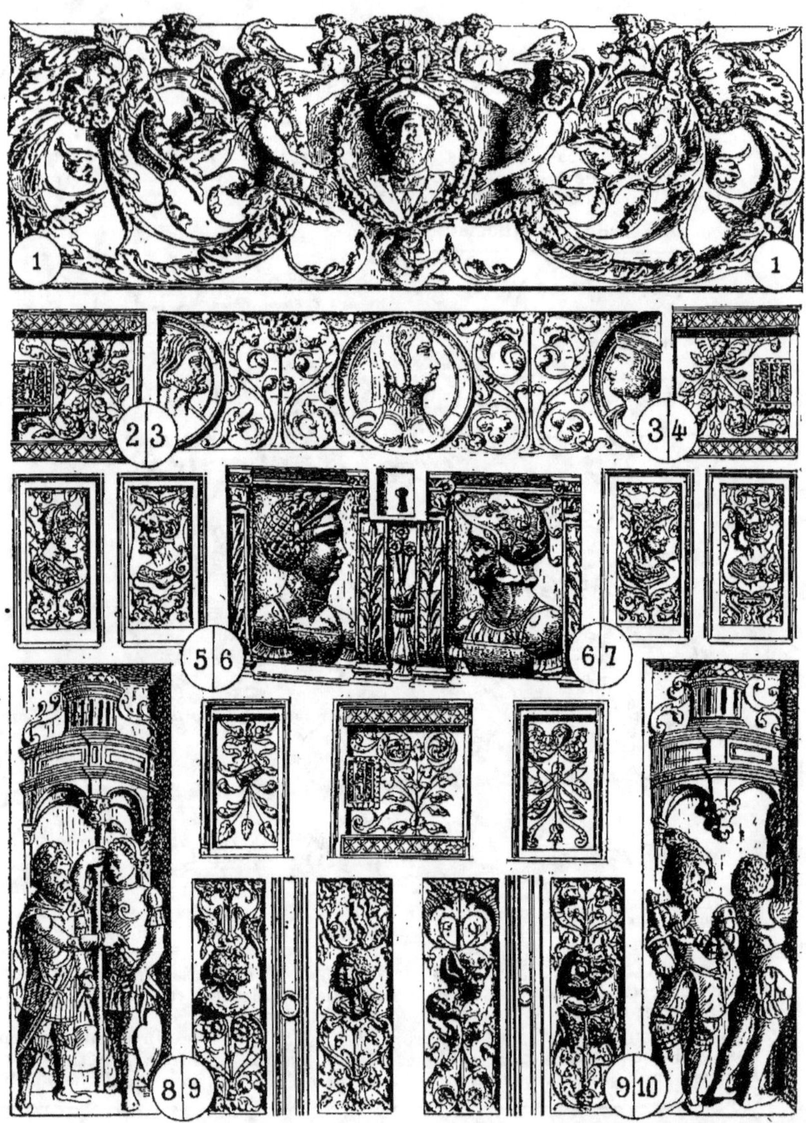

AUVERGNE. — Fig. 320 à 329. — CARACTÉRISTIQUES. — Aspect sévère. — Bustes en haut relief, coiffés de casques bizarres, agencés dans des médaillons. — Colonnettes, embastonnées, unies ou tournées. — Composition sérieusement étudiée. — Exécution d'une remarquable sûreté. — Montants à pilastres d'une très ferme ordonnance. — Ornements habilement étudiés. — Panneaux moulurés. — Personnages mythologiques, guerriers, etc. — Sculpture indépendante. — Style italien longtemps conservé. — Sujets variés, peints et dorés. — Volets ornés d'arabesques.

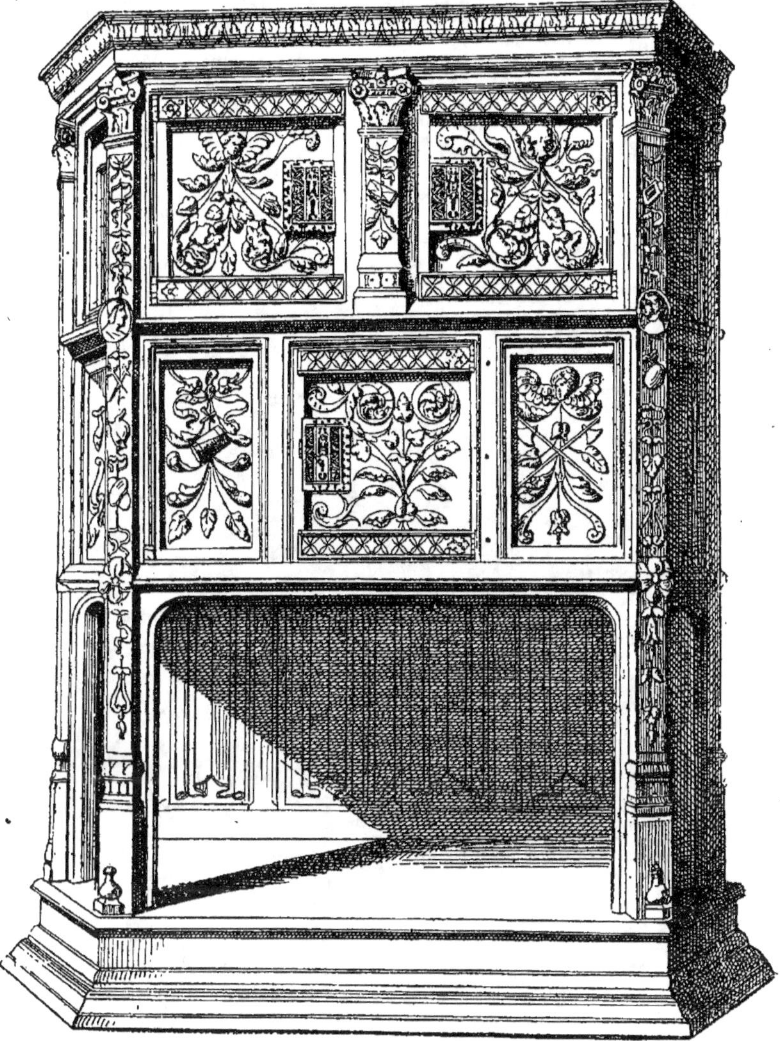

XVIe SIÈCLE. — ART FRANÇAIS. — ÉCOLE D'AUVERGNE

Ancienne collection Émile Peyre

Fig. 33o. — Ce dressoir de chêne, à trois guichets décorés de têtes d'angelets et
de fleurs, munis de ses anciennes serrures, en fer ciselé, et de deux panneaux avec
attributs militaires, est un type des plus purs et des mieux conservés. Le panneau
de fond, placé au-dessous est à *draperye*. — Les antiquaires et les amateurs,
écrit Edmond Bonnaffé, ont pris l'habitude de nommer *crédence* tout meuble à
deux corps, dont l'étage supérieur est plein et l'étage vide et à jour ; en d'autres
termes, ils appellent *crédence* ce que nous appelons *dressoir*.

GUYENNE ET GASCOGNE; Ancienne *Aquitaine* (pays des eaux), réunion de la Guyenne et de la Gascogne. — 1294, par première confiscation, Philippe IV, dit le Bel ; 1324, par deuxième confiscation, Charles IV, dit le Bel ; 1369, par troisième confiscation, Charles V, dit le Sage. — 1453, par conquête (Réunion définitive à la Couronne de France) Charles VII. — Une partie de la Gascogne a été le patrimoine d'Henri IV.

——— *Consulter la carte d'ensemble, page 68* ———

Echelle, 150 kilomètres

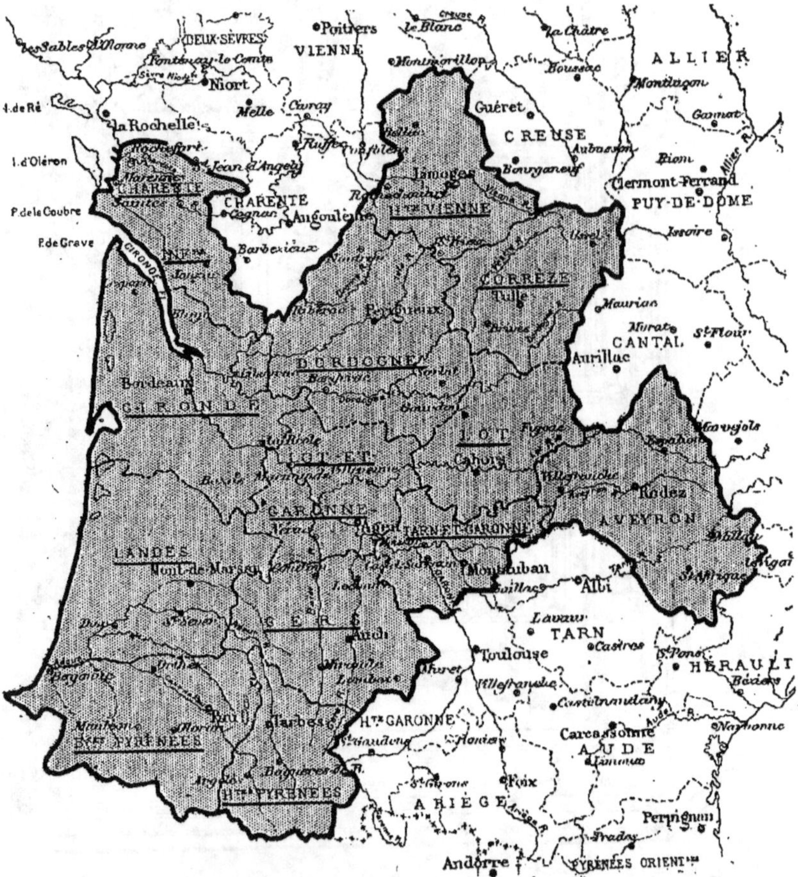

Le gouvernement militaire de la Guyenne, au seizième siècle et au dix-septième jusqu'en 1614, était formé de douze départements ainsi qu'il suit : *Guyenne*, neuf départements ; Aveyron, Dordogne, Gers, Gironde, Hautes-Pyrénées, Landes, Lot, Lot-et-Garonne, Tarn-et-Garonne ; *Saintonge* (avec l'Angoumois) ; *Limousin*, deux départements : Corrèze, Haute-Vienne ; *Gascogne* (partie de la Guyenne-Gascogne); *Béarn*, un département : Basses-Pyrénées.

En 1789, la Guyenne-Gascogne a formé en tout ou en partie, sept départements : Aveyron, Dordogne, Gironde, Landes, Lot, Lot-et-Garonne, Tarn-et-Garonne.

ANCIENNES LIMITES, sont représentées ci-dessus, telles qu'elles étaient fixées au seizième siècle et au dix-septième, jusqu'en 1614. — INFLUENCE est, pour ainsi dire, nulle.

CARACTÉRISTIQUES. — En ce qui concerne la forme et le décor des meubles, les types se rapprochent de ceux des provinces limitrophes.

LANGUEDOC

ORIGINE, LIMITES, INFLUENCE

——— *Consulter la carte d'ensemble, page 68* ———

Languedoc. — 1229, par réunion, Louis IX, dit saint Louis (1226-1270), et 1271, Philippe III, dit le Hardi (1270-1285). Capitale *Toulouse* ; a formé huit départements : Ardèche, Aude, Gard, Haute-Garonne, Haute-Loire, Hérault, Lozère, Tarn.

Echelle, 150 kilomètres

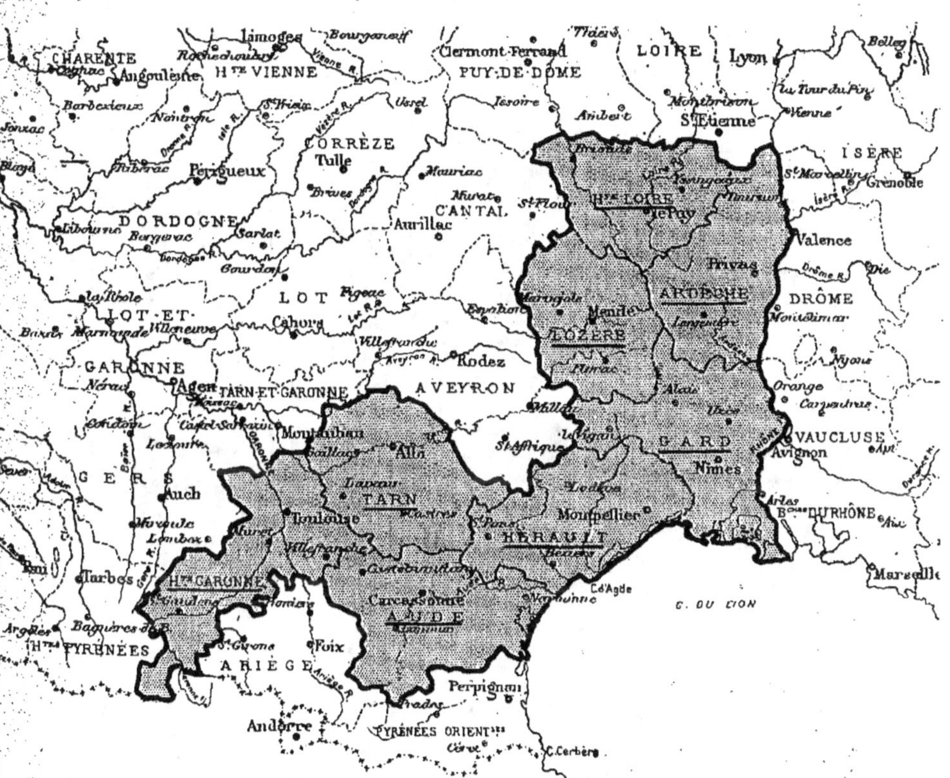

Anciennes limites. — Remontent le Gers, s'étendent le long des Pyrénées et jusqu'en Aragon. Au *Nord*, elles suivent une ligne qui, au-dessus d'Agen, longe l'Aveyron jusqu'à Saint-Antonin, puis va joindre le Tarn à Albi, remonte cette rivière et suit le cours de l'Hérault ; à l'*Est*, suit le Rhône.

Influence. — *Nord*, jusqu'à Montpezat, Varcins, Rodez, Marjevols, Mende ; *Est*, passe quelque peu sur la rive gauche de l'Hérault ; *Ouest*, jusqu'à Bayonne ; *Sud*, jusqu'en Aragon.

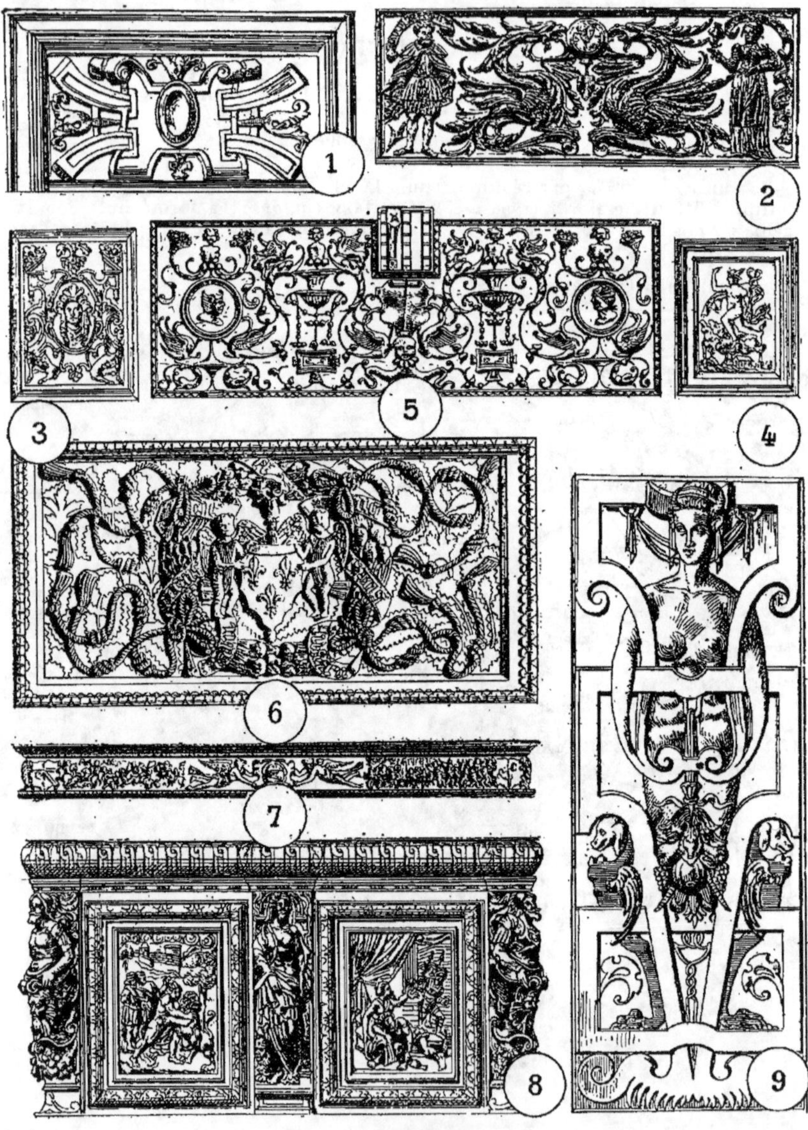

LANGUEDOC. — Fig. 333 à 341. — CARACTÉRISTIQUES. — Abus des incrustations de nacre, d'ivoire et de bois de couleur. — Alliances de styles. — Emprunte et donne une place importante aux éléments décoratifs de la Bourgogne et de l'Espagne, de Toulouse aux Pyrénées. — Énergie, expression, puissance. — Harmonie dans les ensembles. — Influence italienne. — Lignes bonnes, proportions heureuses, dispositions ingénieuses. — Monstres chimériques. — Moulures ornées. — Panneaux allégoriques. — Vertus cardinales en cariatides.

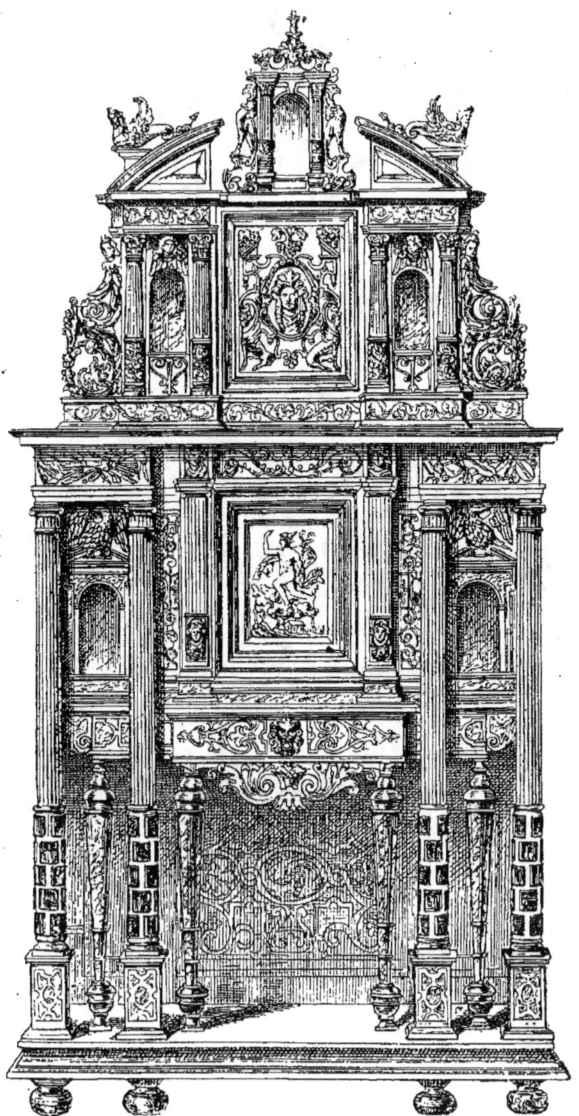

XVIᵉ SIÈCLE. (*Fin*). — ART FRANÇAIS. — ÉCOLE DU LANGUEDOC

Anciennes collections Barry, et Paul Recappé

Fig 342. — Dressoir type Androuet dit du Cerceau ; quatre colonnes cannelées enveloppent le buffet proprement dit, qui repose à l'intérieur sur une table à balustres. Le panneau central du buffet représente Mercure. Le meuble est terminé par un dossier ou couronnement, composé d'un panneau, de niches, de colonnettes cannelées, de consoles et d'un fronton. Quelques parties sont peintes en imitation de marbres de couleurs, d'autres sont dorées.

2   D. 16

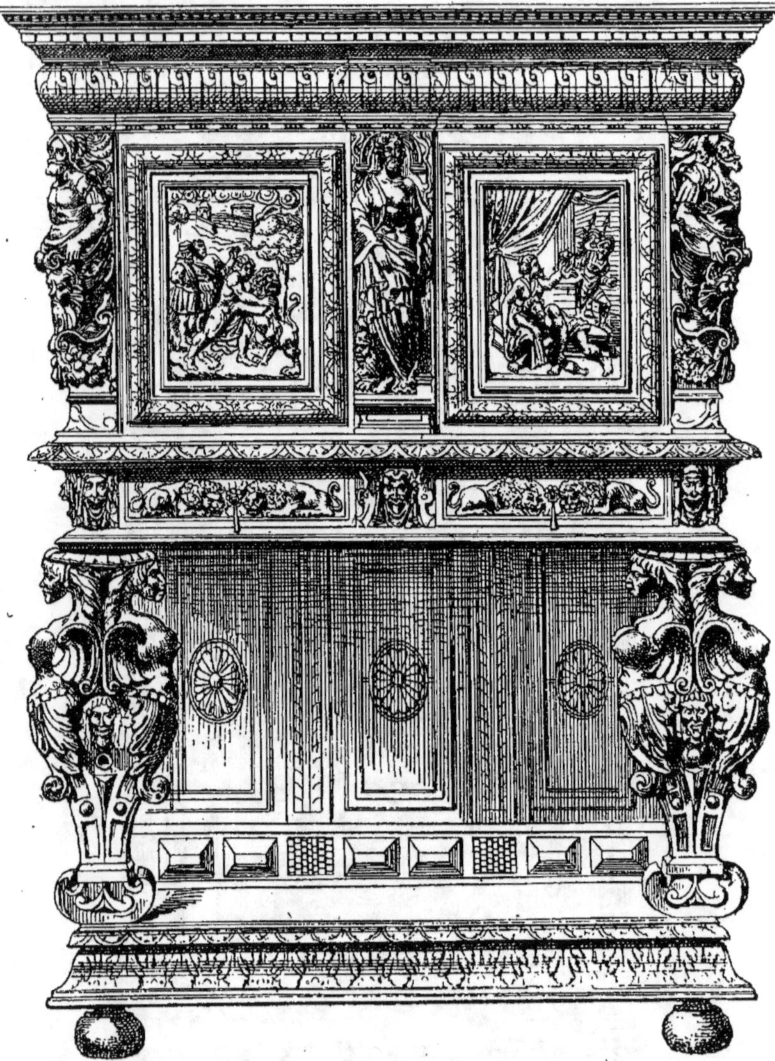

XVI⁰ SIÈCLE. — ART FRANÇAIS. — ÉCOLE DU LANGUEDOC

Collection Serres

Fig. 343. — Quoique le travail d'ornementation en soit assez compliqué, nous retrouvons, dans ce *cabinet*, un sentiment d'art italien. Les deux tiroirs, décorés de deux lions affrontés et accroupis, se tirent au moyen d'un bouton en forme de loquet. Au-dessus sont placés deux vantaux sculptés, représentant : l'un, le combat de David et du lion, l'autre, Judith et Holopherne, séparés par une figure debout et flanqués de deux cariatides à gaine de masque. La partie inférieure se compose d'un panneau à compartiments et de deux doubles cariatides adossées.

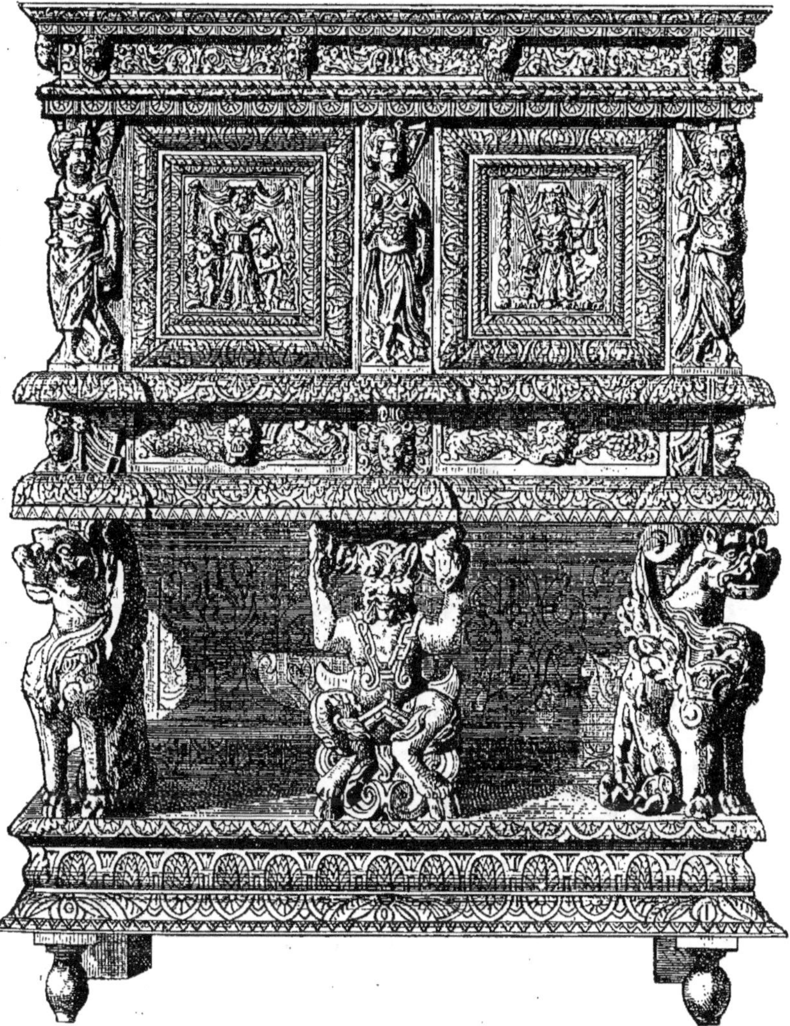

FIN DU XVIᵉ SIÈCLE. — ART FRANÇAIS — ÉCOLE DU LANGUEDOC

Collection du baron R... de P...

Fig. 344. — Cette crédence, que nous croyons être l'œuvre d'artisans flamands ayant séjourné dans le midi de la France, ne manque ni de caractère, ni d'harmonie ; les lignes en sont bonnes, les proportions heureuses et la disposition ingénieuse. Les *chimères étranges* remplissent bien leur office de cariatides et se trouvent en harmonie avec les moulures ornées du meuble, avec les ornements des frises et des tiroirs. Comme dans presque tous les meubles de ce genre, le *symbolisme* est représenté par *trois vertus cardinales* personnifiées dans les *cariatides* de la partie supérieure, et dans deux bas-reliefs sculptés sur les panneaux des portes qui sont, l'un *la justice* et l'autre *la charité*.

——— *Consulter la carte d'ensemble, page 68* ———

DAUPHINÉ. — 1342-1349, par donation, Philippe VI, dit de Valois. Capitale, *Valence*; a formé, en partie, trois départements : Drôme, Hautes-Alpes, Isère.

ANCIENNES LIMITES. — A l'*Est*, frontière de l'Italie; au *Sud*, suivent le cours de la Moyenne-Durance; à l'*Ouest*, suivent le cours du Rhône.

INFLUENCE. — *Nord*, jusqu'à Lyon, Nantua ; *Est*, Chambéry, Saint-Jean-de-Maurienne; *Sud*, Digne, Avignon ; *Ouest*, suit la vallée du Rhône.

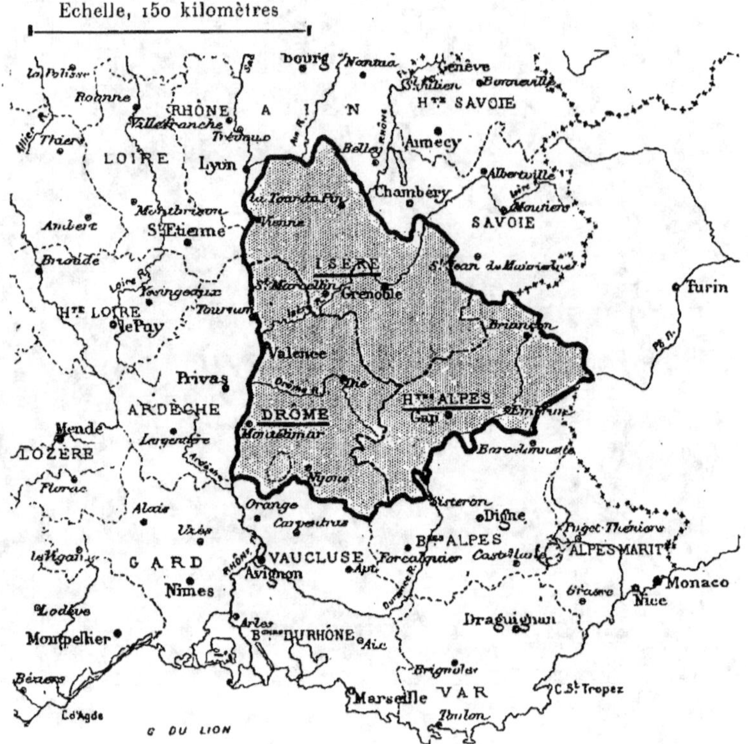

CARACTÉRISTIQUES. — Se rapprochent de celles de l'Ecole du Lyonnais et de l'Ecole de Provence, représentées par les documents fig. 302 à 315, et fig. 316 à 318 et par les documents fig. 347 à 355, et fig. 356.

Le titre de *Dauphin* a d'abord servi à qualifier les comtes de Viennois. Il a été porté pour la première fois par Guigues IV, mort en 1142, et le plus ancien texte où on le trouve est un acte passé en 1140 entre ce seigneur et Humbert II, évêque de Grenoble. Humbert II, sans enfants et accablé de dettes, abandonna ses Etats à Philippe VI, dit de Valois (23 avril 1342 - 30 mars 1349), sous la condition que les fils de France prendraient à l'avenir le titre de *Dauphin*. Charles, devenu roi sous le nom de Charles V, dit le Sage (1364-1380), fils de Jean II, dit le Bon (*le Brave*)

PROVENCE

ORIGINE, LIMITES, INFLUENCE

————— Consulter la carte d'ensemble, page 68 —————

PROVENCE. — 1481. Louis XI, par héritage. Capitale, *Aix*, a formé trois départements : Basses-Alpes, Bouches-du-Rhône, Var (Vaucluse, formé d'une partie de la Provence, du Comtat Venaissin et de la principauté d'Orange).

Echelle, 150 kilomètres

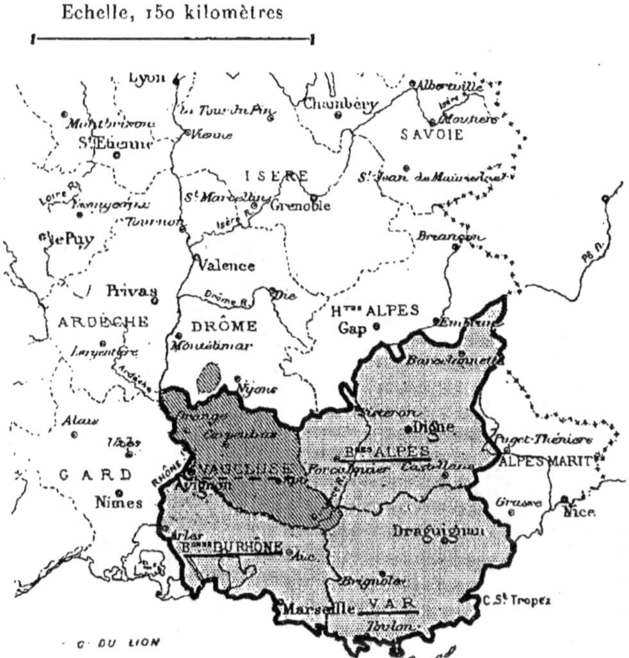

ANCIENNES LIMITES. — Suivent une ligne qui, de Vienne, se dirige sur Tournon, Privas, Alais, Uzès, et de l'autre va rejoindre le Rhône à Vienne, passe par Valence, de là descend le long de la vallée du Rhône, franchit la Drôme, rejoint la Durance à Sisteron, et se dirige sur Fréjus par Digne et Draguignan.

INFLUENCE. — *Nord*, jusqu'à Lyon ; *Ouest*, jusqu'aux sources de la Loire et de l'Allier, pour se diriger en ligne droite jusqu'à Béziers ; *Est*, jusqu'à Grenoble, Gap et le bas Var.

Suite de la note page 124. — reçut l'investiture du *Dauphiné* et se qualifia *Dauphin*. Le dernier prince qui ait porté ce titre est le duc d'Angoulême (1757✝1836), fils aîné de Charles X.

Les Dauphins de France écartelaient leurs armes de France et de Dauphiné. Ils portaient en outre une couronne royale dont les quatre diadèmes avaient la forme de dauphin, et soutenaient une double fleur de lis.

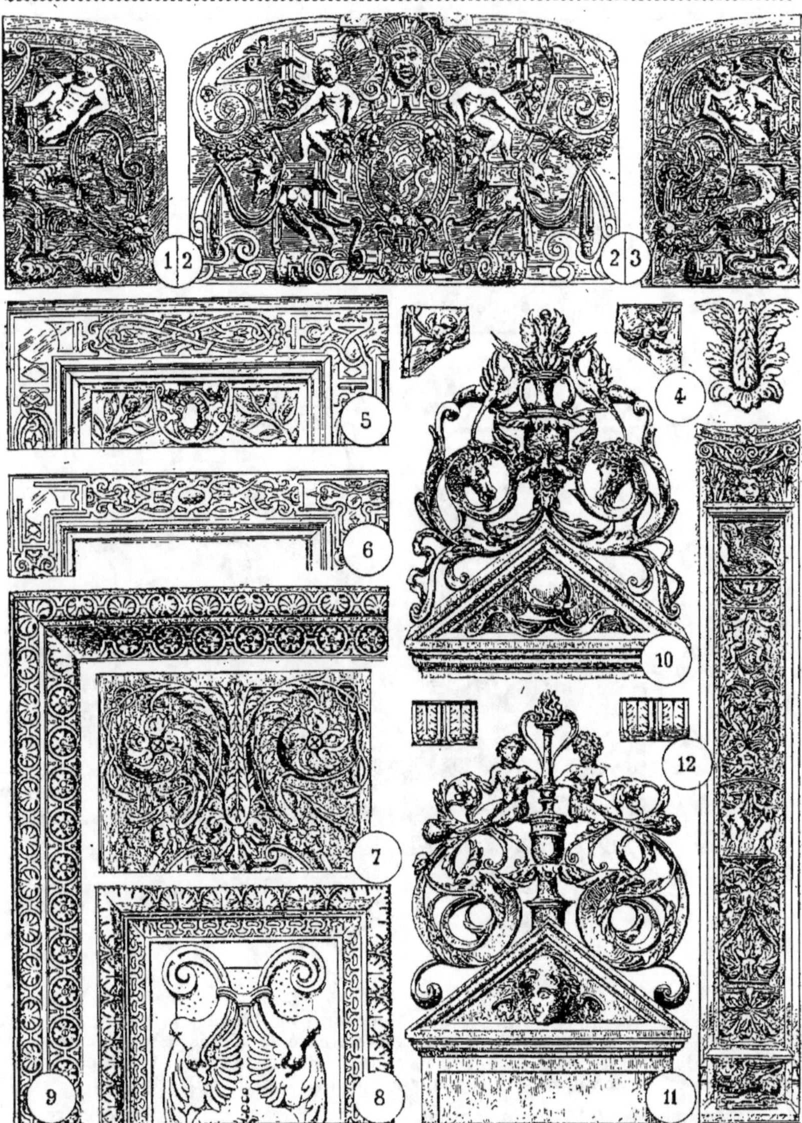

PROVENCE. — Fig. 347 à 355. — CARACTÉRISTIQUES. — Se retrouvent dans l'ensemble des documents figurés ci-dessus, où domine l'influence italienne combinée avec celle de l'art français.

XVe-XVIe SIÈCLES. — ART FRANÇAIS. — ÉCOLE DE PROVENCE

Cathédrale d'Aix. — Partie supérieure du Vantail de la porte principale

Fig. 356. — La cathédrale du Saint-Sauveur d'Aix, bâtie à la fin du quinzième siècle, possède un portail remarquable, datant de 1476, se composant d'une

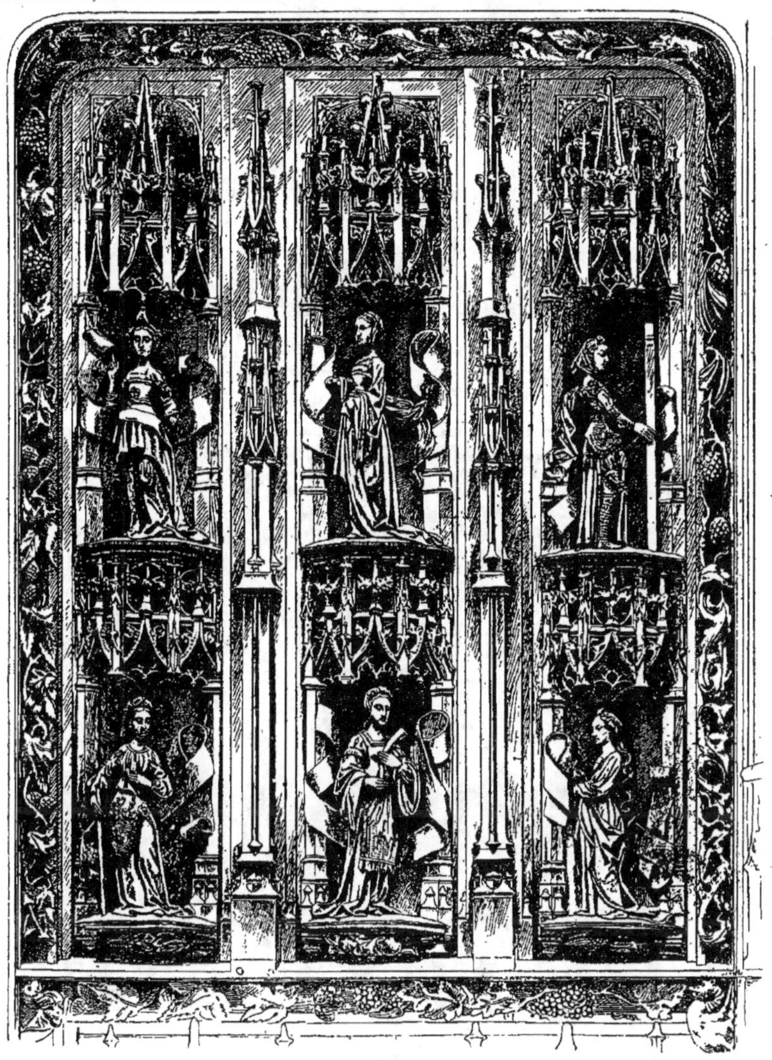

large baie à deux portes, séparées par un pilier orné d'une statue, baie flanquée
de contreforts opulents et surchargés de sculptures, qui montent au sommet de la
façade. Ces portes possèdent encore leurs vantaux en noyer sculpté. Nous en représentons une partie supérieure. C'est une *combinaison intéressante de motifs italiens et français*, avec prédominance des premiers. Les seconds se montrent surtout
dans l'architecture des pinacles et, plus encore qu'ici, dans les dispositions archi-
tectoniques d'autres parties; le décor de rinceaux fruités présente également un
caractère occidental, tandis que les gâbles surchargés de crochets trop fouillés,
les pilastres à arabesques et leurs chapiteaux, ont un cachet renaissance très
prononcé. Les niches à personnages qui décorent ces vantaux se retrouvent, à plus
vaste échelle, aux côtés du portail, entre les contreforts qui flanquent celui-ci et
les contreforts d'angle. Quant aux figures occupant les niches des vantaux, ce sont
celles de prophètes et de sibylles.

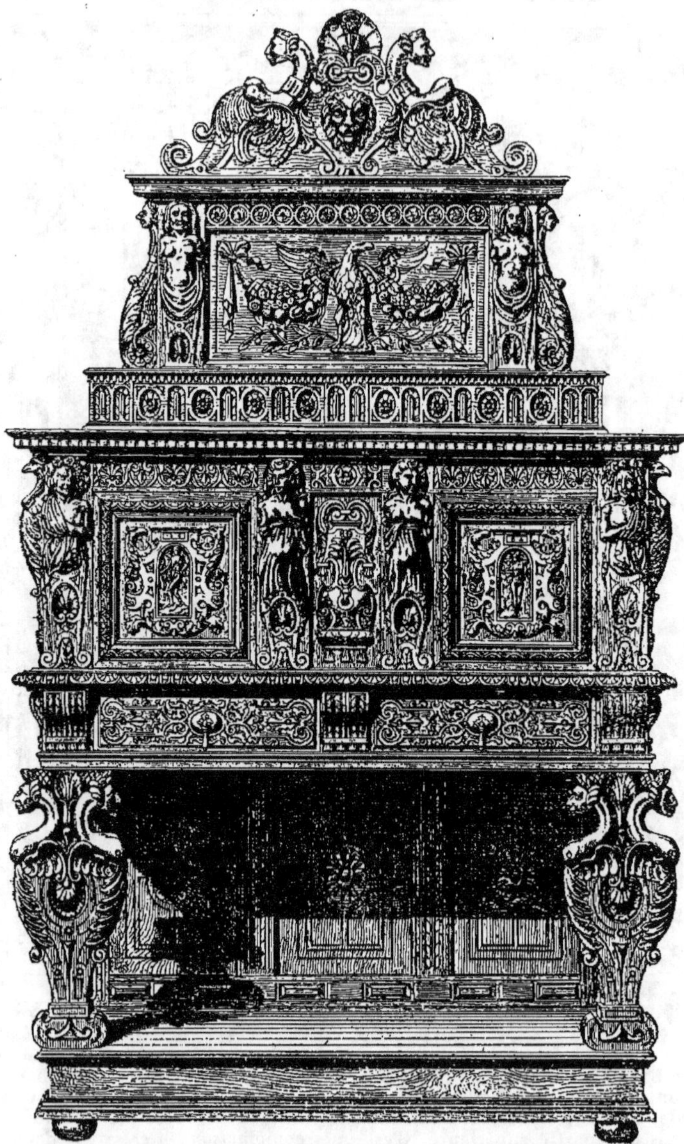

XVIᵉ SIÈCLE. — ART FRANÇAIS. — ÉCOLE DE PROVENCE
Ancienne collection Chambert

Fig. 357. — On lit la date de 1584 gravée sur le cartouche des deux portes
au-dessus de deux bas-reliefs représentant Apollon et Lucrèce. C'est donc là un
meuble de la fin de la Renaissance, mais remarquable par le style et l'exécution
et recouvert, de haut en bas, d'une décoration originale et fine. Quelques
beaux meubles en ce genre, que nous avons étudiés dans le midi de la
France, sont un témoignage que d'habiles artisans y formèrent une École.

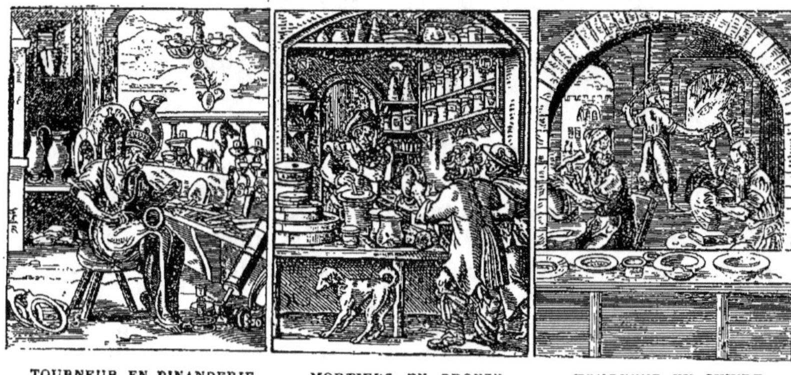

Fig. 358 à 360. — *d'après Jost Amman* (1539 † 1591)

COMPRÉHENSION DES ŒUVRES D'ART EN DINANDERIE

CUIVRE, LAITON, BRONZE, FONDUS, TOURNÉS OU REPOUSSÉS

CHAUDRONNERIE HISTORIÉE, USTENSILES DE MÉNAGE

SURMOULAGES, RECETTES ET PROCÉDÉS

On appelle *dinanderie ou dinanterie*, la *chaudronnerie de cuivre rouge ou jaune* qui se fabriquait à Dinant, située dans un pays abondant en *calamine*, dont le mélange avec la *rosette* forme le *cuivre jaune*; « ville très riche, écrit Philippe de la Clite, sire de Comynes ou Commines (1445-†1509) dans ses *Mémoires*, à cause d'une marchandise qu'ils faisaient de ces ouvrages de *cuyvre* qu'on appelle *dynanderie* ». On disait pour cette raison, proverbialement « coivre (cuivre) de Dinant » ou comme le rapporte un *Dict du pays*, au seizième siècle : « Les chauldronniers sont en Dinant. »

L'abondance du *zinc* aux environs de Liége permit aux fondeurs de substituer ce métal à l'*étain* dans les alliages de *cuivre*. Selon toute probabilité, l'*industrie du laiton* prit naissance sur les bords de la Meuse.

Dès le dixième siècle, l'évêque Notger avait enrichi sa cathédrale d'un *aigle* destiné à lire l'évangile, meuble *ex ære ductili et fusili*, en *partie doré et argenté*, où le *laiton* figure dans la description de l'ancien chroniqueur. Le moine Théophile consacre trois livres

2 — D. 17

de son *Essai sur divers arts (Diversarum artium schedula)* à l'art de la *fonte du cuivre*; on peut y lire comment les encensoirs en *cuivre* et en *cuivre battu* étaient fondus.

On trouve la mention d'objets en *cuivre historié* par les batteurs de Dinant, dans un *tarif des droits de tonlieu* édicté en 1252, par Marguerite, comtesse de Flandre et de Hainaut, et Gui de Dampierre son fils, à la demande des marchands de l'Empire germanique. La réputation des ustensiles fabriqués par les Dinantais était devenue proverbiale au treizième siècle.

Quoi qu'il en soit, les *batteurs dinantais* furent longtemps en

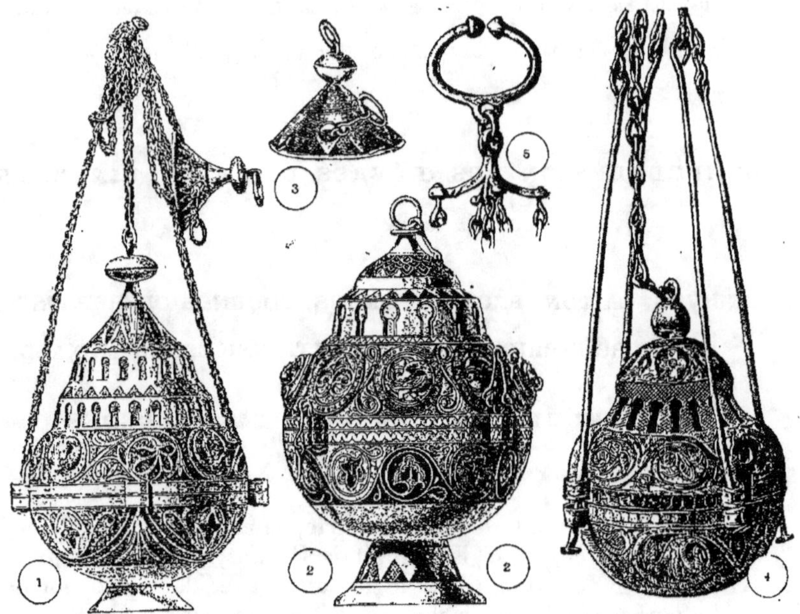

XIIe SIÈCLE. — ART FRANÇAIS

1, Ancienne collection J. Gréau ; 2 et 3, Musée Dubouché, Limoges ;
4 et 5, Ancienne collection de la comtesse Dziatinska

Fig. 361 à 365. — Exemples d'*encensoirs* en cuivre doré et émaillé. — 1. *Emaux bleus, chimères* en relief, partie supérieure ajourée. — 2 et 3. Type rare, représenté dans plusieurs miniatures des douzième et treizième siècles. — 4 et 5. Les *encensoirs* affectent souvent, aux douzième et treizième siècles, la forme d'une boule évidée à laquelle on ajoute un pied à la base et un *fruitelet* au sommet du couvercle. L'*encensoir* 4 est identiquement conçu de cette façon; c'est une belle pièce où des émaux parfaitement appropriés à la décoration viennent jouer un rôle important. La partie supérieure seule est évidée afin de laisser échapper la fumée de l'encens, et ces yeux sont eux-mêmes combinés de façon à faire valoir les émaux. Ajoutons que les quatre motifs, représentant des *chimères symboliques*, disposés dans cette sorte de galerie ajourée dont nous venons de parler, sont exécutés en bas-relief; quelques lignes de gravures complètent ce remarquable ensemble.

rivalité avec les *batteurs de Bouvignes*, « par une vraye jalousie de gloire, et pour soy mesler d'un mesme mestier de batterie ».

La *chaudronnerie historiée* ne tarda pas à s'introduire en France. Dès le douzième siècle, les *Comptes royaux* font mention d'un *batteur*, Lambert Patras (1112), *artisan en dinanderies et poteries d'étain*. Au Moyen-Age, Dinant s'est acquis une réputation méritée par ses *œuvres d'art en cuivre ou laiton, fondu, tourné* ou *repoussé ;* mais un grand nombre de celles qui lui sont attribuées ont une origine allemande, française ou italienne.

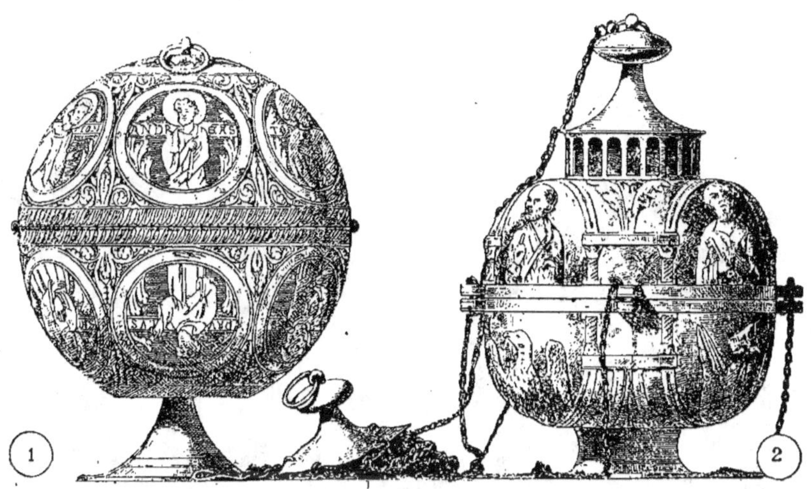

XIIIᵉ SIÈCLE. — ART FRANÇAIS

Ancienne collection J. Gréau

Fig. 366 et 367. — L'*encensoir* 2 est, comme la plupart des encensoirs du treizième siècle, de *forme cylindrique*, mais offre cette particularité de montrer une sphère aplatie sur quatre côtés. Il est *pédiculé*, et la *cheminée* est percée de seize ouvertures cintrées. Quatre apôtres et les symboles des évangélistes ont trouvé place sous des arcatures ménagées à cet effet. Le *chauffe-mains* 1 est complètement sphérique, sauf vers le haut du pied où la sphère a été légèrement tronquée. On y voit les douze apôtres au milieu de cercles. Au Moyen-Age, le prêtre, en hiver, avait une *chaufferette à mains* placée sur l'autel.

Les *ateliers* de Nuremberg, Augsbourg, Brunswick, Erfürt, Leipzig, Magdebourg, Milan, Lyon et Paris par exemple, produisirent une nombreuse variété de *dinanderie* religieuse et civile, *bassins plats d'offrandes* pour les églises, etc.

Le nom de *Martin Luther*, dont beaucoup sont marqués, n'a aucun rapport avec le schisme ; c'est celui d'un fondeur d'Augs-

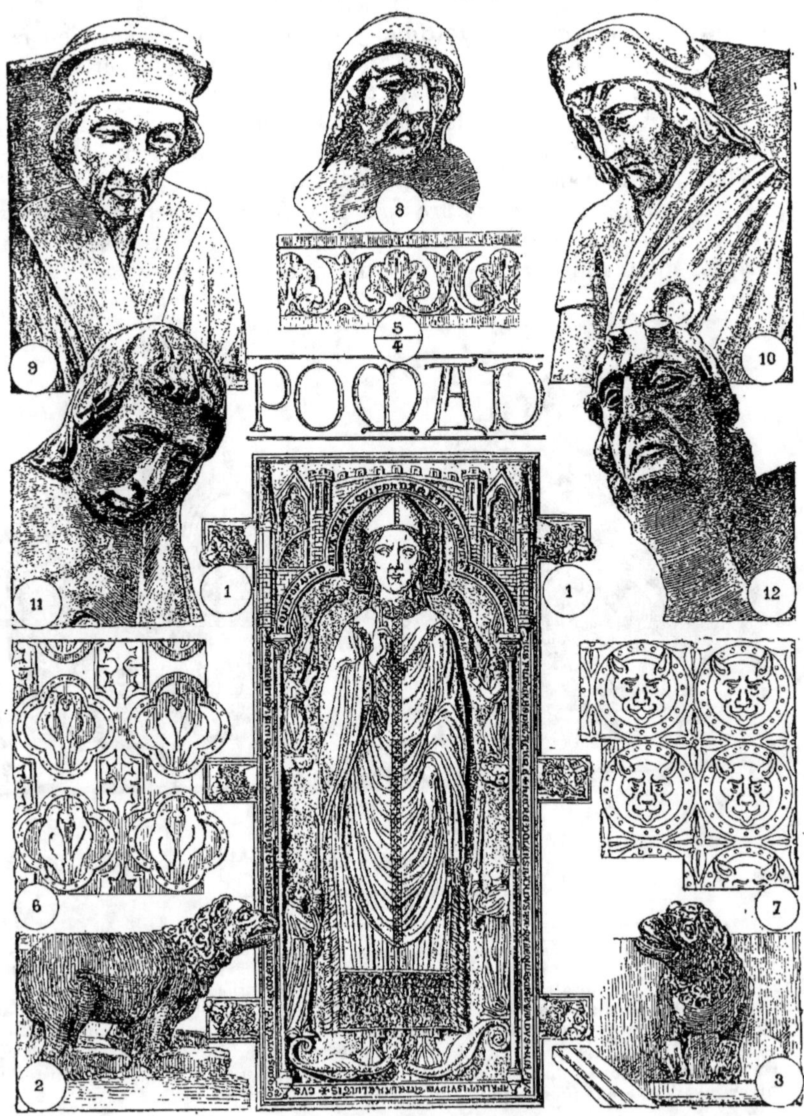

XIIIe SIÈCLE. — ART FRANÇAIS

Cathédrale d'Amiens

Fig. 368 à 377. — 1. Lame en bronze, coulée d'un seul jet, monument funéraire, supporté par six lionceaux, 2 et 3, d'Evrard de Fouilloy, évêque d'Amiens, mort en 1222. — Le soin avec lequel les détails du costume, garni de beaux orfrois, 5, 6, 7, ont été ciselés, le bon goût de l'architecture, l'élégance et la délicatesse des figurines d'*anges thuriféraires* et de *diacres* porteurs de cierges 1, font de ce monument un beau type de l'*art de la fonte du bronze* au treizième siècle. L'inscription 4, bourg au seizième siècle. En Belgique, où les plats portant le nom de Luther sont fort répandus, la croyance populaire les attribuait aux *Gueux*, parti politique des Pays-Bas.

Les *dinandiers, potiers d'airain*, après avoir longtemps *étampé*

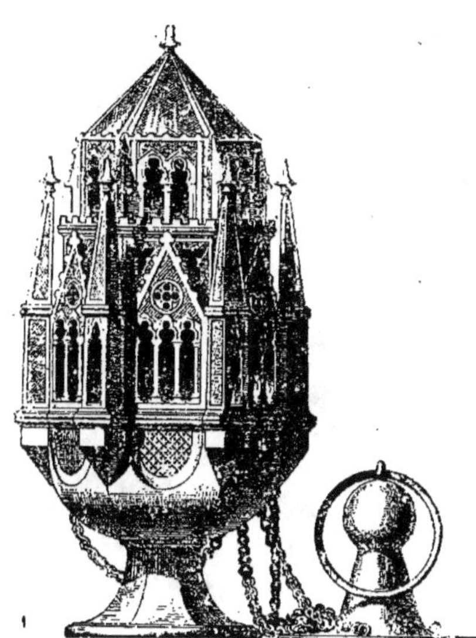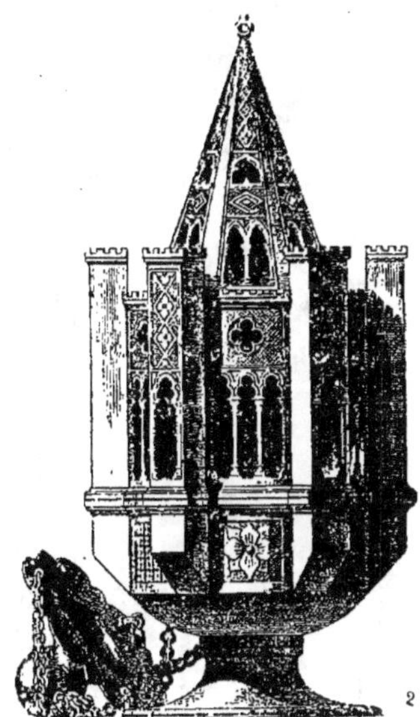

XIVᵉ SIÈCLE. — ART ITALIEN
Musée des Thermes et de l'Hôtel de Cluny, Paris

Fig. 378 et 379. — L'ensemble et les détails de ces deux *encensoirs* sont empruntés aux formes usitées dans l'*architecture* du quatorzième siècle. Ce n'est pas la première fois que nous rencontrons des œuvres d'art de cette nature et de cette destination, ayant subi une *influence architecturale* de l'époque qui les vit fabriquer; mais nulle part, on ne peut en voir d'aussi servilement imités. L'un et l'autre nous montrent, comme couronnement, des *tours* ou *clochers* percés de baies, comme on en peut voir dans plusieurs édifices religieux du Moyen-Age. Dans la fig. 1 se trouve, au centre, une série d'ouvertures découpées en forme de *fenêtres à meneaux*, surmontées d'un gâble découpé par une *rose à quatre feuilles*. Des *contres-forts à clochetons* séparent chacune des ouvertures. Dans la fig. 2, le centre est une véritable *galerie ajourée*, interrompue par des *tours crénelées* et évidées elles-mêmes à la hauteur de la galerie. Un *quatre-feuilles* vient orner le sommet découpé de l'*arcature*. Çà et là, on remarque des ornements gravés au burin, complétant ce que les lignes seules de ces œuvres d'art eussent laissé, en quelque sorte inachevé.

(Suite note fig. 368 à 377) se traduit ainsi : « Celui qui fit paître le peuple, qui jeta les fondements de cet édifice, à qui fut confié le soin de cette ville, Evrard, à la renommée odorante comme le nard, repose ici. Homme pieux, soutien des veuves affligées, gardien des abandonnés, il réconfortait par ses largesses et ses paroles tous ceux qu'il pouvait. Agneau aux timides, lion aux orgueilleux, lime aux superbes. »

Les figures 8 à 12, d'un si beau caractère, sont un spécimen peu connu de la belle statuaire du treizième siècle. Elles sont exécutées en plomb et cantonnent la flèche de la cathédrale d'Amiens. On remarquera, sur les figures 10 et 11, les boulons destinés à les fixer sur la flèche.

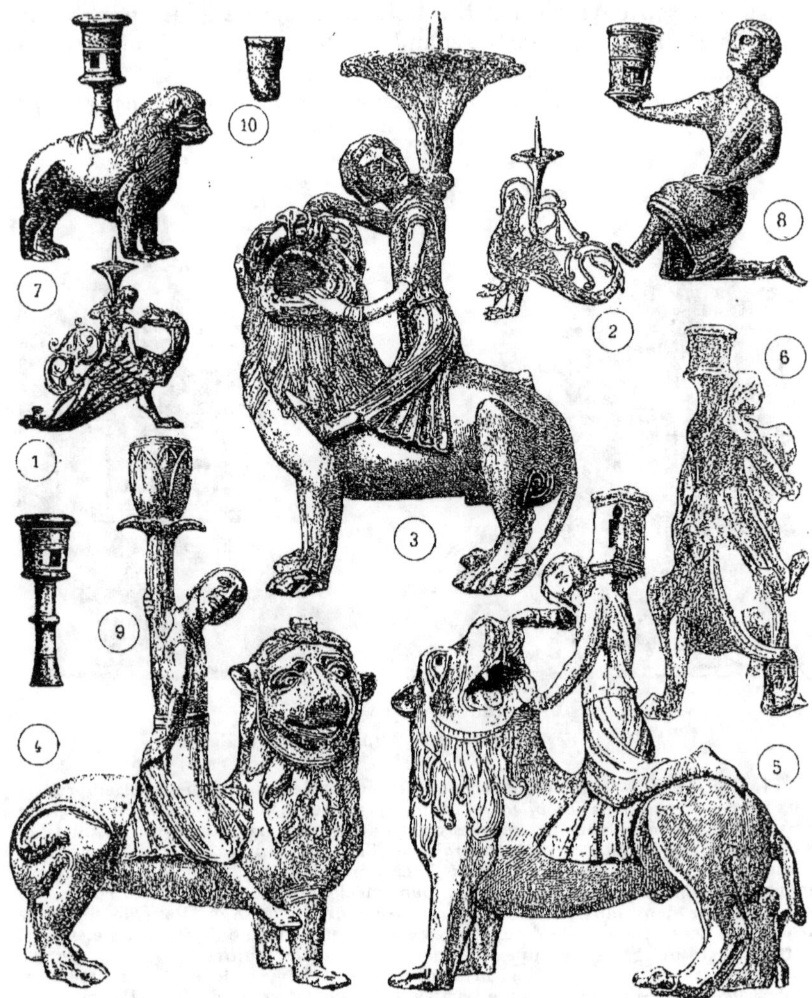

XII⁰ SIÈCLE. — ART FRANÇAIS, ET ART FLAMAND
3, Musée Archéologique de Rouen ; 4 à 6, Ancienne collection Spitzer
1, 2, 7 à 10, Provenances diverses

Fig. 380 à 387. — On retrouve assez fréquemment des *chandeliers* de l'époque romane 1, 2, conçus dans l'esprit de celui représenté 3, ayant pour base un lion. Le *chandelier* du Musée Archéologique de Rouen, symbolique au premier chef, représente *Samson*, vainqueur du lion, c'est-à-dire l'*Eglise catholique triomphant de l'hérésie*. — Le symbolisme remplit encore, 4, 5 et 6, un rôle important que nous avons eu déjà occasion de signaler pour des œuvres d'art. — L'un des chandeliers montre un lion monté par le *prophète Daniel*, 4, et l'autre, par *Samson*, 5 et 6, une des plus caractéristiques figures de l'Eglise, que nous retrouvons en 3. — Les figures 7, 8, 9 et 10 représentent des ensembles et détails de *chandeliers* en bronze fondu de la fin du douzième siècle.

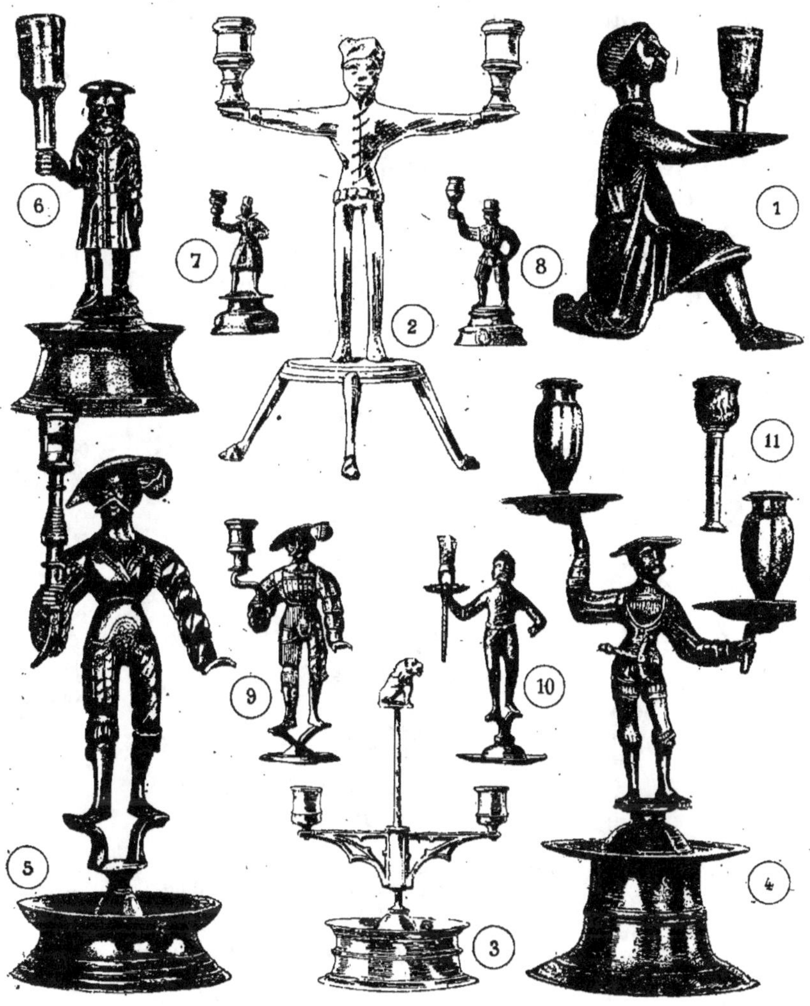

XV⁴; XVIᵉ ET XVIIᵉ SIÈCLES. — ART FRANÇAIS, ET ART FLAMAND

Provenances diverses

Fig. 388 à 398. — Cette intéressante réunion de *chandeliers*, que nous avons placée en regard d'œuvres du douzième siècle, présente une grande variété de formes composées de *figures animées*, revêtues de *costumes* contemporains. Au 1, c'est un *servant d'autel* agenouillé ; au 2 un bateleur monté sur un tréteau, qui tient en équilibre les *binets* destinés à recevoir les chandelles. Le 3 est un motif de fontaine, dont le fût est surmonté d'un lion. Aux 4 et 5, sont des *costumes de lansquenets* de l'empereur *Charles-Quint*. La chaussure et la collerette du 6 (veilleur de nuit) le font dater du dix-septième siècle. Nous avons représenté de 7 à 10, des œuvres de la fin du seizième siècle.

et *martelé le cuivre*, le *laiton* et l'*étain*, ne firent que changer de métal, et non d'art ni de procédés. Sans modèles et sans aucune préparation, ils étaient habiles à *l'emboutissage des bas-reliefs* sur des *feuilles d'or ou d'argent* relevées au marteau et achevées au *ciseau* ou *rasoir*.

Parmi les *ustensiles de fonte* que l'art du Moyen-Age nous a légués, les plus curieux sont ceux destinés au lavement des mains et désignés sous le nom d'*aquamaniles*.

Nous adoptons la dénomination d'*aquamanile* (eau à main), sous laquelle nous trouvons cité, dans un *inventaire* du onzième

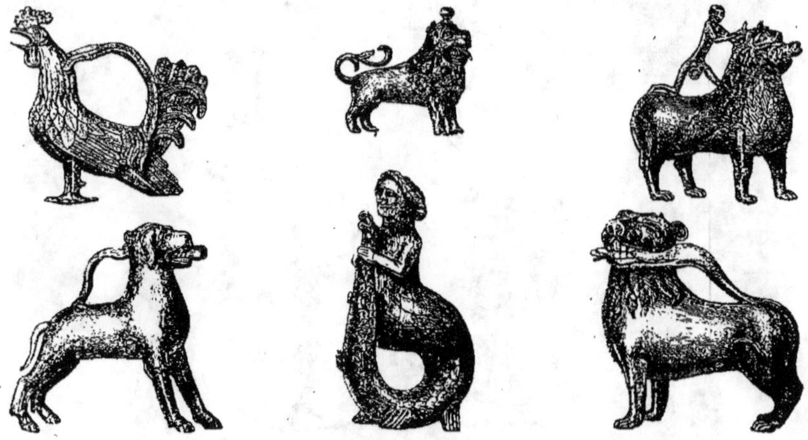

XIIIᵉ ET XIVᵉ SIÈCLES. — ART FLAMAND

Musée des Thermes et de l'Hôtel de Cluny, Paris

Fig. 399 à 404. — *Oiseau* raidi sur ses pattes et soutenu en arrière par la retombée de ses ailes. — *Lions* montés sur leurs pattes et dont la queue forme anse. — *Lion* monté sur ses pattes, dont la croupe porte debout un *petit personnage difforme*, muni de jambes courtes, mais pourvu de pieds énormes. — *Composé hybride* de l'homme et de la bête, sorte de *tête d'homme chevelu*, terminé en *corps de poisson*, dont la queue, repliée en avant, remonte jusqu'au cou, où elle se termine par une tête d'animal. Dans ces représentations, les pattes servent de *support*, le corps de récipient, et le *bec* ou la *gueule de déversoir*.

siècle, un *aquamanile* qui a réellement le sens de vase, quoique Du Cange (1610-†1648), dans son *Glossarium*, désigne sous ce terme non pas un *récipient*, mais un *bassin*.

Les *aquamaniles* affectent les formes les plus étranges. Les uns prennent la forme d'*animaux fantastiques*, comme le *griffon*, la *sirène*, le *dragon*, la *licorne*, à l'existence desquels, ainsi que nous l'avons mentionné, l'Antiquité et le Moyen-Age croyaient ; les autres, celle d'*animaux plus réels*, tels que le *lion*, ou d'*êtres humains*, *chevaliers*, allant à la chasse ou partant en guerre.

Ces derniers types, intéressants pour l'histoire des armures et du harnachement, ont l'avantage, étant ronde-bosse, de nous représenter l'homme et son destrier sous toutes leurs faces.

Du treizième au quinzième siècle, le *laiton* (*lathon* ou *lothon*) (alliage de 65 parties de cuivre et 35 parties de zinc, auquel on ajoutait de petites quantités de plomb et d'étain pour en augmenter la dureté) était fréquemment employé, par les *tailleurs de cuivre*, dans la fonte de *lames funèbres* somptueusement décorées. (V. fig. 368.)

Vers la fin du quinzième siècle, dans les églises, on remplaça les *aquamaniles* par des récipients en forme de petits *chaudrons* accompagnés de *bassins* (*pelvis, pelvicula*), servant au lavement des mains, avant, pendant et après la messe.

On retrouve un peu partout, soit des objets usuels en forme d'animaux, soit des objets destinés au service des autels[1].

Un *Inventaire* du *mobilier* dont Théodoricus, abbé du célèbre monastère de Saint-Tron, près de Liége, avait enrichi son église, mentionne une *colombe de bronze* servant d'*aiguière* et destinée au lavement des mains de l'officiant.

Ces *aquamaniles*, affectent des formes empruntées non seulement au règne animal, mais aussi aux *Bestiaires* des douzième et treizième siècles, recueils de fables ou de données sur les êtres et les animaux réels ou légendaires.

Les plus célèbres des *Bestiaires français* sont le *Bestiaire d'amour*, de Richard de Fourival, chancelier du chapitre d'Amiens, et le *Bestiaire divin*, de Guillaume, clerc de Normandie, qui vivaient au treizième siècle. Leur étude n'est pas moins nécessaire que celle des *volucraires*, traités de *zoologie* du Moyen-Age, limités à la description des oiseaux, et des *lapidaires*, des *inscriptions latines*, concises et claires, dont les lois sont précises.

Jusque vers la fin du treizième siècle, on se rend compte de ce que les artisans ont voulu faire, les *figures grotesques, satiriques* ou *symboliques* étant, en grande partie, tirées de ces *Bestiaires*; mais, quand le laïcisme s'affirme au commencement du quatorzième siècle, l'*élément satirique* se joint à l'*élément fabuliste*, et il n'est guère possible de comprendre la signification de plusieurs de ces *images d'apparence fantastique* sans entreprendre le dépouillement de nombreux *lais, fabliaux, proverbes, soties, dictons, locaux*, etc.

---

1. Il est à signaler que le plus grand nombre des *vaisseaux de moultz manières*, au Moyen-Age, qui semblaient d'*or en leur nouvelté*, étaient de *laiton dorez et argenté*. Cette fabrication était encore en usage au dix-septième siècle puisque, dans son *Livre commode*, A. du Pradel signale, en 1691, que « les *argentiers et les doreurs* (de Paris) vendent des *chenets, foyers, girandoles* et autres ouvrages de *léton dorez et argentez* ». Le *laiton* avant les découvertes chimiques, était encore employé, à cette époque, pour la fonte d'œuvres et objets d'art, et entrait, avec la *rosette* ou *cuivre rouge* et l'*étain*, dans la composition de *belles figures en bronze*

Le Moyen-Age, qui a recueilli tant de légendes antiques relatives aux *animaux fabuleux*, n'avait que peu développé les traditions relatives à ces *êtres fantastiques*.

C'est surtout au quatorzième siècle qu'une imagination prodigieuse se produisit parmi le peuple; après les *Chansons de geste*, les *Romans de la Table Ronde*, qui remplacent les *Poèmes*, vient une poésie bien française affectant trois genres, le *jeu liturgique*, le *dit* et les *fabliaux* que les *jongleurs* mettent en vers, tandis que

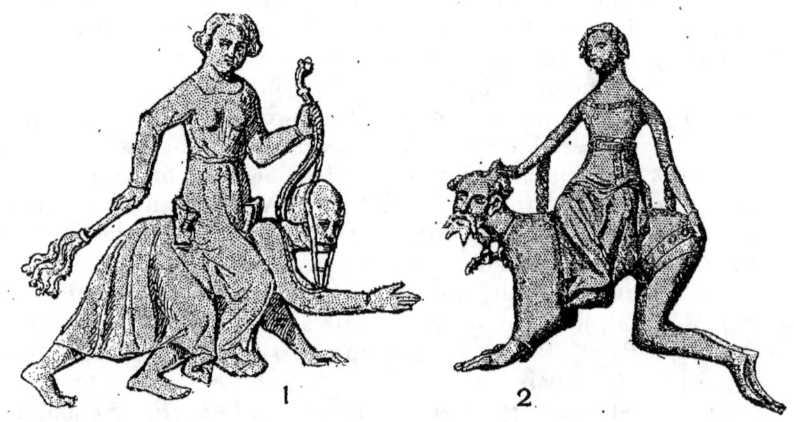

XIVᵉ SIÈCLE, 2, ART FLAMAND. — XVᵉ SIÈCLE, 1, ART FRANÇAIS

2, *Coquemar (ancienne collection Spitzer), et Sculpture, 1, Cathédrale de Rouen.*

figurant le Lai d'Aristote

Fig. 405 et 406. — Parmi les *aquamaniles* les plus intéressants, nous citerons une pièce (dont il existe plusieurs répétitions) représentant une femme chevauchant sur un homme, figurant le sujet connu sous le nom de : *le lai d'Aristote*.

Campaspe, maîtresse d'Alexandre, est vêtue d'une robe juste à la taille où elle est maintenue par une large ceinture, et chaussée de *souliers à la poulaine*.

Aristote est à quatre pattes, barbu, vêtu d'un *justaucorps* qui n'est apparent que par ses basques arrêtées au défaut des cuisses (fig. 2).

L'eau était introduite dans ce *coquemar* par un orifice triangulaire ménagé dans la coiffe de la femme; elle se dégageait par un robinet dont la place seule se voit sur la poitrine de l'homme, ou par un petit goulot ajusté au-dessus de sa coiffure.

Alexandre le Grand (356 av. J.-C. † 323) souvent réprimandé en raison de l'influence que les hétaïres prenaient sur lui, et mécontent du péripatéticien qui ne cessait de l'accabler de ses remontrances, le fit enfermer dans une grande salle, seul avec une des plus belles courtisanes de la Macédoine, du nom de Campaspe. Quelques jours après, ayant fait ouvrir les portes, il put voir, ainsi que tout son entourage, Aristote à quatre pattes faisant le cheval et l'hétaïre, victorieusement assise sur son dos, le dirigeant à sa guise au moyen d'un mors passé dans la bouche; cette anecdote fut reproduite en légende au Moyen-Age, pour personnifier la supériorité de la puissance de la femme sur la philosophie.

Les *ymagiers*, 1, et *tailleurs de cuivre*, 2, ont perpétué le souvenir de la défaite du philosophe, en le représentant servant de cheval à son vainqueur.

les artisans les modèlent en œuvres d'art et que les *ymagiers* les traitent en sculpture.

Les *bêtes monstrueuses et venimeuses*, les *serpents*, les *dragons*, ont été pris chez tous les peuples, comme les *symboles du mal* en lutte avec le bien; des *ténèbres combattant la lumière*; du *vice*, de la *barbarie*, de l'erreur, du *démon*.

Les récits qui se rapportent au *serpent Python* vaincu par Apollon, au *dragon* tué par Jason, aux *monstres* détruits par Hercule,

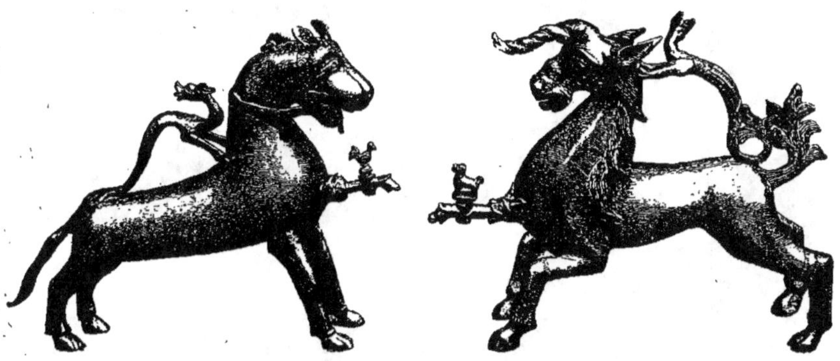

XVe SIÈCLE. — ART ALLEMAND

Musée des Thermes et de l'Hôtel de Cluny, Paris

Fig. 407 et 408. — L'*aquamanile* placée à la droite du lecteur, représente une *icorne* avec anse formée par une *chimère*; l'autre a la forme d'un *cheval chimérique*. Sous leur aspect étrange, ces œuvres sont remarquables par la grandeur de la ligne et la simplicité des formes.

Au Moyen-Age, l'usage de ces *aquamaniles* était général; on ne se mettait jamais à table sans se laver, tout au moins, l'extrémité des doigts, avec de l'eau aromatisée; l'*annonce des repas*, faite chez les grands seigneurs au son du cor, avait reçu un nom particulier qui témoigne de la généralité de cette habitude : on disait *corner l'eau*.

Tous ces vases étaient fondus avec soin et retouchés au burin. La plupart ne manquent pas d'un certain *caractère décoratif*. Quelques *aiguières* présentent, à la partie antérieure, une sorte de *biberon à robinet*; mais le plus ordinairement, l'eau, qu'on introduisait au moyen d'un petit couvercle à charnière, dissimulé au-dessus de la tête, s'écoulait par le conduit que l'animal tenait dans sa gueule.

Persée, Cadmus, et bien d'autres, signalent, dans l'Antiquité, le rôle de ces êtres malfaisants dont C.-F. Dupuis (1742 † 1809), dans son *Mémoire sur l'origine des constellations et sur l'explication de la fable par le moyen de l'astronomie*, a trouvé l'origine.

Dans le *christianisme*, le *symbole de la femme écrasant la tête du serpent*, les *récits de l'Apocalypse*, l'*institution des Rogations*, les *légendes de saint Georges*, et d'autres bienheureux joutant avec des *monstres destructeurs*, l'usage de promener à certains jours de fête, dans quelques villes, des *dépouilles* ou *images de serpents* et de *crocodiles*, attestent, avec l'Antiquité, une communauté d'idées et de croyances.

Avec la Renaissance, l'*orfèvrerie de cuivre* se traduisit surtout par de nombreux *flambeaux* qui, généralement, représentent des *lansquenets* portant une torche (fig. 388 à 398). A dater de cette période, la *dinanderie* disparaît peu à peu et se confond avec le *travail du*

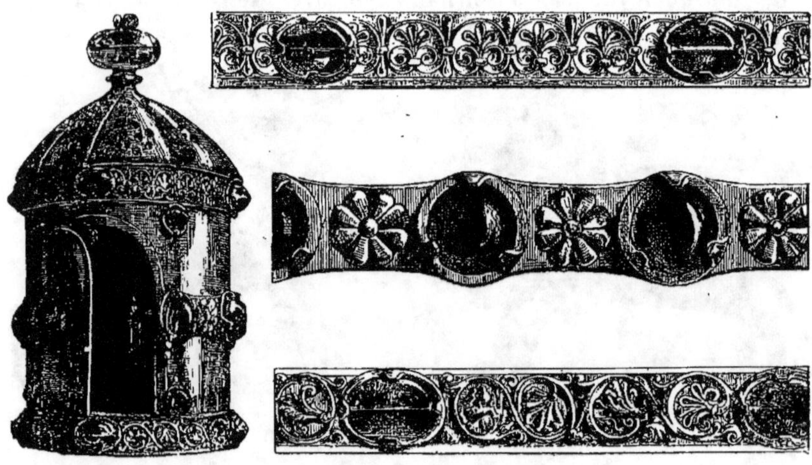

XIIIe SIÈCLE. — ART FRANÇAIS

Ashmolean Museum, Oxford

Fig. 409 à 412. — *Esconse* (du bas latin *absconsa*), et détails des ornements en *bronze repoussé*, et *ajouré de cabochons*. Cette *lanterne sourde*, destinée à l'étude et à la lecture des offices religieux de la nuit était, le plus souvent, munie d'un manche. On a confondu, au seizième siècle, l'*esconse* à manche avec le *chandelier liturgique* des évêques.

bronze; cependant, vers la fin du seizième siècle et pendant le dix-septième, on fabriqua de nombreux *mortiers en bronze* et en *cuivre coulé*, dont quelques-uns sont intéressants.

On a quelquefois confondu l'*industrie du cuivre* avec l'*horlogerie*. Sous François Ier, la France produisit de charmantes petites *horloges en cuivre*, décorées d'*arabesques* exécutées en relief ou, souvent, niellées.

En France où, d'après le *Parfait économe* publié en 1640, un *bassin de cuivre jaune* coûtait 17 sols la livre, et un *bassin de cuivre*

---

1. Les plus habiles *ouvriers en cuivre* étaient les *maîtres et marchands chaudronniers, batteurs, dinandiers de la ville de Paris* qui fabriquèrent, non seulement la grande marmite de cuivre rouge valant la somme de huit livres tournois, citée dans l'*Inventaire des biens de Pierre Mignard*, le peintre célèbre (1660), ainsi que

rouge 20 sols la livre, il y eut beaucoup de *dinandiers*, principalement à Aurillac; la Haute-Auvergne est, depuis longtemps, le *pays du cuivre* et des *ustensiles de cuivre*. Suivant la *Description de la France* par Piganiol de La Force, ses habitants mettaient leur luxe dans le nombre et la grandeur de leur *dinanderie*; mais les plus habiles *ouvriers en cuivre* étaient encore les *maîtres et marchands chaudronniers, dinandiers de la Ville de Paris* (Voir note 1, page 140).

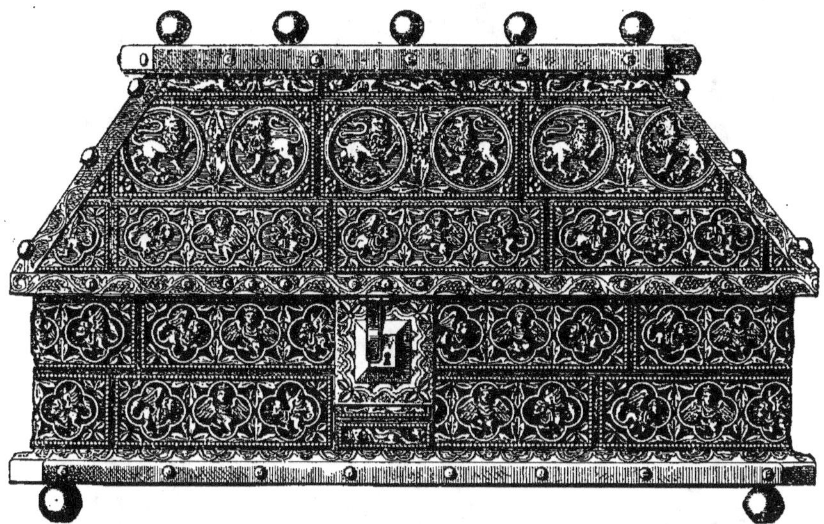

XVe SIÈCLE. — ART ITALIEN (ATELIERS VÉNITIENS)

Collection du Marquis de S...

Fig. 413. — Coffret de mariage en *cuivre étampé*. Les *lions héraldiques*, les feuillages, les *chimères à tête humaine*, sont *étampés* et partout les mêmes.

Le fond de l'entrée de serrure est peint en rouge; les ornements courants qui se voient à la base du couvercle et sur les angles des rampants sont gravés au burin, et les boules formant *crête* sont *en cristal*.

le *grand chaudron pour couler la lessive, cuivre rouge*, les trois *seaux* de différentes grandeurs, *cuivre rouge*, et la *grande fontaine, cuivre rouge, tenant six voy d'eau*, du *Testament et Inventaire des biens de Claudine Bouzonnet Stella* (1693-1697). On peut leur attribuer les deux grands *bustes en cuivre repoussé* d'Adrien et d'Antonin, décrits dans les *Inventaires* de Bellavoine et de Leroy, bourgeois de Paris, dressés en 1667.

L'*étampage* se faisait, conformément aux pratiques des orfèvres, dans des matrices de cuivre fondu et trempé, ou de fer gravé, ou *embouti*, c'est-à-dire en battant au marteau une feuille ou des lames de métal : or, argent ou cuivre, sur un modèle en acier ou en tout autre matière résistante, afin d'en revêtir exactement le modelé, l'*âme*. On laissait, dans le creux du moule, une *dépouille* grasse, pour que la pièce *étampée* ou *emboutie* puisse en être facilement sortie. Des *coffrets*, des *châsses*, des *reliquaires*, etc. ont été *étampés* ou *emboutis* (fig. 413).

On appelle *enlevure*, le *bas-relief* obtenu sur les métaux par la fonte ou le travail du *repoussé* ou de l'*étampage*. Sur toute autre matière, l'*enlevure* est une sculpture proprement dite ou une application comme celles dont on décorait, au Moyen Age, les *écus*, les *selles* et plus tard les *coffrets*.

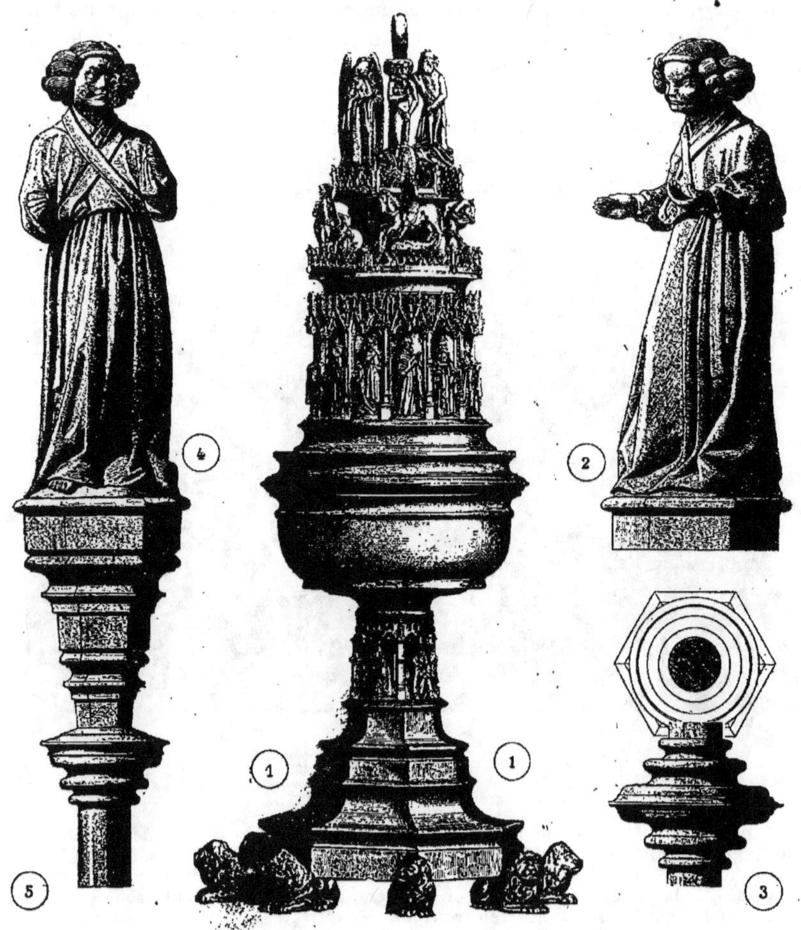

XVe SIÈCLE. — ART FLAMAND ET ART FRANÇAIS

1, Église de Han, Belgique ; 2 à 5, Musée du Louvre, Paris

Fig. 414 à 417. — La cuve proprement dite (1, art flamand), est ornée uniquement de moulures savamment profilées. Le pied posant sur huit *lions symboliques* se trouve décoré, dans la partie supérieure, de quatre niches dont les dais abritent les statuettes de douze saints. Le couvercle, partie vraiment riche de ce monument, montre au sommet le *baptême du Christ* puis, plus bas, quatre cavaliers, parmi lesquels on reconnaît *saint Georges* ; plus bas encore, une arcature avec dais continu montre les douze *apôtres*.

Des colonnes en *fonte de cuivre* servaient à porter des traverses auxquelles on suspendait des draperies qui entouraient les autels. Les figures d'anges 2 et 4, surmontant les montants représentées, 3 et 5, peu différentes l'une de l'autre, sont dépourvues des ailes indiquées par les mortaises qui les recevaient. Ces deux colonnes (art français) ont été rapportées par Emile Molinier, d'une commune du département des Deux-Sèvres, où elles ont été trouvées au fond d'un puits.

Des *cuivres repoussés* représentant des *personnages*, des *sujets mythologiques* ou *historiques*, furent en usage pour la décoration mobilière aux époques Henri quatre et Louis treize.

La décadence de la chaudronnerie d'art date de 1783, époque à

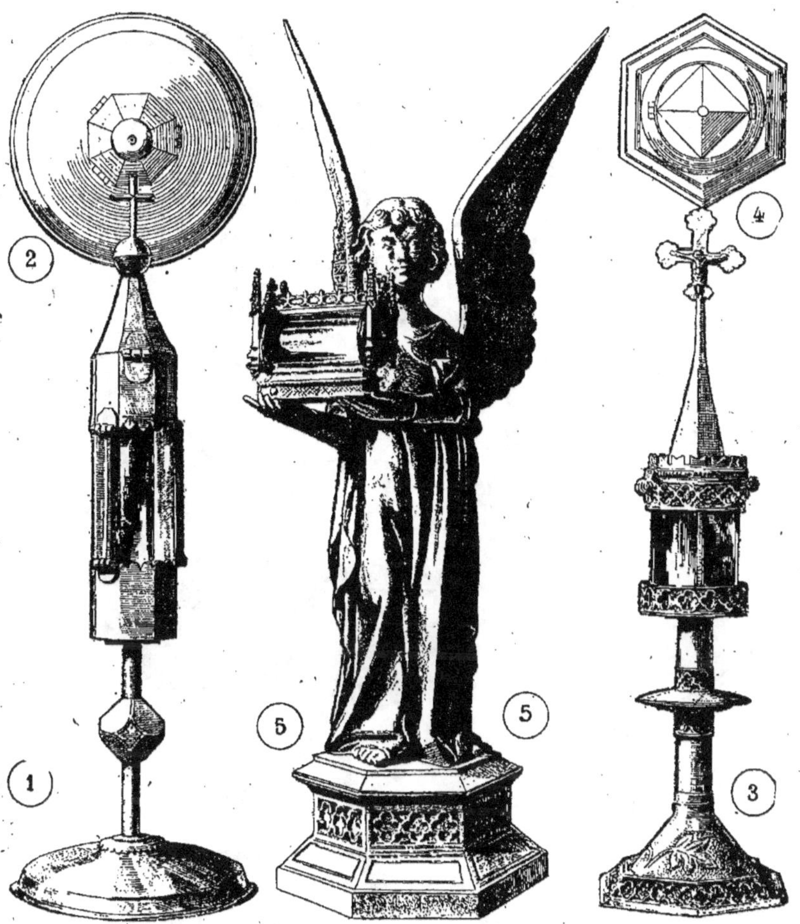

XVᵉ SIÈCLE. — ART FRANÇAIS

Provenances diverses

Fig. 418 à 422. — Le centre 1, et plan 2, en *cuivre repoussé et doré*, est occupé par un tube en cristal de roche, laissant apercevoir les reliques. Sous la base, une inscription en lettres gothiques donne le nom du donateur et la date de 1424. — Le reliquaire 3, et plan 4, de matière semblable au précédent, est de la même époque : mais son ornementation en repoussé lui donne un caractère plus riche. — Dans le reliquaire 5, un ange ailé présente des deux mains un petit édicule contenant les reliques. Ces trois œuvres d'art sont de la première moitié du quinzième siècle.

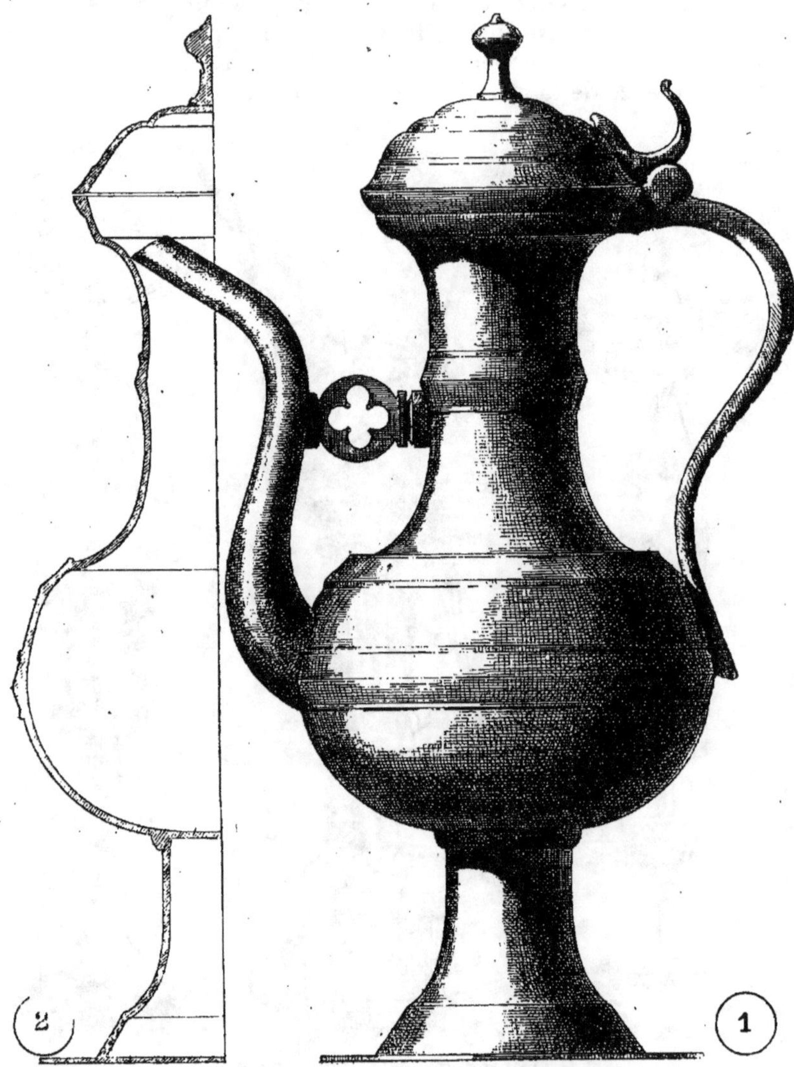

XIV⁰ SIÈCLE. — ART FRANÇAIS

Ancienne collection Maurice Gautier

Fig. 423 et 424. — Nous croyons que cette aiguière doit remonter au quatorzième siècle. On y remarquera une parfaite *élégance de forme* et la *pureté de ses profils*. *L'anse courbée* et le *goulot* s'équilibrent mutuellement. Ce dernier est accolé au *col du vase* par une sorte d'*étrésillon* découpé d'un *quatre feuilles*. Le couvercle est couronné au sommet par un petit *fruitelet* (bouton) ; nous avons représenté 2, une moitié de la coupe et l'épaisseur du métal. Aucun ornement ne décore cette aiguière ; toute sa beauté provient de l'*élégance de sa forme*.

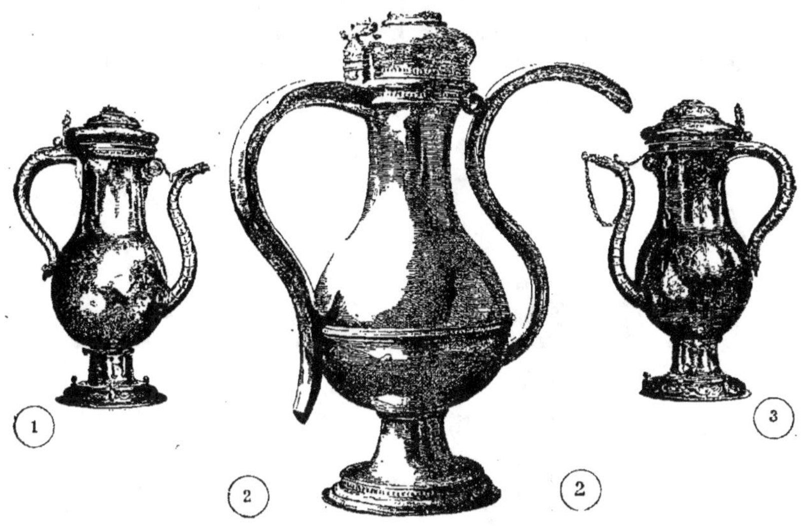

XVIᵉ SIÈCLE. — ART ALLEMAND

2, Infirmerie de l'Hôtel-Dieu, Reims. 1 et 3, Musée de Lubeck

Fig. 425 à 427. — On lit, sous le pied (n° 2) les initiales S. P. B. C., et sur l'anse, cette inscription : *Aux S De Linfermeri a l'Hostel Dieu de Reims.*

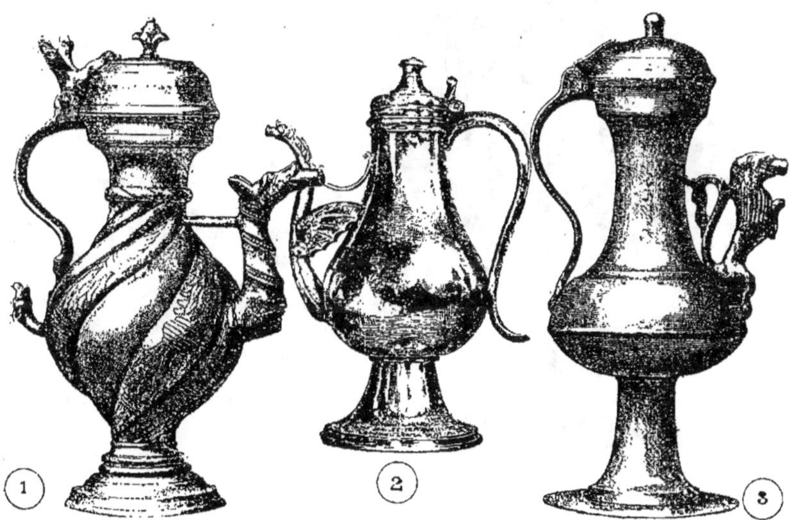

XVIᵉ SIÈCLE. — ART ALLEMAND

1 et 3, Ancienne collection Spitzer, et 2, Musée de Lubeck

Fig. 428 à 430. — Les *godrons* de la panse (1), sont décorés de guirlandes gravées. — On lit dans un cartouche gravé sur la panse de la fig. 2, (*H. Arnnal. Bonnius. Burgemeister*) ; dans un autre (*Harman Oldenhof*). Sur le pied, on distingue des caractères : (*Ehren-und. Deinsle. Dem Hochwirdigem. Lubeck Deise*).

2 — D. 19

laquelle un ingénieur, par trop habile, le sieur Campmas, inventa « une machine pour faire en grand et en petit toutes sortes d'ouvrages en cuivre, planer, laminer, tourner, repousser, polir, etc. »

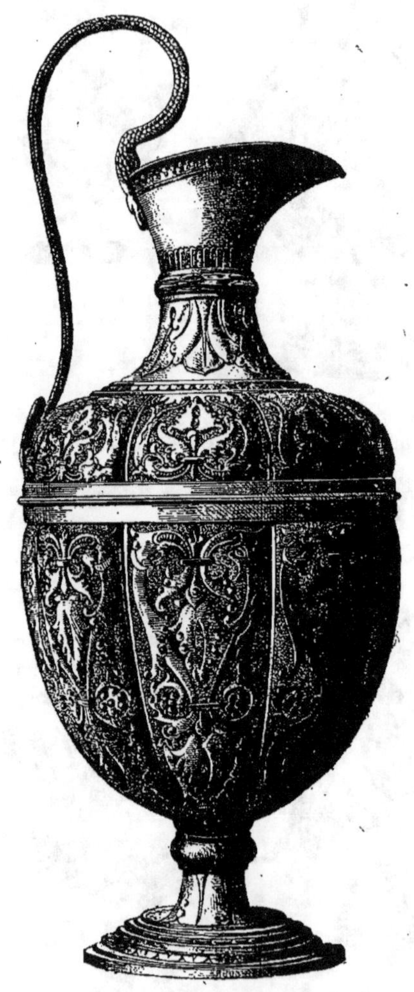

XVIᵉ SIÈCLE. — ART ALLEMAND
Ancienne collection Carle Delange

Fig. 431. — Les ornements décorant la *panse* et le *col* de cette *aiguière en cuivre repoussé*, ne méritent peut-être pas d'être offerts comme des modèles, et surtout comme ayant atteint à la perfection du genre; mais en revanche, la forme générale demande à être étudiée, malgré sa simplicité. C'est la *forme si connue de l'œuf*, auquel on ajoute une base ou *pied*, un *col*, une *anse*, et devenue pour ainsi dire classique au seizième siècle, tant elle a été souvent adoptée. Toutefois la difficulté est de mettre, dans les diverses parties que nous venons de citer, un rapport et une harmonie qui fassent de l'ensemble un objet digne de remarque. Ces conditions nous semblent atteintes dans l'*aiguière* que nous représentons; elle offre, pour ce motif, un intérêt bien réel. Le *col est élégant*, ferme, et l'*anse*, faite d'un *serpent* dont la queue s'enroule sur le sommet de la *panse*, ne manque pas non plus de grâce et de caractère. L'*œuf* proprement dit *est à côtes*, et divisé par une *bague* qui en rompt l'uniformité. Les *ornements sont repoussés* et se dessinent sur un *fond de ciselure*, produisant un *ton mat*. Le *contour des ornements est gravé au burin* assez profondément, et les *feuilles d'eau* que l'on voit sur le pied sont obtenues par le même procédé.

« C'est cet *art secondaire*, écrit notre regretté maître Albert Jacquemart, qu'on imite à profusion et qui, sous forme de *jardinières* ou de *grandes plaques à plusieurs lumières*, introduit, dans beaucoup d'intérieurs, des *copies* pour des *originaux* ou, ce qui est pis encore, des *cuivres de mauvais goût* ayant la prétention de jouer l'élégance. »

Ces cuivres, fondus sur des *surmoulages*, n'ont pas le haut caractère du travail au repoussé des belles époques de l'art, qui consistait à *repousser* au marteau des feuilles de métal, de manière à leur donner la forme que l'artisan désirait produire, et à exprimer, à leur surface, des *figures ou des ornements en relief*. Quelque légèreté que l'on puisse donner au métal fondu par la perfection du moule, elle ne pourra jamais être mise en comparaison

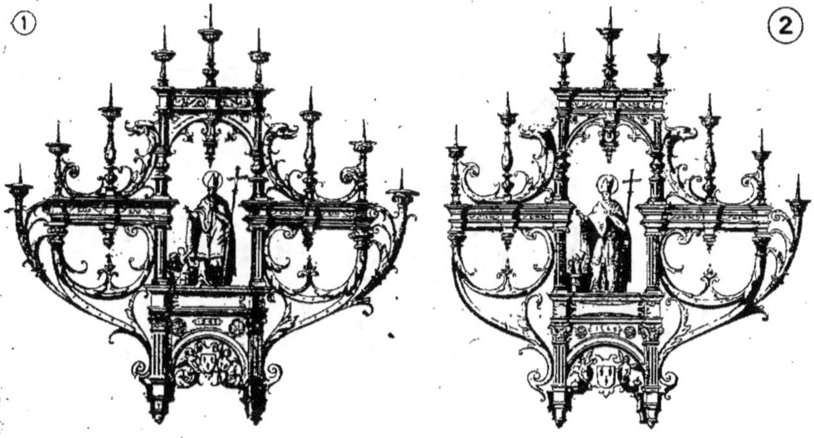

XVIᵉ SIÈCLE. — ART FRANÇAIS

Archives de la Ville de Troyes

Fig. 432 et 433. — Ce *monument*, étudié par d'Arbois de Jubainville, témoigne de la fidélité avec laquelle l'*Ecole de Champagne* se conforma au mouvement de la *Renaissance* borné, d'abord, à l'adaptation, sur des œuvres dictées par la *tradition du Moyen-Age*, de détails empruntés à l'*architecture antique*. Souvent même, des ornements de la troisième époque de la *période ogivale* vinrent se mêler et se marier à ceux qui décoraient les *édifices classiques* des *arts grec et romain*. Aussi, en étudiant le *pourtraict* dont nous représentons deux projets, on remarquera que, dans les *festons* décorant l'*archivolte du dai* placé au-dessus de *saint Nicolas*, rien n'est plus étranger à l'*art antique* (Voir fig. 140 et 141).

Au bas de ces projets on lit, en cursive du seizième siècle : *Cy est le poutraict du grand Chandelier de leglise St nicolas de Troyes*. Au milieu se trouve la date 1549 ; mais, sur le repli, une main du seizième siècle a tracé, en trois lignes : *L'an mil cinq cens quarante neuf le vingt-huitième jour de mars avant Pasques le pourtraict contenu en le présent a esté paraphé de nous, notaires royaux à Troyes, soubz signez ne varietur.* Suivent deux signatures ; d'après le nouveau style, la date est 1550.

avec celle d'une feuille de métal, dont le marteau viendra réduire l'épaisseur autant que sa *malléabilité* peut le permettre.

En *orfèvrerie*, la *fonte* et la *ciselure* sont des *procédés bornés*. Le *repoussé* est l'art sans limite, aussi fut-il employé principalement pour la confection des *armures de luxe* et dans l'*orfèvrerie*, qui, jusqu'au dix-septième siècle, comprenait l'exécution des bas-reliefs

et des *figures d'or et d'argent* ; car il fallait réunir dans ces *armures*
la richesse et la légèreté et, dans les travaux d'*orfèvrerie*, reproduire des pièces d'une grande dimension avec le moins de matière
possible. Rien ne pouvait mieux satisfaire à cette double condition
que le *travail au repoussé*.

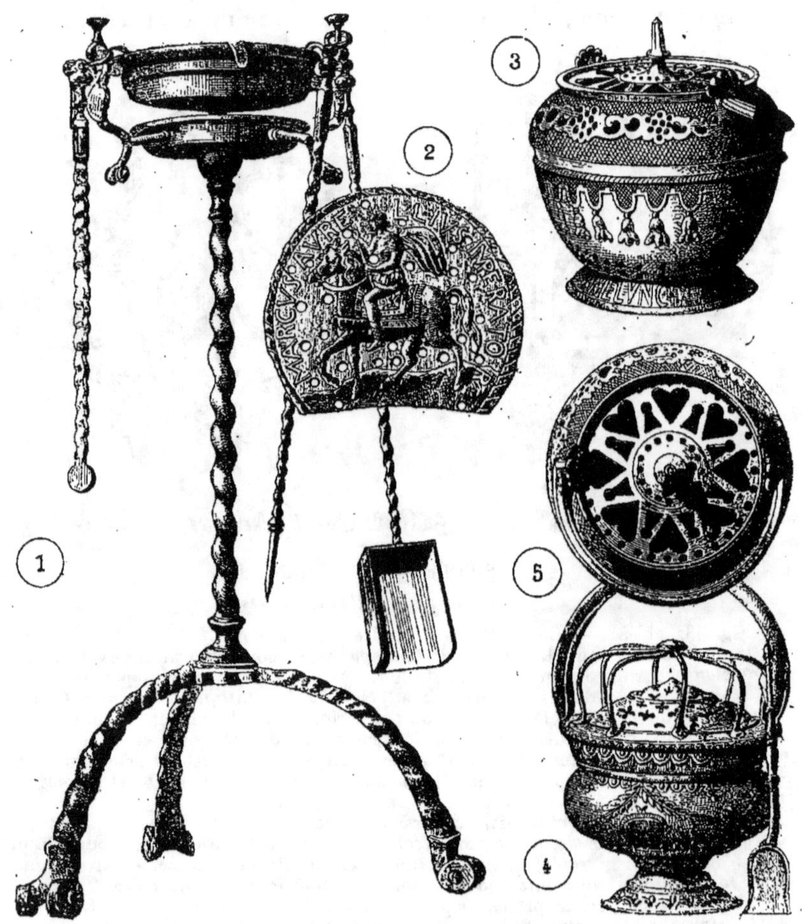

XVIIe SIÈCLE. — ART FLAMAND

Ancienne collection Achille Jubinal

Fig. 434 à 438. — Brasero, en *cuivre repoussé*, 1, monté sur une tige s'adap-
tant elle-même à un pied composé de trois branches. La tige et les branches du
pied sont de *forme torse*. Le tisonnier, la pelle et les pincettes qui se suspendent
à la cuvette sont aussi traités dans cet esprit. Le disque ajouré représentant une
image équestre de l'empereur Marc-Aurèle, 2, sert de couvercle au brasero, mais
ne nous paraît pas avoir été fait pour cette destination. — Les 3 et 4 sont deux
chaufferettes dites gueux à mains; en 5, dessus de la chaufferette 3.

En résumé, par l'emploi du *repoussé*, l'artisan mettait lui-même ses projets en relief, à coups de marteau, dans une plaque de métal,

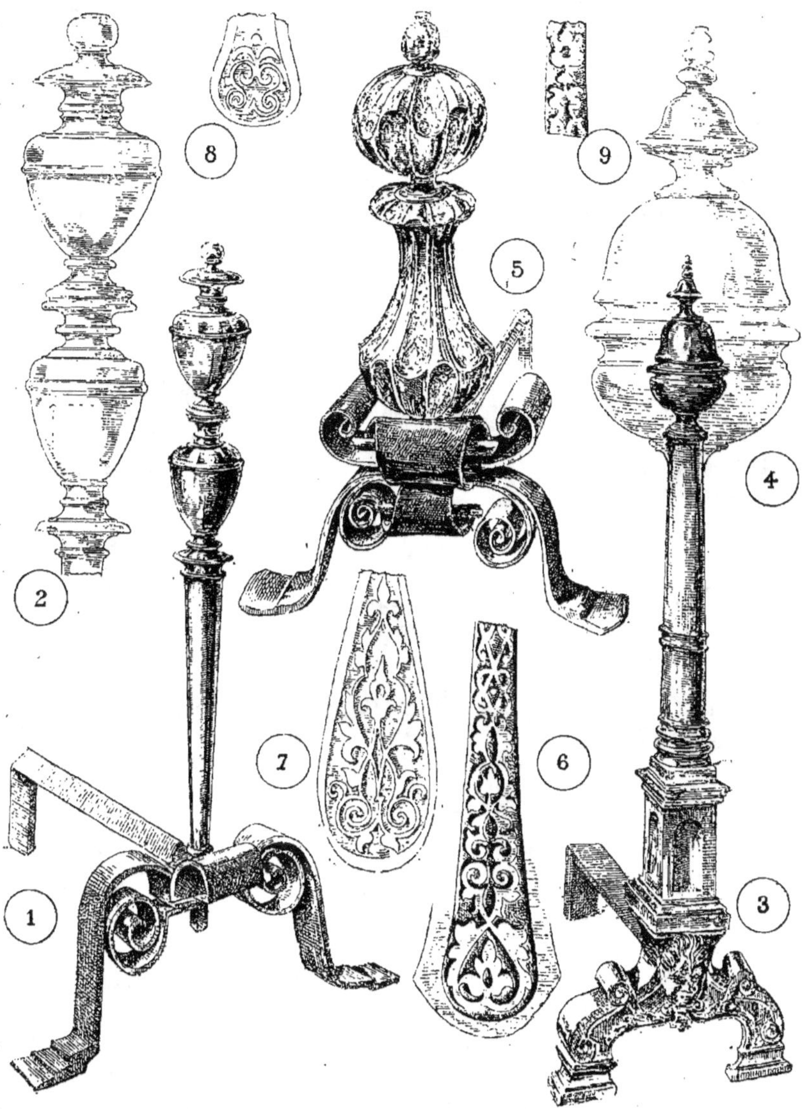

XVIIᵉ SIÈCLE. — ART FRANÇAIS
Musée Municipal, Turin

Fig. 439 à 447. — *Landiers en cuivre* fondu et tourné, 3, et détail 4; et en fer forgé, 1 et détail 2. Le *landier* 5 est très curieusement décoré d'*arabesques*; nous en représentons, 6, 7, 8 et 9, des motifs à plus grande échelle.

laminée par le martelage ; il les *repoussait*, jusqu'à cé que la matière lui ait fourni le *modelé* de sa *maquette*.

Il faut, cependant, savoir distinguer : la Flandre a produit, même aux *basses époques*, des ouvrages qui se ressentent encore des splendeurs des *grandes époques de l'art*. Nous citerons, entre autres, de grands *lampadaires* où la juste proportion des parties, l'abondance des *godrons* et des *acanthes*, la multiplicité des *branches tordues* en *porte-lumières*, arrivent à former un *ensemble riche et somptueux*. En place, de pareils spécimens produisent l'effet désiré et, s'ils manquent de perfection, de recherche dans les détails, on ne peut leur refuser une sorte d'*opulence monumentale*.

EXEMPLE DE LA FONTE A PIÈCES RAPPORTÉES

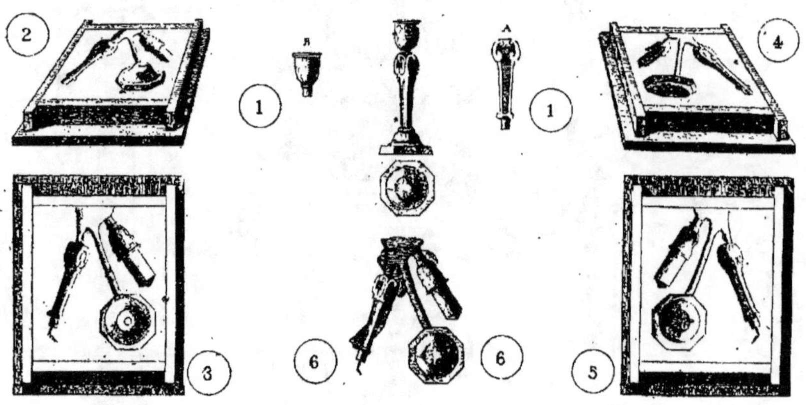

Fig. 448 à 455. — 1. Chandelier ayant servi à former les moules 2 et 3. A, la gaine ; B, le binet ; C, la patte. — 2 et 3, châssis ou demi-moule inférieur des pièces précédentes. — 4 et 5, châssis ou demi-moule dans lesquels on a tracé les jets qui communiquent de l'ouverture du châssis aux moules des différentes pièces. — 6, pièces telles qu'elles sortent du moule, garnies des jets (*branches*) de matière.

DÉCADENCE DE L'ART DE LA DINANDERIE

On a remplacé le *repoussage au marteau* du cuivre, toujours long et coûteux, par l'*étampage mécanique*, qui donne des dessins bien plus réguliers que le travail individuel mais, par contre, d'un *aspect* aussi *manufacturier* que celui des productions de ce genre en *zinc*. C'est au moyen de parties d'abord *modelées en plâtre* et servant à produire les *moules* dans le sable, que l'on fait couler, en fonte de fer, les *creux* et les *reliefs* ou *contre-parties* avec lesquelles les différents *morceaux* sont *étampés* par la machine à vapeur et qui, soudés ensemble, ciselés, les *creux mattés au pointillé* et les *reliefs polis*, donnent des modèles trop réguliers et pareils les uns aux autres.

En résumé, la *mécanique industrieuse* a fait son œuvre ; mais, dans cette œuvre, tout intéressante qu'elle soit, on sent qu'il manque ce quelque chose d'indéfinissable que peuvent seuls produire les aptitudes et le talent de l'artisan.

RECETTES ET PROCÉDÉS

NETTOYAGE DES DINANDERIES ANCIENNES

La patine du bronze ordinaire, telle que celle des objets en dinanderie, des médailles ou des monnaies est, en général, plus fine que la patine des statuettes ou autres objets modelés, fondus ou ciselés ; cela tient à ce que le métal de ceux-ci a été moins bien poli que le métal de ceux-là. On fait tremper les objets en dinanderie dans de l'eau de savon bouillante, avec laquelle on les brosse, puis on les met dans de l'eau chaude. Après les avoir retirés on les fait sécher à l'air, puis on les frotte, soit avec un linge, soit avec une peau.

NETTOYAGE DES DINANDERIES MODERNES

Pour nettoyer les dinanderies modernes, on les trempe d'abord dans une solution composée de trois quarts d'eau et d'un quart de vitriol. On lave ensuite à l'eau pure et on passe au rouge. Si on désire oxyder le métal, c'est-à-dire obtenir des fonds noirs, on prépare un mélange d'huile grasse et de noir de fumée, et on noircit toute la pièce avec une brosse ronde ; puis, avec une brosse sèche, on enlève ce qui est en trop.

NETTOYAGE DES BRONZES OU CUIVRES OXYDÉS

On pulvérise une certaine quantité de bichromate de potasse, à laquelle on ajoute ensuite son volume d'acide sulfurique étendu d'une quantité égale d'eau ; ensuite, on passe immédiatement à l'eau, on essuie à sec et on frotte avec de la terre pourrie.

NETTOYAGE DES CUIVRES TERNIS

Les cuivres ternis doivent être plongés dans un bain composé d'acide nitrate et d'un égal volume d'eau ; on ne laisse que quelques minutes l'objet à nettoyer dans la solution ; puis on le rince immédiatement à l'eau coulante, et on le frotte ensuite.

L'oxydation des petits objets en bronze, des médailles, etc., trempés

dans du jus de citron, disparaît après dix-huit à vingt-quatre heures.
On peut, au besoin, les laisser tremper plus longtemps.

NETTOYAGE DES OBJETS EN CUIVRE

RECOUVERTS DE TACHES DE BOUGIE OU DE GRAISSE

Pour nettoyer les objets en cuivre, recouverts de taches de bougies, de
graisse, etc., on les met dans de l'eau bouillante. Après les avoir retirés
on les essuie avec un linge très sec. Si les objets sont gravés ou ciselés, au
lieu de les essuyer avec un linge, on les enduits de sciure de bois ou de
son, puis on les laisse sécher et on les brosse avec un pinceau à poils
rudes. Ces bronzes et cuivres se nettoient aussi avec un chiffon doux,
imprégné d'une eau dans laquelle on a fait bouillir de la cendre de bois.

NETTOYAGE DES CUIVRES BRILLANTS

On fait dissoudre, dans un litre d'eau, 3o grammes d'acide oxalique ;
puis, on fait un second mélange, composé de quatre cuillerées à bouche
de poussier de bois blanc passé à un tamis très fin, de trois cuillerées
d'esprit-de-vin et de deux cuillerées d'essence de thérébenthine ; on réunit
les deux mélanges et on agite.

Cette composition, *très dangereuse*, doit être conservée dans une bouteille bien bouchée, avec *étiquette en papier rouge*, et *mise sous clef*. La
bouteille doit être agitée avant de s'en servir.

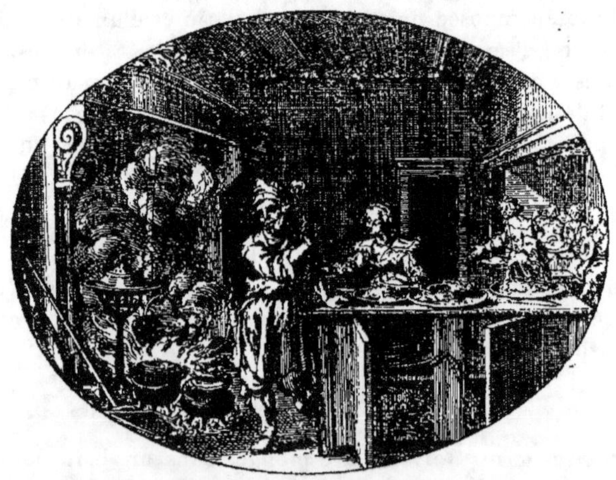

Fig. 456. — Intérieur de cuisine bourgeoise flamande, montrant l'*agencement
en dinanderie*, d'une cheminée au dix-septième siècle : *chaudrons, coquemars,
crameliers, landiers, porte-feu* et *trépied*.

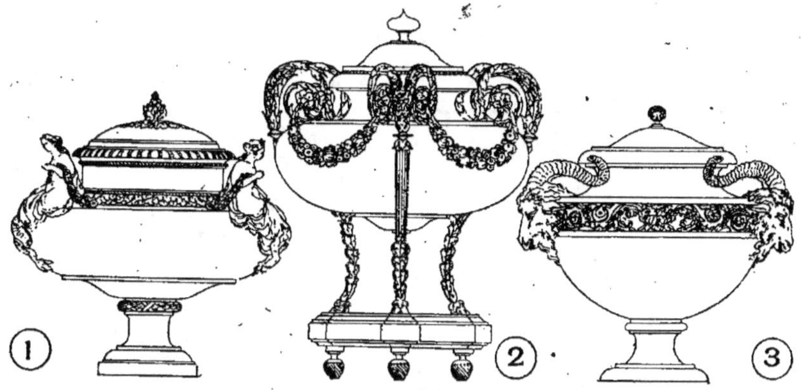

Fig. 457 à 459. — 1, Anses à figures de femmes, l'une à *gaine de satyre*, l'autre caractérisée *syrène*. — 2, Anses courbes à *rinceaux d'arabesques*. — 3, Anses à *tête de bouc*.

COMPRÉHENSION DES ŒUVRES D'ART EN BRONZE CISELÉ

— ÉPOQUE LOUIS SEIZE —

MONTURES DE VASES, FIXES OU MOBILES, EN BRONZE CISELÉ ET DORÉ
TECHNIQUE DE LA DORURE ET DE LA CISELURE
IMITATIONS ET MALFAÇONS

— RECETTES ET PROCÉDÉS —

On sait quelle importance le bronze ciselé et doré peut revendiquer dans la décoration des *meubles composés* et des œuvres d'art, depuis l'apogée de l'époque louis quatorze jusqu'à la fin du premier Empire; tel que le comprend le règne fastueux de Louis XIV, tel que la mode l'accepte et la diversifie à l'époque louis quinze, tel que le revendique le style louis seize, sinon avec une admiration tout à fait exclusive, du moins d'une manière quelque peu particulière et privilégiée et, enfin, tel que l'incarne la belle ciselure française de l'époque napoléonienne en son style empire, qui est le dernier style que nous ayons connu, car c'est un *style*, et cet éloge n'est pas médiocre.

Pierre Gouthière (1740 † 1806), le plus célèbre modeleur ciseleur et doreur que la France ait produit, a connu les œuvres de Gallien et de Philippe Caffiéri. Martincourt l'a conseillé, J.-A. Meissonnier, dont nous avons publié les œuvres (¹), l'a sans doute fréquenté en son

(¹) RECUEIL DES ŒUVRES DE JUST-AURÈLE MEISSONNIER, peintre, sculpteur, architecte et dessinateur de la chambre et cabinet du Roy Louis XV.

Ce maître décorateur est celui qui, avec Gilles-Marie Oppenord, dont nous avons également publié les travaux, a le plus contribué pour la pratique du style louis quinze; ses compositions sont de bon goût et offrent des types classés parmi les plus intéressants de cette époque.

2 — L. 20

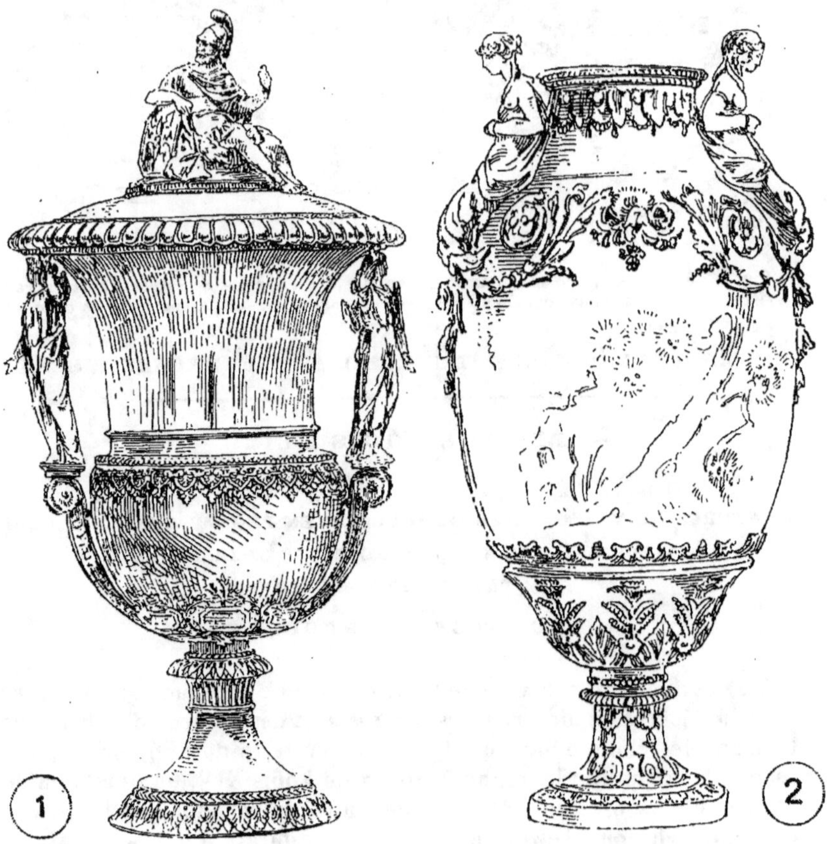

Musée du Louvre, et Collections du Garde-Meuble, Paris.

Fig. 460 et 461. — Représentation de Montures en Bronze, d'après Gouthière.

La forme du vase n° 1, *cratère* motive une disposition spéciale.

La *panse*, assez grêle, se trouve élargie de deux arcs saillants dont l'extrémité, recourbée en *volute à rosaces*, soutient deux figures de femmes debout et drapées supportant la saillie ornée de *godrons* du couvercle que couronne une figure de guerrier assis. Une *ceinture* de bouclier relie les anses dans le bas ; le pied, en *porphyre* élégi, est garni d'une double bague de métal ciselé.

Le vase n° 2 a une monture combinée pour enchâsser, comme une matière précieuse, un ancien vase de Chine en *céladon*.

La panse est de forme *ovoïde* et le col, relativement court, se resserre à son orifice.

La monture forme une bague à double rang de *perles*, terminée par une *crête en lambrequins* tombants, à laquelle s'adossent deux *figures* de femmes drapées, reliées par des *rinceaux à jour* symétriquement disposés sur le renflement maximum.

Le pied, en bronze ciselé, est d'*une venue*, et le vase y est posé comme un œuf dans son coquetier. Décor de feuillages à *palmettes*, de *perles* et de *feuilles d'eau*.

logis du quay Pelletier à Paris, à l'enseigne de la *Boule d'Or*, lorsque déjà cet artisan célèbre se pare de ce titre : ciseleur et doreur du roy.

Gouthière, ciseleur et doreur du roi Louis XV, successeur des Domenico Cucci, Philippe et Jacques Caffiéri, Martincourt, Robert le Lorrain et autres célèbres bronziers et ciseleurs, prédécesseur de Duplessis, qui donna son nom à une forme de vases et à un décor d'assiettes en porcelaine de Sèvres, et de P.-Ph. Thomire, le consciencieux et admirable ciseleur des magnificences du Premier Empire,

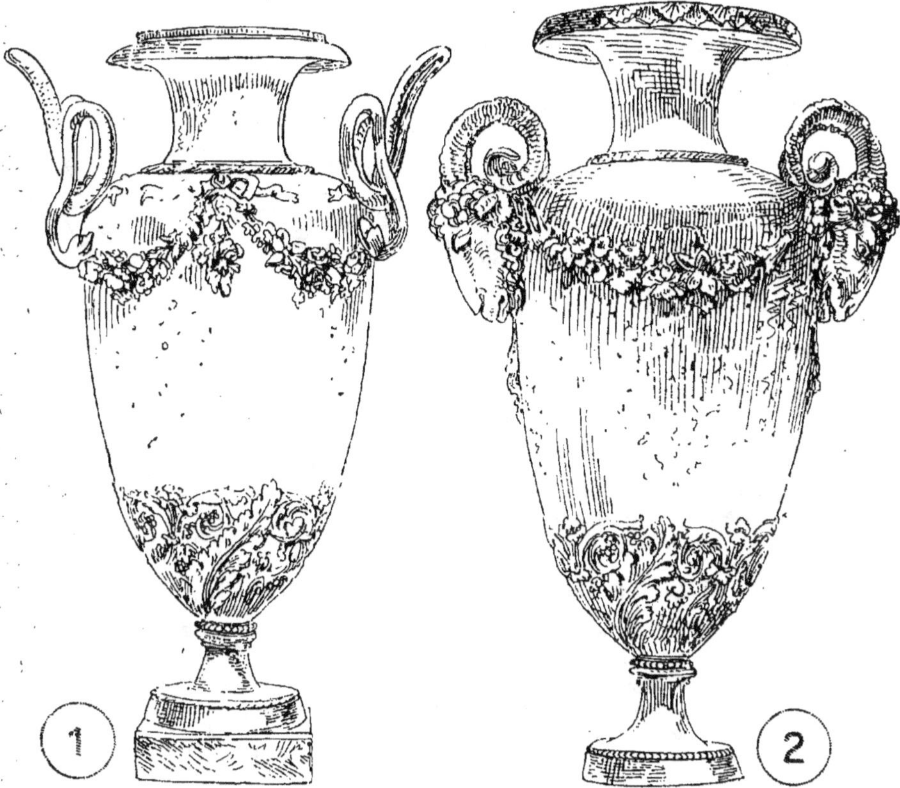

Musée du Louvre, et Collections du Garde-Meuble, Paris.

Fig. 462 et 463. — Représentation de Montures en Bronze, d'après Gouthière.

Montures appliquées sur des vases en *porphyre.*

Les deux vases représentés ci-dessus font partie d'une suite de quatre pièces, à *panse ovoïde* et col évasé d'une moulure.

Les anses, composées d'*entrelacs de serpents* et de *têtes de boucs*, se relient, sur les *épaules des vases* (renflements maximum), par des guirlandes de fleurs diversement traitées, en bronze ciselé et *doré d'or mat.*

Les *panses* allongées posent dans un *culot d'acanthes* et de *rinceaux* repercés à jour.

Gouthière, disons-nous, se voit glorifié au Musée du Louvre à Paris, et dans quelques Collections privilégiées, qui conservent des chefs-d'œuvre où le modeleur et le ciseleur n'étaient pas, comme pour le décor du *meuble* massif, puis *composé*, subordonnés au créateur premier, où l'œuvre du bronzier et du ciseleur épouse, et complète si adroitement, l'œuvre du maître ébéniste, qu'elles semblent toutes deux inséparables.

Gouthière *embellit*, d'une monture riche, de nombreuses pièces en céramique orientale ou occidentale, en matières précieuses, ou en

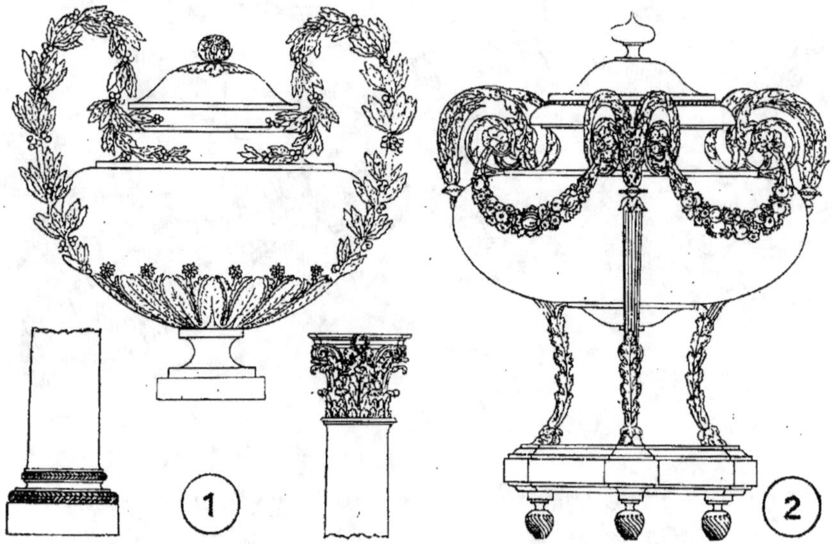

Musée du Louvre, et Collections du Garde-Meuble, Paris.

Fig. 464 et 465. — REPRÉSENTATION DE MONTURES EN BRONZE, D'APRÈS GOUTHIÈRE.

1. Vase rond, forme de cassolette, en *albâtre oriental*, orné sur chaque côté de deux *branches de laurier en console*, formant anse, et d'un *cul-de-lampe à feuilles d'eau* et fleurons de bronze en *or mat*; posé sur un socle rond de vert antique.
Hauteur, 12 *pouces* 6 *lignes*.
Nous avons représenté, en dessous, à gauche et à droite du vase n° 1, la base et le haut de la colonne sur lequel il est posé.

2. Vase rond, couvert, forme de *cassolette à gorge*, en porphyre vert, *cul-de-lampe* pris dans la masse, terminé par un *bouton* de même qualité, garni d'un *fil de perles* sur le bord, supporté par trois *consoles à rinceaux d'arabesques* formant anses, accompagnées de *guirlandes à roses* et fruits sur la *panse*, terminées chacune par deux *pieds de biche*; il est placé sur socle triangulaire de jaspe vert garni de *moulures* à feuille d'eau et repose sur trois *boules à cannelures*, le tout *doré* d'or mat.
Hauteur, 13 *pouces*; diamètre, 10 *pouces*.
Ce vase, très estimable par la qualité supérieure et rare de son espèce, est d'un effet aussi riche que séduisant, par le goût et l'exécution recherchée de sa garniture. — *Acquis par Paillet, pour la Reine Marie-Antoinette.*

marbre. L'artisan change les formes des vases, les sépare en plusieurs morceaux ou en scie le pied, les anses et le col, mais le bronzier-ciseleur les charge de mascarons, de guirlandes de feuilles et de fleurs, d'anses délicates et de moulures d'un choix heureux; il les arme, les garnit, les *monte en argent* ou en *bronze ciselé et doré au mat*, disposant les armatures, les garnitures, en raison de la forme spéciale

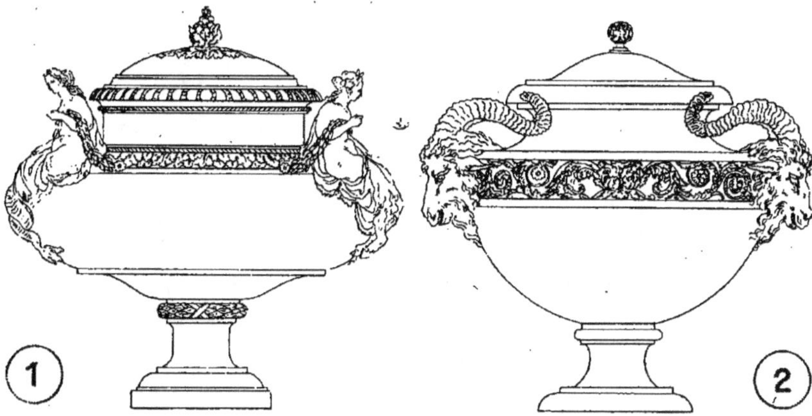

Musée du Louvre, et Collections du Garde-Meuble, Paris.

Fig. 466 et 467. — REPRÉSENTATION DE MONTURES EN BRONZE, D'APRÈS GOUTHIÈRE.

1. Vase rond, *à gorge*, forme *cassolette*, en *serpentine antique*, garni d'un *bouton rosace* sur le couvercle, *godrons* et *fleurons* ornant le bord, de *figures*, sujets de femmes, formant anse des deux côtés, l'une à gaine de *satyre*, l'autre caractérisée *syrène*, tenant chacune une [branche de myrte entrelacée de ruban, assises sur le haut de la *panse*, qui est entourée de *moulure à cordes* et à *feuilles d'ornement*; *piédouches* à *baguettes de laurier*, avec socle rond uni, le tout de bronze *doré d'or mat*. G. (Gouthière.)
Hauteur, 13 *pouces*, 6 *lignes* sur 14 *pouces* 6 *lignes* de diamètre, y compris la saillie des anses (¹).
Ce morceau, estimable par sa première qualité et sa forme, est intéressant par le bon genre de ses ornements. — *Acquis par Julliot, pour le Roi Louis XVI.*

2. Vase rond, à *gorge*, en *serpentine antique*, *bouton rosace* sur le couvercle, *tête de bouc* de chaque côté figurant les *anses*, *bandeau* renforcé à frise d'ornement d'*arabesques* sur le haut de la panse, et socle rond uni de bronze doré *d'or mat*. G. (Gouthière).
Hauteur, 14 *pouces* sur 14 *pouces* 6 *lignes* de diamètre, y compris les ornements.
Ce morceau réunit les avantages de la qualité du marbre, de la forme et de l'ensemble correct de sa garniture. — *Acquis par Julliot, pour le Roi Louis XVI.*

(¹) Jusqu'en 1789 on employa, en France, comme unité principale de longueur, la *toise* 1 m. 94904) qui se subdivisait en pieds. Le *pied* (0 m. 32484) valait 12 pouces. Le *pouce* 0 m. 02707) valait 12 lignes. La *ligne* (0 m. 00225) valait 12 *points*.
La *livre de compte française*, antérieurement à la loi du 18 germinal an III (1795), en prenant le franc pour unité, représentait 0 fr. 98765 et se divisait en 12 *sous*, et le *sou* se divisait en 12 *deniers*. Au pouvoir de l'argent, avant la guerre, 1914-1918, on peut évaluer la *livre* à trois francs environ.

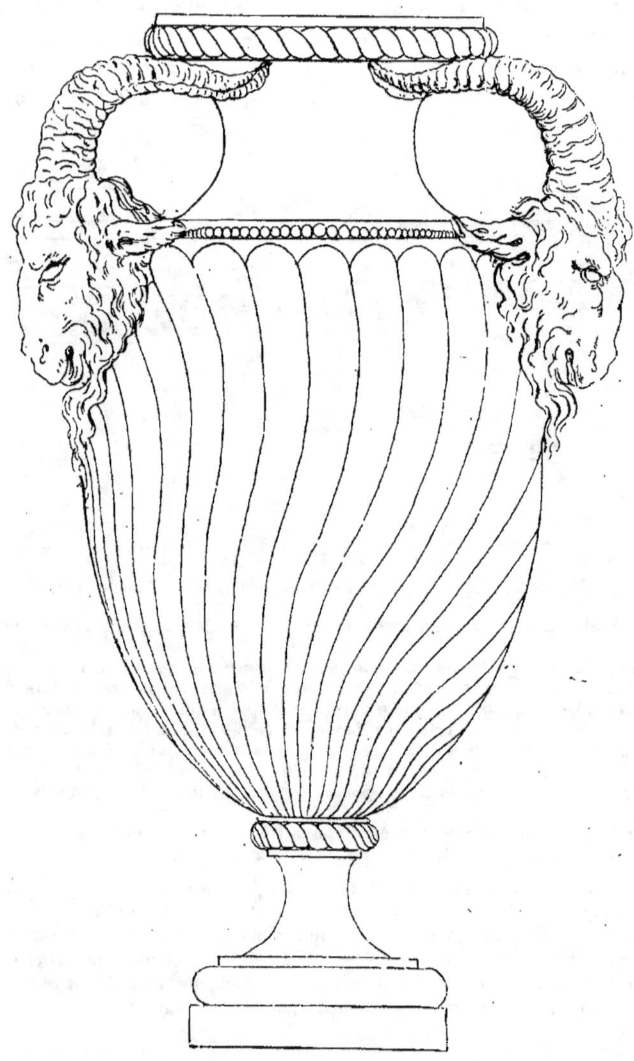

Fig. 468. — Vase en forme d'urne, *a tête de bélier*, prise de chaque côté dans le bloc; les cornes, parfaitement dégagées à jour, en figurent les anses et soutiennent la *voussure de la gorge* à bord de *godron*, la *panse* entourée, du haut, par un *fil de perles* et à *côtes torses* sur le pourtour; le tout sculpté à *bas-relief*.

Ce vase est posé sur un piédestal de granit tacheté de rose tirant sur le violet.

Hauteur : 56 *pouces* 6 *lignes* sur 21 *pouces* de diamètre, y compris la saillie des têtes; hauteur du piédestal, 32 *pouces*.

donnée à ces *œuvres mutilées*, et de la rareté des matières dont elles sont formées. Les merveilleuses pièces que nous représentons, fig. 460 à 467, en sont des exemples.

Ajoutons que Gouthière, qui prenait la qualité d'*inventeur de la dorure au mat*, aurait présenté à la reine Marie-Antoinette une rose en bronze *doré au mat*, qu'elle prit pour de l'or. L'authenticité

Le morceau, fig. 468, extraordinaire par son importance en *porphyre*, est majestueux par sa forme et admirable par l'art du plus riche et difficile travail. *Acquis par Paillet, pour le Roi Louis XVI.*

A.-J. Paillet, était *expert* et *peintre*, telle est, du moins, la qualité qu'il se donne dans ses *Catalogues*, où nous voyons son nom pour la première fois en 1774.

Deux ans après, il faisait insérer la mention suivante dans l'*Almanach des Artistes* : « *Paillet*, Hôtel d'Aligre, rue Saint-Honoré, tient magasin de Tableaux des meilleurs maîtres des trois Écoles, dont il connoit tout le mérite. Il fait *prisées* et ventes, M. Mercier et lui ont fait construire, à cet effet, une salle très belle et très commode dans le même Hôtel. »

Le baron Charles Davillier, dont les travaux nous ont fourni ces renseignements, possédait une de ces *prisées* de la main de Paillet ; celle des tableaux du célèbre *Cabinet du prince de Conti*. Après la mort de l'illustre amateur, le prince héritier accorda au marchand un crédit de 60.000 livres et une remise de 5 p. 100 sur les achats qu'il ferait à la vente des effets précieux de son père. Dans une lettre datée du 4 juin 1789, Paillet rappelle au prince que le « succès de cette affaire a été entièrement dû à son travail et à ses soins »; les objets, ajoute-t-il, « m'ont été adjugés à des prix si exhorbitants que j'ai perdu réellement plus d'un quart pour les revendre dans le commerce. » Il parle ensuite du peu de succès qu'il a eu dans ses affaires, puis il ajoute : « L'entreprise périlleuse de l'*Hôtel de Bullion*, par moi acheté en 1778... m'a donné une perte de plus de 100.000 livres : la perte accablante que je viens d'essuyer par la banqueroute et la fuite du nommé *Dubois*, aussy marchand de Tableaux, dans laquelle je suis malheureusement enveloppé pour une somme de 18.000 livres, réduit ma position à n'avoir pas 100 *pistoles en mes mains...* »

Qu'il me paye, 4.000 livres, écrit en marge le prince, je luy ferai remise du surplus pour éviter ses réclamations. — « Je *suplie* son A. S., écrit ensuite le pauvre marchand, de m'accorder *quatre années* pour payer... » Et on lit au-dessous :

« Accepté à Paris, le 30 juin 1789. L. F. J. de BOURBON.

Paillet fut chargé, à la vente du duc d'Aumont, des achats pour Louis XVI, le duc de Chabot, le maréchal de Richelieu et d'autres grands personnages. La Révolution de 1789 n'interrompit pas ses ventes; il en fit même pendant la Terreur. Nous citerons seulement celle de Choiseul-Praslin où figurait des meubles très riches, des vases de Sèvres, etc., et qui eut lieu en 1795 en la demeure de A. J. Paillet, « marchand de tous objets curieux, *Maison de Bullion*, rue J.-J. Rousseau. » Peu de temps après, son nom paraît sur des catalogues, associé à celui d'H. Delaroche, marchand de tableaux, le père du célèbre peintre, et plus tard à celui de Laneuville. Après sa mort, en 1814, Ch. Paillet, son fils qui lui succéda, faisait encore des ventes en 1841.

Les vases reproduits, fig. 460 à 467, ainsi que celui représenté ci-contre, proviennent du Cabinet du duc d'Aumont (1709†1782), à la description duquel le baron Jean-Charles Davillier (1823†1883), historien d'art et connaisseur expert, donateur au Musée du Louvre, à Paris, a consacré un travail important et très documenté, publié chez Auguste Aubry, en 1870.

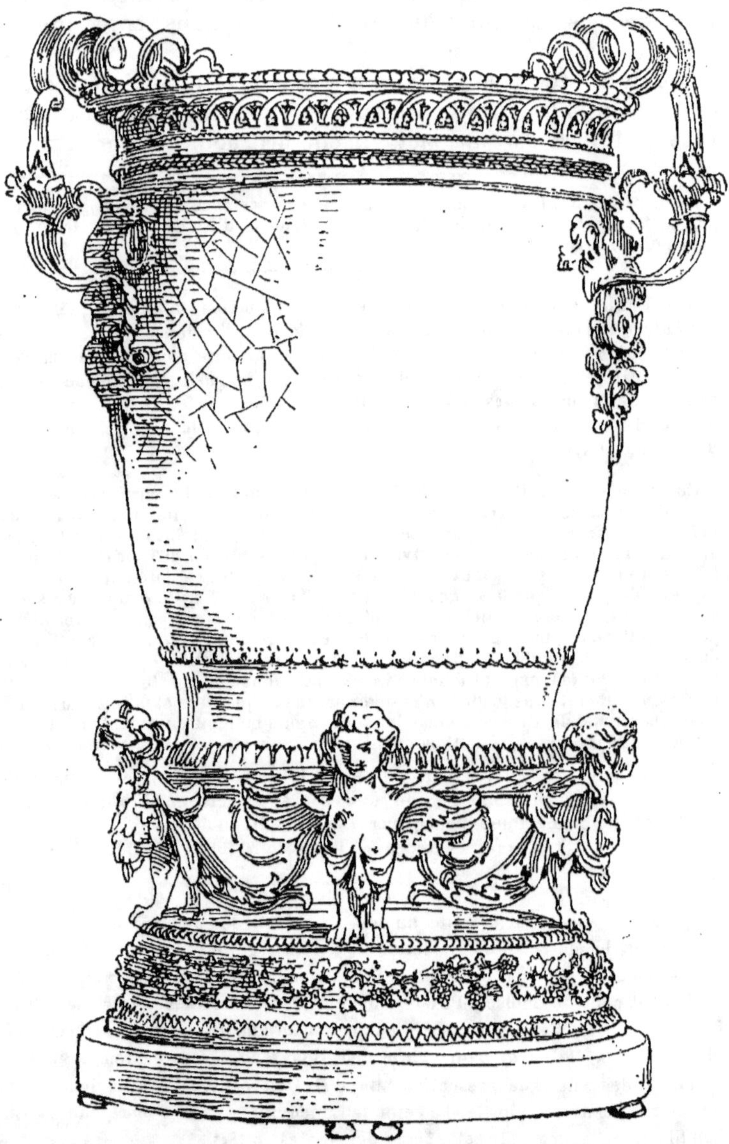

Fig. 469. — Dans cette monture d'un vase *cachepot*, en *ancien craquelé* de Chine, la *bague* du haut, à *bord de perles*, est un *entrelacs* de demi-cercles repercés à jour.

Les anses ont la forme de *serpents a double enroulement*, dont les têtes correspondent à des *cornes d'abondance* doubles, attachées sur un *culot de feuillage*.

Quatre *figures de harpies*, à *désinences de rinceaux*, isolent le vase dans le bas de son socle en forme de bourrelet décoré d'un *cours de rinceaux*.

de cette anecdote a été confirmée au baron Charles Davillier par M. Denière, à qui M. Raymond, élève de Riesener et, sous Louis XVI, chef ébéniste du Garde-Meuble, l'avait rapportée.

CISELEURS ET DOREURS DE BRONZES D'AMEUBLEMENT

ÉPOQUE LOUIS SEIZE

Parmi les ciseleurs les plus célèbres de l'époque louis seize dont les ouvrages, si recherchés aujourd'hui, sont souvent confondus avec ceux de Gouthière, nous citerons *Martincourt*, qui fut le maître de notre ciseleur, si nous en croyons une tradition assez répandue. Martincourt, qui a fait partie de l'Académie de Saint-Luc, et modelait pour les ciseleurs, était lui-même sculpteur, ciseleur et fondeur-racheveur, et demeurait au cimetière Saint-Jean. Une belle paire de flambeaux en bronze doré, ciselé par Martincourt, portant sa signature et réunissant, aux attributs de l'hymen, les aigles à deux têtes de la Maison d'Autriche, furent offerts à Marie-Antoinette à l'occasion de son mariage.

Philippe Caffieri, (1714 † 1774) célèbre modeleur et ciseleur, petit-fils du célèbre sculpteur de ce nom (1634 † 1716), demeurant à Paris, rue Princesse, est mentionné par l'abbé de Marolles dans ses *quatrains*, et cité dans l'*Almanach du Dauphin* de 1771, comme renommé pour « ciseler et fondre ».

Le *Catalogue de La Live de Jully*, publié en 1769, décrit un *corps d'armoire* de vingt-deux pieds de long, une grande table de bureau, une écritoire, un secrétaire, une pendule.

« C'est, dit Pierre Remy, érudit et célèbre expert du dix-huitième siècle, un tout ensemble de la plus grande conséquence, à l'imitation des ouvrages du fameux Charles-André Boule. Ce beau meuble est de Philippe Caffieri, artisan renommé parmi les amateurs d'œuvres d'art. »

Nous avons remarqué, dans une importante collection d'œuvres d'art du dix-huitième siècle, une somptueuse commode décorée de beaux bronzes ciselés et dorés. Un rinceau de ces bronzes porte la mention *fait par Caffieri.*

Une partie de ses travaux appartient au style qu'il est convenu d'appeler louis seize, bien que ce style date de quinze ans, au moins, avant l'avènement de ce roi.

C'est à tort, croyons-nous, qu'on attribue à Philippe Caffieri certains bronzes, souvent médiocres, qu'on rencontre assez fréquemment et qui portent, pour poinçon, un C couronné.

Duplessis et *Prieur* étaient aussi en grande réputation : le premier, qui prenait le titre de *Sculpteur, Fondeur, Ciseleur et Doreur du Roy*, demeurait rue du Four-Saint-Germain, à la Grande-Fontaine. Outre

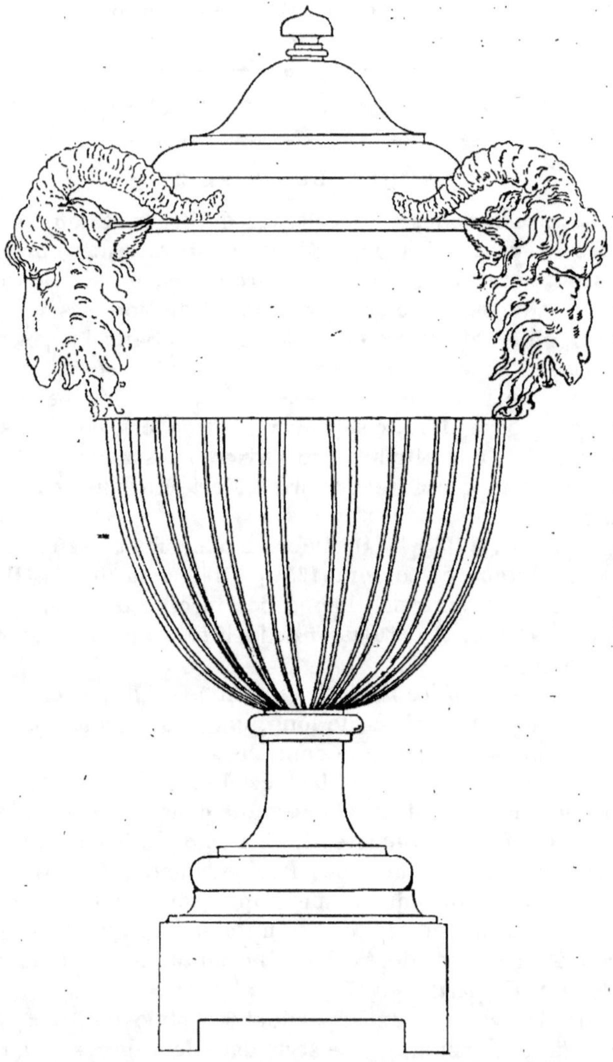

Fig. 470. — Vase oblong, à gorge, avec couvercle : tête de bélier prise de chaque côté dans le bloc et formant anse saillante, bandeau sur la panse, cul-de-lampe à côtes et cannelures, posé sur piédestal de même matière.

Hauteur, 15 pouces ; diamètre, 8 pouces 6 lignes. — (Cf. note page 157.)

Ce morceau d'ancienne roche est distingué par sa qualité bien accidentée, le régulier de sa forme et l'art du travail de ses ornements pris de relief dans le bloc ; son piédestal y ajoute encore un avantage. — *Acquis par Julliot, pour le Roi Louis XVI.*

le bronze, il ciselait aussi l'argent : Thiéry dans son *Guide des Amateurs* publié en 1786, cite une superbe croix, ouvrage d'orfévrerie exécuté pour l'Abbaye de Saint-Germain-des-Prés par M. Duplessis, *Artiste célèbre*. Il cisela encore de très beaux vases d'argent, et c'est lui qui fit, pour la Manufacture de Sèvres, le modèle du vase connu sous son nom. On voyait, dans des Cabinets du dix-huitième siècle, des vases de porphyre, d'agate, de Sèvres, etc., ornés de très riches montures en bronze doré et ciselé par Duplessis. Parmi ses meilleurs ouvrages, citons notamment, quatre candélabres de bronze doré qui ornaient les angles du salon de M. de la Reynière, fermier-général. « Ces candélabres, dont le travail est très soigné, ont été exécutés par M. Duplessis, fameux Ciseleur de Paris, bon dessinateur qui travaille d'après ses dessins », lisons-nous dans l'*Almanach historique et raisonné des architectes, peintres, sculpteurs, graveurs et ciseleurs*, 1776 et 1777 ; ainsi que dans Thiéry, *Guide des Amateurs*, 1786 ; De la Blancherie, *Nouvelles de la République des lettres et des arts*, 1780 ; et dans le *Catalogue Blondel de Gagny*, n° 407.

Louis Prieur, qui demeurait faubourg Saint-Denis et enclos du Temple, à l'enseigne des Armes d'Angleterre, modelait pour les ciseleurs, il était aussi « Sculpteur, Ciseleur et Doreur du Roy ». Parmi ses ouvrages les plus remarquables, on cite la ciselure et la dorure des bronzes du carrosse ayant servi au sacre de Louis XVI.

Outre ces célèbres artisans, il y avait encore, à Paris, quelques « fondeurs et ciseleurs sur métaux pour les cartels de pendules, bras de cheminée, feux, garnitures de porcelaines, ouvrages d'Église, etc., » tels que « *Forty*, dessinateur et ciseleur, auteur de quelques jolies planches d'ornement ; — *Le Fèvre*, rue de la Ferronnerie ; — *L'Éveillé*, très-habile artiste, rue de Sève, maison de M. Cauvet, sculpteur ; — *Thiéboust*, Ciseleur, de S. A. Mgr. le duc de Penthièvre, place du vieux Louvre ; — *Philippe*, rue du Sépulcre. »

Pour compléter cette liste, nommons encore *Galien*, sculpteur, fondeur et ciseleur, connu dès 1750, et auteur d'une très belle pendule décrite dans les *Mémoires de M. de Luynes* ; *Azc*, rue et hôtel de la Vieille-Monnaie, et *Godille*, rue Guénégaud, tous deux « renommés pour les garnitures de porcelaines et autres vases précieux ; — *Vassou*, « ciseleur en bronze dont les talents sont connus ; » — *Rabut*, ciseleur et doreur, rue Neuve-des-Petits-Champs, « auteur de girandoles très élégantes ; » — et, aussi, deux ciseleurs dont le nom est célèbre : *Saint-Germain* et *Osmond* ; nous avons noté leurs signatures sur des œuvres et objets d'art ; *Saint-Germain* demeurait rue Saint-Nicolas, au faubourg Saint-Antoine, et *Osmond*, rue Mâcon ; tous deux étaient fondeurs-racheveurs.

La *dorure dite d'or moulu*, dont nous pourrions relever de nombreuses citations dans les *mémoires*, *inventaires* ou *catalogues* de la

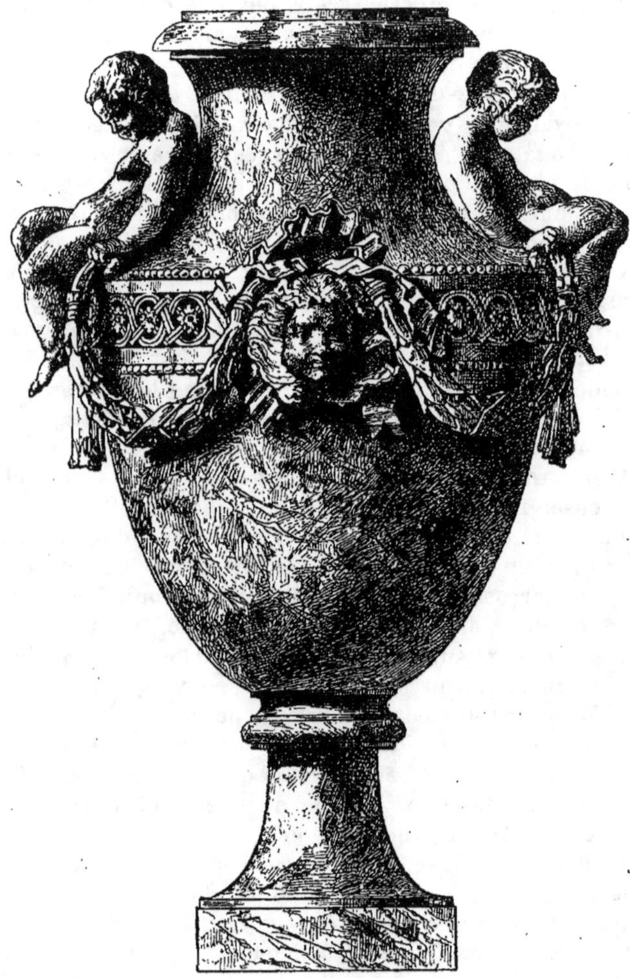

XVIII⁰ SIÈCLE. — ÉPOQUE LOUIS SEIZE

EXEMPLE DE MONTURE MOBILE

Ancienne Collection San Donato.

Fig. 471. — Vase en *granit oriental*, feuilles mortes, de forme semi-ovoïde, à *gorge* et *piédouche*, avec superbe *monture mobile* du temps de Louis XVI en bronze doré et supérieurement ciselé, composée de chaque côté d'un enfant tenant des guirlandes de laurier se rejoignant, au centre, au-dessus d'une tête de Borée ; bandeau ajouré en bronze doré. Ce vase, dont la monture a été exécutée par Forestier, a fait partie des Collections du palais de Versailles.

fin du dix-septième siècle, ou dans presque tous ceux du dix-huitième,
était exécutée de la même manière que la *dorure au mercure*; lequel
procédé, décrit par le moine Théophile au lib. III, cap. XXXIV de
son précieux traité, *Diversarum artium schedula*, consistait à amalgamer
le mercure avec l'or réduit en feuillets excessivement minces, puis
broyés et passés à travers un tamis très serré.

Cet amalgame, mercure et or moulu, était déposé sur les ciselures
du bronze, ou de tout autre métal, que l'on voulait *dorer d'or moulu* :
bras de lumière, cartels, girandoles, pendules, etc., ou sur les ornements, en métal ciselé, décorant des *meubles composés* : ceintures,
poignées, entrées, chutes, sabots, etc. Après son application on en
volatilisait le mercure par la chaleur.

TECHNIQUE DE LA CISELURE ET DE LA DORURE

Dans une récente publication, due à l'érudition de M. Jacques
Robiquet, diplômé de l'École du Louvre, offerte aux membres de la
Société de Propagation des Livres d'Art [1], les experts, amateurs,
antiquaires et tous ceux qui s'intéressent aux merveilles créées par
Pierre Gouthière, pourront consulter les *mémoires* et les *inventaires*,
concernant sa vie et l'ensemble de ses œuvres, précédemment étudiées
par le baron Charles Davillier, Jules Guiffrey et Germain Bapst.

Ce nouveau travail, résultant de longues et patientes recherches,
dont nous avons extrait des enseignements relatifs à la technique de
la ciselure et de la dorure, fait apprécier et comprendre, en l'analy-
sant, l'admirable épanouissement de la ciselure à l'âge du bronze
ciselé et doré, aboutissant à une œuvre parfaite, et résume l'adresse,
le goût et le génie d'un célèbre artisan.

TECHNIQUE DE LA CISELURE

« Quand la pièce, fondue par le procédé connu du moulage au
sable, avec modèle en plâtre (ou jadis en *cire perdue*), est livrée au
ciseleur, elle ne rappelle qu'imparfaitement l'original. Les *jets*, les

---

[1] *Vie et Œuvre de Pierre Gouthière*, édition avec appendice et additions, accompagnée
de trente-huit représentations des principales œuvres du Maître. Ornements typographiques par Géo Roux, d'après les bronzes d'applique de Gouthière. — Paris, Société
de Propagation des Livres d'Art. Siège social : Cercle de la Librairie. Secrétariat
général : rue Royale, 10, Paris, VIII*, 1920-1921. Un volume in-4*, impression de luxe.

Origines et débuts de Gouthière. — Travaux pour la Maison Royale, M** Du Barry, le Duc
d'Aumont et la Duchesse de Mazarin. — Ruine et mort de Gouthière. — Procès intenté par son fils à
la succession Du Barry. — Le style de Gouthière. — Essai de Catalogue raisonné. — Bibliographie.

égouts, les *évents* par où passèrent le métal en fusion, l'air (et la cire dans le cas de *cire perdue*) ont défiguré l'ensemble. Des rugosités, des excroissances, lès *balèvres*, ont empâté les finesses et les détails.

« Un premier travail de dégrossissement s'impose donc; on l'effectue à l'aide d'outils coupants : les burins. Il en existe trois types principaux : le ciseau, la gouge et le burin proprement dit. Le bronze à travailler est solidement fixé, selon sa taille, sur l'étau ou sur le *boulet*, cylindre mobile qui retient l'objet de petite dimension en un lit de ciment.

« A mesure que le travail avance, on emploie des ciselets plus délicats, rangés par catégorie, pointe en haut, dans leurs boîtes de fer-blanc, de façon que l'ouvrier les trouve sans tâtonner, comme un pianiste ses touches. Sous les coups répétés du petit marteau spécial, les *traçoirs* repoussent les reliefs en les précisant, les *planoirs* égalisent, les *rifloirs* polissent, et c'est le tour des *matoirs*.

« Le jeu des *mates*, d'ailleurs fort délicat, frappe d'admiration le spectateur novice. De même que les moteurs à explosion semblent engendrer une impulsion continue, il paraît surprenant de voir modeler le bronze par une série de coups de marteau qui ne se traduisent que par une caresse appuyée. Le *matoir* poursuit lentement, doucement sa marche, et derrière lui se révèlent les corps, les fleurs et les fruits, maintenant vibrants d'un semblant de vie.

« Les maîtres de l'époque louis seize excellaient dans ce travail. Ils reprenaient minutieusement les chairs, accrochant la lumière sur mille facettes mystérieuses, au lieu de simplement marquer, comme à l'époque louis quinze, quelques traits de *rifloirs* sur les figures terminées (Voir les bronzes, d'ailleurs magnifiques, du Bureau du Roi, au Musée du Louvre, à Paris, par Hervieux et Duplessis). Lorsque, dans la simple interprétation d'un modèle, un ouvrier d'art a besoin d'apporter tant de goût, de mesure, d'habileté, il peut, s'il y réussit, se targuer de dons véritables. Il a compris le caractère de l'œuvre à traiter, il en a rétabli l'harmonie et, hardiment, s'est laissé conduire par son inspiration. Elle seule a pu, de multiples manœuvres, de changements spontanés de *ciselets*, du martellement continu, dégager cette impression de beauté originale qui fait du bronze informe, sorti du moule, l'œuvre d'un Gouthière, par exemple. Et, toute composition à part, le génie d'un ciseleur aussi parfait marque la pièce plus sûrement que n'importe quel poinçon ; nous savons que beaucoup de sculpteurs, de décorateurs ont affirmé leur collaboration avec le maître du ciselet; qu'importent les modèles, c'est toujours du Gouthière. La simple adresse suffirait-elle à justifier une telle empreinte de talent? quand bien même le ciseleur se trouverait incapable de dessiner et de modeler, ce qui ne fut pas le cas de Gouthière, il compterait parmi les vrais artistes : il anime la matière, il crée des formes, il les crée presque de rien, en virtuose qui n'aurait pas de Stradivarius car, ses outils, il les façonna lui-même pour mieux s'en faire obéir.

TECHNIQUE DE LA DORURE

« La pièce que livre le ciseleur a besoin d'un sérieux nettoyage : d'inégales cuissons, des *ragrégures*, des soudures, en gâtent parfois l'effet; en tout cas l'or ne doit s'appliquer que sur un métal parfaitement propre car, bien loin de masquer, il fait ressortir la moindre imperfection; c'est le *décapage*. La calamine ou oxyde de zinc natif part sous l'effet de l'acide nitrique. On opère encore un *passage au blanc ciment* pour parfaire le nettoyage.

« Vient ensuite la pose de l'*amalgame*, composé d'or et de mercure que la chaleur mélangea et qu'un bain froid solidifia en boulettes; il s'étend bien régulièrement au moyen d'un *gratte-brosse*, gros pinceau métallique. De l'épaisseur de la couche, de son égalité dépendra la qualité du *mat*. Puis on *passe* au feu; un modeste feu de charbon de bois suffit à volatiliser le mercure. L'or paraît très jaune; on le saisit dans l'eau froide si c'est la dorure simple. De cette partie du travail provient la maladie du métier, ce tremblement, ces terribles désordres, que cause presque infailliblement l'empoisonnement, répété mais insensible, des émanations mercurielles ».

Avant Gouthière, on connaissait toutes ces pratiques : sous Louis XIV, et même plus tard, on leur préférait la *dorure à la feuille* ou *au livret* signalée sur la pièce par la trace de chaque parcelle appliquée; mais c'est lui qui inventa la *dorure au mat*.

Ce procédé consiste à enduire le bronze doré d'un mélange de sels, nommé *le mat* qu'on a fait chauffer sur un feu continu. Retenues sur le charbon de bois par une barre de fer appelée *mandrin*, les pièces se dépouillent de l'enduit et, quand on les a plongées dans l'eau froide, elles sont *mates*. On peut alors en brunir quelques parties avec des *brunissoirs* à longs manches, pour être soutenus du coude, et à bouts ronds, pour polir le métal.

IMITATIONS ET MALFAÇONS

Il existe trois méthodes plus faciles dont il faut se défier : nous ne parlons que pour mémoire de la *dorure au vernis* qui n'est pas une dorure, puisque ce produit à l'alcool ne contient pas d'or; on ne peut s'y tromper.

La *dorure à la pile* ne peut qu'imiter la dorure simple par l'effet du courant sur un bain de chlorure d'or.

La *dorure au mat* s'imite au moyen de la *dorure nitratée*, qui absorbe bien moins d'or que le système au *vrai mat*.

Il est assez difficile de se rendre compte de la malfaçon, car le contrefacteur se garde de laisser, au revers des pièces, le vernis protecteur qui, seul, pourrait le trahir.

RECETTES ET PROCÉDÉS

NETTOYAGE DES BRONZES CISELÉS ET DORÉS.

On frotte ces bronzes avec un pinceau assez dur trempé dans du vin chaud ordinaire ou dans de l'eau de savon chaude. On lave ensuite à grande eau et on met les objets dans la sciure de bois qui, en s'introduisant dans toutes les cavités, absorbe l'humidité. On enlève cette sciure en brossant fortement avec un pinceau; puis on essuie avec un linge, et on termine avec une peau qu'on passe sur les parties brunies.

AUTRE MÉTHODE.

Démontez, si possible, l'objet à nettoyer, dégraissez-le avec une eau de carbonate chaude, rincez et passez dessus, avec une brosse ou un pinceau en soie dure, de l'ammoniaque liquide additionnée d'un tiers d'eau; rincez et mettez de suite le bronze dans la sciure de bois bien sèche, en frottant avec pour mieux la faire entrer dans les creux; donnez un coup de peau sur les parties brunies et remontez votre pièce.

BRONZES DORÉS TACHÉS D'HUILE OU DE GRAISSE.

Les taches d'huile et de graisse des bronzes dorés disparaissent en frottant ces objets avec de l'eau dans laquelle on a fait bouillir de la cendre de bois de hêtre. Il faut éviter de se servir de potasse et de soude.

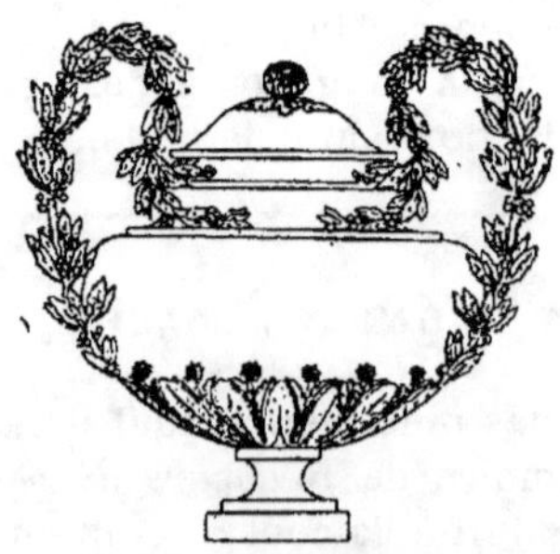

Fig. 472. — Anses en branches de laurier, en console.

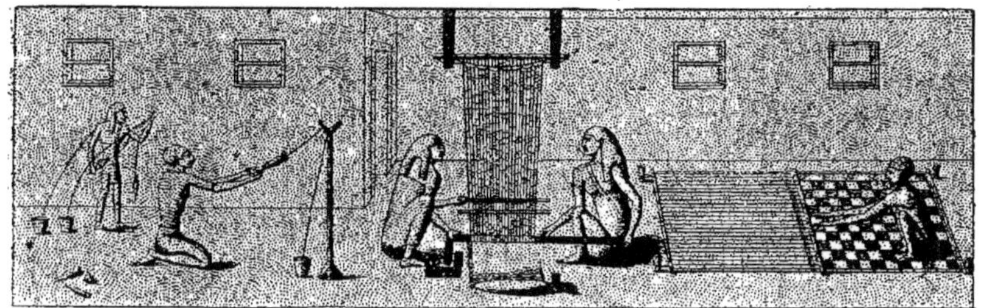

Peinture des hypogées (tombeaux) de Beni-Hassan-esch-schorouh.

Fig. 473. — Esclaves teignant et filant le lin, le coton ou le chanvre.
Tisseurs de *haute lisse* et tisseurs de *basse lisse*.

COMPRÉHENSION DES ŒUVRES D'ART EN TAPISSERIE

HAUTE LISSE, SAVONNERIE, BASSE LISSE

CE QUE DOIT ÊTRE LEUR COLORATION

TAPISSERIES HISTORIÉES, PARLANTES, MYTHOLOGIQUES

ALLÉGORIQUES, COMMÉMORATIVES, HÉRALDIQUES

VERDURES, TENIÈRES, BORDURES, CARTONS

QUARANTE ATELIERS FRANÇAIS ET ÉTRANGERS

QUELQUES NOTES SUR LA TAPISSERIE

Les *tapisseries*, qui servaient de tenture et constituaient le principal élément décoratif de la demeure de nos ancêtres, après avoir été longtemps reléguées dans les greniers, ont repris leur place dans les musées ou collections ; elles éveillent notre curiosité en faisant revivre à nos yeux paysages, monuments, costumes, et soulèvent notre admiration par l'importance de leur fabrication, la richesse des matières employées, le fini de l'exécution.

La France a le droit de revendiquer une large part dans le développement de cet art : n'est-ce pas au moment où les ateliers se fermaient à l'étranger que J.-B. Colbert, en 1662, fondait la Manufacture des Gobelins ? Beauvais recevait à son tour l'appui du roi, en 1664, et c'est justement l'émulation, suscitée par l'existence simultanée de ces deux manufactures royales, qui maintint si haut le niveau de leurs créations et répandit au loin l'influence du goût français.

Dès la plus haute antiquité, les Égyptiens fabriquèrent des étoffes tissées au moyen de *lisses* (fig. 473). La tapisserie brille d'un vif éclat chez les Babyloniens, les Assyriens et les Hébreux ; un texte de l'*Exode* ne nous laisse aucun doute sur l'emploi de tissus aux riches couleurs, pour le tabernacle élevé par Moïse dans le désert.

La Grèce fut vite familiarisée aussi avec le luxe des étoffes : l'*Iliade* et l'*Odyssée* nous montrent : « voiles légers, manteaux de pourpre, tapis moelleux ». Calypso, tout en chantant, fait mouvoir sa navette. Le travail de Pénélope n'est pas moins célèbre.

La destination des étoffes tissées s'était étendue promptement du vêtement à l'habitation. Si elles servirent d'abord à protéger contre le froid ou le soleil, leur rôle décoratif ne tarda pas à se manifester, soit que leurs molles ondulations fissent valoir la pureté de lignes des colonnes entre lesquelles elles étaient disposées, soit que, suspendues à des tringles par des anneaux, pouvant être écartés à volonté, elles servissent à tamiser la lumière à l'intérieur des édifices et des sanctuaires.

La tapisserie suivit en Grèce la marche ascendante de l'architecture et arriva, au Siècle de Périclès (499 av. J.-C. † 429), à une perfection qui s'accrut encore lorsque les victoires d'Alexandre III le Grand (356 av. J.-C. † 323) mirent la civilisation hellénique en contact avec l'Égypte, la Perse et l'Inde.

La rudesse des mœurs fit longtemps exclure, à Rome, un art qui comportait une idée de luxe ; mais, au début de l'Empire, l'usage des tapisseries était général dans les édifices publics, les palais et même dans les villas.

Néron (37 † 68) fit étendre, au-dessus du théâtre de Pompée, un immense *velarium*, orné de figures représentant le ciel, les étoiles, et l'empereur conduisant un char. Ovide nous donne la description du métier de Minerve et de celui d'Arachné. La tapisserie était considérée comme une des formes de la peinture ; quelques préoccupations de symétrie accentuaient son caractère décoratif.

Chez les Romains, comme chez les Assyriens et chez les Perses, les riches ornements portés par les souverains étaient de véritables tapisseries.

D'ailleurs, d'âge en âge, l'Orient intervient dans le développement de l'art de la tapisserie en Occident, ce qui s'explique en considérant que la soie, matière première de choix, encore enrichie par tous les raffinements de la teinture, est commune en Orient, et qu'une pratique, plusieurs fois séculaire, faisait la supériorité d'artisans appartenant à des races qu'un travail patient ne rebute pas.

La prépondérance de l'Orient étant à peu près absolue dans l'art de tisser les tapisseries ; à l'époque du triomphe du christianisme, l'établissement de l'empire romain à Byzance, en 330, ne fit que la fortifier : l'influence byzantine reste une forme immuable de l'influence orientale.

L'invasion des Barbares, en arrêtant le développement de la civilisation gréco-romaine, n'avait pu faire complètement disparaître les habitudes de luxe ; et, bien avant l'époque des Croisades, où l'Orient et l'Occident se retrouvèrent en contact, on peut suivre en Gaule, en Italie, en Grande-Bretagne, l'évolution du travail de la tapisserie.

Nous savons par Pline l'Ancien, mort en 79, que les Gaulois tissaient des étoffes à carreaux, ou plutôt à losanges, travail qui ne peut être exécuté que sur des *métiers à lisses*.

Au troisième siècle, les *byrrus*, capotes à capuchon, fabriqués à Arras, étaient en usage dans toutes les classes de la société.

Dès le commencement du cinquième siècle, il y avait en Gaule une classe nombreuse d'artisans libres, déjà constitués en corporations ; après l'invasion des Barbares et l'effondrement de la civilisation romaine, la rareté des voies de communication, l'isolement, le manque de sécurité, la misère, ayant interrompu l'importation orientale, l'Église sut donner asile, dans ses cloîtres et ses abbayes, à des artisans qui sauvèrent les traditions des arts industriels. L'initiative des monastères permit de tirer parti des ressources locales, et les premières tapisseries furent destinées à la décoration des sanctuaires.

Le douzième siècle marque un notable progrès dans l'art de la tapisserie : les artisans amenés d'Orient par les premiers Croisés, formèrent des élèves qui devinrent rapidement de véritables artistes, sachant soumettre la tapisserie aux exigences de l'architecture et donner aux figures décoratives, qui leur servent de motifs, l'immobilité hiératique qui s'harmonise avec les édifices amples et majestueux du style de la période romane.

Peu à peu, l'emploi des tapisseries s'étend des églises aux châteaux et, ne se bornant plus à la décoration des intérieurs, elles servent à pavoiser les places publiques, les rues et tous les carrefours où se célèbrent fêtes et tournois ; elles sont donc mobiles, afin d'être facilement changées selon les époques, et simplement suspendues, ce qui est leur disposition rationnelle, trop vite oubliée, aux époques suivantes.

Au treizième siècle, un souffle de vie emporte la tradition théologique ; les artisans se rapprochent de la nature pour l'interpréter, l'élément profane est admis, l'architecture ogivale triomphe ; la tapisserie, comme la fresque et l'émaillerie, prend son essor, sert d'interprète aux aspirations nouvelles d'une société dont les mœurs s'adoucissent, et où le luxe va jusqu'à la magnificence.

Les *tapissiers sarrasinois* tissent des tapis épais et velus, tandis que les *tapissiers nostrez* fabriquent des étoffes plus communes.

En 1302, les tapissiers, ouvriers de la *haute lisse*, sont incorporés à Paris, dans la maîtrise des *tapissiers sarrasinois*, par le prévôt Pierre le Jumeau. C'est la plus ancienne mention qui soit faite du terme de *haute lisse.* Cependant, les tentures du dôme de Halberstadt et celles de l'abbaye de Quedlinburg, exécutées vers 1200, sont la preuve que le procédé de *haute lisse*, employé dans l'antiquité, jamais complètement abandonné, était connu avant la mention donnée par le *Livre des Métiers*, d'Étienne Boileau (1220 † 1269) (fig. 474).

Au quatorzième siècle, l'élément profane prend une place de plus en plus prépondérante dans la composition des tapisseries au détriment, parfois, de l'inspiration générale et de l'originalité, mais la

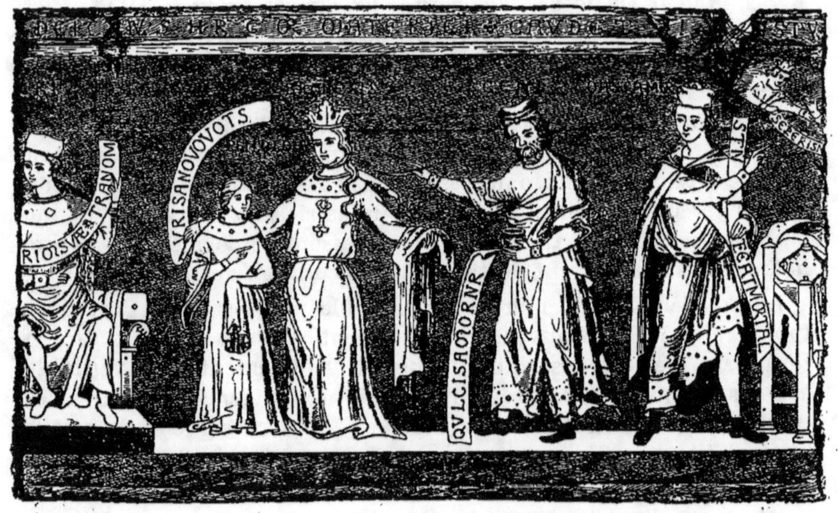

XIIe-XIIIe SIÈCLES. — ART ALLEMAND

Abbaye de Quedlinburg.

Fig. 474. — Noces de la Philologie et de Mercure (Fragment).

technique se perfectionne ; un *inventaire*, rédigé sous le règne de Charles V (1364-1380), nous apprend avec quelle ardeur ce roi recherchait les précieux tissus sortis des ateliers français ou flamands.

L'activité des artisans flamands reçut une impulsion nouvelle à la suite du mariage de Philippe le Hardi, duc de Bourgogne, avec la fille et l'héritière du comte de Flandre en 1369 ; des commandes considérables étendirent la réputation des *Arrazi*, attribuée à la supériorité du tissu et à celle de la teinture.

Les ateliers d'Arras éclipsèrent alors ceux de Paris, dont l'infériorité est due aux invasions, à l'appauvrissement général, à l'éloignement de la Cour qui durera plus d'un siècle. Cependant, c'est au tapissier parisien Nicolas Bataille, déjà connu en 1363, que Charles VI (1380-1422) commanda près de deux cent cinquante tapisseries. Il acquit encore, en 1389, la célèbre *suite* perpétuant le souvenir de la *Joute de Saint-Denis*, tissue d'or et de fil fin d'Arras, résultant de la collaboration de Nicolas Bataille et de Jacques Dourdin.

Le quinzième siècle est l'âge d'or de la tapisserie qui l'emporte sur la décoration à fresque, la peinture sur verre et la miniature, parce qu'elle est associée aux manifestations de la vie religieuse,

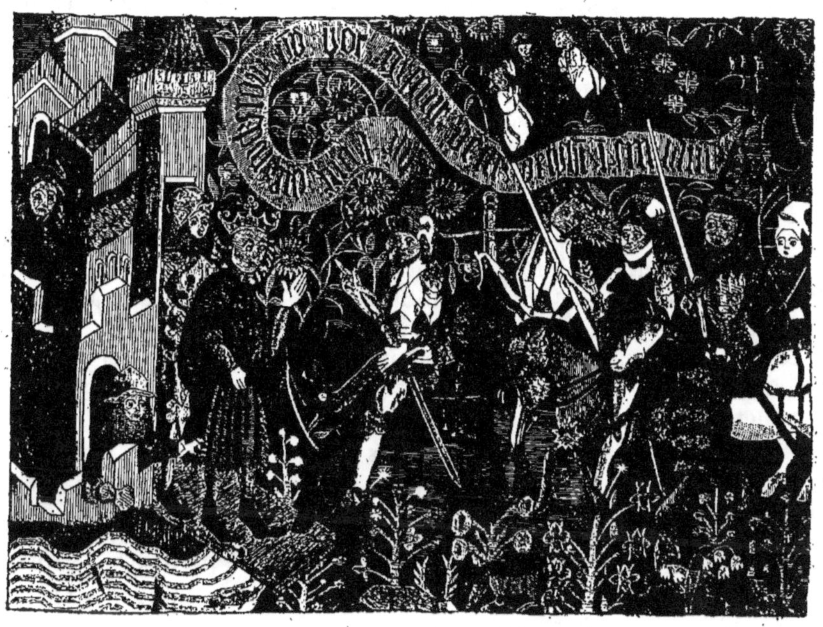

XVe SIÈCLE. — ART FRANÇAIS. — ATELIERS D'ARRAS
Ancienne collection du marquis d'Azeglio

Fig. 475. — Fragment d'une tenture représentant l'arrivée de Jeanne d'Arc à Chinon, le 4 mars 1429, où résidait le roi Charles VII ; sur le *phylactère* est inscrit :

Wie kunt die Juckfrow von Got gesant. Dem Delphin in sin Land.

C'est-à-dire : Comment la Pucelle, envoyée de Dieu, vient au Dauphin.

civile et militaire (fig. 475); elle récrée en instruisant par la variété des sujets qu'elle aborde. Les progrès du luxe assurent le développement matériel de cet art, les petites Cours rivalisant avec la royauté ; les ateliers ne cessent de livrer soit des *verdures communes* au prix de seize sous l'aune, soit de *riches tapis à ymages*, tissus d'or et de soie, valant plus de neuf livres l'aune (environ 700 francs).

La production est si active à Arras, entre 1423 et 1467, que cinquante-neuf maîtres tapissiers y sont établis ; mais la prise de la ville par Louis XI en 1477 et l'expulsion de ses habitants en 1479, portent à ses ateliers une atteinte dont ils ne pourront se relever.

Pendant les règnes de Charles VIII et de Louis XII (1483-1515), la tapisserie parvient à un degré de perfection qui n'a jamais été dépassé au point de vue de la technique; mais il faut constater que le triomphe du naturalisme a troublé la majestueuse ordonnance des compositions du Moyen Age, et que les artisans, sacrifiant les grandes lignes pour s'attacher aux détails, le principe qui relie la décoration à l'architecture est rompu. La tapisserie tend à imiter la peinture, le paysage prend naissance, parterres et semis de fleurs servent de fond aux figures, et nous ne pouvons qu'admirer la délicatesse de l'interprétation, la vivacité du coloris de maîtres naïfs, témoignant d'un inépuisable amour de la nature, jusqu'au moment où le faste l'emporte sur le goût, et la profusion sur la distinction, ce qui se produira principalement dans les Flandres.

La réputation des ateliers de Paris et d'Arras avait précédé celle des ateliers des Flandres; l'élévation de Baudoin Ier (1171 † 1206) au trône impérial (1204) avait familiarisé les Flamands avec l'art de la tapisserie, les tentures byzantines rapportées dans les Pays-Bas ayant sans doute été les premiers modèles de ces *draps d'or ymagés*, où les artisans puisèrent le goût des tons éclatants et vigoureux, reflets du beau ciel d'Orient.

Après la chute d'Arras, Bruxelles devint le centre où s'approvisionna le luxe de la Cour des ducs de Bourgogne ; les traditions du goût et de la magnificence de la Cour de France s'y retrouvent. Un *Inventaire*, dressé à Dijon en 1420, nous apprend que le garde-meuble de Philippe le Bon (1410-1467) renfermait de splendides tentures, formant un ensemble unique au monde.

Un duc de Bourgogne ne craignit pas de dépenser, vers 1450, une somme considérable pour faire peindre à Florence, par Baudoin de Bailleul, les *cartons* de l'*Histoire de Gédéon* ou de *la Toison d'Or*.

Le désir de rivaliser avec la peinture s'affirmait chez les maîtres tapissiers ; les modèles proposés par les peintres flamands, surtout par Hans Memling (1435 † 1494) et ses élèves, religieuses idylles ou compositions lyriques, restant trop uniformes, les artisans flamands, attirés en Italie, pour y travailler sur commande, former des élèves et fonder des ateliers, apprirent des Italiens l'art de grouper les personnages, de nuancer l'expression des sentiments ; les œuvres nouvelles revêtent un caractère plus élégant, le nu est admis, les plans se multiplient, l'air et la lumière pénètrent dans les tapisseries.

Charles Blanc, dans sa *Grammaire des arts décoratifs*, nous fait remarquer que « l'artisan, en ne ménageant qu'une étroite bande de ciel, rayée de nuages ou coupée par des bouquets d'arbres, évitait de laisser un grand vide dans le haut de la composition, ce qui est toujours fâcheux et mal compris, par la raison que la tenture ressemble alors à une fenêtre ouverte, par laquelle entrent ou passent des figures, au lieu qu'elle doit donner l'idée d'un trumeau couvert, d'un mur revêtu de laine » (1).

Les couleurs si éclatantes et si franches de la période ogivale se nuancent et, sous l'influence de Raphaël (1483 † 1529) et celle de Jules Romain (1482 † 1546), le dessinateur l'emporte sur le peintre.

Les Italiens furent parmi les premiers à donner plus d'importance aux bordures, qui servaient de cadre aux compositions. Les Flamands adoptèrent les bordures à personnages et à grotesques dès le commencement du seizième siècle. En France, l'*Histoire de Diane*, exécutée sous le règne de Henri II, dans les ateliers de Fontainebleau, est ornée de bordures de la plus grande élégance (Voir fig. 536).

Léon X, en faisant tisser dans les Flandres les *cartons* peints à Rome par Raphaël (1515), affirme la supériorité des ateliers flamands. C'est à Bruxelles que seront exécutées toutes les grandes *suites* de cette époque, abstraction faite des premières tapisseries fabriquées à Fontainebleau, à Paris (à la Trinité), et dans quelques ateliers où commence à se manifester une nouvelle activité.

En effet, sous l'influence de la Renaissance, l'art de la tapisserie reparaît en France et se distingue dès lors par la perfection de la main-d'œuvre et la pureté du goût. Les ateliers de Fontainebleau, de la Trinité, des Tournelles, du Louvre, à Paris, de Tours, d'Aubusson, de Felletin, rivalisent d'initiative.

Henri IV ayant su pressentir l'importance économique d'une industrie d'art telle que la tapisserie de *haute* et de *basse lisse* fait venir des Flandres les maîtres François de la Planche et Marc de Coomans et, après leur avoir confié la direction de nouveaux ateliers, il stimule leur zèle en les comblant d'honneurs, de subsides et de privilèges.

Les peintres Lerambert, Dubreuil, *Tenture* de l'*Histoire de Diane* ; Guyot, auteur des *Chasses de François I*er ; Dumée, *le Pasteur fidèle*, sont chargés de l'exécution des *cartons*. Les ateliers de Paris, héri-

---

(1) CHARLES BLANC. — *Grammaire des Arts Décoratifs*, Décoration intérieure de la maison. Paris, Henri Laurens, Éditeur (s. d.) gr. in 8°, 255 gravures.

tiers directs des traditions propres aux grands ateliers flamands de la Renaissance, unissent l'art de fondre les tons et d'harmoniser sobrement les coloris ; le dessin est sûr et précis ; la composition concilie les lois du rythme et du mouvement ; celle des bordures témoigne aussi d'un goût supérieur.

Au dix-septième siècle, la centralisation faisant de rapides progrès, les manufactures officielles se substituent aux ateliers particuliers. J.-B. Colbert, en créant la Manufacture royale des Gobelins, en 1662, amène, en faveur de la France, le déplacement de la suprématie exercée au seizième siècle par les Pays-Bas, qui s'engagent alors dans la voie de la production à outrance et à bon marché : le tissu perd sa finesse et le coloris son éclat.

Louis XIV fit placer à la tête de la Manufacture des Gobelins « une personne capable et intelligente dans l'art de la peinture, pour faire les dessins de la tapisserie, les faire exécuter correctement et avoir la direction et inspection générale sur tous les ouvriers ». Le roi avait ainsi désigné Ch. Le Brun qui, ayant déjà donné à Vaux, dans l'atelier établi par le surintendant des finances, Nicolas Fouquet, la mesure de son talent, avait fait une étude approfondie des tapisseries.

Ces compositions témoignent d'une fantaisie, d'une liberté d'esprit, remarquables à une époque de pompe et d'étiquette ; l'exécution reste simple, avec trois gammes de tons pour les carnations et six teintes par couleur ; la perspective ne s'accuse que par l'échelle des détails ; les premiers plans s'enlèvent en colorations franches sur les fonds.

Cependant, Charles Le Brun tend à diminuer l'intervalle qui sépare l'art de la tapisserie de la peinture, en substituant les modèles peints à l'huile aux *cartons* peints à l'eau, employés précédemment ; mais le sentiment de la décoration est si juste dans ses toiles qu'elles demeurent, traduites dans ces tissus d'or et de soie, la brillante expression de la pompe et de la magnificence du Siècle de Louis XIV.

La mort de Charles Le Brun (1690) fut une perte considérable pour les Gobelins. Mignard, fort âgé, lui succéda de 1690 à 1695, mais les charges de guerres incessantes imposaient la plus stricte économie.

Après la paix de Ryswick (1697), Lefèvre reçut la direction de la Manufacture et la garda jusqu'en 1736. La protection de Mansard, surintendant des bâtiments, arts et manufactures, rendit aux Gobelins une partie de leur prospérité, tandis que les ateliers de Beauvais, d'Aubusson et d'autres encore manifestaient, à la même époque, une activité croissante.

Avec le dix-huitième siècle, le goût d'une société, oublieuse de la gravité du règne de Louis XIV, se modifie et se caractérise par une recherche de grâce et d'élégance ; aux tentures monumentales, perpétuant le souvenir des grands actes du Roi Soleil, Louis XV substitue le récit de ses exploits cynégétiques ou celui des aventures héroïques de Don Quichotte. Le peintre J.-B. Oudry, chargé de la composition des *cartons*, entre en lutte avec les tapissiers, qu'il presse de donner à leurs ouvrages « tout l'esprit et toute l'intelligence des tableaux ». C'était vouloir élever l'art de la tapisserie à une hauteur qu'il ne lui est pas permis d'atteindre et changer son vrai caractère.

Un Écossais, Jacques Neilson (1749 † 1788), en multipliant la série des couleurs, amena les tapissiers à renoncer aux traditions qui avaient fait la grandeur de la Renaissance et du Siècle de Louis XIV.

CE QUE DOIT ÊTRE LA COLORATION DES TAPISSERIES

La coloration des tapisseries doit être simple et rester franche ; quelle que soit la qualité des teintures, la laine tend à jaunir et ne peut conserver longtemps la fraîcheur de son coloris ; le grain du tissage lui fait perdre un éclat encore très altéré par la poussière ; les couleurs délicates, dont la décoloration prématurée détruit l'harmonie du travail doivent être écartées, et le choix se fixer sur les couleurs franches, capables de résister à l'action de l'air et du soleil.

Quant aux figures, elles resteront décoratives, sans rechercher l'expression, bientôt détruite par l'action du temps, puisqu'il faut tenir compte que les tentures, exposées aux alternatives de la sécheresse et de l'humidité, se rétrécissent et se grippent rapidement.

L'objet des tentures en tapisserie est de couvrir les murs, où elles doivent être accrochées pour rester souples et flottantes ; un sentiment très juste de la décoration peut seul inspirer de *bons cartons*. Le peintre doit se garder de la perspective comme les Grecs s'en gardaient pour la décoration de leurs vases, et les Chinois dans la peinture de leurs potiches ; de plus, dans les belles tapisseries anciennes, la décoration se tient de bas en haut : le ciel, formant un grand vide clair, qui percerait la muraille est toujours supprimé, du fait que le point de vue se trouve assez élevé pour faire monter, jusqu'au bord supérieur du tissu, paysages et figures.

Ces principes furent souvent négligés au cours du dix-huitième siècle, et pendant le dix-neuvième. Les découvertes de M.-E. Chevreul (1786 † 1889), en réalisant de notables progrès dans l'art de la tein-

2 — C. 23.

ture, égara encore le goût des maîtres tapissiers ; mais, en dépit d'erreurs, aujourd'hui reconnues, la technique demeura, aux Gobelins, d'une perfection qui assure à notre manufacture nationale une incontestable supériorité.

TECHNIQUE DES ŒUVRES D'ART EN TAPISSERIE
TAPISSERIES DITES DE HAUTE LISSE

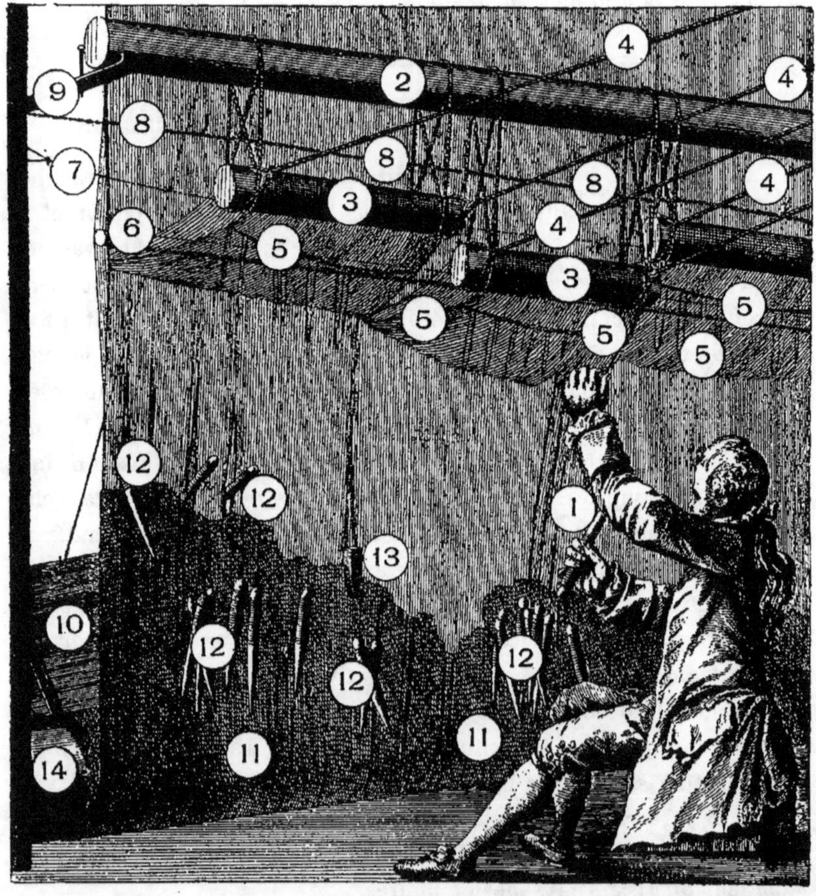

Fig. 476. — Vue du métier du côté où les artisans travaillent.

1, Manière de tenir la broche pour la passer dans les croisures. — 2, Grande perche de lisse. — 3, Petites perches de lisse suspendues au grand pas des écheveaux de laine pour baisser les lisses à la portée de l'artisan. — 4, Cordage pour attacher au mur et aux

Le métier de HAUTE LISSE se compose de deux montants verticaux, supportant deux cylindres mobiles, appelés *ensouples*, placés transversalement, l'un en haut, l'autre en bas des montants.

CE QUE, EN TAPISSERIE, ON ENTEND PAR HAUTE LISSE

Les *ensouples* reçoivent un ensemble de fils constituant la *chaîne*. L'opération qui consiste à placer sur les *ensouples* les fils de la *chaîne*, pour les tendre à volonté, s'appelle *ourdissage*.

Des *bâtons*, désignés sous le nom de *bâtons de croisure*, sont passés alternativement entre les fils de la *chaîne*, qu'ils séparent en deux nappes, *fils impairs* en avant, *fils pairs* en arrière.

Chacun des fils d'arrière, *fils pairs*, est pris dans une cordelette, en forme d'anneau, appelée *lice* ou *lisse*. Les *lisses* sont passées dans une *perche*, placée en avant des *chaînes*, à portée de la main de l'artisan, mais au-dessus de sa tête. C'est au moyen de cette perche que l'artisan peut ramener à lui, et ensemble, les fils d'arrière, *fils pairs*, pour les croiser avec ceux d'avant, *fils impairs*.

On désigne sous le nom de *trame* le fil qui sert à couvrir la *chaîne* ; il est enroulé sur la *broche*, sorte de fuseau terminé en pointe.

Le *tissage* commence par en bas ; l'extrémité du fil, dont la *broche* est garnie, étant attachée sur un *fil de chaîne*, l'artisan saisit dans la main gauche les chaînes d'avant, *fils impairs*, et fait passer la *broche* qui porte la *trame*, dans l'espace que le *bâton de croisure* produit entre les deux *nappes de chaînes*. La *trame* recouvre alors les fils d'arrière, *fils pairs de la chaîne*, et ce mouvement d'aller, exécuté par la *broche*, s'appelle *demi-passée* ou *demi-druite*.

L'artisan abandonne d'abord les fils d'avant, *fils impairs*, qu'il tenait en main ; grâce à leur élasticité, ils reprennent leur place primitive ; l'artisan attire alors à lui la *perche* à laquelle sont fixées les *lisses* tenant les fils d'arrière, *fils pairs*, que ce mouvement croise avec les fils d'avant, *fils impairs*. L'artisan ramène la *broche* à son point de départ en la faisant passer, en sens inverse, entre les deux *nappes de la chaîne* ; elle couvre cette fois les *fils impairs* ; ce mouvement de retour de la *broche* étant exécuté, la *druite* est complète.

Lorsque plusieurs *druites* sont achevées, l'artisan tasse soigneusement les fils de la trame, avec la pointe de la *broche*, puis il les frappe avec un *lourd peigne d'ivoire* pour assurer la solidité de l'ouvrage.

Pour varier les nuances, le tapissier laisse pendre la *broche*, portant la couleur dont il n'a plus besoin, puis attache à la *chaîne* le fil de la *broche* portant la teinte dont il doit se servir.

---

petites perches de lisse pour les tenir. — 5, Lisses. — 6, Bâton de croisure. — 7, Ficelles de croisures. — 8, Chaîne, ficelle croisée pour contenir les pienes. — 9, Arguiller. — 10, Planche inclinée pour parer le faux jour de la tête à la vue de l'artisan. — 11, Tapisserie de haute lisse sur le métier. — 12, Broches portant différentes couleurs de laines. — 13, Piene. — 14, Rouleau.

Le travail de HAUTE LISSE se fait à l'envers, le modèle ou carton étant placé derrière l'artisan, qui doit se retourner pour le voir,
et passer de l'autre côté du métier, pour juger du résultat obtenu.

Avant de commencer le tissage, le *haut-lissier* applique sur la *chaîne*

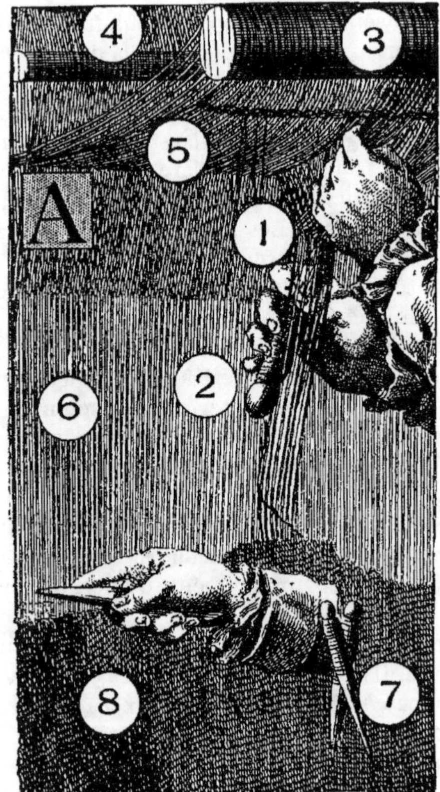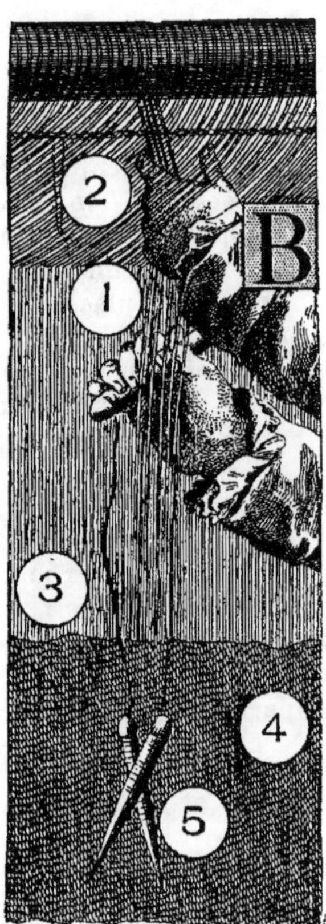

TAPISSERIE DE HAUTE LISSE

Fig. 477. — A. SERVICE DE LA BROCHE.

1, 2, Tiré des lisses pour passer la broche dans les croisures, et Service de la
broche pour serrer les laines. — 3, Perche de lisse. — 4, Bâton de croisure. —
5, Lisse. — 6, Piene. — 7, Broches pour les laines de différentes couleurs. —
8, Tapisserie.

Fig. 478. — B. REPASSAGE DE LA BROCHE.

1, Repassage de la broche dans les croisures sans la fonction des lisses, où l'artisan ne fait que mettre la main dans les croisures pour en mieux faciliter le passage.
— 2, Lisse. — 3, Piene. — 4, Tapisserie. — 5, Broches de différentes couleurs.

un *calque*, pris directement sur le *carton* et indiquant les principaux
traits du dessin ; puis, à l'aide d'un nouveau *calque*, il trace tous les

détails. Les tons des laines et des soies, nécessaires à l'exécution de la tapisserie, sont déterminés d'après le modèle proposé, et l'assortiment des nuances choisi à l'avance. Il importe, pour l'harmonie du travail, que, dès le commencement, les tons soient bien d'accord ; si l'artisan se rend compte qu'une partie faiblisse, il doit la défaire,

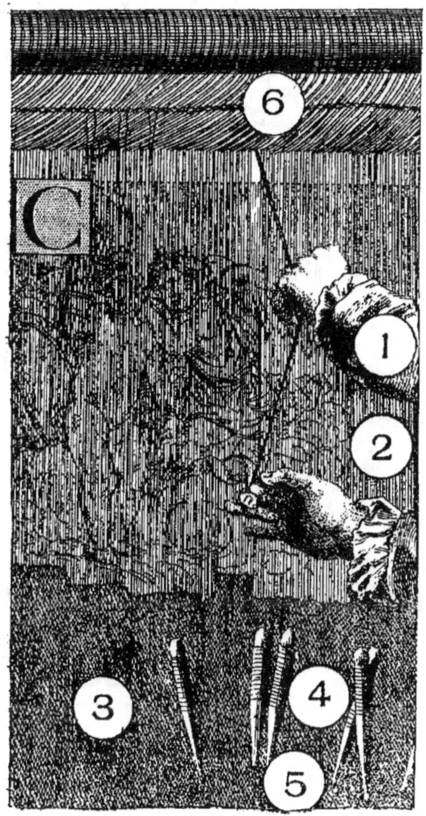

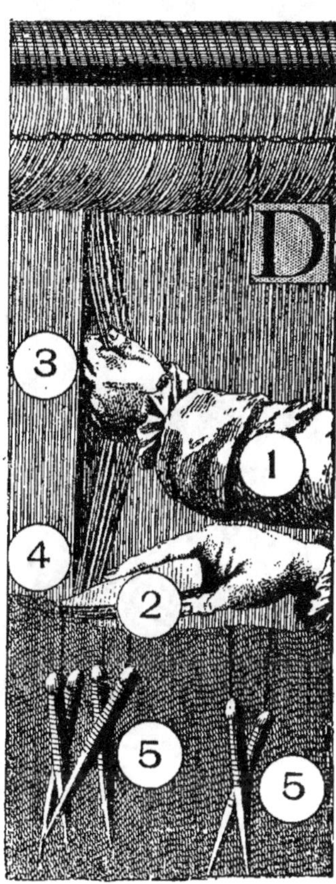

TAPISSERIE DE HAUTE LISSE

Fig. 479. — C. Tiré du dessin.

1, Artisan occupé à tracer un calque de tête sur chaque fil de piene avec de la pierre noire. — 2, Calque du carton. — 3, Baguette pour retenir le calque derrière les fils. — 4, Broches de différentes couleurs. — 5, Tapisserie. — 6, Piene.

Fig. 480. — D. Service du peigne.

1, Artisan occupé à tirer à lui tous les fils de piene pour serrer définitivement es laines avec le peigne. — 2, Peigne. — 3, Piene. — 4, Opération du peigne. — 5, Broches.

pour substituer un ton plus vigoureux. L'artisan conserve, dans son travail, une liberté d'interprétation qui en fait l'intérêt, puisqu'il traduit le *carton* par des moyens personnels et originaux. Aussi

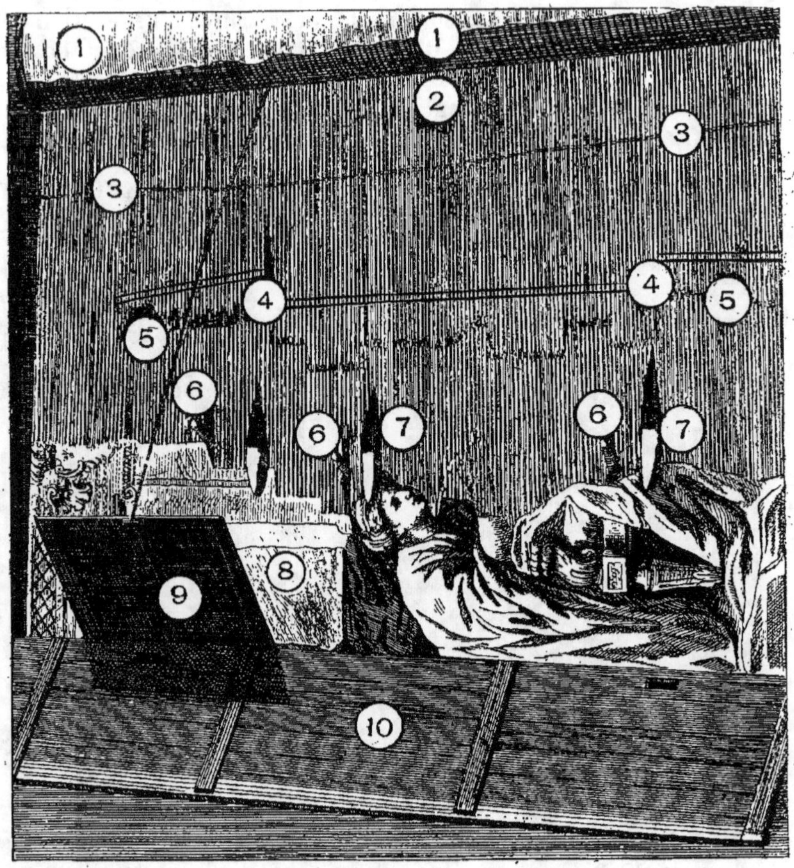

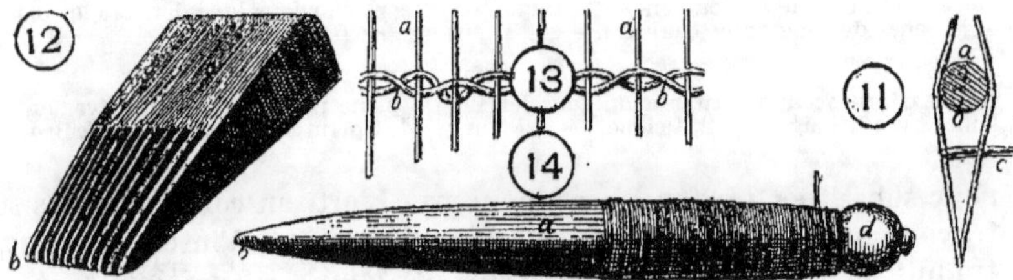

TAPISSERIE DE HAUTE LISSE
Fig. 481 à 485.

DISPOSITION D'UNE TAPISSERIE A MOITIÉ FAITE SUR SON MÉTIER VUE PAR DEVANT.

1, Pièce de serge pour couvrir les pienes sur le rouleau. — 2, Chaîne formée avec de
a ficelle pour contenir également la piene. — 3, Ficelles de croisure. — 4, Bâtons de
croisure. — 5, Lisse. — 6 et 7, Broches et peignes. — 8, Petit morceau de serge
que l'on attache pour empêcher les tapisseries d'être salies. — 9, Planche pour
garantir le faux jour. — 10, Grande planche pour garantir la tapisserie.

peut-on lui appliquer encore la description qu'Ovide nous a laissée,
au livre VI des *Métamorphoses*, du travail d'Arachné, dans lequel
l'opposition des tons, l'harmonie et le fondu des nuances sont « pareils aux rayons du soleil sur les nuages, où l'œil, voyant briller mille
couleurs différentes, ne peut saisir la transition de l'une à l'autre ».

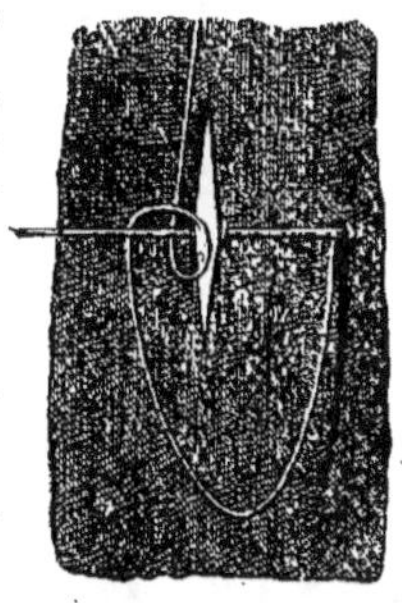
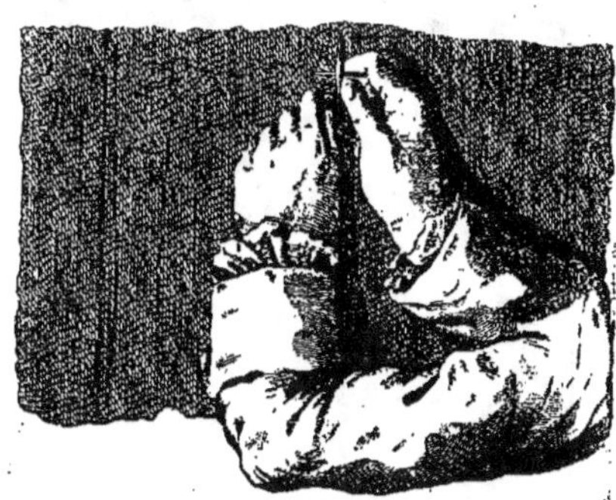

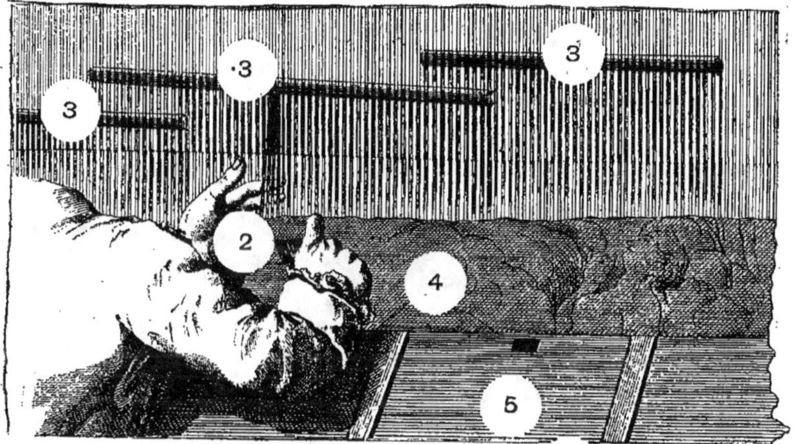

TAPISSERIE DE HAUTE LISSE

Fig. 486, 486 *bis* et 487. — SERVICE DE L'AIGUILLE.

Fig. 486 et 486 *bis*. — Tapisserie vue par derrière. Las formé par la reprise des
relais ; ouverture des chaînes des deux couleurs.

Fig. 487. — 1, Artisan nettoyant le devant de la tapisserie. — 2, Pince. — 3, Bâton de croisure. — 4, Tapisserie vue par devant. — 5, Grande planche pour garantir
la tapisserie.

Légendes nᵒˢ *11 à 14, fig. 481 à 485.* — 11, Bâton de croisure : *a*, Tête ; *b*, Croisure ;
c, Lisse. — 12, *a*, Peigne d'ivoire pour serrer les laines et pour terminer la tapisserie ;
b, Dent du peigne. — 13, Chaîne que forment les laines autour des pienes et des croisures ;
a, Piene ; *b*, Laine. — 14, *a*, Broche sur laquelle on met les laines de différentes couleurs
pour passer dans la croisure, afin de former les chaînes de la tapisserie ; *b*, Pointe de la
broche pour serrer les laines ; *c*, Partie de la broche où l'on met la laine.

TAPISSERIES DITES DE BASSE LISSE

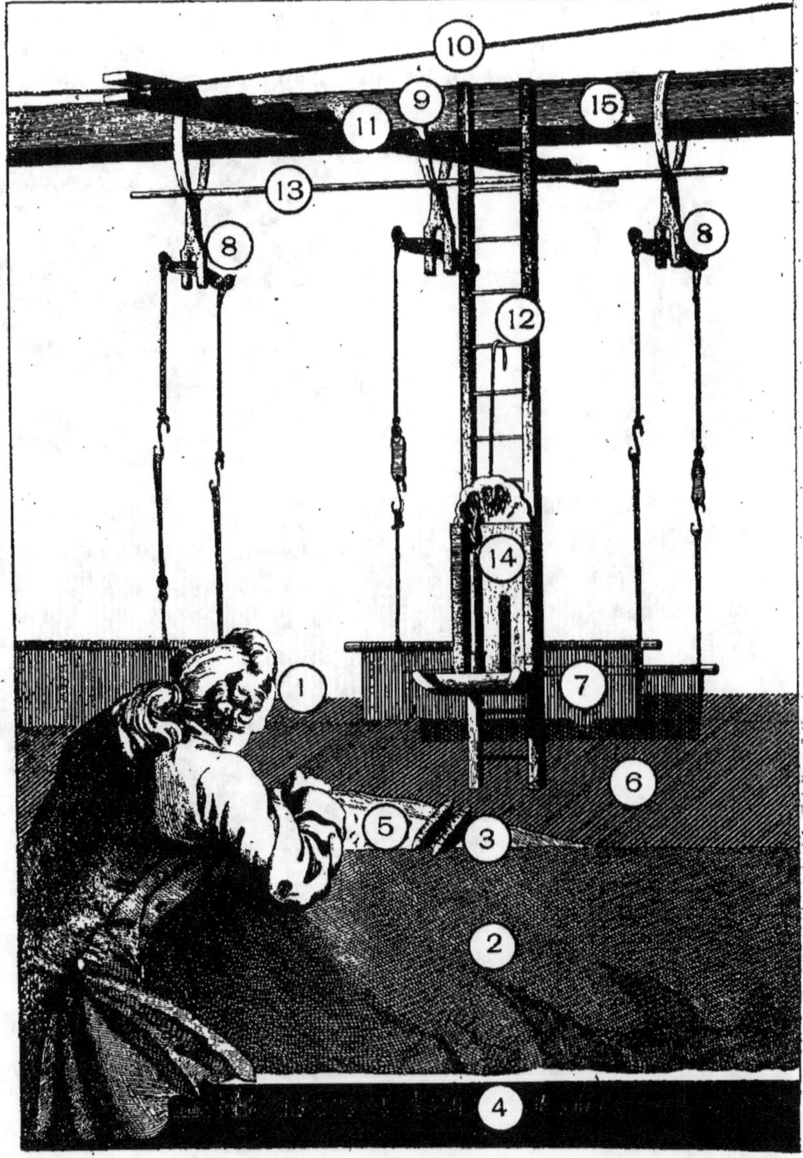

Fig. 488. — ARTISAN QUI TRAVAILLE A LA LUMIÈRE.

1, Serge pour empêcher la tapisserie d'être salie. — 2, Ouvrage. — 3, Flûtes. — 4, Ban. — 5, Fil de croisure. — 6, Lame pour lever les croisures. — 7, Sautriaux. — 8, Courroie pour retenir les sautriaux. — 9, Camperche. — 10, Quescorde, ficelle que

(A suivre).

Le métier de BASSE LISSE diffère du métier de *haute lisse* en ce que la *chaîne* est tendue horizontalement, et les *lisses* actionnées par deux pédales, appelées *marches*.

CE QUE, EN TAPISSERIE, ON ENTEND PAR BASSE LISSE

Le *carton* qui sert de modèle à l'artisan est placé derrière lui ; le

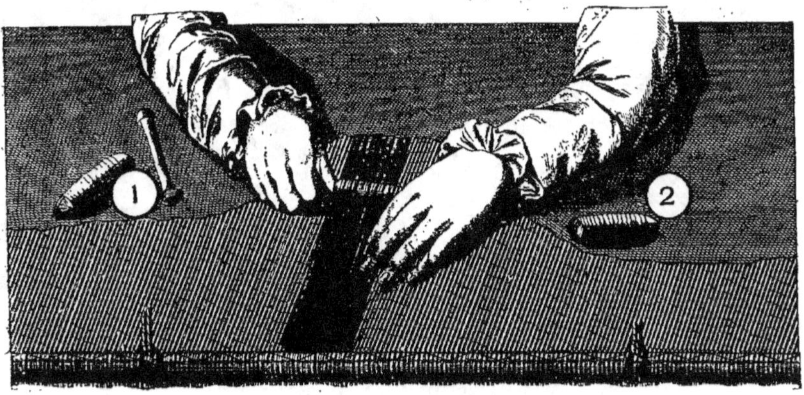

TAPISSERIE DE BASSE LISSE

Fig. 489. — A. Passé de la flute dans les fils de croisure.
1, 2, Flûtes de différentes couleurs.

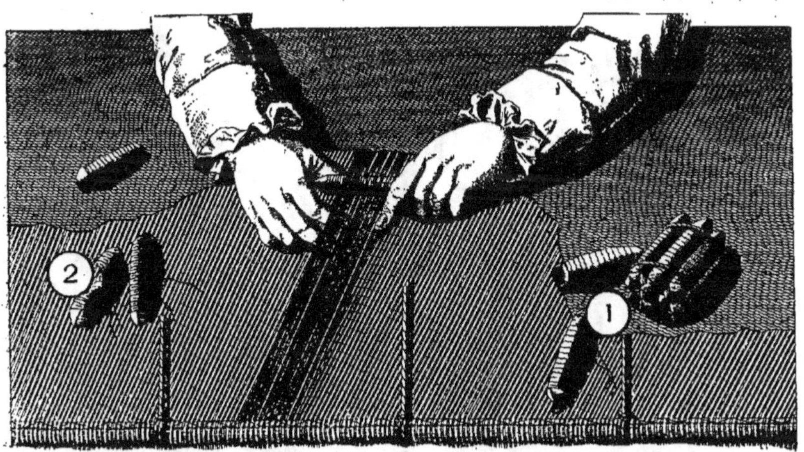

TAPISSERIE DE BASSE LISSE

Fig. 490. — B. Repassée de la flute dans les fils de croisure.

les artisans attachent des deux côtés du métier pour retenir le havresteque. — 11, Havresteque, morceau de bois avec des dents pour retenir et éloigner plus ou moins la petite échelle. — 12, Échelle pour élever la platine. — 13, Bâton passé dans les courroies des sautriaux pour tenir le havresteque. — 14, Platine pour travail de nuit.

2 — C. 24.

dessin n'est pas tracé sur les fils comme pour la *haute lisse*, mais placé sous la chaîne, à travers laquelle le tapissier aperçoit le croquis qu'il doit suivre, en regardant perpendiculairement. Le travail se faisant à l'envers, le *carton* est reproduit en contre-partie, ce qui ne

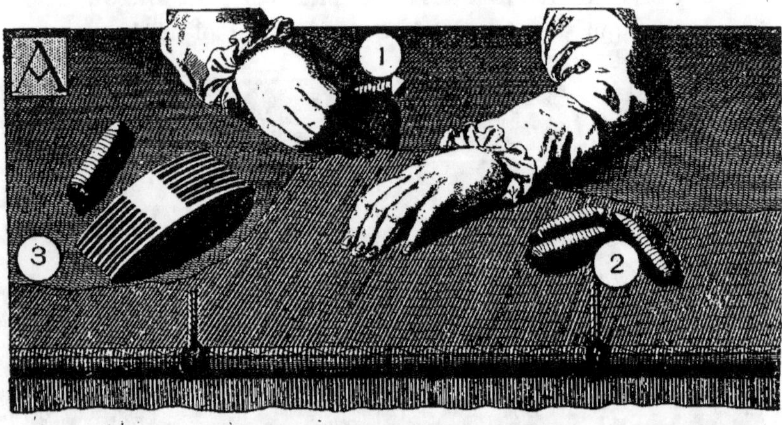

TAPISSERIE DE BASSE LISSE

Fig. 491. — A. Artisan se servant de l'ongle pour commencer a serrer deux ou trois fils de couleur pour les nuancer.

1, Grattoir en ivoire pour commencer à serrer une plus grande quantité de laine de couleur pour les nuances. — 2, Flûtes. — 3, Peigne pour terminer de serrer l'ouvrage.

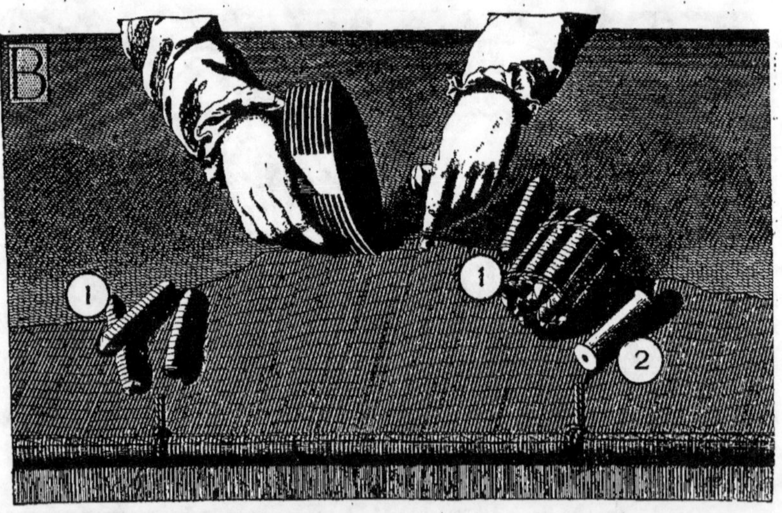

Fig. 492. — B. Artisan terminant de serrer l'ouvrage avec le peigne.

1, Flûtes de différentes couleurs pour le nuancer. — 2. Petite bobine de laine.

permet pas une correction aussi grande que dans la *haute lisse* ; mais, l'artisan travaillant assis, les coudes appuyés sur *l'ensouple* où sont tendues les chaînes, a, grâce aux pédales, les deux mains libres pour passer la *broche* ; les nuances seules déterminent le nombre de fils

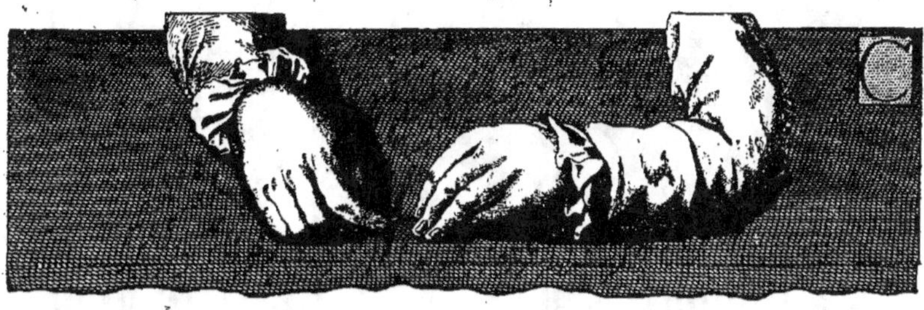

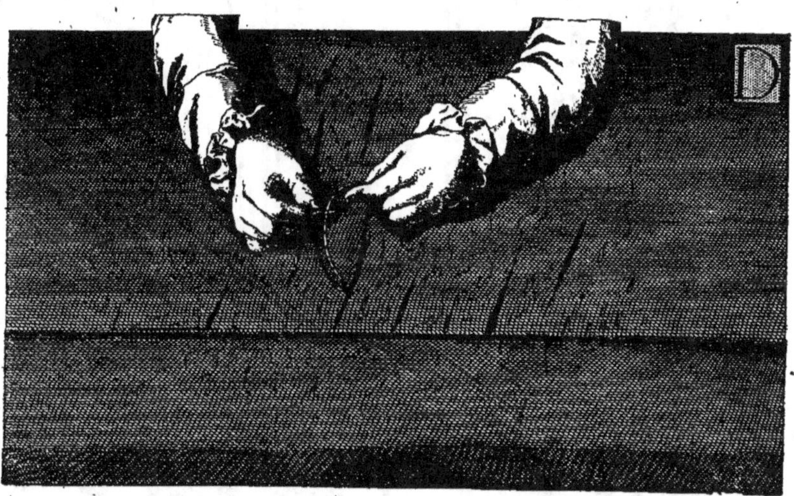

TAPISSERIE DE BASSE LISSE

Fig. 493 et 494. — Reprise des relais, formation du las qui joint les couleurs.

à comprendre dans une *passée*. Aussi, les passées peuvent-elles être sensiblement allongées, surtout dans les parties unies et horizontales, ce qui accélère le travail et le rend moins coûteux.

Les métiers de *basse lisse* ont été perfectionnés par Jacques de Vaucanson (1709 ✝ 1782), d'après les indications de Jacques Neilson en 1757 ; ils ont été supprimés aux Gobelins en 1826 et sont, de nos jours, employés à Beauvais et à Aubusson.

TAPISSERIES DITES DE LA SAVONNERIE

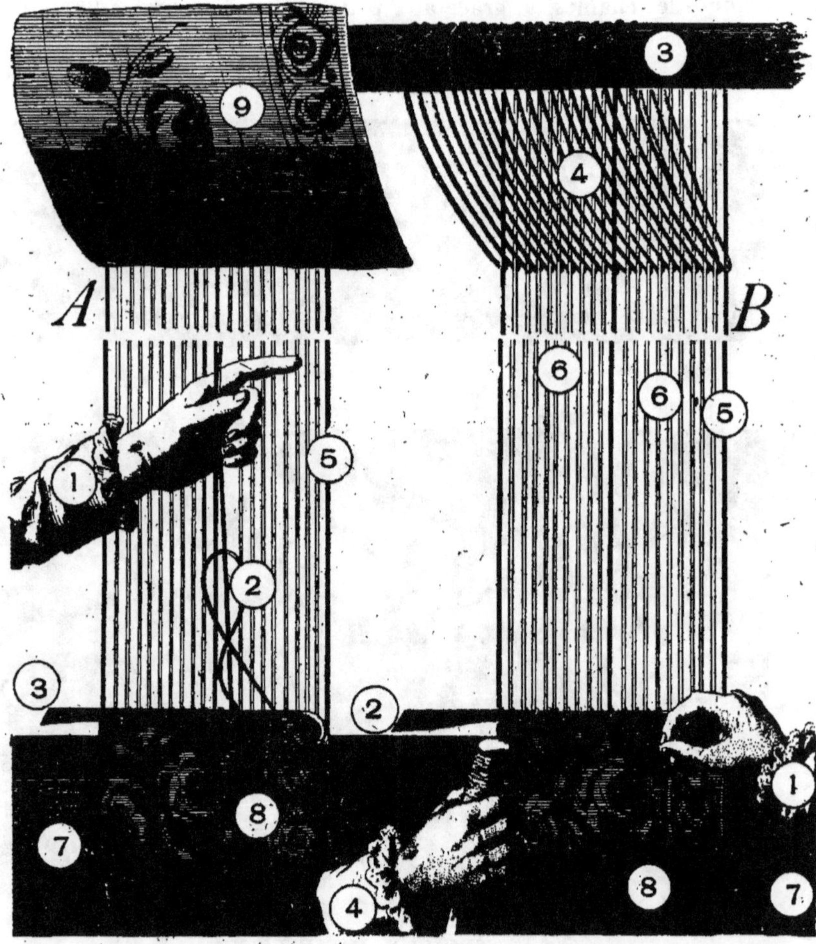

Fig. 495. — A. Enlacement du fil pour faire le nœud.

1 (Voir B), Main qui tient la chaîne pour l'avancer et passer la broche. — 2, Fil formant le nœud. — 3, Tranche-fil autour duquel se forme le point. — 4, Main tenant la broche pour passer dans le nœud. — 5, Fils bleus qui marquent les dizaines. — 6 (Voir B), Divisions des dizaines. — 7, Ensouple au rouleau. — 8, tapisserie terminée. — 9, *Carton* attaché dessus la perche de lisse pour être à la vue de l'artisan.

Fig. 496. — B. Manière de tirer le tranche-fil pour couper les points et former le velouté.

1 Main tenant avec le doigt dans le crochet du tranche-fil. — 2, Laine et tranchant du tranche-fil prêt à passer dans les points. — 3, Perche de lisse. — 4, Lisse passant dans la croisure pour les faire avancer. — 5, 6, 7, comme en A. — 8, Tapisserie terminée.

CE QUE, EN TAPISSERIE, ON ENTEND PAR SAVONNERIE

Les TAPIS VELOUTÉS, ou de la SAVONNERIE, ainsi nommés de la première manufacture qui les fit en France, installée dans une ancienne fabrique de savon, et qui a été réunie aux Gobelins, en 1825, sont tissés sur des métiers de HAUTE LISSE (Voir p. 178, fig. 476).

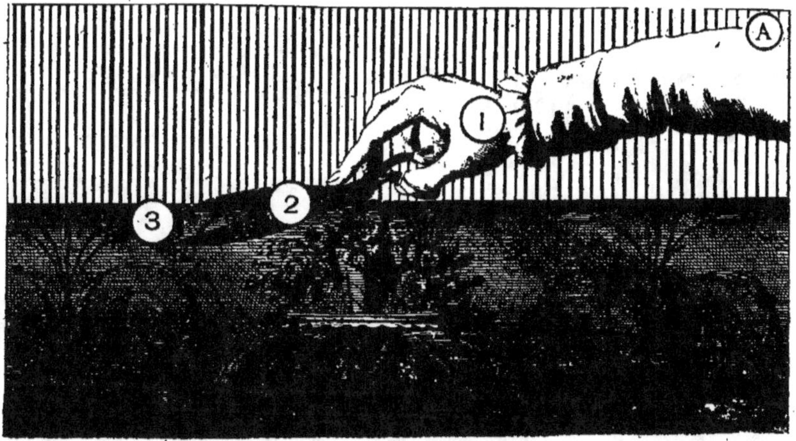

TAPIS DE LA SAVONNERIE

Fig. 497. — A. MANIÈRE DE SE SERVIR DES CISEAUX COURBES.

1, Main tenant les ciseaux dans les anneaux avec le pouce et le petit doigt pour les ouvrir et fermer, et donner la facilité d'appuyer sur les lames le doigt afin de mettre de niveau à l'ouvrage les longs fils. — 2, Ciseaux courbes. — 3, Fil plus long que les autres, causé par les changements de couleurs.

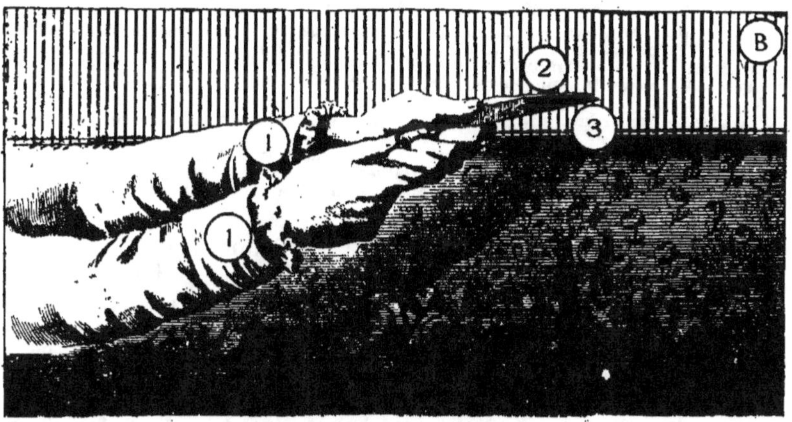

TAPIS DE LA SAVONNERIE

Fig. 498. — B. SERVICE DU PEIGNE.

1, Main occupée à battre avec le peigne sur les fils passés sur les nœuds dans les croisures pour les séparer également et serrer. — 2, Peigne. — 3, Fil passé dans les croisures au-dessus les nœuds veloutés et se serrant avec le peigne.

Cependant ces tapis, dans le genre des *tapis d'Orient, façon de Perse et du Levant*, ou *façon Turquie*, sont un *velours*, et leur technique diffère essentiellement de celle des tapis de *haute lisse*; l'artisan travaille à l'endroit, ayant devant lui et en dessus le modèle à copier (Voir fig. 495 et 496).

Après avoir décalqué son dessin sur la chaîne, il choisit la broche chargée de laine, dont la couleur correspond au modèle, puis, avec la

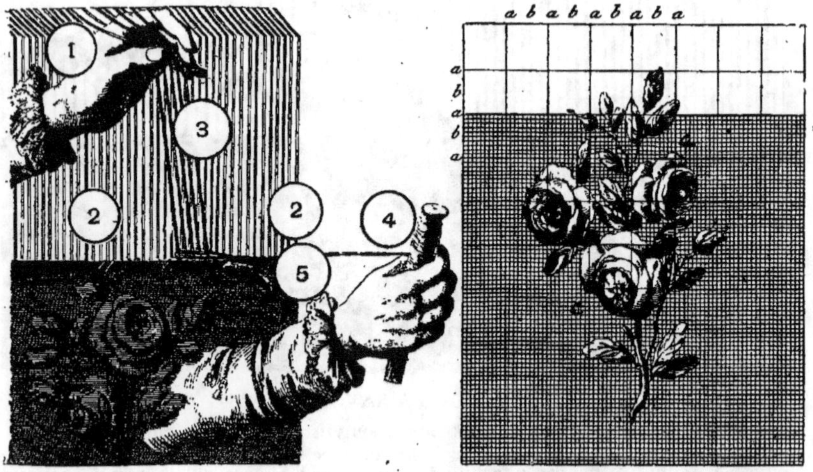

TAPIS DIT DE LA SAVONNERIE

Fig. 499. — ARRÊT DES NŒUDS DU VELOUTÉ.

Service de lisse pour passer dans les croisures un fil à la broche afin d'arrêter les nœuds du velouté fait sur les chaînes. — 1, Main tirant les lisses. — 2, Divisions des dizaines de fils. — 3, Croisures. — 4, Main tenant la broche et la faisant passer par les croisures. — 5, Petit poinçon qui sert à arranger les points et piquer les dessins.

Fig. 500. — Papier imprimé par une planche de cuivre où est tracé un bouquet de roses, pour reconnaître, par la division des lignes, la quantité de la division des chaînes de l'ouvrage, de manière qu'en comptant ces lignes du dessin et les chaînes de l'ouvrage, l'on puisse, par leurs rapports égaux, trouver le trait et la dégradation des couleurs. *aaa*, divisions des fils bleus. — *bbb*, Dizaines. — *ccc*, Bouquet de roses peintes.

main gauche, il saisit le fil de chaîne sur lequel il doit commencer son travail ; il l'attire à lui et fait passer derrière la broche tenue de la main droite. Au moyen de la *lisse* il détache, de la seconde *nappe de chaîne*, un autre fil et l'enveloppe d'un nœud coulant qu'il serre vigoureusement. Le tapis est fait de cette série de nœuds, fixés chacun sur deux *fils de chaîne* consécutifs, l'un devant, l'autre derrière. Ces nœuds forment, en avant, des boucles dont le diamètre répond à la hauteur du *velours* ; un *tranche-fil* sert à couper les boucles, que l'on égalise ensuite au moyen de ciseaux, de manière à obtenir une *surface unie et veloutée* (fig. 497 et 498).

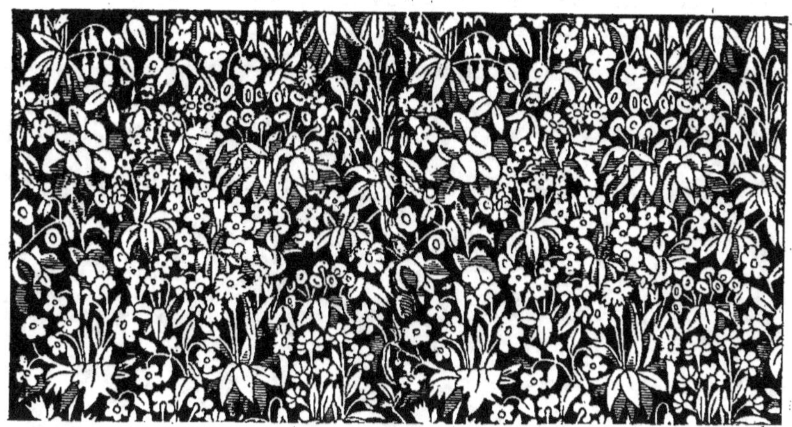

FIN DU XVᵉ SIÈCLE. — ART FLAMAND. — ATELIERS D'AUDENARDE.
Fig. 501. — Fond bleu semé de fleurettes, Verdures. Spécialité d'Audenarde.

TAPISSERIES DITES VERDURES, PLANTE DITE NICOTIANA
TAPISSERIES PARLANTES, HÉRALDIQUES, COMMÉMORATIVES
GROTESQUES, TINIÈRES OU TENIÈRES, ETC.
IMPORTANCE DONNÉE AUX BORDURES.

LES VERDURES ET LA DÉCORATION NICOTIANA

Les sujets les plus variés ont été traduits en tapisserie ; parmi les pièces les plus anciennes, les plus communes aussi, sont les *verdures* où dominent les motifs appartenant au règne végétal. Ce choix s'explique si l'on se rappelle la coutume, constante au Moyen-Age, de joncher le sol et d'orner les murailles des habitations de fleurs et de feuillages frais ; lorsque l'usage de tendre les murs de tapisseries s'imposa, il fut naturel de se proposer d'imiter le décor rustique, préféré jusque-là ; on peut voir, d'autre part, dans la constance de ce goût, l'influence des modèles venus d'Orient, les motifs décoratifs de ces derniers étant empruntés, uniquement, au règne végétal et animal, la représentation de la figure humaine n'ayant jamais été tolérée par la religion de Mahomet.

Les verdures étant particulièrement destinées à la décoration des pièces réservées à l'usage privé, leurs dimensions sont généralement restreintes ; elles furent exécutées, au Moyen Age, dans les ateliers de la Marche, d'Aubusson et de Felletin. Les Flandres, surtout au quinzième siècle, tissèrent également des *verdures* se détachant sur des fonds monochromes. Audenarde fut le centre principal de cette fabrication. On disait des *Audenardes*, pour désigner les *verdures*.

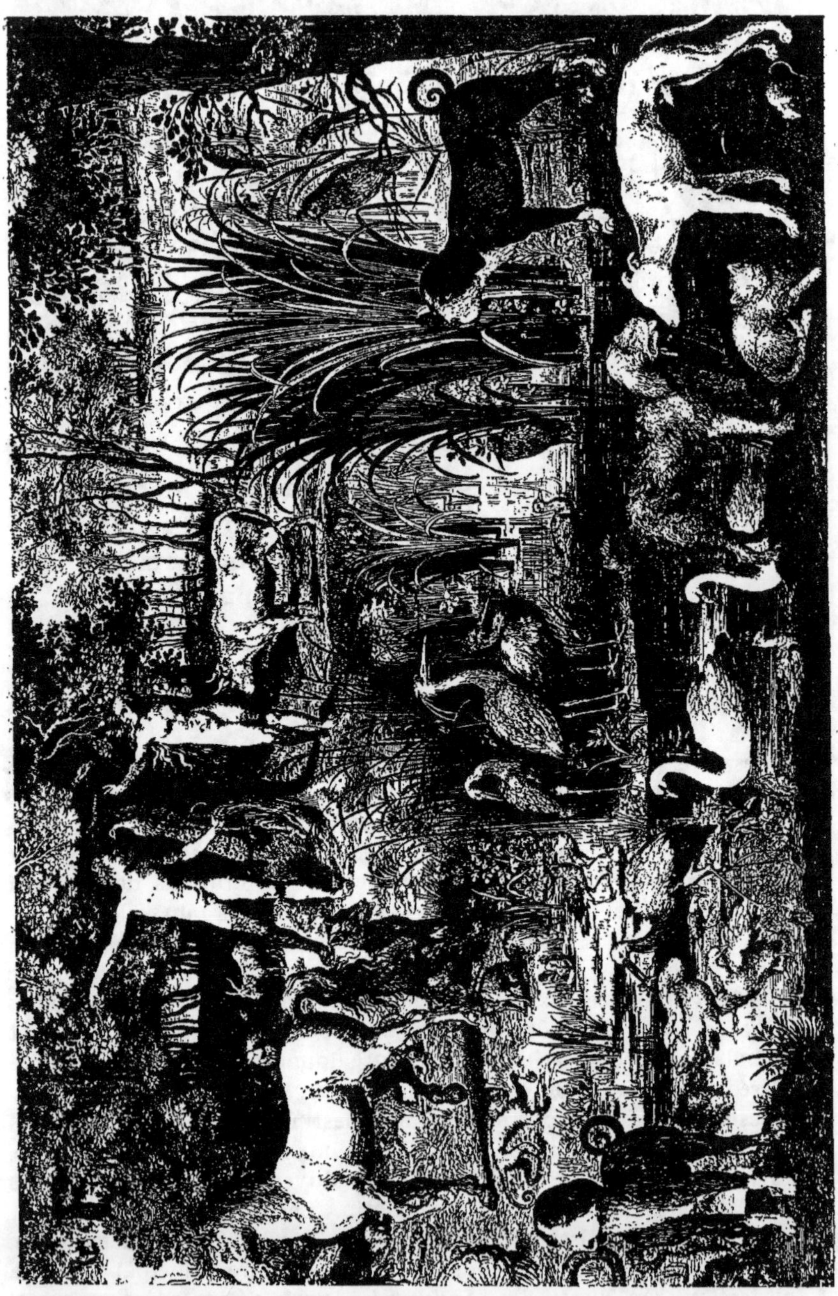

Fig. 502. — *Carton de Verdure. Règne végétal et animal. (Voir note p. 193.)*

Leur chaîne est de chanvre ou de lin, tandis que la chaîne des tapisseries marchoises est de laine, ce qui contribue à leur donner une souplesse toute particulière.

Au seizième siècle, la fabrication des *verdures* prit une extension considérable à Felletin, à Aubusson et dans les campagnes voisines ; Bellegarde était la plus importante de ces modestes succursales, elle se trouvait sur un terrain *franc-alleu*, possédé en toute propriété par des *alleutiers*, libres de leurs terres « si est tenir terre de Dieu tant seulement, écrit Boutellier, dans sa *Somme rurale* » : les franchises dont elles jouissaient, permettaient de modérer les prix de ces verdures.

Les estampes flamandes fournirent, au seizième siècle, des dessins de verdures ; les fonds étaient de vrais paysages, mais les premiers plans restent occupés par des plantes à larges feuilles ; la *Nicotiana* en fleur, nom scientifique latin du genre *tabac*, dont l'aspect approche de celui du *chou dit cavalier*, caractérise l'époque Louis treize. Avec le Siècle de Louis XIV finit la *verdure classique* ; à dater de la Régence, le paysage envahit la *verdure* ; l'art du teinturier permet l'emploi de tons adoucis. Au dix-huitième siècle, des peintres de talent : Dumours, Juillard, Ranson, fournirent des *cartons* exécutés à Aubusson.

LES TAPISSERIES DITES PARLANTES

Si loin que l'on remonte dans l'Histoire, on retrouve chez l'homme le goût de parer sa tente, son oratoire ou son château, de tentures représentant des faits mémorables.

Les tapisseries exécutées dans les monastères, dès avant le Moyen Age, pour servir à la décoration des sanctuaires, traitaient des sujets religieux, tirés de la *Bible* ou du *Nouveau Testament*, et participaient ainsi à l'enseignement des fidèles.

Au Moyen Age, les tentures étant appelées à décorer l'intérieur des

XVIᵉ SIÈCLE (1598). — ART FLAMAND.
Carton de Verdure, Règne végétal et animal, par Nicolas de Bruyn.

Fig. 502. — Nicolas de Bruyn, né à Anvers en 1570, peignit, dans la manière de Lucas de Leyde, un grand nombre de scènes tirées de l'Ancien et du Nouveau Testament, dont la plupart sont intéressantes au point de vue du costume.

Parmi ses grandes compositions, plusieurs représentent des scènes du *Paradis terrestre*, sujets de *Verdures* fort en vogue à cette époque, et que le commerce des Flandres expédiait dans les demeures seigneuriales de toute l'Europe. Nous représentons, ci-contre, un fragment de l'une d'elles, que rend particulièrement intéressante le groupement d'animaux de toute espèce autour d'un étang parsemé de gerbes de roseaux. Cette disposition a permis à l'artisan de produire des effets agréables par leur variété et de disséminer ainsi l'intérêt sur toutes les parties de la composition.

Dans la partie que le manque d'espace ne nous a pas permis de représenter, on voit au premier plan un cerf d'un très bon dessin ; vers le haut, dans l'angle de gauche, le Créateur, représenté sous la forme d'une grande étoile lumineuse et rayonnante. Au milieu de la composition, Adam et Ève avec le serpent, au pied de l'Arbre de la Science. Au-dessus se développent les branches touffues des arbres, dont les feuillages sont d'une excellente facture.

2 — C. 25.

châteaux, les *romans de chevalerie*, les *mystères*, furent traduits par des maîtres tapissiers, soucieux de récréer l'esprit et de charmer les yeux des habitants de ces vastes demeures.

La Renaissance fit retour aux sujets tirés de l'Antiquité. Au seizième siècle, les Italiens eurent le monopole de la composition ; Raphaël

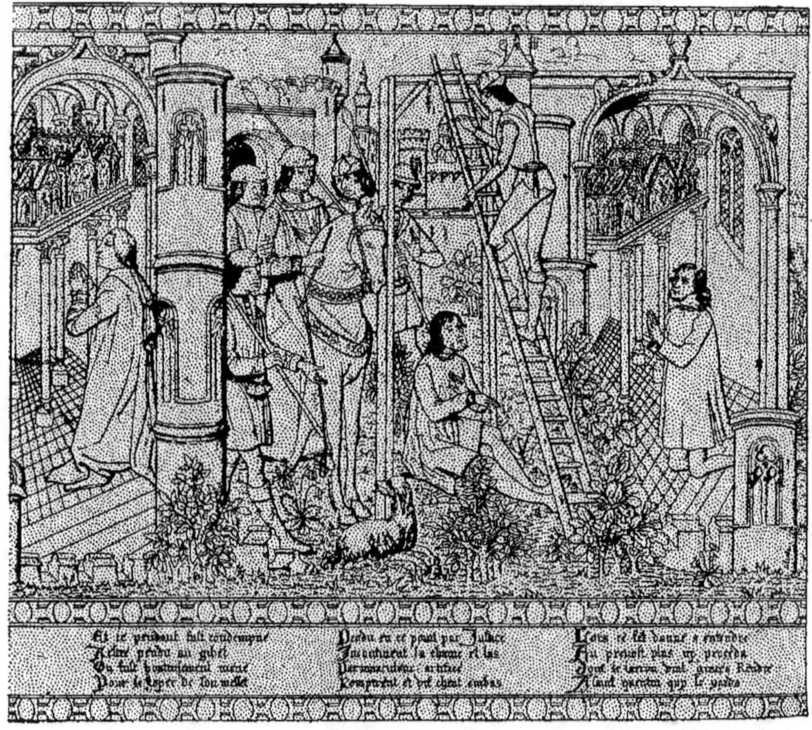

XVᵉ SIÈCLE. — ART FRANÇAIS. — ATELIERS D'ARRAS
Musée du Louvre, Paris.

Fig. 503. — Tapisserie de la tenture dite le *Miracle de Saint-Quentin*, exécutée en huit panneaux, dans chacun desquels sont un sujet et un quatrain, d'après les *cartons de Jehan Van Eyck*. Provient de la famille de Bois-Jelin, comme don de l'archevêque d'Aix, frère du cardinal de Richelieu, et de la Collection que Pierre Révoil céda au Musée du Louvre en 1829.

exécuta des suites célèbres. Après lui, Rubens, *Histoire de Marie de Médicis* ; Ch. Le Brun au dix-septième siècle, *Histoire du Roi* ; Boucher au dix-huitième siècle, exécutèrent les plus brillants *cartons de tapisseries historiées*. A côté des *suites* de ces *tapisseries à personnages*, prennent place les *tapisseries historiques*, véritables tableaux d'Histoire, retraçant sièges, combats, entrevues ; elles constituent de précieux documents complétés par les *tapisseries commémoratives*, destinées à conserver les souvenirs de la famille qui les faisait exécuter. Les *tapisseries parlantes,* dont une des *suites* les plus célèbres est celle des *Tapisseries dites de Nancy,* étaient accompagnées de légendes explicatives, inscrites soit dans des *cartouches,* soit sur des *phylactères* tissés à côté ou au-dessus du sujet. (Voir aussi fig. 474 et 475.)

Dès le commencement du quinzième siècle, beaucoup de *tapisseries* seront accompagnées du blason des personnages à qui elles sont

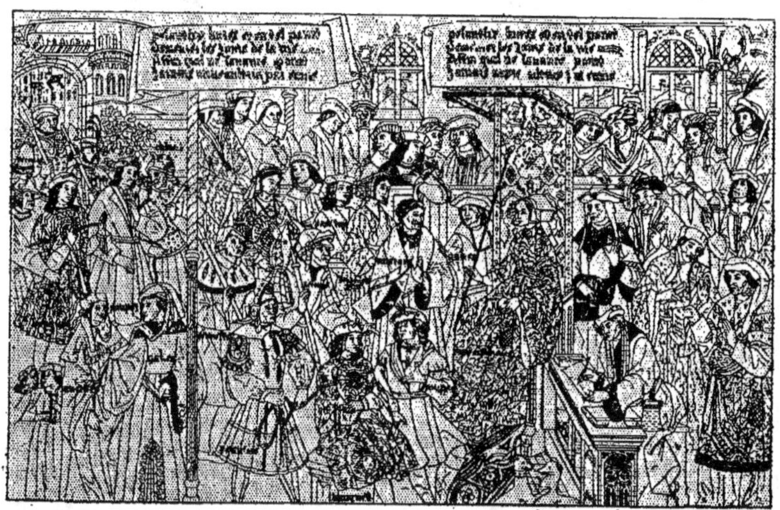

XVe SIÈCLE. — ART FRANÇAIS.

Musée Lorrain, ancien Palais ducal, Nancy.

Fig. 504. — La tenture de Nancy offre une histoire dont le fond *allégorique,* ayant pour but de représenter les *inconvéniens de la bonne chère,* a donné à Nicole de La Chesnaye, chroniqueur français du commencement du seizième siècle (1507), le sujet d'une moralité ayant pour titre : *La Condamnation de Bancquet.* Ce qui reste de cette tapisserie mesure 24 mètres de longueur sur environ 3^m,60 de hauteur ; les personnages qu'elle représente sont de grandeur naturelle, costumés selon la mode en usage au quinzième siècle.

CETTE TAPISSERIE OFFRE
UN FACHEUX EXEMPLE D'UNE MALADROITE RENTRAYURE

Primitivement cette tenture ne formait qu'une page, sur laquelle se déroulait toute une chronique allégorique qu'elle représente, et dont les divers chapitres étaient désignés par des séparations fictives ayant la forme de colonnes.

Nous ignorons la date à laquelle des répareurs vandales coupèrent cette œuvre précieuse en morceaux, et ce ne fut pas aux endroits indiqués comme changement d'action par l'artisan. Lorsque, par la suite, on voulut en rétablir la disposition primitive, les rentrayeurs, chargés de ce travail, ne furent pas assez habiles pour déchiffrer les inscriptions placées au haut, et qui leur auraient servies de guide. Il s'ensuit qu'ils interrompirent l'ordre des *inconvénients de la bonne chère* par un placement erroné, et ne firent qu'une maladroite rentrayure.

destinées ; toutefois, sauf dans quelques *tapisseries à feuillages*, les armoiries ne constituent pas le sujet principal et ne sont qu'un accessoire dans la composition. Un nouveau genre de tentures, dans

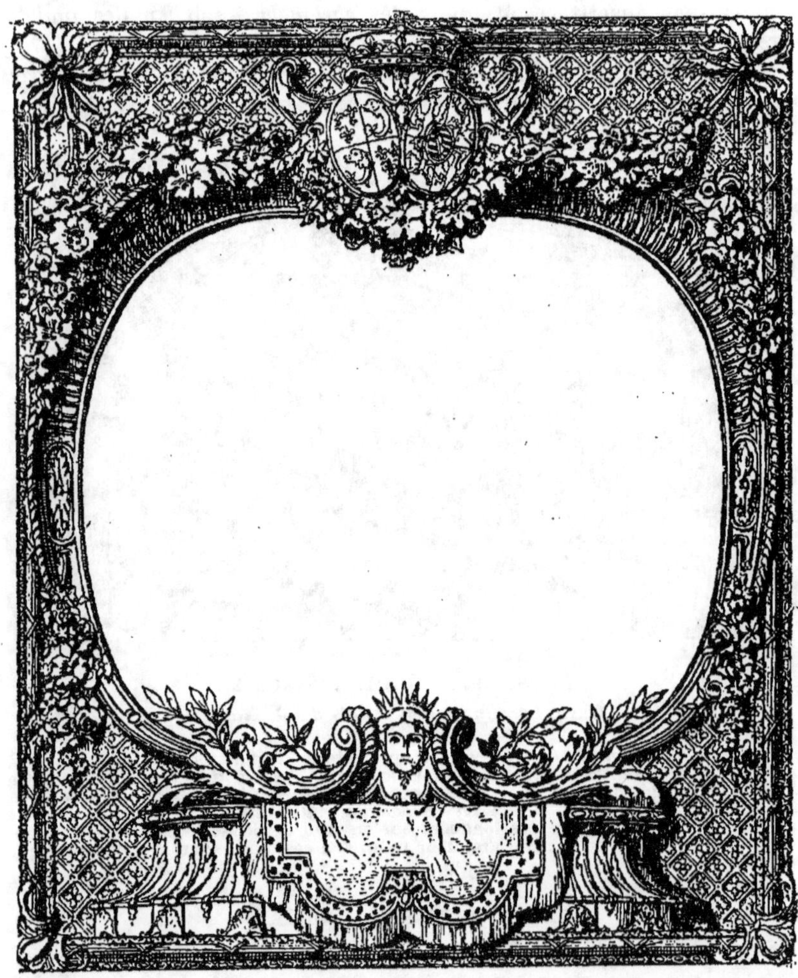

Fig. 505. — *Carton* aux armes de Marie-Josèphe de Saxe, dauphine de France, née à Dresde en 1731. Fille d'Auguste III, électeur de Saxe et roi de Pologne, mariée en 1747 à Louis, dauphin (veuf de Marie-Thérèse d'Espagne), fils aîné de Louis XV, morte à Versaille s en 1767. — Mère de Louis XVI, de Louis XVIII et de Charles X, rois de France.

Ce *carton de bordure armoriée* a été dessiné par Hubert-François Gravelot, ornemaniste français (1699 † 1773), pour être exécuté, en tapisserie, par les artisans de la Manufacture des Gobelins.

A l'absence ou à l'étroitesse de la bordure des tapisseries du Moyen Age; à l'élégance de celles de la Renaissance, à leurs rinceaux et à leurs écussons ; au grand style, à l'ampleur des encadrements des tapisseries à personnages du Siècle de Louis XIV, le dix-huitième siècle, principalement pendant la première moitié, par lequel les blasons remplissent un rôle important, reçut la dénomination de *tapisseries armoriées*.

Ces pièces héraldiques ont leur place dans les châteaux, les hôtels de ville, les salles de justice, et autres, où s'assemblaient les corporations. Le centre de leur fabrication était à Aubusson et à Felletin ; ces panneaux sont quelquefois à bandes, mais le plus souvent à fond bleu, semé de fleurs de lys, les armoiries formant le sujet principal.

Le prix de ces tapisseries, moins élevé que celui des *tentures à personnages*, était en rapport avec celui des laines employées. La place tenue par les *bordures*, dans la composition des tapisseries, a été si importante à certaines époques, que nous devons étudier leur développement et leurs transformations.

IMPORTANCE DONNÉE AUX BORDURES

COMMENT SUSPENDRE LES TAPISSERIES

Au Moyen-Age, les *bordures* sont rares, en raison de la destination des tapisseries, qui était de garnir temporairement des intérieurs de dimensions diverses, ce qui nécessitait soit un repliement de la tenture lorsqu'elle était trop longue, soit l'addition d'une seconde tapisserie, lorsque la première était trop courte. Les ornements accusant les dimensions des tentures devant être écartés, de simples frises bordent les sujets sur les lisières. Jusqu'au quinzième siècle, les *bordures* restent fort étroites, décorées seulement de fruits divers, se détachant sur un fond de feuillage, alternant avec des fleurs, auxquelles ils sont rattachés par un ou plusieurs rubans.

Dès la période de la Renaissance, la vie devient stable, la décoration des châteaux reste permanente ; au lieu de suspendre les tapisseries, on commence à les tendre, les bordures se développent, des oiseaux au plumage multicolore les animent ; puis, au seizième siècle, de petites figures allégoriques alternent avec des emblèmes.

Les Italiens, les premiers, laissèrent libre cours à leur fantaisie : Raphaël, dans les belles bordures des *Actes des apôtres*, a déployé une verve, une richesse d'imagination, tempérées par un sentiment très juste de la décoration, dont ses successeurs eurent le tort de s'écarter en permettant, parfois, aux figures des bordures, de déborder sur la tenture, ce qui est d'un effet disgracieux. A l'exemple de Raphaël, les Maîtres de Fontainebleau exécutèrent de fastueuses arabesques.

Des bordures de la plus grande élégance furent composées pour la tenture de l'*Histoire de Diane*, exécutée pendant le règne de Henri II.

son goût pour les allégories décoratives : *pastorales, éléments, triomphe des dieux,* et aussi en raison de l'importance donnée aux bordures, ne laissa plus, au sujet principal, qu'un médaillon de dimension restreinte. (Voir figures 517 à 519).

Les Flamands, à leur tour, adoptèrent les bordures à personnages, ou à grotesques et, dès le seizième siècle, la tapisserie de la chapelle de *Notre-Dame-de-Sablon*, à Bruxelles (fig. 545), celle de la *Chaste-Suzanne*, et plusieurs autres sont entourées de

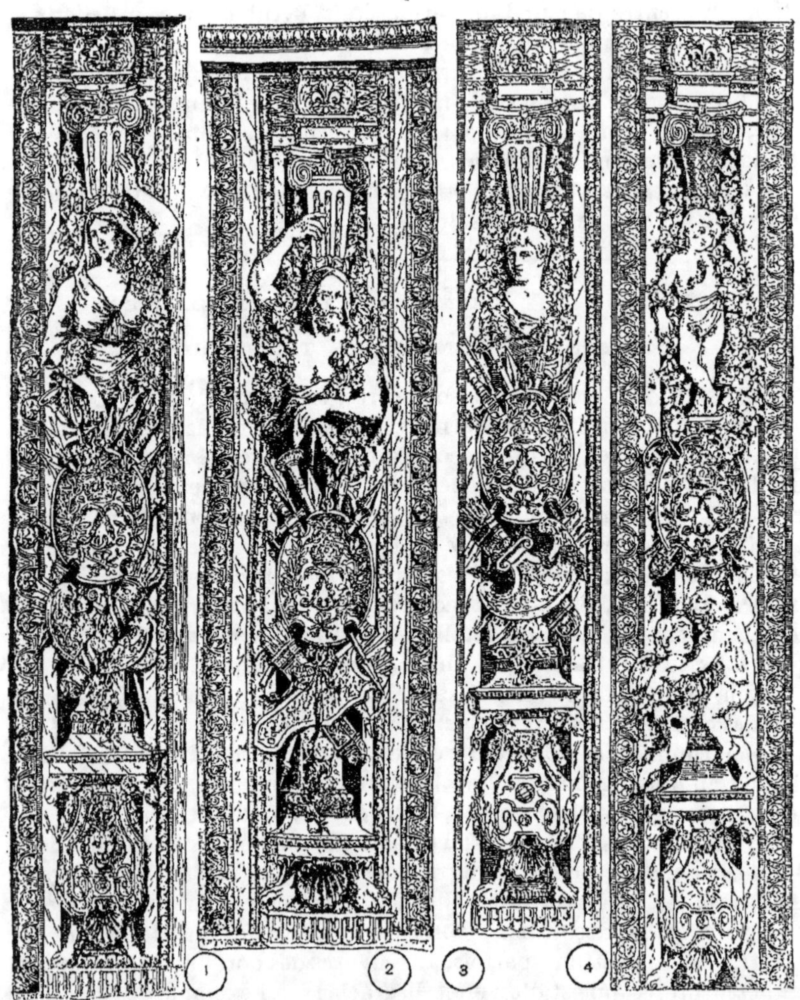

XVIIᵉ SIÈCLE. — ART FRANÇAIS. — ATELIERS DE PARIS (GOBELINS)

Bordures-Rallonges. — *Musée de la Manufacture des Gobelins, Paris.*

Fig. 506 à 509. — Ces représentations de bordures attestent la richesse et l'abondance de la production atteintes par les ateliers de tapisseries des Gobelins, peu d'années après leur réorganisation sous la direction de Ch. Le Brun.

Outre les grandes pièces *Histoire du Roy*, les *Quatre Éléments*, les *Quatre Saisons*, et autres *suites* importantes, on avait également mis sur le métier un nombre consi-

rinceaux et d'écussons, au milieu desquels voltent de grands oiseaux.

Chaque atelier bruxellois possédait un choix considérable de bordures; un même motif pouvait être répété plusieurs fois et reproduit en contre-partie, de manière que les figures se fissent pendant.

Le dix-septième siècle français sut opposer les colorations neutres d'une *bordure en grisaille* aux colorations éclatantes du sujet, telle celle du *Sacrifice d'Abraham*, où les moulures se détachent sur un fond brun, légèrement orangé, tandis que les camaïeux bleus des cartouches donnent aux angles une note vigoureuse.

Charles Le Brun, dans la composition des *bordures* dont il encadra l'*Histoire du Roy* (fig. 542), fit une distribution intelligente des ornements géométriques et résistants, sur un fond grêle, dont les éléments sont empruntés au règne végétal, le tout complété par des figures d'un grand style. Avec Noël Coypel, Lemoyne et Baudrin, on revient aux bordures formées de petits motifs ; dans celles qui encadrent les *Bains de Psyché*, la *Danse*, etc., de charmantes figures, peintes par Boulogne le jeune, se combinent avec des rinceaux interrompus par des parties droites ou brisées, sur un fond de mosaïque d'or, le tout d'une coloration légèrement plus claire que le sujet ; ce fut le dernier mot, et le plus spirituel, de l'art appliqué avec intelligence aux bordures à personnages.

Délaissant ces compositions, inventées pour plaire à l'imagination

(Voir suite du texte page 206.)

dérable de *bandes de bordures*, conçues par Le Brun dans un style grandiose, dont le motif se compose de *gaines* (figures d'hommes, de femmes, d'enfants diversement groupés) accompagnées d'emblèmes royaux, de trophées d'armes et de musique, que relient les colorations puissantes des fleurs disposées en guirlandes.

Ces bandes servaient à raccorder de grandes tentures avec les espaces plus ou moins variables qu'elles devaient recouvrir : car il est prouvé que les tapisseries magnifiques, faciles à déplacer, et que le Roi et la Cour ne se lassaient point d'admirer, ont été souvent transportées d'une résidence royale à une autre.

Nous représentons (1 et 2) deux dessins de ces *rallonges* formant pendants. Ils sont évidemment empruntés à deux séries différentes, puisqu'ils reproduisent deux pièces d'inégale hauteur.

Les deux figures drapées soutiennent une console plate à trois canaux ornés, s'amoindrissant dans le bas, terminée dans le haut par un chapiteau ionique, et supportant un entablement dont la frise à feuillages montre la fleur de lis brodée d'or.

Au-dessous des deux figures à mi-corps, un écusson échancré, portant les deux L entrelacés et surmontées de la couronne royale, est richement étoffé de trophées d'armes. La variante se trouve ici dans le *soubassement* qui, au n° 1, se développe sous la forme d'une lyre à mascaron, se terminant dans le haut en têtes de béliers, et dans le bas en griffes de lions séparées par une coquille. Au n° 2, le motif est un simple socle formé de ces derniers éléments.

L'ensemble des deux bandes montre une sorte de pilastre ou d'entre-deux, encadré par une moulure composée d'un cours d'oves dont le cœur ou globe porte la fleur de lis tissée d'or.

La coloration procède de la riche gamme des *gris*, que fait ressortir le fond *rouge brun* sur lequel se détache le grand motif central, et que rehaussent des *ors* à diverses places. L'écusson royal est en bleu pâle, et tous ses ornements sont tissés de soie brochée d'or. Les rehauts des guirlandes de fleurs sont également tissés de soies de couleur.

Le motif principal des *rallonges* 3 et 4 subit ici quelques modifications exigées par la dimension moindre de ces bordures accessoires. Au 3, c'est un simple buste qui remplace les torses drapés ; au 4, ces torses sont représentés par un enfant debout. Les trophées du bas de l'écusson au chiffre royal font place à des enfants attachant des fleurs.

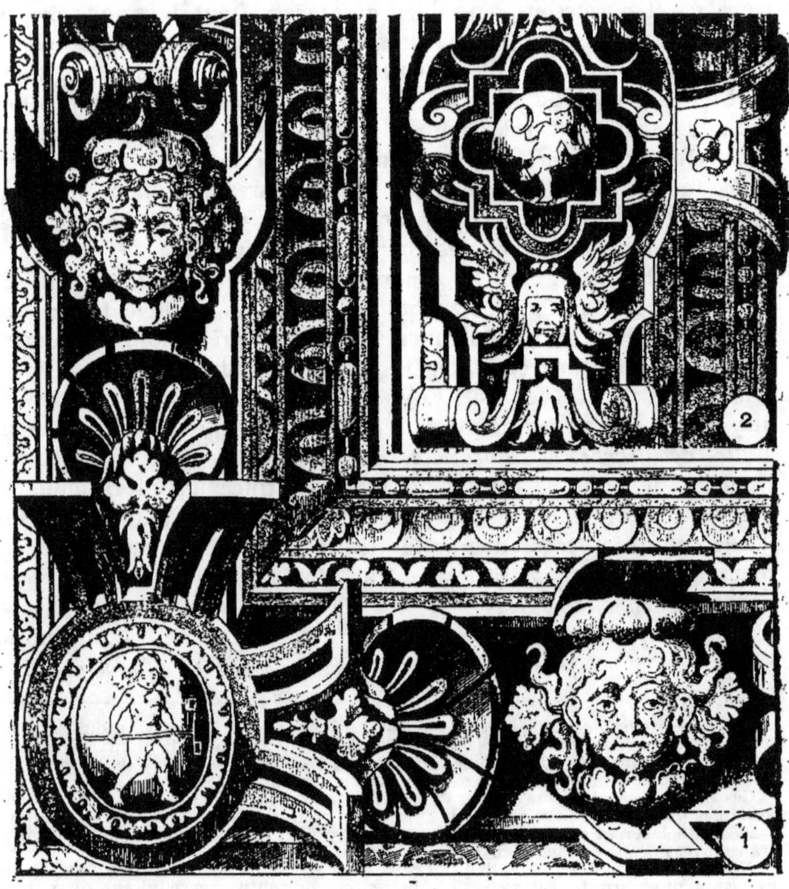

XVIIᵉ SIÈCLE. — ART FRANÇAIS. — ATELIERS DE PARIS (GOBELINS)

Fig. 510 et 511. — En donnant le motif d'angle de la bordure de cette tenture, sortie des ateliers des Gobelins, nous avons voulu montrer surtout avec quelle ingénieuse habileté l'artisan avait su, tout en se servant des mêmes motifs dans la bordure verticale et dans la bordure horizontale, disposer des têtes d'enfants de manière à les présenter toujours dans leur position normale. La bordure intérieure est une *imitation servile des cadres de bois sculpté*.

Le genre de *Décor dit à compartiments* qui remonte aux temps de l'ancienne Rome, et dont de nombreux vestiges nous ont été conservés soit dans les peintures et pavages en mosaïque des Thermes et Tombeaux antiques, soit plus récemment retrouvés à Herculanum et Pompéi, fut repris par les artisans des quinzième et seizième siècles, qui le développèrent largement pour la décoration des palais d'Italie.

Les Flamands, par la combinaison d'éléments droits, brisés, avec des éléments courbes terminés par des volutes, donnèrent un cachet spécial à ce mode de distribution des surfaces. Depuis le simple cartouche, jusqu'au panneau décoratif, les intervalles que laissent les divisions principales sont animés de sujets variés : oiseaux, insectes, animaux, personnages.

Dans ces sortes de dispositions irrégulières, la grande difficulté consiste à relier les bandes horizontales haut et bas avec les bandes verticales ; en un mot à trouver un bon *motif d'angle*.

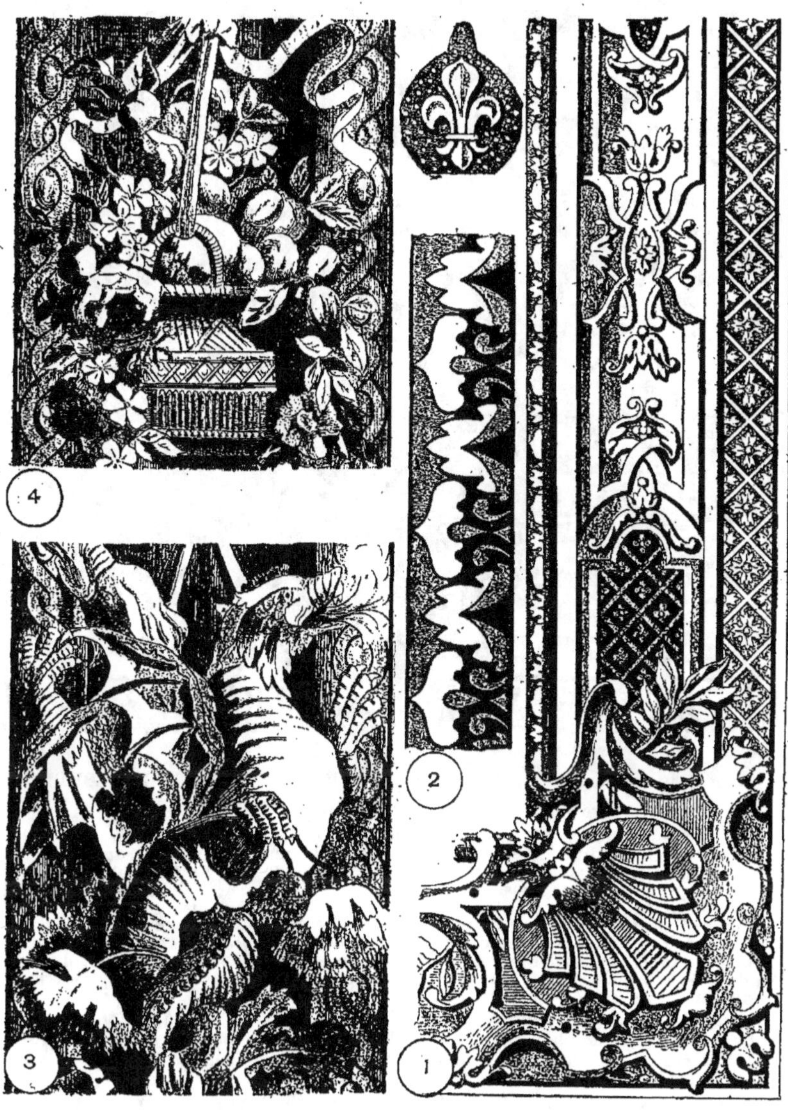

XVIIIᵉ SIÈCLE. — ART FRANÇAIS. — ATELIERS DE PARIS (GOBELINS).

Fig. 512 à 515. — Bordures 1 et 2, d'une tapisserie en laine et soie, rehaussée d'or,
exécutée aux Gobelins de 1736 à 1749, par Cozette père, d'après les dessins de Mignard.
Bordures 3 et 4 d'une tapisserie tissée en *basse lisse* laine et soie, exécutée aux Gobelins,
en 1710, par Jouet fils, d'après les cartons de Claude Audran.

2 — C. 26.

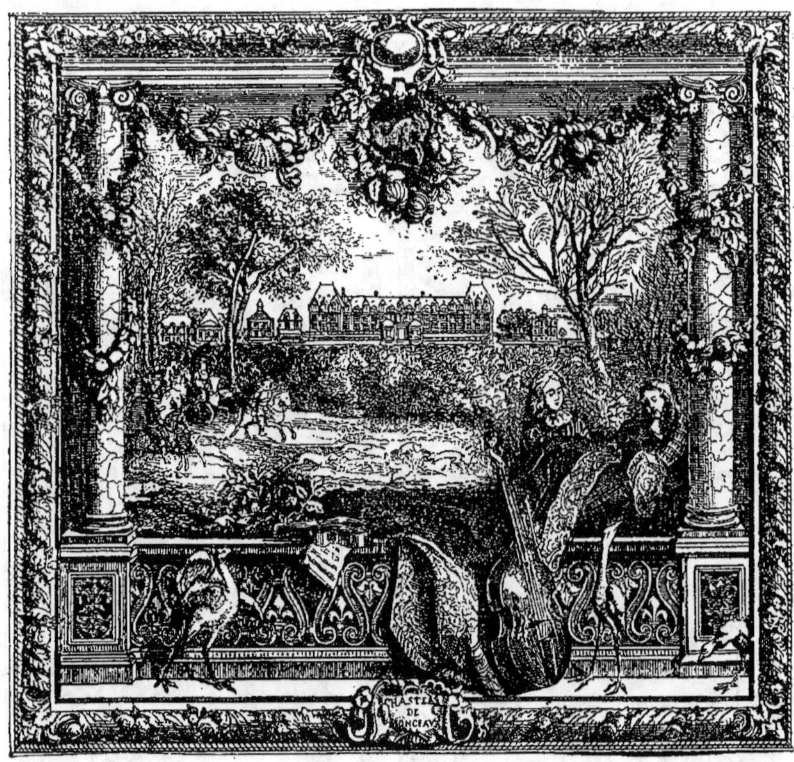

XVIIᵉ SIÈCLE. — ART FRANÇAIS. — ATELIERS DE PARIS (GOBELINS)

Maison royale de Monceaux. Musée du Louvre, Paris.

Fig. 516. — Cette tapisserie fait partie d'une *suite* commencée sous Louis XIV, formant la tenture dite *Les Mois* et qu'on pourrait qualifier *Les Châteaux de France*. Cette *suite*, exécutée en *basse lisse* d'après les *cartons* de Ch. Le Brun et de Van der Meulen, représente douze Maisons royales, par allusion aux douze signes du zodiaque, Louis XIV ayant pris le soleil pour emblème. — Chaque bordure est différente.

Dans le haut se trouvent les armes de France et, au-dessous, un signe du Zodiaque. De chaque côté sont des colonnes et des pilastres de marbre posés sur une balustrade décorée de tapis, de guirlandes, de vases, d'animaux, d'oiseaux, de fleurs et de fruits. Au delà de ces balustrades, des valets portent divers œuvres d'art en orfèvrerie ; le fond offre la vue d'une Maison royale.

Le signe du *Capricorne* surmonte le *Château de Monceaux*, édifié au fond d'un beau paysage ; au premier plan figure une balustrade sur laquelle est jeté un éblouissant tapis ; derrière, se tiennent debout deux gentilshommes en riche costume du temps de Louis XIV ; le sujet représente le Roy à la chasse.

Dans son état actuel, le château de Monceaux (Montceaux) est un triste exemple de vandalisme. Il ne subsiste, de cette Maison royale, que des vestiges attestant la somptuosité avec laquelle elle avait été édifiée. Les dépendances du château, un pavillon, dit de Conti, et celui du garde-chasse, dit la Capitainerie, ont été épargnés par les démolisseurs.

En ce qui concerne la dispersion des œuvres et objets d'art provenant du château de Monceaux, mentionnons que, lors de la vente de ce domaine, en 1852, un antiquaire se rendit acquéreur, pour 620 francs, d'une tapisserie (mesurant dix-huit mètres carrés), ayant fait partie de la célèbre *suite*, dite *Les Belles Chasses de Maximilien*.

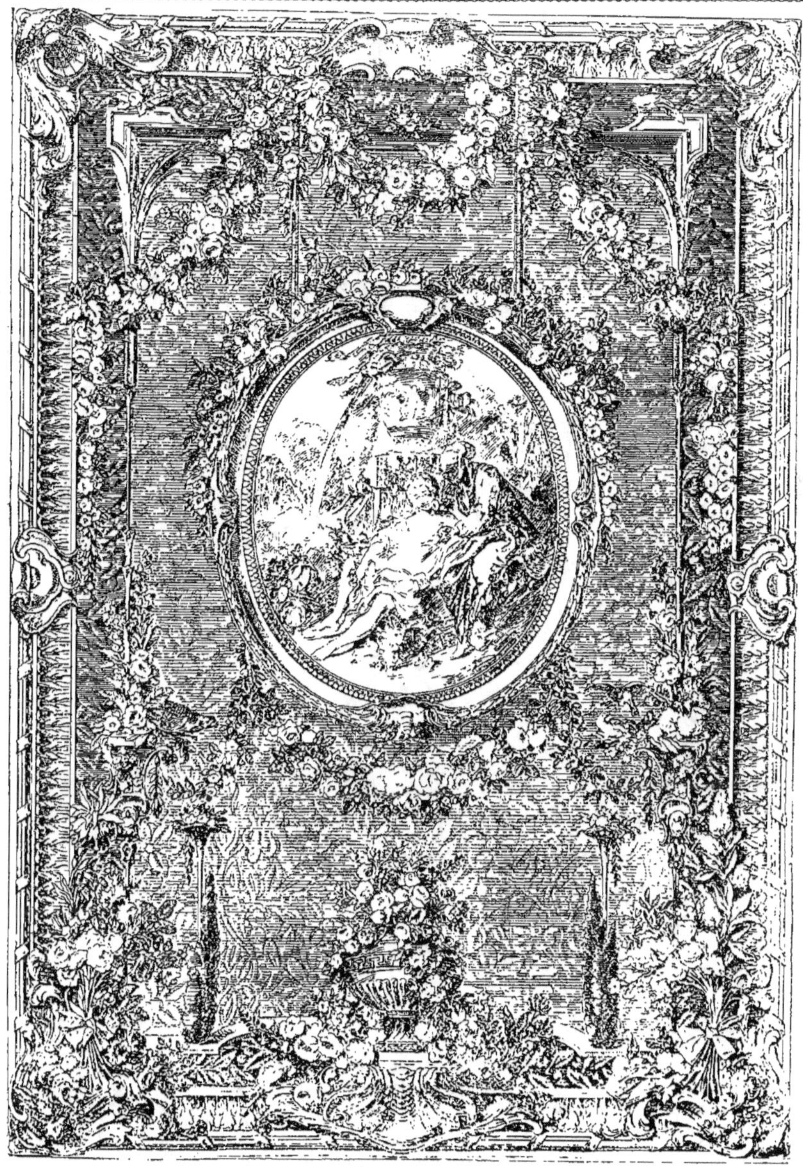

XVIIIᵉ SIÈCLE. — ART FRANÇAIS. — ATELIERS DE PARIS (GOBELINS).
Collections du Garde-Meuble, Paris.

Fig. 517. — La tenture dite des *Sujets de la Fable*, fabriquée aux Gobelins sur des cartons exécutés en 1757, se compose des quatre *pièces : Psyché et l'Amour, Vertumne et Pomone, Amphitrite sur les eaux, Aurore et Céphale.* Cette tenture était destinée à la décoration murale du salon du Conseil, au palais de Compiègne.

Les quatre sujets sont inscrits en camaïeu gris, dans des médaillons ovales, exécutés sur les dessins de *Fr. Boucher.* Le peu d'intérêt présenté par ces compositions se re-

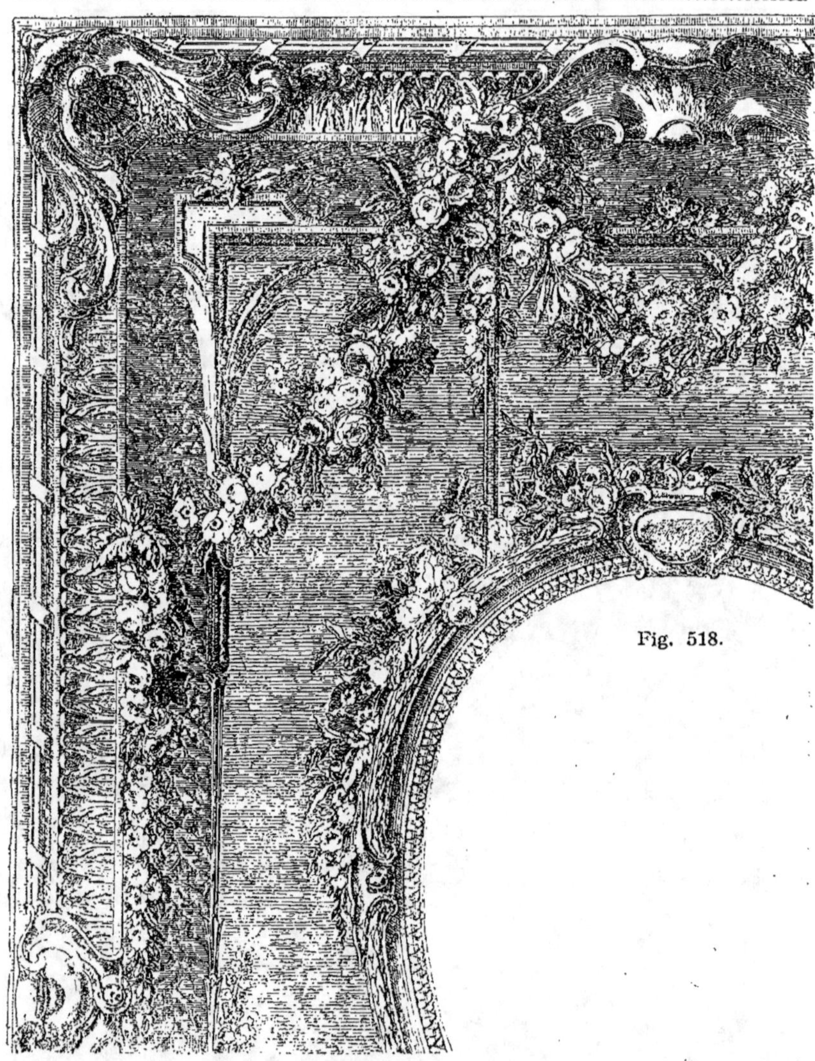

Fig. 518.

(Suite de la légende page 203, fig. 517.)

porte tout entier sur la disposition du panneau qui les encadre. C'est ainsi que parfois, en décoration, il arrive, pour répartir l'effet sur des surfaces entières, que l'accessoire devient le principal : pour cette raison, les gracieux encadrements de *Tessier*, artiste peu connu, doivent, dans ce magnifique ensemble, tenir la première place. Les antiquaires et les amateurs confirmeront notre appréciation quand, avec la figure ci-dessus et la figure 519, où nous donnons les parties supérieure et inférieure de cette tenture, ils pourront se rendre compte de l'aspect général.

Par une disposition ingénieuse et nouvelle, le fond diapré (rose, à deux tons) figure ici la tenture en tapisserie qui est censée garnir les parois de la salle, et c'est sur ce fond que l'artisan est venu ajuster une décoration composée d'un large cadre doré à cartouches en rocaille, où viennent se suspendre, à l'aide de doubles cordons, les cadres dorés des médaillons centraux. Des guirlandes de fleurs d'un dessin souple et gracieux étoffent et relient agréablement les divers points d'attache de cette partie supérieure.

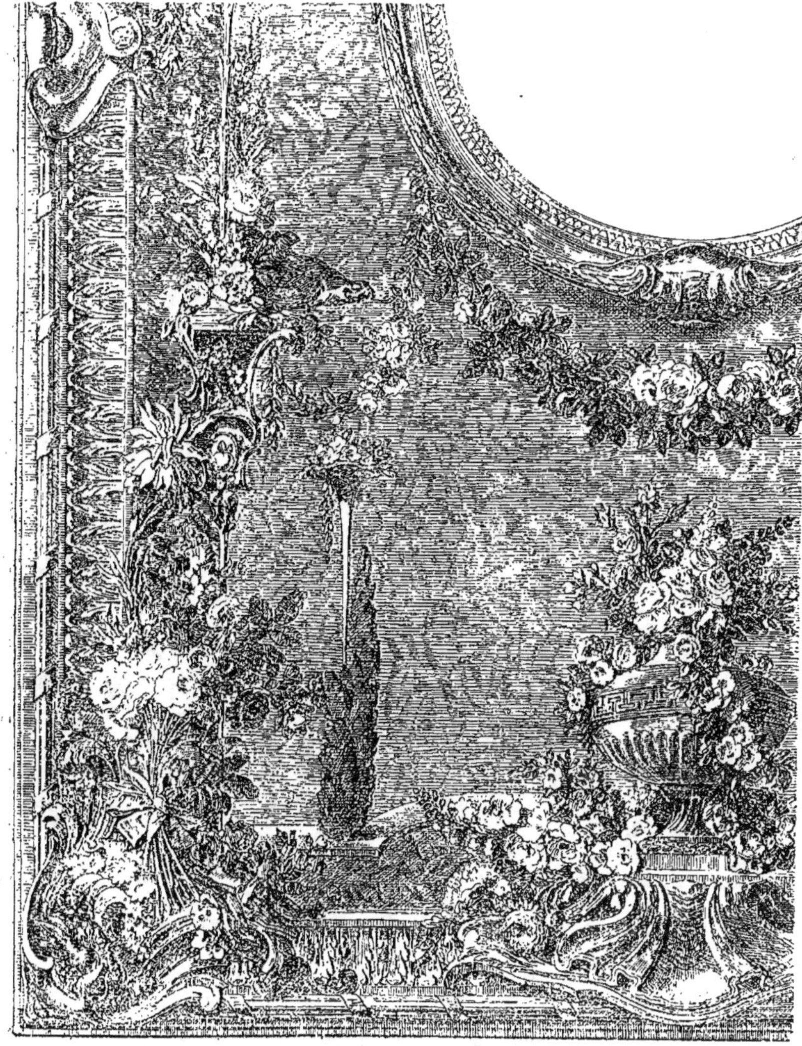

XVIII° SIÈCLE. — ART FRANÇAIS· — ATELIERS DE PARIS (GOBELINS.
(Voir les figures 517 et 518.)

Fig. 519. — Pour se rendre compte de l'ensemble de la composition de cette tapisserie, il suffit de placer ce dessin au bas de la figure précédente, qui en montre le quart
supérieur. Le cadre du médaillon central (Voir fig. 517 et détails, 518 et 519) est
accompagné, dans le bas, d'une chute de guirlandes de fleurs qui s'agrafent délicatement à des cartouches de rocailles, disposés sur le léger montant à nœuds de roseaux
qui suit, à l'intérieur, l'encadrement général. Des culots d'acanthes en rocaille occupent les angles du bas, étoffés de groupes de fruits et de gerbes, de fleurs liées en
bouquets et posées debout. Le bas de la composition est une plate-forme arrondie,
avec cornets de fleurs dont le fût s'échappe d'une touffe d'ifs plantés à la base. Le
centre est occupé par une large vasque ornée de fleurs au naturel, retombant en chutes
opulentes de tous côtés, et dont la plinthe repose sur un cartouche de rocailles formant piédouche au milieu de la gorge d'acanthes du cadre général.

et amuser les regards, les tapissiers, égarés par les peintres, s'astrei-
gnirent, dès le milieu du dix-huitième siècle, à une imitation de
plus en plus servile des tableaux ; les tapisseries furent tendues sur
des châssis et, comme une faute toujours entraîne une autre faute,
des bordures furent exécutées en tapisserie, imitant les cadres de
bois, avec leurs moulures saillantes, leurs lumières, leurs demi-teintes,

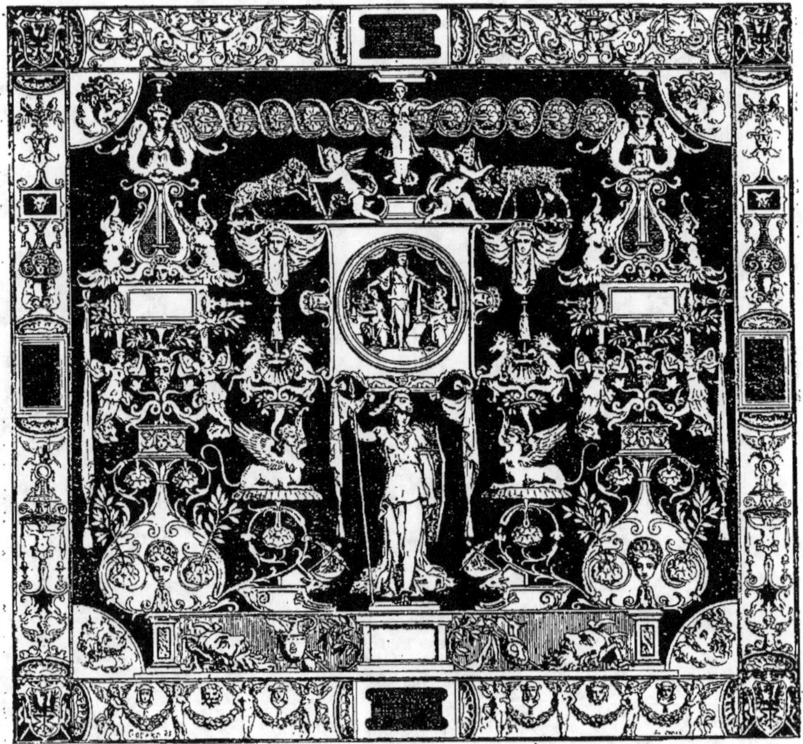

XVIᵉ SIÈCLE. — CARTON. — ART ITALIEN
Ancienne Collection Charles Durand.

Fig. 520. — Fond général d'un noir assez coloré ; celui de la bordure est jaune de
chrome, et les cartouches rouge-amarante. Les figures et les ornements sont variés de
tons et de la plus grande harmonie.

leurs ombres tournantes et leurs ombres portées. Si choquants que
fussent ces cadres fictifs, lorsque la tenture se trouvait déplacée et
mal éclairée, la coutume devint une tradition, à laquelle on resta
fidèle dans la première partie du dix-neuvième siècle, jusqu'au jour
où les bordures furent abandonnées.

L'art de la tapisserie doit rentrer dans son véritable domaine et les
bordures reprendront la place qui leur convient.

On désigne par *carton* les dessins définitifs de la composition que l'artisan se propose d'exécuter pour la décoration d'un édifice.

Ces dessins, tracés sur un papier tendu, sont ombrés et parfois rehaussés de blanc. Leur dimension est ordinairement la même que celle de l'œuvre projetée, car, pour reproduire exactement les formes

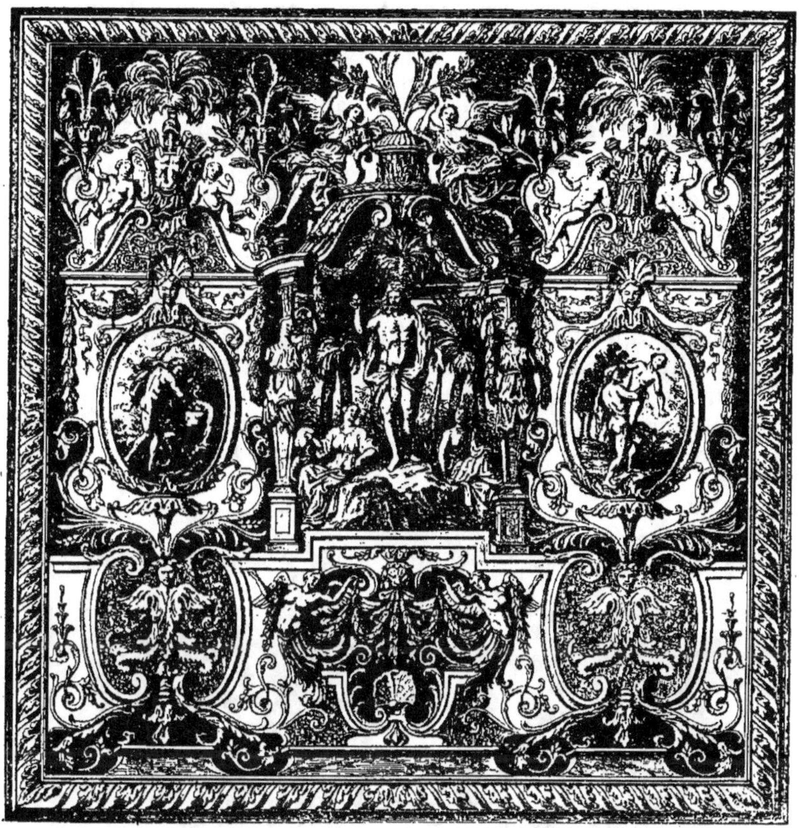

FIN XVIIᵉ SIÈCLE. — CARTON. — ART FRANÇAIS

Fig. 520 *bis.* — Ce remarquable projet de *carton*, exécuté au lavis, est signé : *Coypel le père*, et porte en haut cette indication: Cabinet du Roy. — Coypel, né à Paris en 1628 et mort en 1707, fit un très grand nombre de tableaux pour les Maisons royales. Membre de l'Académie de peinture, dont il devint le directeur, il dirigea aussi l'Académie de Rome et, en 1676, obtint le titre de premier peintre du Roy.

déjà obtenues par les études préparatoires du *carton*, on en reporte le calque sur la paroi destinée à recevoir la fresque. Ce calque s'applique sur le mortier tendre ; au moyen d'une pointe adoucie d'ivoire ou de bois, on incise légèrement les contours, afin qu'ils se maintiennent pendant le travail du pinceau.

L'artisan imprime à ce dessin la plus haute expression que le sujet comporte, et dispose ainsi les éléments d'une fresque imposante. Tels parmi les *cartons* des maîtres : *Le Triomphe d'Alexandre*, de

Mantegna ; *La Captivité des Juifs*, de Jules Romain ; les *cartons* que produisit la rivalité de Léonard de Vinci et de Michel-Ange, pour célébrer la *Victoire des Florentins sur l'armée du duc de Milan* ; et surtout ce *carton*, œuvre transcendante, où Raphaël préluda à la fresque de l'École d'Athènes.

Si les *cartons* sont les modèles nécessaires à l'exécution de *fresques monumentales*, ils sont surtout indispensables quand il s'agit de la composition de *tapisseries de haute et basse lisse*, de mosaïques, de *verrières*, etc. Les *cartons*, destinés à ces travaux, doivent être coloriés sur des contours correctement arrêtés, afin que les artisans puissent agir sans hésitation sur le caractère du dessin, comme aussi sur les couleurs que leur présente le modèle. C'est dans ce but que Raphaël composa les *cartons* dits de *Hampton-Court* (fig. 547), qui font partie du South Kensington Museum à Londres. La perfection de ces *cartons*, représentant les *Actes des Apôtres*, sera toujours un sujet d'admiration.

Le terme *carton* s'applique donc principalement aux compositions, dessinées et peintes, à grandeur d'exécution, sur *carton*, ou sur *papier fort*, pour servir de modèles et pour être exécutés en tapisserie.

En Italie, Raphaël, Jules Romain, Fra Sebastiano del Piombo ; dans les Flandres, les maîtres de Bruges, Rubens et ses élèves ; puis, en France, Charles Le Brun, Van der Meulen, Oudry, Desportes, Audran, Coypel, Boucher, ont exécuté de précieux *cartons*.

EXEMPLE DE TAPISSERIES, DITES TINIÈRES OU TÉNIÈRES

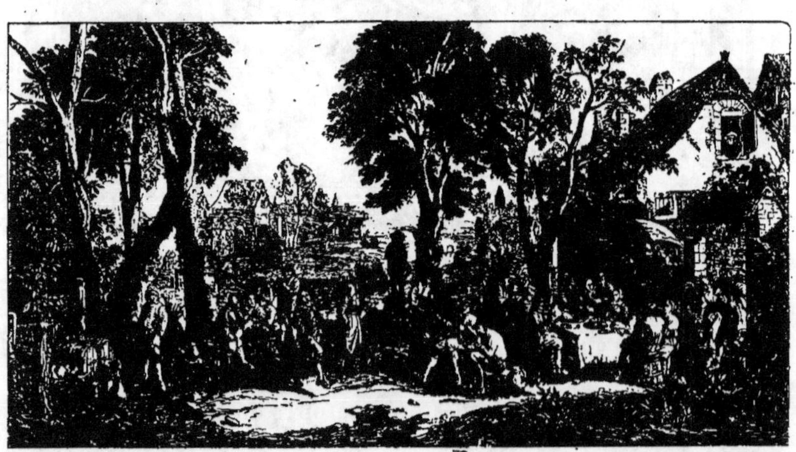

XVIIᵉ SIÈCLE. — ART FLAMAND. — ATELIERS DE BRUXELLES

Mobilier de la Couronne. Rome.

Fig. 521. — Les compositions, dites *tinières* ou *ténières*, consistent en des scènes villageoises ou de paysanneries rustiques d'après des *cartons* de Téniers ou de ses élèves. Il en existe de tissées à Lille par Jean de Melter et son gendre Guillaume Wernier.

Les anciennes tapisseries ne sont pas seulement intéressantes comme productions artistiques, mais aussi comme documents historiques. Ainsi, la *tapisserie de Bayeux*, dite de la reine Mathilde, représente avec exactitude les principaux épisodes de la conquête de l'Angleterre par les Normands.

Les *tapisseries de l'histoire de Troyes la Grande* rappellent l'antique tradition qui rattachait nos premiers rois à Priam et à Pâris, lequel

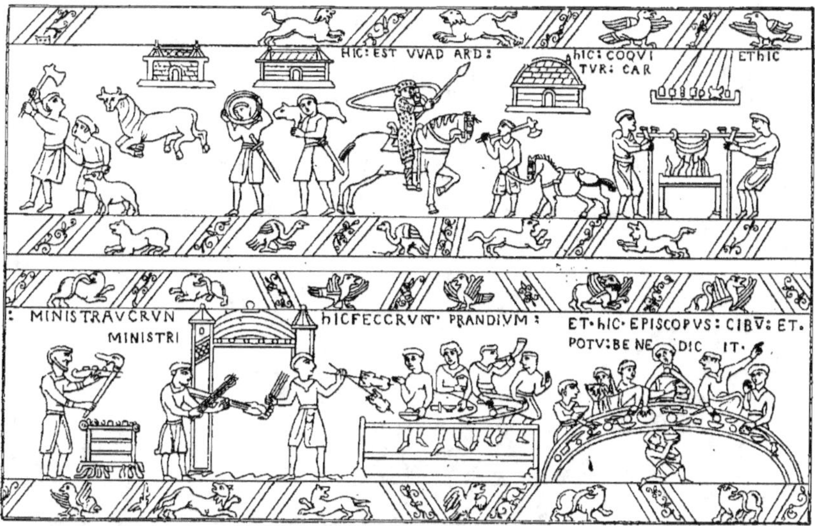

XIe SIÈCLE. — BRODERIE, DITE TAPISSERIE DE LA REINE MATHILDE.
Musée de Bayeux.

Fig. 522. — C'est aux onzième et douzième siècles, après le retour des premières croisades, qui avaient mis les Occidentaux à même de s'approprier un luxe nouveau pour eux, que l'usage des tapisseries, en se propageant beaucoup plus encore dans les églises, passa dans les châteaux ; alors les châtelaines, tout émues des récits de chevalerie, se consacrèrent à reproduire, l'aiguille en main, les exploits des guerriers, de touchantes histoires ou de belliqueux récits. Les froides murailles des grandes salles revêtaient ainsi une étrange éloquence.

Parmi les œuvres d'art en ce genre, il faut citer la *tapisserie de Bayeux*, dite de la reine Mathilde (morte en 1083). épouse du héros qui changea son nom de Guillaume le Bâtard contre celui de Guillaume le Conquérant. C'est une suite de soixante-douze groupes ou sujets, accompagnés de légendes en bas latin mélangé de saxon, comprenant l'histoire de la conquête de l'Angleterre par les Normands, telle que la rapportent les chroniqueurs de l'époque. Elle est tracée à l'aiguille, sur une pièce de toile brune, avec de la laine de diverses couleurs qui, pour la plupart, semblent n'avoir rien perdu de leur fraîcheur primitive. Les ornements de la double bordure, entre laquelle se déroule un drame composé de cinq cent trente figures, sont les mêmes que ceux des peintures de manuscrits du onzième siècle.

Lorsque tant d'édifices se sont écroulés, il est à remarquer que cette bande de toile nous est parvenue intacte à travers les siècles, et des vicissitudes de toutes sortes. Ajoutons que cette broderie mesure 70 mètres de longueur sur 0^m,50 de hauteur.

Pâris était venu, dit-on, épouser sur les bords de la Seine la belle Lutèce et fonder la ville de Paris.

Selon que les représentations religieuses, chevaleresques, allégoriques ou mythologiques dominent, on peut juger des tendances des idées de chaque période : Antiquité, Moyen Age, Renaissance, Temps Modernes ; en résumé, les tapisseries sont, et mieux que toute autre œuvre d'art, la documentation figurée de l'Histoire.

Les artisans tapissiers exécutèrent des *sujets allégoriques* à côté des *séries mythologiques et classiques* ; la représentation des parties du monde fournit à leur imagination des inspirations variées, auxquelles les artisans français des seizième et dix-septième siècles furent ramenés par les travaux de géographes célèbres, et ceux du dix-huitième par la libération de l'Amérique (fig. 523).

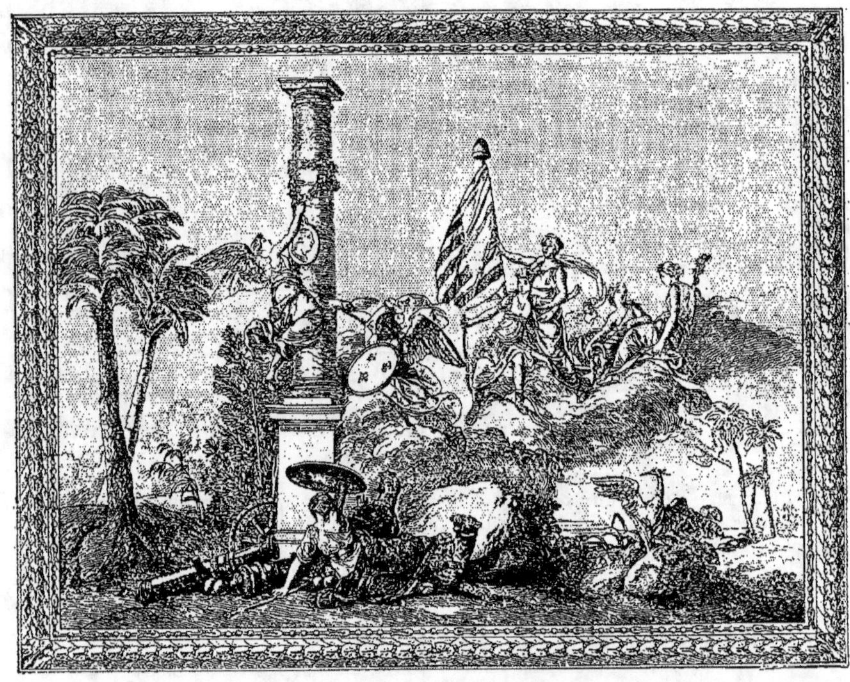

XVIIIᵉ SIÈCLE — ATELIERS DE BEAUVAIS.
DÉLIVRANCE DE L'AMÉRIQUE, D'APRÈS LE CARTON DE LEBARBIER (1790).
Collection Gaston Menier.

Fig. 523. — Cette tapisserie, toute exceptionnelle par la beauté de ses coloris doux et atténués, la finesse de son exécution et son parfait état de conservation, fait partie d'une précieuse tenture composée de quatre parties du monde : l'Europe, l'Asie, l'Afrique, l'Amérique, exécutée en 1790 pour le roi Louis XVI.

Elle évoque le rôle joué par la France, de 1775 à 1782, pour l'indépendance de l'Amérique : la France, sous la figure de Minerve casquée et ailée, un foudre de guerre en main, le bouclier aux trois fleurs de lis en avant, vient combattre pour la libération de l'Amérique qui, symbolisée par une jeune Indienne, s'abrite contre sa jeune République au drapeau semé de treize étoiles, ses treize premiers États, surmonté du bonnet phrygien, qu'accompagnent la Paix et l'Abondance.

Consulter : JAMES H. HYDE, *L'Iconographie des quatre parties du Monde dans les tapisseries* (*Gazette des Beaux-Arts*, Paris, 1924).

LES ATELIERS DE TAPISSERIES

FRANÇAIS, ALLEMANDS, ANGLAIS, DANOIS, ESPAGNOLS
FLAMANDS, ITALIENS, RUSSES

ATELIERS FRANÇAIS

ARRAS. — Les tapisseries d'Arras, tissues d'or, d'argent, de soie et de laines, furent renommées dès le onzième siècle. Celles qui ornaient la tente de saint Louis, pillée par les Tunisiens en 1270, reprises par Charles-Quint, existent encore sous le nom de *tapisseries royales d'Espagne*. — En 1311, Machaut, comtesse d'Artois, faisait payer « un drap de laine ouvré de diverses figures acheté à Arras » et commande en 1313 « cinq dras ouvrés en *haute lisse* ».

Très en vogue pendant la domination des ducs de Bourgogne, de la maison des Valois (1362 à 1467), les tapisseries d'Arras étaient achetées par ces princes

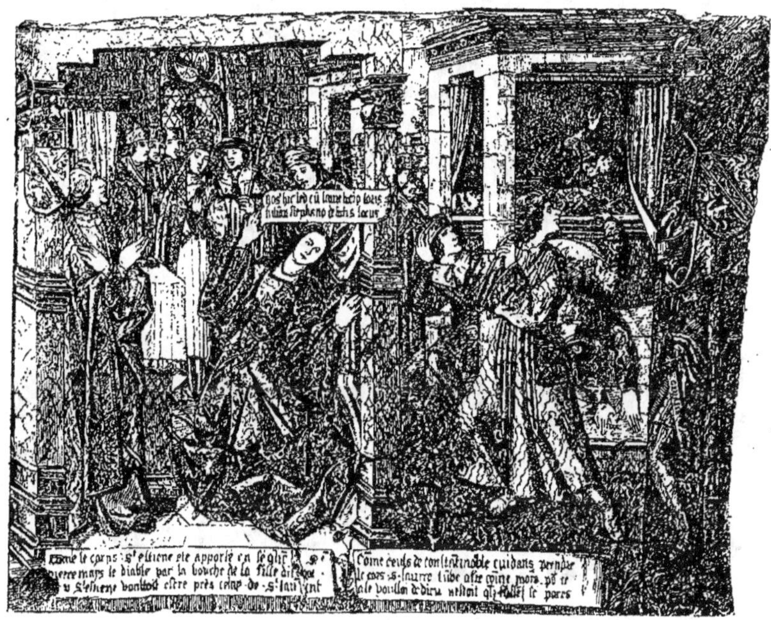

XVᵉ SIÈCLE. — CARTON, ART ITALIEN. — ATELIERS D'ARRAS.

Musée des Thermes et de l'Hôtel de Cluny, Paris.

Fig. 524. — Tapisserie de la tenture, *suite* de dix-huit légendes, dite : *Histoire de Saint Étienne*, premier martyr, et légende de l'invention de ses reliques. Cette tenture, si remarquable par la beauté du travail et celle du dessin, nous paraît appartenir à l'*École italienne*. A l'époque où les *cartons* en furent faits, Taddeo Gaddi avait déjà dessiné ceux qui servirent de modèle pour une *suite* de tapisseries d'Arras qu'on peut encore admirer à l'église de la *Chaise-Dieu*. C'était aussi le temps où le richissime archevêque de Sens, Tristan de Sallazar, qui était en même temps conseiller au grand conseil, faisait construire à Paris un magnifique palais qui devint célèbre sous le nom d'*Hôtel de Sens* et existe encore en partie. Ses relations avec les artisans italiens, venus à la cour de Louis XII, lui suggérèrent sans doute l'idée de doter la cathédrale de Sens de grandes tapisseries décoratives. Sens n'est pas bien loin d'Auxerre, et l'évêque Jean Baillet donna, en l'an 1502, cette tenture à la cathédrale Saint-Étienne d'Auxerre.

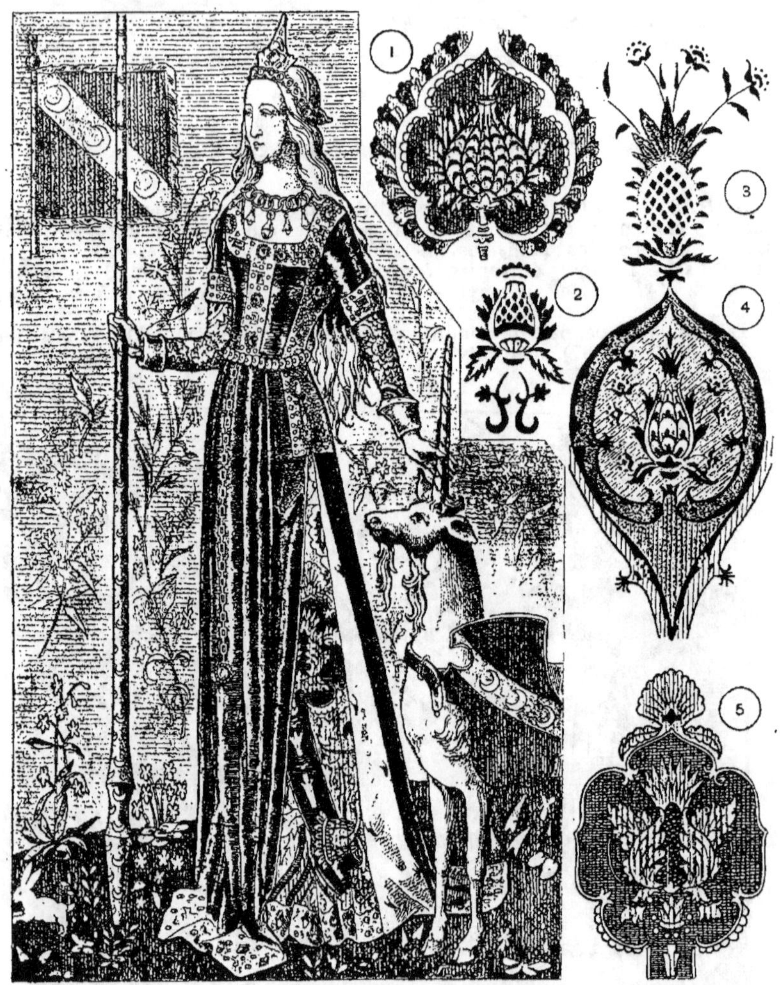

XVᵉ SIÈCLE. — ART FRANÇAIS. — ATELIERS D'AUBUSSON.

Musée des Thermes et de l'Hôtel de Cluny, Paris.

Fig. 525 à 532. — Détails de l'une des six tapisseries provenant du château de Boussac et représentant *dame Le Viste*, pour qui elles ont été tissées vers 1424, parée de costumes différents, et jouant un rôle principal dans de sobres compositions où figurent, comme sujets accessoires, une bannière et une *licorne*, *symbole de chasteté*.

La scène est un *jardin fleury*, et les fonds (rouges) sont jonchés d'un semis de fleurs irrégulièrement jetées. Nous donnons l'un de ces costumes, composé d'une robe de dessus en velours uni, au corsage en drap d'or richement brodé de perles, et rehaussé de pierres précieuses. Les manches, courtes, sont terminées par des embrasses de drap d'or, avec semis de pierreries, ainsi que la bordure du bas de la robe, qui est fourrée d'hermine, et refendue sur le côté, laissant voir celle de dessous, en velours et brocart d'or à larges dessins de médaillons (grenades). La coiffure, le collier et la ceinture en orfèvrerie complètent ce riche costume.

Nous indiquons, dans le haut, à droite de *dame Le Viste*, le penon qui termine somptuaires et généreux, qui les envoyaient en présent aux seigneurs voisins.

Les sujets étaient tirés de l'*Ancien et du Nouveau Testament*, de l'*Histoire*, des *Romans de chevalerie*, des *Épisodes de chasse*.

Ce qui donne à l'œuvre d'Arras un cachet qui forçait l'admiration des Orientaux eux-mêmes, si bons juges en matière de luxe, c'est le relief, le modelé, l'animation, la vie, que les artisans surent donner, dès le début, aux figures de leurs tapisseries.

La prise d'Arras, par Louis XI, en 1477, et l'expulsion en masse de ses habitants deux ans après, interrompirent un travail qui s'exécutait en famille.

AMIENS. — L'origine de l'industrie de la tapisserie à Amiens remonte à l'époque de l'émigration des haut tissiers d'Arras, après l'expulsion de ses habitants par ordre de Louis XI en 1479.

D'après un document datant de 1718, la fabrique d'Amiens travaillait en *haute lisse*, et était recommandable par les *bonnes couleurs* qu'elle employait.

Son goût allait à l'*antique*; on y traitait peu les *verdures*, qui étaient assez mal dessinées. Le travail, facile à reconnaître, est d'un grain inégal et desséché.

Ne pouvant lutter contre les manufactures royales des Gobelins et de Beauvais, Amiens dut abandonner l'industrie de la tapisserie de *haute lisse*, dès les premières années du dix-huitième siècle. François de la Planche et Marc de Comans installèrent soixante métiers à Paris et une dizaine à Amiens.

ANGERS. — Le duc d'Anjou se rendit célèbre en commandant la tenture de l'*Apocalypse*, destinée à la cathédrale d'Angers. Cette tenture fut commencée en 1376, par Nicolas Bataille, d'après les *cartons* de Jehan de Bruges.

AUBUSSON. — L'origine de la fabrication des tapisseries de Marche et d'Auvergne, celle des tapisseries d'Aubusson, en particulier, encore si florissante de nos jours, si nous en jugeons par les importantes tentures conçues et exécutées dans les ateliers de MM. Brunschwig et fils, remontent à une époque reculée, soit que cet art ait été importé par des Sarrasins, échappés à la bataille de Poitiers, au huitième siècle, soit que les métiers aient été montés au quatorzième siècle par des émigrés flamands.

La fabrication était en pleine prospérité pendant la période de la Renaissance, puis connut un état de malaise, attribué à la surcharge des tailles, au passage continuel des gens de guerre, aux droits qui pesaient sur les matières premières employées à la confection des tapisseries.

Pendant le dix-septième siècle et une partie du dix-huitième, la fabrique eut à lutter contre les prétentions des tapissiers de Paris, qui enjoignaient à ceux d'Aubusson de leur porter « honneur et respect ».

L'industrie privée d'Aubusson, livrée à ses propres ressources, ne pouvait lutter contre l'industrie officielle des Gobelins, et elle dut assurer sa propre existence par un travail considérable.

Aubusson avait abandonné la *haute lisse* (1779). La *chaîne* de ses tapisseries était toujours en laine; cette qualité la distinguait de la tapisserie de Flandres, dont la chaîne était souvent de chanvre ou de lin.

Sainte Barbe, Syrienne, patronne des tapissiers d'Aubusson, était représentée avec une palme dans la main droite et une tour dans la main gauche.

Les armoiries de la ville d'Aubusson sont d'argent à un buisson de simple avec un chef d'azur, chargé d'un croissant d'argent, accolé de deux étoiles de même.

Les femmes, exclues de la fabrication des tapisseries, furent spécialement chargées en 1740 de celle des *tapis veloutés, façon Turquie*, à l'instar de la *Savonnerie*.

(*Suite de la note figures 525 à 532.*)

la bannière et, dans les croquis de 1 à 5, diverses dispositions de médaillons et d'entre-deux que nous avons notées sur les autres tapisseries de la même *suite*.

Nous croyons ces tapisseries exécutées à *Aubusson*, localité voisine, dont les manufactures, alors déjà florissantes, ont conservé de nos jours une importante réputation.

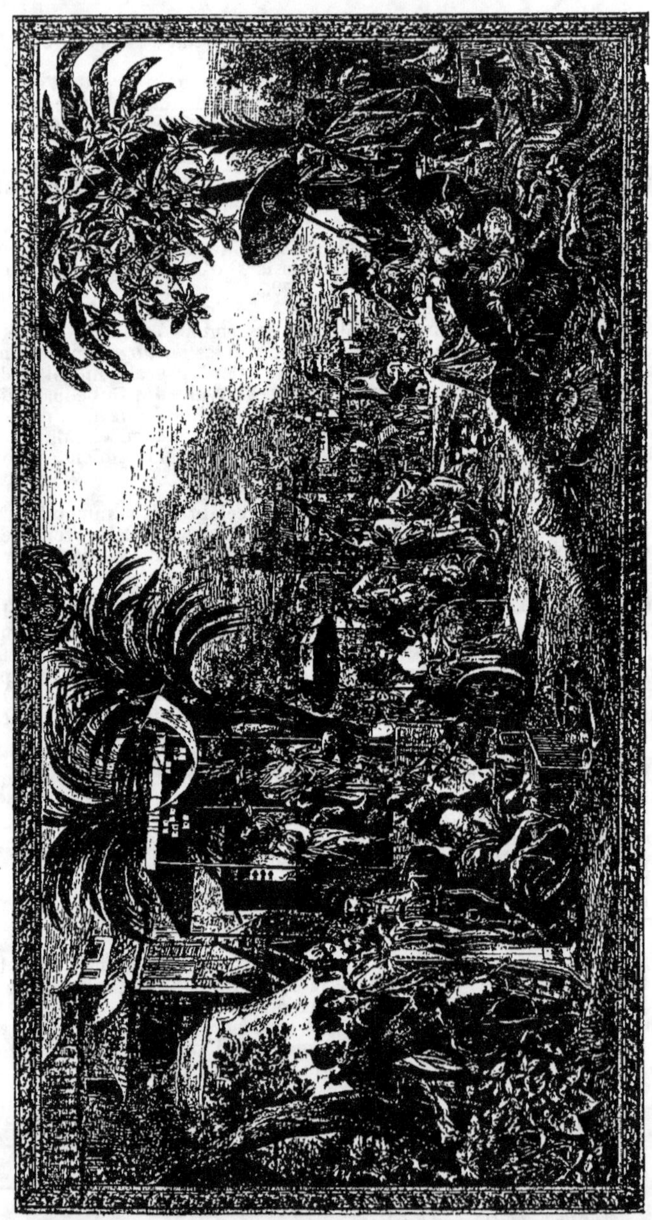

XVIII° SIÈCLE. — ART FRANÇAIS. — ATELIERS DE BEAUVAIS

Fig. 533. — Cette tapisserie, exécutée vers 1767, sur des *cartons* que nous attribuons
à François Boucher, figurait au nombre des présents qui furent envoyés en Chine

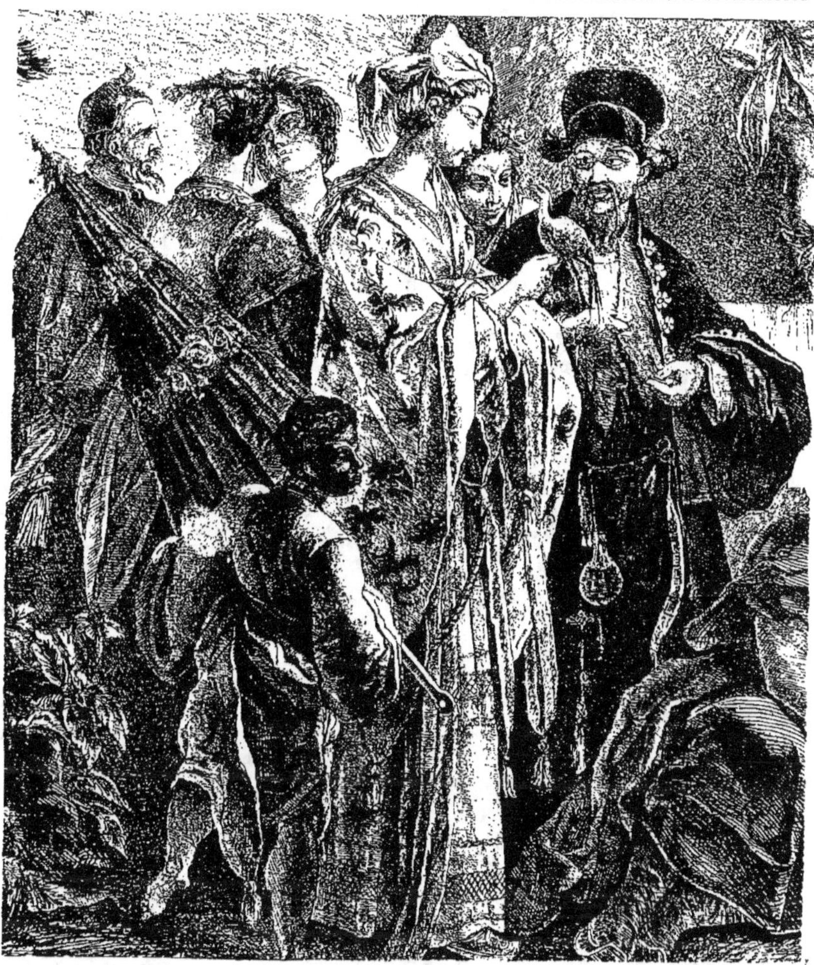

XVIIIᵉ SIÈCLE. — ART FRANÇAIS. — ATELIERS DE BEAUVAIS.

Fig. 534. — Détail du sujet principal de la tapisserie figure 533, que la belle disposition, la vigueur de l'effet et le choix des ajustements rendent particulièrement intéressant. Devant un marchand d'oiseaux rares, accroupi près de ses cages, une des belles dames de qualité porte, sur son doigt, un oiseau de paradis qui paraît être l'objet de son choix ; un seigneur tient à la main les pièces d'or qui assureront à la dame la possession du charmant volatile.

par le roi Louis XV. Le sujet se rattache à la pensée cachée sous le royal cadeau. La scène représente un champ de foire où les marchands viennent déballer leurs produits. A gauche, au premier plan, le groupe du marchand d'oiseaux dont nous donnons le détail figure 534. Plus loin, un jongleur et un crieur public occupent une espèce de tribune devant laquelle une belle Japonaise passe en palanquin ; au fond, les portes de la ville ouvertes à de nouveaux arrivants.

L'empereur de la Chine *Kien-Long*, monté sur le trône en 1736, fut l'un des princes de la dynastie mandchoue qui contribuèrent le plus au rapide accroissement du Céleste Empire par la conquête du Thibet et des provinces avoisinantes. Le roi Louis XV crut devoir nouer avec ce prince puissant des relations diplomatiques, destinées à favoriser les échanges commerciaux entre les deux nations.

AUTUN. — D'après l'*Almanach général des Marchands* (1785), les tapisseries d'Autun, connues sous le nom de *tapisseries de Marchaux* (du nom du quartier où elles se fabriquaient), étaient faites de bourres de bêtes à cornes et de fil, en compartiments de toutes couleurs. Elles étaient propres à faire des tapis de pied.

AVIGNON. — En 1430, un tapissier de Tournai, Jean Hosemant, exécuta pour l'archevêque de Narbonne, camérier du pape, une chambre de tapisserie.

BELLEGARDE. — Les fabriques de Bellegarde, importantes au seizième siècle, déclinèrent vers 1636 et furent arrêtées en 1732 par les *lettres patentes* concernant la manufacture d'Aubusson, défendant toute fabrication de tapisserie, hors la ville d'Aubusson, à quinze lieues à la ronde, Felletin excepté.

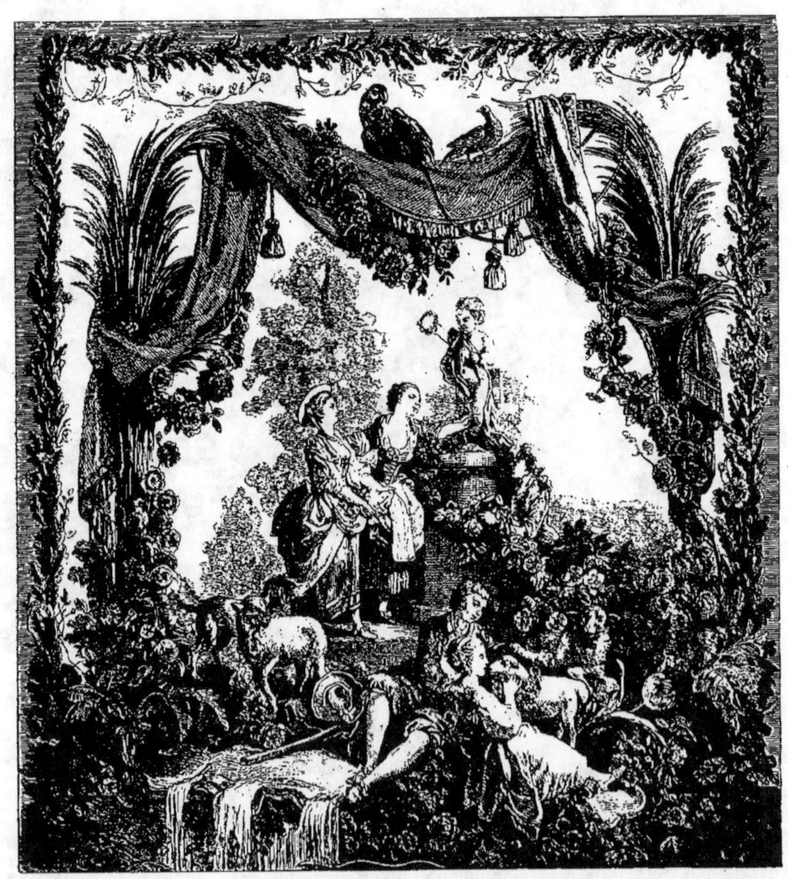

XVIIIᵉ SIÈCLE. — ART FRANÇAIS. — ATELIERS DE BEAUVAIS.
Ancienne Collection du baron Lucien Double.

Fig. 535. — Offrande à l'Amour. Cupidon debout sur un piédestal. Un berger et deux jeunes bergères viennent déposer à ses pieds des fleurs qu'ils viennent de cueillir, tandis que deux autres personnages, caressent un agneau enguirlandé de fleurs.

BEAUVAIS. — En 1664, à l'instigation de J.-B. Colbert, le roi Louis XIV confia à Louis Hinart, marchand tapissier et bourgeois de Paris, le soin d'établir à Beauvais une manufacture de « toutes sortes de *verdures* et *personnages, de haute et basse lisse* ». Les ouvriers étaient l'objet d'une sollicitude particulière, exemptés de certains impôts ; les étrangers ayant travaillé pendant huit ans à la Manufacture étaient déclarés naturalisés français.

L'année suivante, en 1665, un sieur J.-B. Poquelin, né à Beauvais (serait-ce un parent de Molière, qui était fils d'un tapissier, valet de chambre du roi?) fut envoyé en mission, par Colbert, pour étudier l'état du commerce en Picardie.

Il ne put que signaler les avantages, résultant de l'établissement dans la contrée, de la manufacture de tapisseries.

En 1698, le rapport de Phelypeaux, conseiller d'État, constate la décadence de la fabrique de tapisserie de Beauvais, qui n'employait plus que quatre-vingts ouvriers.

Le privilège passa, en 1711, aux mains des frères Filleul, qui ruinèrent la manufacture ; elle fut cependant visitée en 1718 par le czar Pierre, qui emmena plusieurs ouvriers en Moscovie.

Le peintre Oudry nommé adjoint au directeur en 1726, reçut un nouveau privilège en 1734; cette concession était acompagnée d'une subvention de 90 000 livres, d'une indemnité de 4 000 livres et d'une pension de 900 livres pour l'atelier des apprentis. J.-B. Oudry sut justifier la faveur dont il était l'objet, en rétablissant, à force de persévérance et d'activité, une manufacture complètement désorganisée.

A cette époque, de menus objets, petits meubles d'un goût agréable : portières, sièges, écrans, très recherchés, plus faciles d'exécution, que les grandes pièces, furent présentés au public. Oudry mourut à la manufacture de Beauvais en 1755 à l'âge de soixante-neuf ans. Après sa mort, les entrepreneurs de Beauvais, n'ayant pas les mêmes ressources que ceux des Gobelins, eurent plus à se préoccuper de la question commerciale que de la question artistique.

Les tapisseries de Beauvais étaient employées, de préférence, à couvrir les meubles; aussi leur décor consiste-t-il surtout en fleurs, ornements et paysages

Le travail en *haute lisse* fut abandonné en 1720, pour être remplacé par celui en *basse lisse*.

BÉTHUNE. — Un article des *comptes* relevés par Jules Houdoy, signale Mathieu Legrand, tapissier à Béthune, à qui seraient dus « onze grands tapis et unge barretier de drap ».

BLOIS. — Mariette, argentier du duc d'Orléans, versa en 1390, à Jehan Genest, tapissier de *haute lisse*, à Blois, la somme de 450 livres, pour les tapis fournis. En 1474, des tapis de *haute lisse* étaient livrés au duc d'Orléans par Jehan Degrain.

BOULOGNE-SUR-MER. — Au début du dix-septième siècle, un atelier fonctionna sous la direction de François de La Planche.

BOURGES. — Girodot nous fait connaître, dans ses *Artistes de la ville de Bourges*, que Simon Raynard, né à Arras, était tapissier à Bourges en 1505.

CADILLAC. — Un Parisien, Claude de la Pierre, eut, en 1632, la direction d'un atelier travaillant pour le compte du duc d'Épernon.

CAMBRAI. — En 1466, un tapissier de *haute lisse*, Noël de Béry, réparait, par ordre des échevins, les tapisseries de la *chambre de paix*.

En 1682, une tentative de création de manufacture de tapisserie échoua ;

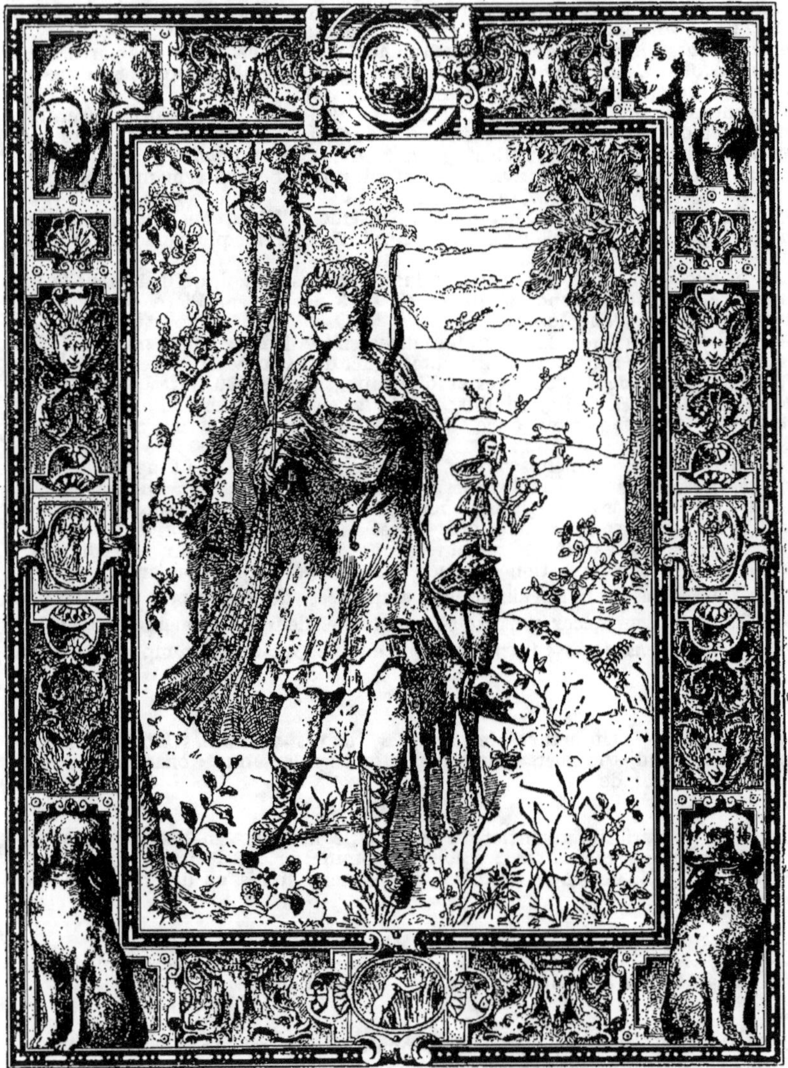

XVIᵉ SIÈCLE. — ART FRANÇAIS. — ATELIERS DE FONTAINEBLEAU
Ancienne collection Penon.

Fig. 536. — Diane chasseresse. — De la tenture, Histoire de Diane.

Les Italiens donnèrent plus d'importance aux bordures, qui servaient de cadre aux compositions. Les Flamands adoptèrent les bordures à personnages et à grotesques dès le commencement du seizième siècle.

En France, l'*Histoire de Diane*, exécutée sous le règne de Henri II, dans les ateliers de Fontainebleau, est décorée de bordures de la plus grande élégance.

mais, en 1724, un sieur Jacques Baërt était pensionné par la ville. Mort en 1766, il fut remplacé par son fils Jean-Baptiste, qui forma des apprentis.

En 1754, J.-B. Baërt avait fourni des pièces de *haute lisse* pour la salle du Consistoire, avec un ameublement de tapisserie assortie.

Le dessin des tapisseries de la manufacture de Cambrai était irréprochable ; leurs couleurs, très fines ; elles se rapprochaient, dans l'ensemble, des œuvres de la manufacture de Beauvais.

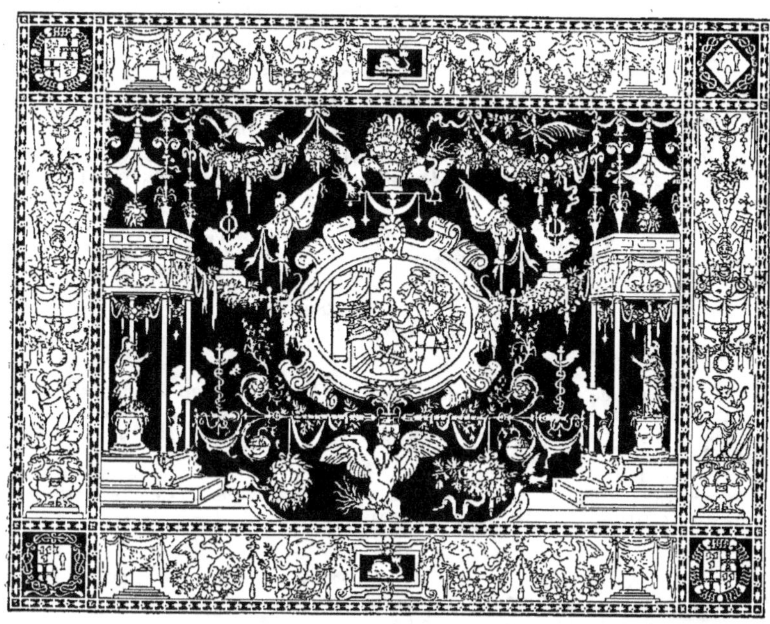

XVIᵉ SIÈCLE. — ART FRANÇAIS. — ATELIERS DE FONTAINEBLEAU

Ancienne collection Maillet du Boullay.

Fig. 537. — Tapisserie dite à *Grotesques.*

FELLETIN. — Les plus anciennes tapisseries connues de Felletin ne remontent pas au delà du seizième siècle. Tissu, dessins, coloris, sont largement traités ; le décor représente des *chasses*, des *paysages* avec des *animaux fantastiques*, où s'inspire des *Bergeries de Racan* et de l'*Astrée*.

La manufacture de Felletin, qui fit concurrence à celle d'Aubusson, ne s'entendait avec elle que pour combattre l'ennemi commun, la fabrique de Paris.

La pratique du métier de *haute* et de *basse lisse* était interdite aux femmes.

En 1777, Jacques Sallandrouze de la Mornaix entreprit, le premier, la fabrication des tapis de pied, et celle des *tapisseries pour fauteuils.*

FONTAINEBLEAU. — Sébastien Serlio (1475 † 1552) fut chargé, par François Iᵉʳ, de la direction d'un atelier de tapisseries à Fontainebleau.

Le Primatice a dessiné pour cet atelier. Des *cartons, Histoire de Scipion l'Africain*, sont généralement attribués à Jules Romain.

Les auteurs contemporains ne tarissent pas d'éloges sur le compte de ces pièces « *en haute lisse*, tout de fil d'or et de fil de soye et diton que l'anne en coûte cinquante écus ». Elles figurèrent au *Camp du drap d'or* en 1520.

GISORS. — Un atelier de tapisseries de *haute lisse*, qui ne paraît pas avoir produit des œuvres nombreuses, ni importantes, fut monté à Gisors, en 1703, par un sieur Adrien Neusse, natif d'Audenarde, ayant travaillé à Beauvais.

LILLE. — Lille avait accordé droit de cité aux tapissiers de *haute lisse* d'Arras dès 1398 ; mais ce fut à la suite de la persécution de Louis XI, en 1479, que de nombreux tapissiers émigrèrent d'Arras pour se fixer à Lille, qui comptait vingt-six maîtres en 1538.

L'industrie de la tapisserie, très délaissée à la fin du seizième siècle, se releva après l'annexion de Lille à la France, en 1667, mais pour être écrasée par la concurrence des manufactures royales, et cesser complètement vers le milieu du dix-huitième siècle.

Au début du dix-huitième siècle, les métiers de Pennemaker, Delatombe, Guillaume Wernier, F. Boucher, J. de Melter, produisirent surtout des *tinières* ou *ténières*, *scènes villageoises dans le genre de Téniers*. (Voir fig. 521.)

LIMOGES. — D'après un document manuscrit, cité par Francisque Michel et Albert Jacquemart, Limoges aurait eu, au douzième siècle, des ateliers de tapisserie :

> Prins s'en montre en unes loges.
> Et fict un tapis de Limoges.

MAINCY. Près de Vaux-le-Vicomte. — Cet atelier, créé en 1658 par Nicolas Fouquet, était composé d'artisans flamands travaillant sous la direction d'un Français Louis Blamard, pour le compte du surintendant des Finances de Louis XIV.

L'atelier, qui ne survécut pas à la disgrâce de Nicolas Fouquet, a laissé cinq pièces de l'*Histoire de Constantin* et les *Chasses de Méléagre* d'après les *cartons* de Le Brun, le futur directeur des Gobelins.

MARSEILLE. — L'*Almanach des marchands de Marseille* nous apprend qu'une manufacture de *tapisseries, peintes à l'huile*, sur *toile de France*, était tenue par un nommé M. Moutet en 1770.

Ces *imitations de tapisseries*, dites de l'*Arsenal de Marseille*, étaient imprimées au moule et finies au pinceau. Elles plaisaient par la beauté des étoffes et la variété des sujets : paysages, marines, figures européennes, chinoises et autres, sculpture, le tout d'après les dessins des meilleurs maîtres.

Dessus de portes, feuilles de paravents, étaient aussi exécutés sur *toiles de Lyon, dites rabattues*, que leur finesse rendait souples, légères, faciles à tendre, et d'un transport moins dispendieux, attendu que les droits du Roi et les frais se payaient à raison du poids

MONTPELLIER. — Georgus de Valdins, tapissier de *haute lisse*, travaillait à l'Église de N.-D.-des-Tables, à Montpellier, en 1458.

NANCY. — C'est un tapissier de Bruxelles, accompagné de quelques artisans qui, sur l'ordre du duc de Lorraine, monta, en 1612, des métiers de tapisserie à Nancy. Charles Herbel, peintre, né à Nancy, mort dans cette ville en 1703, peignit sur place quelques batailles, à l'époque des campagnes du duc Charles de Lorraine contre Louis XIV. Vingt-cinq de ces grands tableaux, et douze autres, représentant les *mois*, furent copiés en tapisseries, dans la manufacture que le duc Léopold avait fait établir près de son palais.

A la suite de la cession de la Lorraine à la France, par François III en 1736, ces tapisseries furent transportées à Florence, puis à Vienne.

PARIS. — Les tapissiers de *haute* et *basse lisse* ont fait partie d'une des plus anciennes et des plus nombreuses corporations.

Le corps des tapissiers se composait de six communautés : 1º *tapissiers haut-lissiers*, fabricants de *haute* et de *basse lisse*. — 2º *Tapissiers sarrazinois*, fabricants de tapis à la façon du Levant. — 3º *Tapissiers nostrez*, fabricants de serges, lustrines, couvertures de soie, de coton, ou de laine. — 4º *Tapissiers fabricants de meubles et de garnitures*, lits, éperviers, pavillons, sièges, tentes et autres équipages de guerre. — 5º *Tapissiers courtepointiers*, faiseurs de coutils et toiles sans teinture seulement. — 6º Les *Coustiers*, fabricants de coutils.

Les premiers statuts datent de 1260. Le nombre des tapissiers, sous Philippe IV, dit Le Bel, était, en 1292, de vingt-quatre.

La confrérie avait saint Louis pour patron ; les tapissiers avaient sainte Geneviève pour patronne.

Les armoiries de la Communauté, selon d'Hozier (1698), consistaient dans un écu, partie azur, à sénestre, et argent à dextre, portant sur azur l'effigie de saint Louis, avec la main de justice, le sceptre et la robe fleurdelisée : et, sur argent, l'effigie de saint François d'Assise en prières, sa mître déposée près de lui, à senestre.

En 1779, six cent vingt-cinq tapissiers résidaient à Paris. A cette époque, l'industrie privée ne pouvait plus lutter contre les manufactures royales ; la formation des ouvriers était trop dispendieuse, et les œuvres qui sortaient de leurs mains d'un trop grand prix pour qu'il fût possible à des particuliers d'entretenir des métiers.

PARIS. — *LA TRINITÉ.* — En 1546, l'hôpital fondé par Jean Palée, au douzième siècle, fut transformé en maison de refuge pour les enfants abandonnés, désignés sous le nom des *Enfants bleus*, en raison de la couleur de leur costume.

En 1554, le roi Henri II organisa l'enseignement professionnel à donner dans cet établissement ; un atelier de tapisserie fut monté. Du Bourg tissa, de 1584 à 1594, les tapisseries de Saint-Merry, en trente-sept pièces, représentant l'histoire de Jésus-Christ, d'après les cartons de Lerambert.

La direction des ateliers était confiée à Philibert Delorme et à Lerambert. D'après l'historien d'art Alfred Darcel, la première teinture du *Mausole et Artémise* fut tissée à la Trinité (1559 à 1570).

PARIS. — *LA MAISON DES JÉSUITES.* — Le brevet, conférant charge d'intendance de la manufacture de tapisseries de *haute lisse*, délivré en faveur de M. de Féourcy, intendant des bâtiments, est le résumé de l'histoire de cet atelier, ouvert en 1599, par le roi Henri IV, désireux d'établir en son royaume des tapissiers de *haute lisse*, chargés de le pourvoir de « *tapisseries belles et excellentes* pour décorer et enrichir ses maisons et ses châteaux ».

Toussaint Dubreuil, qui avait travaillé à Fontainebleau et à Saint-Germain, sous Charles IX, fut chargé des *cartons* ; il n'était pas très coloriste, mais si bon dessinateur, que ses dessins furent attribués Michel-Ange. Les *cartons* dessinés par Dubreuil étaient peints par Jacob Bunel (1558 † 1614).

Cette petite colonie d'artisans, installée d'abord dans la maison professe des

Jésuites, au faubourg Saint-Antoine, fut transférée, à la rentrée de ceux-ci, en 1603, dans les galeries du palais du Louvre.

PARIS. — *PALAIS DU LOUVRE*. — Henri IV, voulant réaliser au palais du Louvre l'alliance de l'esprit et des beaux-arts, avec la noblesse et l'épée, décida d'y loger les plus grands seigneurs et les plus excellents maîtres du royaume. La grande galerie, qui va du Louvre aux Tuileries, fut réservée aux artisans. L'autorisation d'y demeurer constituait un tel brevet de capacité que les hôtes reçurent et conservèrent le nom d'*illustres*.

Les lettres patentes du 22 décembre 1608 accordaient, aux artisans du Louvre, l'autorisation de travailler pour les particuliers, sans être soumis à la juridiction des jurandes ; leurs apprentis étaient dispensés de la maîtrise.

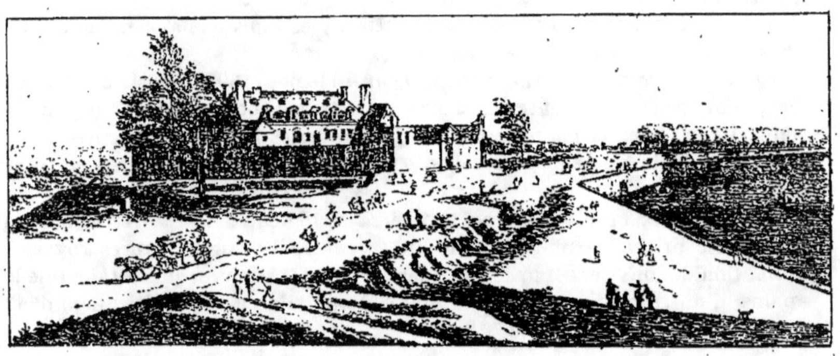

Fig. 538. — *La Savonnerie (Fabrique de Savon) d'après Israël Silvestre*.

Ces artisans, logés, payés par le roi, dégagés des préoccupations de la vie matérielle, rencontrèrent l'opposition des communautés, à qui ils portaient préjudice ; mais dispenses et privilèges furent maintenus, tant la raison de *faire renaître les arts* était supérieure à d'autres intérêts. Henri Lerambert, Pasquelier, Testelin, travaillèrent aux *cartons* des tapisseries. Les peintres Dumée et Guyot furent agréés plus tard, à la suite d'un concours proposé par Henri IV.

Girard Laurent (1613) et Maurice Dubout vinrent ensuite. Pierre Dupont travaillait pour le roi, en *ouvrages de Turquie*. Pierre Lefèvre fut aussi titulaire d'une boutique et d'un atelier (1648).

Après la mort de Henri IV (1613), Marie de Médicis continua sa protection aux artisans du Louvre ; elle fit tisser diverses pièces de tapisseries, entre autres la *tenture d'Artémise*, reproduite dans l'atelier de la Trinité et qui avait été composée en l'honneur de Catherine de Médicis.

Le style de la fabrique du Louvre était le même que celui des fabriques d'Amiens et de Tours, mais le grain plus sec, moins rond. Ses dessins sont bons et corrects, mais les nuances d'un coloris brun. Cette fabrique ne subsistait plus en 1718.

PARIS. — *LA SAVONNERIE*. — La Savonnerie (fig. 538), située ancien quai de Chaillot, à Paris, avait été, comme son nom l'indique, une *fabrique de savon*, transformée en orphelinat par Marie de Médicis en 1614.

On y voyait déjà, depuis quelque temps, des ateliers de tapisseries : un privilège, accompagné de subventions et d'immunités spéciales, ayant été accordé en 1604 à Jehan Fortier, puis à P. Dupont et S. Lourdet, en 1627, pour l'exécution de « *tapis de Turquie, Persians* et autres de nouvelle invention ».

Les tapis destinés à couvrir le sol, venus d'Orient, furent importés par Éléonore de Castille au treizième siècle.

S'il était fréquent de voir des tapis de *haute* ou de *basse lisse* accrochés aux

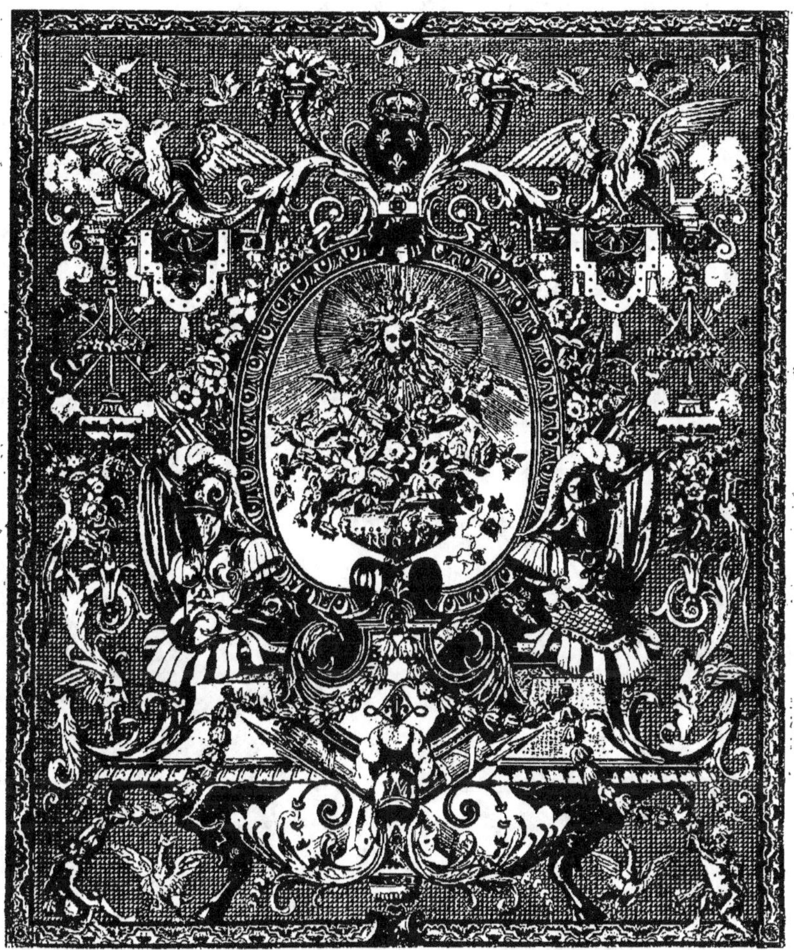

XVIIe SIÈCLE. — ART FRANÇAIS. — ATELIERS DE LA SAVONNERIE
Collection du Garde-Meuble, Paris.

Fig. 539. — Cette pièce somptueuse ne nous est parvenue que dans un mauvais état de conservation, et nous avons traduit, dans notre représentation, l'harmonie heurtée produite par le pâlissement des nuances délicates, en opposition des tons solides qui se sont bien conservés.

Sur un fond jaune quadrillé, en *savonnerie de soie*, se détache un large médaillon au soleil d'or, brillant au-dessus d'une vasque de fleurs, et surmonté du globe royal fleurdelysé. Il est richement accoté de trophées d'armes reposant sur un piédouche à pieds d'animaux. Un bouclier, échancré et soutenu par des faisceaux d'armes, porte la double L, au-dessus de laquelle s'agrafe une guirlande de lauriers. Cette masse centrale est accompagnée de riches arabesques, fleuries d'acanthes et étoffées de guirlandes, lambrequins, griffons, oiseaux et brûle-parfums.

murs pour décorer les appartements, il était rare de trouver des *tapis velus*, étendus à terre. Les *inventaires* des ducs de Bourgogne (1392 et 1423) en mentionnent quelques-uns.

Les *tapis de la Savonnerie* sont *essentiellement différents* des tapisseries des Gobelins ; ils ont l'aspect d'une *étoffe veloutée*, ne présentant aucune surface complètement rase et lisse. (Voir *Technique*, p. 188 à 190.)

Leur ornementation emprunte ses motifs aux fleurs, aux attributs et figures allégoriques, et se détache sur des fonds de diverses couleurs.

Le portrait de Louis XV (1770), et un paysage de la même époque, sont une exception. Trente-huit sujets des *fables de La Fontaine* ont été exécutés en paravents, écrans, etc.

On doit aussi à la *Savonnerie* quelques portières, et un ameublement exécuté pour le cardinal de Mazarin.

La fabrique fut supprimée en 1826 ; les artisans furent employés aux Gobelins et les métiers de *basse lisse* expédiés à Beauvais.

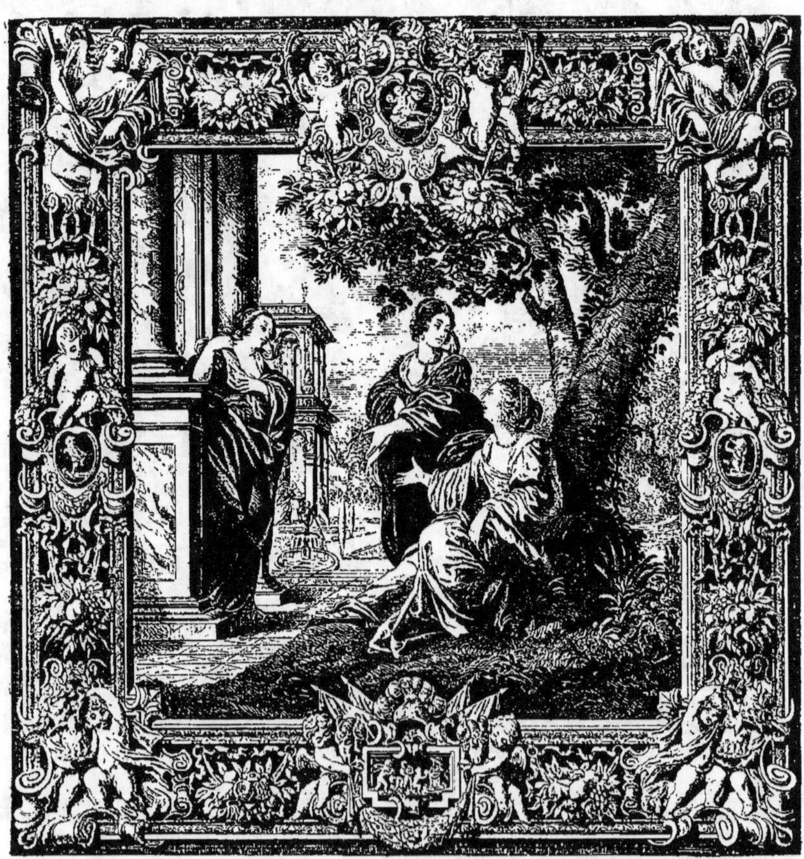

XVIIᵉ SIÈCLE. — ART FRANÇAIS. — ATELIERS R. DE LA PLANCHE

Collection Martin Le Roy.

Fig. 540. — Cette tapisserie, que nous représentons surtout pour son intéressante *bordure*, est un des épisodes de l'*Histoire d'Artémise*. Nous croyons qu'elle fut exécutée pour Marie de Médicis, seconde épouse et veuve de Henri IV, par R. de la Planche.

PARIS. — *LA TOURNELLE*. — Rétablir le commerce et les arts, si atteints par les dernières guerres, empêcher les consommateurs français de s'adresser aux étrangers, telles sont les condésirations qui ont dominé la législation économique de Henri IV.

L'*édit* de janvier 1607, établissant des manufactures de *tapisseries de laine, soye et capiton*, a pour objet de fonder des établissements subventionnés pour la fabrication de tapisseries de *basse lisse*, analogues à celles des Pays-Bas, d'un prix inférieur aux tapisseries de *haute lisse*, seules tissées dans les ateliers parisiens.

En 1648, le roi établit, en faveur des seigneurs Marc de Comans et François de la Planche, un *édit* établissant un monopole de quinze ans, le roi « ayant pleine confiance dans leur fidélité, prud'homie, intelligence, expérience et affection ». Les ateliers, installés tout d'abord au quai de La Tournelle, furent transférés au faubourg Saint-Marcel.

En 1659, de Comans reçut de Louis XIV la direction des manufactures de tapisseries de la ville de Paris.

En 1667, J.-B. Colbert transforma cet atelier en manufacture des Gobelins ou manufacture des meubles de la Couronne.

PARIS. — *LA PLANCHE*. — Raphaël de La Planche, fils de François de La Planche, fondateur de l'atelier de La Tournelle, ayant été autorisé, à la mort de son père, à quitter son associé, Charles de Comans (*Arrêt* du 30 juillet 1633), il vint se fixer dans le faubourg Saint-Germain-des-Prés.

Le roi lui accorda la direction de « la fabrique et manufacture des *tapisseries de Flandre* », en le maintenant dans ses « honneurs, prééminences, franchises, libertés, privilèges, exemptions, pensions, subventions ».

Cependant, sa fabrique ne put soutenir la concurrence de celle des Gobelins, et il dut fermer ses ateliers vers 1667.

Les tapisseries de La Planche étaient admirées pour la beauté des dessins et leur régularité, pour leurs belles *verdures à oiseaux* et *magnifiques paysages*. Le goût des nuances était tendre et de durée, le coloris fort beau, imitant les carnations de Raphaël et de Rubens, les draperies artistement maniées, d'un travail naturel et d'une belle ordonnance. (Voir fig. 540.)

PARIS. — *LES GOBELINS*. — Le nom de Gobelin, emprunté à la mythologie gauloise, désigne un lutin qui fait des apparitions. C'était un sobriquet donné à la famille Gobelin, de qui le chef Jean était venu de Reims à Paris, en 1450.

Son fils, Philippe, acquit un terrain, emplacement de la future manufacture sur les bords de la Bièvre, dont les eaux avaient, dit-on, des propriétés particulières pour la teinture des étoffes.

L'Hôtel des Gobelins, loué pour des ateliers de tapisseries, depuis 1603, fut vendu en 1662 à J.-B. Colbert, qui, continuant l'idée d'Henri IV, concentra aux Gobelins les ateliers de *haute* et de *basse lisse* de la Trinité, du Louvre, et ceux de François de La Planche.

L'*édit* de fondation de la « Manufacture Royale des meubles de la Couronne » date de 1667. Il crée, sous la direction de Le Brun, premier peintre du roi, une sorte d'école professionnelle de tous les artisans d'art travaillant pour le souverain : *tapissiers, teinturiers, brodeurs, orfèvres, fondeurs, graveurs, lapidaires, ébénistes*.

La tapisserie, seule, employait deux cent cinquante ouvriers ; soixante enfants, apprentis peintres, étaient élevés à la manufacture où, après dix ans de séjour, ils parvenaient à la maîtrise.

Les Gobelins furent la grande École d'art appliqué, dont les enseignements et l'influence rayonnèrent, pendant deux siècles, en France et à l'étranger.

Dès l'origine, sous la direction de Charles Le Brun, les Gobelins abordèrent tous les genres et les traitèrent avec une égale supériorité, grâce à une réunion d'artisans tels que Yvart père, Augier, Baptiste, Monnoyer, Nicasins, Bernaert, A.-C. Boulle, Claude Baudouin, Noël Coypel, les deux Boulogne et autres artisans illustres.

Le principe décoratif est celui de la peinture monumentale : la composition claire, le modelé large, obtenu à l'aide de six teintes par couleur. La perspective ne s'accuse que par l'échelle des détails, toujours rigoureusement observée ; les premiers plans s'enlèvent en coloration franche sur les fonds ; la lumière est répandue dans toute la composition.

La disposition des bordures est géométrique; leur coloration tranche sur le sujet principal par le parti pris des fonds, où l'or joue un grand rôle. Ces bordures sont d'une grande richesse et d'une invention merveilleuse.

En 1690, Mignard succède à Le Brun. Ses compositions, *Apollon et les Muses*, *l'Enlèvement de Psyché*, pleines de souplesse et de charme, manquent de grandeur, s'attachant surtout à rendre les effets de la peinture, au mépris du style de la tenture décorative. Hardoin-Mansart lutta contre cette tendance et reprit les saines traditions du quatorzième siècle.

Robert de Cotte continue la réaction et fait tisser les *Fructus Belle* d'après Jules Romain, puis les *Mois* et les *Saisons* et la célèbre *Tenture des Indes*, 1690.

Sous la Régence, Boffrand substitue une architecture moins rigide aux formes solennelles de Mansart.

Après lui, Blondel cherche des formes plus raffinées, plus capricieuses. Le grand style fait place à la fantaisie ; de magnifiques compositions, vrais décors d'opéra, servent de cadre à des ballets, où les personnages se détachent sur des paysages d'un ton conventionnel, et qui sont une véritable fête pour les yeux.

Sous la direction de Marigny, 1755, la fâcheuse habitude d'acquérir des tableaux pour les faire exécuter en tapisserie s'accentua. Les grands principes de cet art furent alors abandonnés. Soufflot, en 1775, avec Vaucanson apportent de grandes améliorations dans le montage des métiers.

Sous Louis XVI, et avec l'influence des philosophes de son règne, le choix des sujets nous ramène à l'Antiquité.

La Révolution de 1789 fait table rase de tous les motifs anciens. En 1793, le

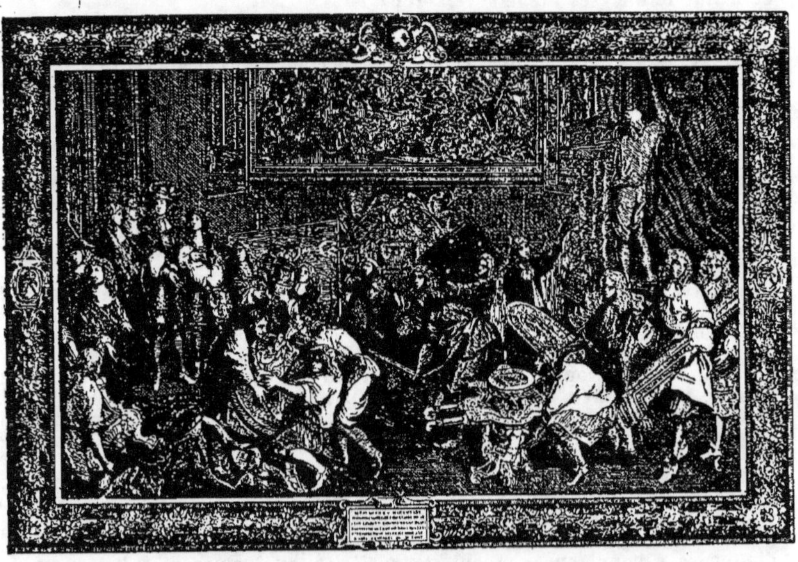

XVII⁰ SIÈCLE. — ART FRANÇAIS. — GOBELINS

Fig. 541. — Le Roy Louis XIV visitant la manufacture des Gobelins, « où le sieur Colbert, superintendant de ses bâtiments, le conduit dans tous les ateliers pour lui faire voir les divers ouvrages qui s'y font, 15 octobre 1667 ».
Cette somptueuse tapisserie nous conserve la représentation de nombreuses œuvres d'art disparues, fondues ou brûlées, dans les tourmentes politiques françaises et étrangères de la fin du dix-septième et au cours du dix-huitième siècle.

peintre Belle, directeur, écrit sur la porte de la manufacture : « Ici on se tutoie. »
Il choisit des *sujets historiques* servant les idées républicaines.

Sous le Premier Empire, en 1811, malgré les protestations du directeur des
teintureries, on multiplie les tons ; en 1824, l'arrivée de l'illustre savant,
M.-E. Chevreul, contribue au développement industriel de la manufacture,
mais en l'éloignant plus encore des traditions de l'art de la tapisserie.

Pendant la Restauration et durant le règne de Louis-Philippe, sauf pour
l'*Histoire de la vie de Marie de Médicis,* où la peinture de Rubens brille d'un éclat
et d'une franchise de coloration, se prêtant à la reproduction en tapisserie, les
principes de cet art, essentiellement décoratif, restent négligés.

A la suite des événements de 1848, les manufactures royales rentrèrent dans

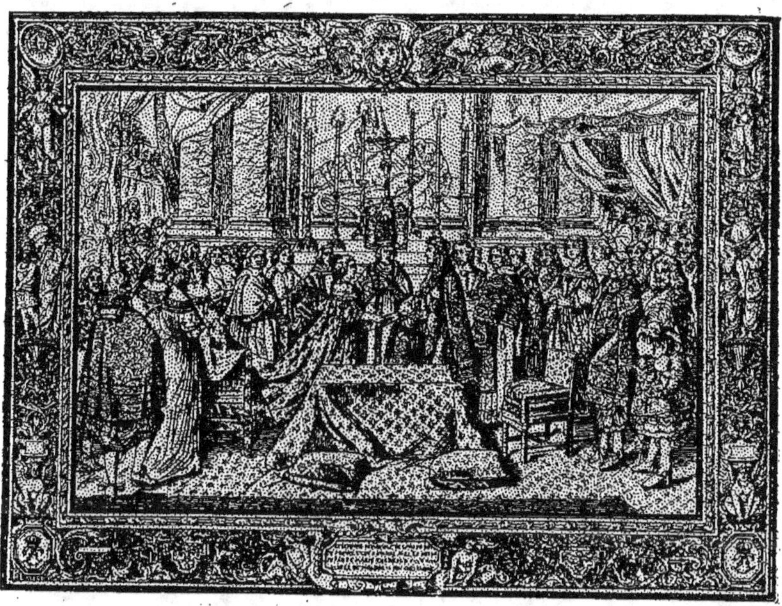

XVII⁰ SIÈCLE. — ART FRANÇAIS. — GOBELINS

Fig. 542. — Cérémonie du mariage de Louis XIV, roy de France et de Navarre,
avec la sérénissime infante Marie-Thérèse d'Austriche, fille aînée de Philippe IV, roy
d'Espagne. Septième pièce de l'*Histoire du Roy.* Un prélat donne la bénédiction aux
deux époux, qui se tiennent par la main. Dans les cartouches latéraux : *Lud. XIIII*
an° 1665. — Lud. XIIII, an° 1672.

L'*Histoire du Roy,* d'après les *cartons* de Ch. Le Brun et Van der Meulen, forme la plus
belle *suite* des tentures exécutées à la *Manufacture royale* des Gobelins. En l'examinant,
on est à la fois frappé de la vérité et de l'abondance des portraits, qui donnent à toute
cette *suite* un caractère de vérité si saisissant de la richesse des costumes et du mobilier,
et nous ne savons quelle gravité qui n'exclut cependant pas le naturel. Ce sont des pages
d'histoire offrant, à côté de renseignements dont la précision ne laisse rien à désirer,
l'élévation de sentiments propre au peintre officiel de Louis XIV ; en n'y voyant que
des tableaux de cérémonie, des morceaux d'apparat, on les jugerait imparfaitement :
dans la pièce du *Mariage,* la majesté du Grand Roy, le respect qu'il inspire à la
Cour priment tout autre sentiment.

Ces qualités frappent surtout lorsque l'on compare celles des pièces de l'*Histoire du*
Roy, qui sont l'œuvre de Le Brun, aux pièces composées d'après les cartons de Van der
Meulen, c'est-à-dire, d'une manière générale, aux batailles. Ces dernières sont moins
bien composées ; la *pondération,* ce secret important retrouvé par Charles Le Brun,
leur fait souvent défaut ; les groupes, les portraits sont moins intéressants.

En outre, un des côtés les plus remarquables du talent de Le Brun, c'est cette *Science*
des Bordures, aujourd'hui presque perdue : dans la pièce du *Mariage,* le *champ* de la
bordure est encadré par des lignes qui en soutiennent les opulentes arabesques.

le domaine de l'État. La perfection de l'exécution, les louables efforts des direc-
teurs pour conserver le style des anciennes tapisseries, nous valent des œuvres
conçues dans un meilleur esprit.

POITIERS. — La manufacture de tapisseries établie à Poitiers jouissait,
au onzième siècle, d'une grande renommée ; ses produits étaient envoyés en
Italie. Des tentures furent commandées en 1075 par Jervin, abbé de Saint-
Riquier, pour servir à la décoration de son monastère.

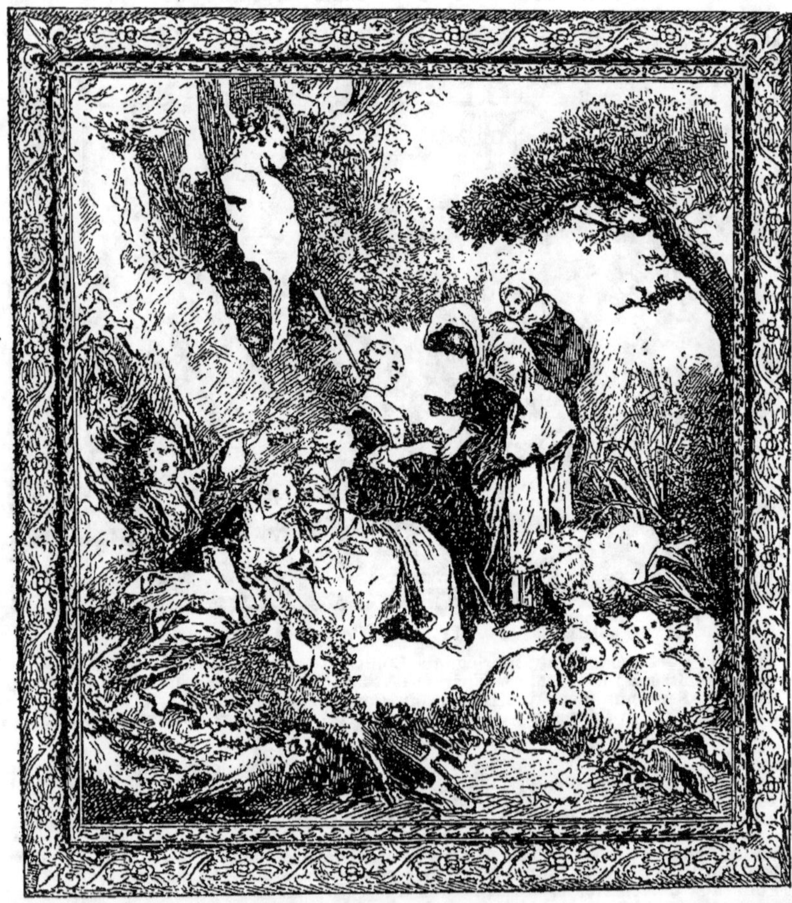

XVIIIᵉ SIÈCLE. — ART FRANÇAIS. — ATELIERS DE PARIS (GOBELINS)

Ancienne Collection de San Donato.

Fig. 543. — La Bonne Aventure, tapisserie d'après la *suite* de François Boucher comprenant : 1° La Lanterne magique et le Marchand d'orviétan ; 2° *La Bonne Aventure* ;
3° La pêche ; 4° Le repas de chasse ; 5° Les vendanges. Cette tenture, à bordures fleur-
delysées, exécutée pour le Grand Trianon, est un véritable modèle de goût et une des plus
heureuses compositions décoratives du dix-huitième siècle.

REIMS. — Du treizième au dix-huitième siècle, la peinture textile fut exé-cutée à Reims. Cette ville était riche en tapisseries de toutes sortes : lors du sacre des rois de France, les rues et la cathédrale en étaient décorées.

Cette industrie, un moment arrêtée, reparut au dix-septième siècle et, en 1646, on compte à Reims onze tapissiers.

En 1633, Pepersack tissa des tapisseries, d'après les *cartons* de Murgalet, *Histoire de saint Pierre* pour cette paroisse ; il fit École avec Jean Perclas, Jean Guerlet, Pierre Damour, François Cayon, Jean et Nicolas Tauxier.

Daniel Pepersack exécuta encore en 1639, pour le prince Henri de Lorraine, archevêque de Reims, et d'après les *cartons* de Pierre Murgallet, des scènes relatives à la vie du Christ, pour la décoration de l'église Notre-Dame.

ROUEN. — Le corps des tapisseries de Rouen exécutait un genre spécial : les tapisseries de Rouen étaient plutôt une sorte d'étoffe sans chaîne ni fil de traverse, imprégnée d'une couche de couleur à l'huile sur laquelle on des-sinait à la craie figures et paysages ; des tonsures de soie et de laine étaient appliquées sur le tissu, en observant le dessin et les couleurs, au moyen d'une huile collante. Cette fabrication disparut en 1762.

L'*inventaire* du Cardinal de Mazarin mentionne de véritables tapisseries de Rouen mais, probablement, de qualité inférieure, puisqu'elles étaient ré-servées pour les appartements des gens du Cardinal.

L'*Almanach général des marchands* de 1770 signale aussi des tapisseries à Rouen, brocatelles et ligatures (de fil et de laine) et bergames de soie, de laine, de fil ou, plus communes, de poil de chèvre ou de vache. Ces diverses étoffes avaient été importées de la Flandre espagnole, mais l'industrie rouennaise accapara cette fabrication au détriment des Flamands. Ces tapisseries étaient désignées sous le nom de *Tapisseries de Portes de Paris*, du lieu où se tenait leur marché.

Quelques fabriques particulières exécutèrent des *pièces dites siamoises* à fleurs, pour tentures et meubles, et des velours ciselés, gaufrés, de toutes couleurs, façon d'Angleterre.

SAUMUR. — Abbaye de Saint-Florent, près Saumur. — Au dixième siècle, vers 985, un abbé Robert, de l'abbaye Saint-Florent, fit tisser diverses pièces : tapis de pied, tapis de murailles en laine et vêtements sacerdotaux, où entrait aussi la soie, avec dessins d'animaux se détachant sur un fond rouge.

En 1133, Mathieu de Loudun, abbé de Saint-Florent, fit exécuter deux *dosserets*, dont l'un représentait les vingt-quatre vieillards de l'Apocalypse.

TOURCOING. — Une fabrique de tapis, façon *Audenarde*, ayant été ouverte à Tourcoing, au dix-huitième siècle, par Jeanne-Marie Lefebvre, la chambre de commerce de Lille et les *haut-lissiers*, demandèrent sa suppression, afin d'éviter les fraudes, Tourcoing étant ville ouverte, près la frontière.

TOURS. — La ville de Tours fut le siège d'une importante fabrique de tapisseries de *haute lisse*, datant de Charles IX et disparue en 1718.

Elle se distinguait par « un goût singulier et uniforme et était estimée pour ses figures toujours bien travaillées ; son grain était rond et bien fabriqué. Les tapisseries de verdures et d'animaux étaient fort correctes et leur architecture très bonne ». On attribue à Tours l'exécution d'une série de vingt-sept pièces, ayant 117 aulnes de long : la *Bataille de Saint-Denis* et la *Bataille de Jarnac*.

Sous Charles IX, la *tenture de Coriolan* fut exécutée d'après les *cartons* de Lerambert, en huit pièces de trois aulnes de haut et vingt de cours.

TROYES. — En 1425, Thibaut Clément, tapissier de *haute lisse*, fit exécuter pour l'église de la Madeleine, d'après les dessins du peintre Jacques, et de

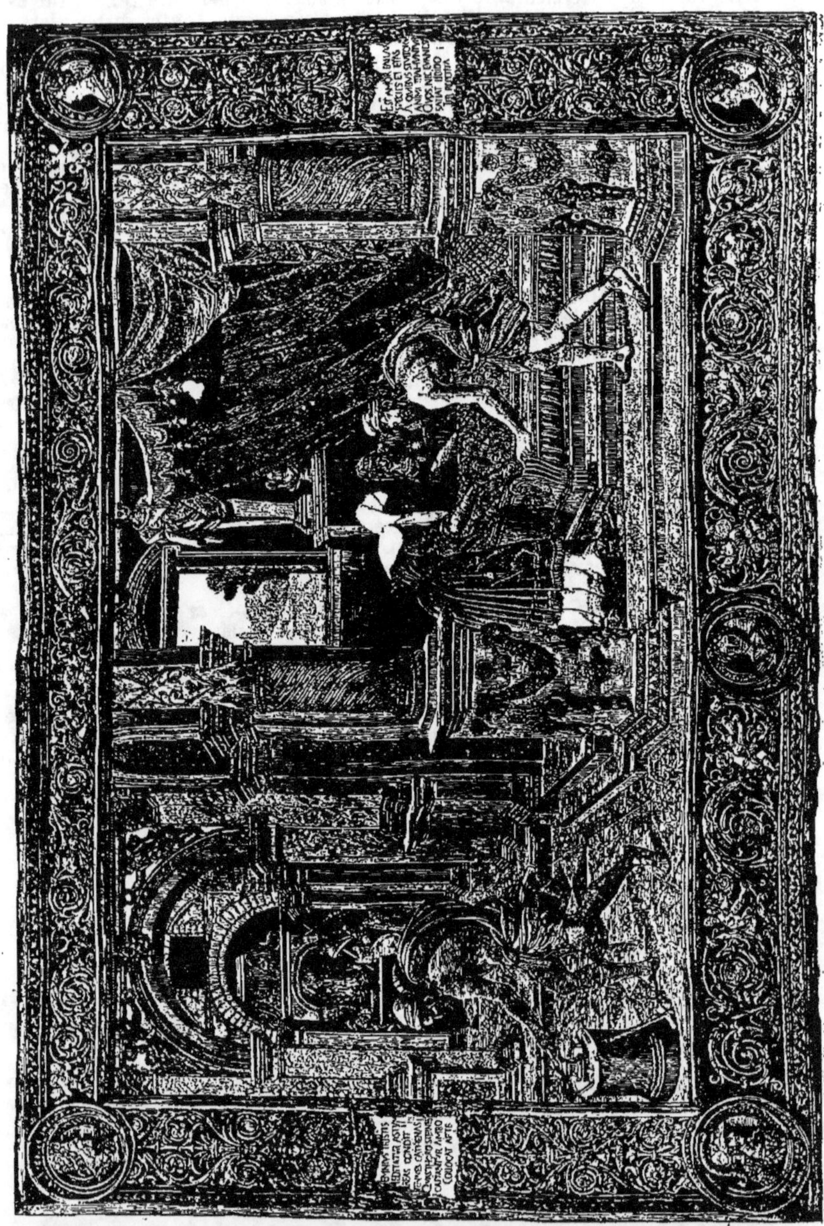

XVIᵉ SIECLE. — CARTON ART FLAMAND. — ATELIERS DE MORTLAKE
Palais Royal, Madrid.
Fig. 544. — VULCAIN PRÉPARANT SES FILETS POUR PRENDRE MARS.

l'enlumineur Symon, une tenture représentant des *Scènes de la vie de sainte Madeleine.*

En 1483, Louis Régnier, évêque de Troyes, donna à son église quatre pièces de tapisserie, représentant la *Vie de Saint Pierre* et les *Figures des évêques canonisés à Troyes.* Un *manuscrit* des archives de Troyes, datant du seizième siècle, décrit une tapisserie représentant la *Vie de saint Urbain et de sainte Cécile,* offerte à l'église de Saint-Urbain par la famille L'Argentier.

En 1525, le chanoine Claude de Lirey fit exécuter à son tour, pour la même église, des tapisseries d'après la *Vie du Pape Urbain IV.*

Quatre peintres, d'une famille Murgallet, ont illustré la ville de Troyes aux seizième et dix-septième siècles par leurs peintures décoratives. On doit à Pierre Murgallet les *cartons* des tapisseries exécutées par Pepersack.

VALENCIENNES. — Une tapisserie, exécutée à Valenciennes, vers 1500 et représentant un tournoi, se fait remarquer par la « fermeté du coloris et le fondu des nuances du dessin, la hardiesse et la chaleur de la composition. »

Au quatorzième siècle, les grands seigneurs, amateurs de *tapisseries historiées,* en trouvaient à Valenciennes, fabrique abandonnée fin du seizième siècle.

ATELIERS D'ALLEMAGNE

ALLEMAGNE. — L'art de la tapisserie ne fut d'abord pratiqué en Allemagne que dans les couvents et les châteaux, d'où sont sorties des pièces qui ne manquent pas d'originalité.

Une des plus anciennes tentures en *haute lisse,* qui soit parvenue jusqu'à nous, est celle de l'église de Saint-Géréon, de Cologne, douzième siècle ; celle du dôme de Halberstadt semble de la même époque : elle est de lignes assez larges d'un brun foncé, où lumières et ombres sont produites par la dégradation ou le renforcement du ton principal. (Voir fig. 474.)

Au seizième siècle, l'atelier de Lauingen mérite d'être cité, il exécutait des *tapisseries héraldiques* ou *topographiques.*

Le duc Maximilieu de Bavière (1573-1651), en appelant des ouvriers étrangers à sa résidence, et en leur faisant exécuter des tentures destinées à la décorer, développa l'industrie de la tapisserie ; il sut encore, en 1604, décider le flamand, Jean van der Biest, à s'établir à Munich, mais le style des tentures exécutées est lourd et vulgaire.

A la suite de la révocation de l'Édit de Nantes, Pierre Mercier, réfugié d'Aubusson, obtint à son tour la protection du Grand Électeur ; sa fabrique fut célèbre pendant le règne de Frédéric Ier (1688-1713); on lui doit la décoration des châteaux de Berlin, de Potsdam, etc. Toutes les Cours du Nord furent approvisionnées par la manufacture de Berlin, fondée par Pierre Mercier ; elle dura jusqu'à la fin du dix-huitième siècle.

Dresde, Heidelberg eurent aussi des ateliers, mais si grand était au dix-huitième siècle le prestige de la fabrication française que le mot Gobelin était synonyme de tapisserie de haute et de basse lisse.

ATELIERS D'ANGLETERRE

ANGLETERRE. — Au dixième siècle, saint Dustan dessina, pour un couvent, le modèle d'un vêtement sacerdotal. A la même époque, la veuve du duc de Northumberland offrit à l'église d'Ely une tenture retraçant les actions de son époux. Sous le règne de Henri Ier (1100-1135), « un grand *dosseret* » fut offert par l'abbé Geoffroy à l'abbaye de Saint-Alban.

Pendant le quinzième siècle, les Anglais, tributaires des Flamands, qu'ils approvisionnaient de laine, n'essayèrent pas de rivaliser avec eux dans l'art de la

(Note de la fig. 544.)

D'après *J. Romain (?).* Première pièce de la *suite* de cinq pièces dite : *de Vulcain.* A gauche, on aperçoit la forge de Vulcain, tandis que des personnages sont occupés, à droite, à tendre sur le lit un filet qui doit constater le flagrant délit.

Bordure d'enfants portant des attributs (clefs, masques, miroir, agneau) alternant avec de grandes figures, et des médaillons en camaïeu jaune.

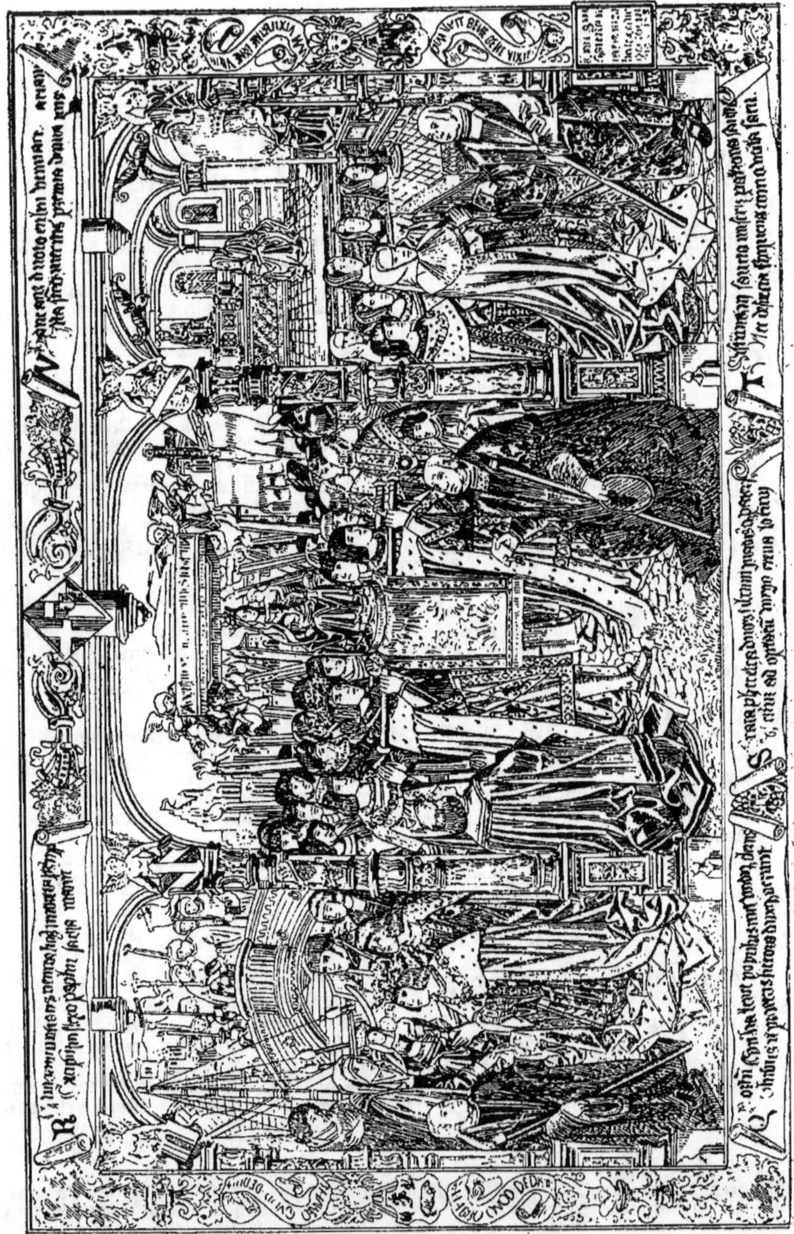

Fig. 545. *(Voir note ci-contre.)*

tapisserie. Au seizième siècle, des *cartes* furent exécutées sous la direction de Robert Hicks, dans l'atelier de Burcheston, fondé par William Sheldon, vers la fin du règne de Henri VIII.

Jusqu'au dix-septième siècle, l'Angleterre ne témoigne à la tapisserie qu'un intérêt médiocre ; mais, vers 1620, le roi Jacques Ier, stimulé par l'exemple de Henri IV, appelle à lui des ouvriers flamands pour les établir dans le Surrey, à Mortlake, sous la direction de Francis Crane. La nouvelle manufacture atteignit rapidement à un haut degré de perfection ; Charles Ier lui confia le soin d'exécuter une seconde *suite* des *Actes des Apôtres* d'après les *cartons* de Raphaël, qu'il avait acquis par l'intermédiaire de Rubens ; celui-ci donna à son tour les esquisses de l'*histoire d'Achille*, tandis qu'on attribue à Van Dyck la superbe bordure des *Actes des Apôtres*.

En 1652, la révolution, en Angleterre, compromit l'activité de la manufacture de Mortlake, qui reprit un moment sous Charles II, pour disparaître à la fin du dix-septième siècle. Quelques particuliers montèrent des métiers au dix-huitième siècle ; en 1758, la *suite de paysages* qui décore le château de Northumberland fut exécutée à Soho ; des sujets orientaux, d'après Le Prince, furent tissés à Londres, sous la direction de Saunders.

Les fabriques de Fulham et d'Exeter ne livrèrent que des tapis dans le genre de ceux de la Savonnerie.

La qualité des laines anglaises a contribué à la réputation de tapisseries, dont le grain est uni et moelleux et qui, presque partout, ont été travaillées en *haute lisse.*

ATELIERS DES FLANDRES

BRUXELLES. — Bruxelles possédait, en 1340, une corporation de tapissiers qui n'eut, jusqu'à la fin du quatorzième siècle, qu'un rôle effacé dans l'histoire de la tapisserie.

En 1448, la corporation prit le nom de *Legwenchers Ambacht* et exécuta, en 1466, pour Philippe le Bon, la suite, en six pièces, de l'*Histoire d'Annibal.*

Les ateliers bruxellois rivalisaient déjà avec ceux d'Arras et de Paris, qu'ils devaient éclipser jusqu'au triomphe définitif des Gobelins.

Les tentures exécutées à Bruxelles pendant le premier quart du seizième siècle, comptent parmi les chefs-d'œuvre les plus parfaits de l'art textile : tentures de la cathédrale de Reims, qui retracent en dix-sept pièces la *Vie de la Vierge,* Crucifixions, Descentes de croix, Mises au tombeau, Allégories, où se meuvent parfois jusqu'à cent personnages et où la science de la composition, la chaleur du coloris, correspondent à l'éblouissante richesse du tissu.

XVe SIÈCLE. — ART FLAMAND. — ATELIERS DE BRUXELLES

Ancienne Collection Spitzer.

Fig. 545. — Débarquement de l'image miraculeuse de Notre-Dame-de-Sablon. Sa translation solennelle à Notre-Dame-de-Sablon ; princesses et prince (Charles V) agenouillés dans la chapelle.

Cette pièce, composée de trois compartiments, avec distiques expliquant les scènes, fait partie d'une tenture comprenant les épisodes de la statue miraculeuse.

Dans les *tapisseries historiées* des Flandres, l'intérêt réside tout autant dans l'action que dans l'exubérance de la vie, la richesse des costumes, la variété des ornements, la vivacité du coloris. L'artisan, auteur des *cartons,* et le tapissier, ont fait preuve d'une science, d'un talent consommés. Rien de plus vivant que leurs héros, dont la plupart sont des portraits d'une exactitude irréprochable ; rien de plus éclatant et de plus harmonieux que ce coloris dans lequel dominent des rouges mêlés d'or, des bleus dégradés jusqu'au blanc, des verts avec des lumières jaunes. Si nous reconnaissons dans le choix de ces tons, comme aussi dans l'habileté avec laquelle sont traités les brocarts, la manière des maîtres bruxellois, en revanche, la bordure, avec ses cornes d'abondance, ses médaillons, ses banderolles, ses génies nus, dénote une influence allemande.

2 — C. 30.

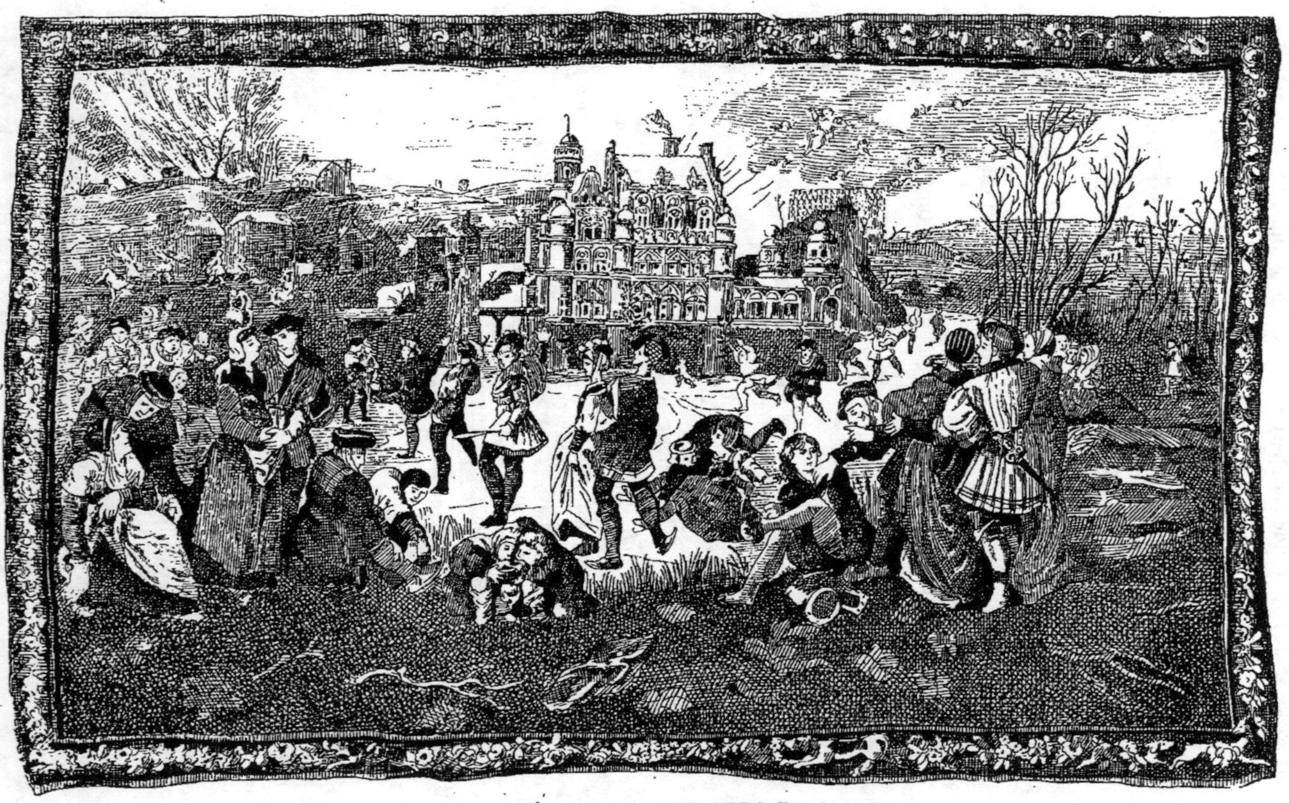

XVI-XVIIe SIÈCLES. — ATELIERS FLAMANDS
Collection Lowengard.

Fig. 546. — Tenture des Saisons : l'Hiver. Cette tapisserie a été exécutée au dix-septième siècle, d'après un *carton* du seizième.

C'est à cette époque que Léon X, pour compléter la décoration de la chapelle Sixtine et celle des salles du Consistoire, confia à Pierre Van Aelst, d'après les *cartons* peints à Rome par Raphaël, le tissage de *suites* qui devaient immortaliser les ateliers flamands. Celle des *Actes des Apôtres*, exécutée entre 1515 et 1519, montre à quel point les artisans bruxellois excellaient à reproduire des modèles d'un style opposé à celui de l'École flamande, et à respecter les caractères des originaux, tout en conservant leur droit de substituer une nuance à une autre, de transposer et d'interpréter. (Voir fig. 547).

Mais, à côté de ces admirables *suites*, nous en possédons encore où tout est resté flamand, telles ces belles *Chasses de Maximilien*, dessinées par Bernard Van Orley, et cette *Conquête de Tunis* exécutée pour Charles-Quint d'après les cartons de Jean Vermay par le tapissier Pannemaker en 1549, à qui on doit aussi l'intéressante tenture des *Victoires du Duc d'Albe*, où le style héroïque fait place à l'anecdote comme l'histoire à la chronique.

Dans la seconde moitié du seizième siècle, la vogue de la *basse lisse*, les procédés de plus en plus expéditifs, la dégénérescence du goût, lourd et vulgaire, les guerres, les persécutions, amènent le déclin de la fabrication bruxelloise. Cependant, les tapissiers forment encore, dans les premières années du dix-septième siècle, une aristocratie industrielle et connurent la bonne fortune d'interpréter les *cartons* de Rubens.

Ils eurent une nouvelle vogue en interprétant les compositions de Téniers, *les Ténières* ; mais ces paysanneries, dont *le sel est dans la touche*, paraissent vulgaires dès qu'elles sont représentées, agrandies, sur les tapisseries. (Voir fig. 521.)

Au début du dix-huitième siècle, Bruxelles ne comptait plus que huit fabricants. En 1768, il n'en restait qu'un, Jacques Van der Borght, dernier représentant d'une famille célèbre. Avec lui disparut, en 1794, le dernier atelier bruxellois.

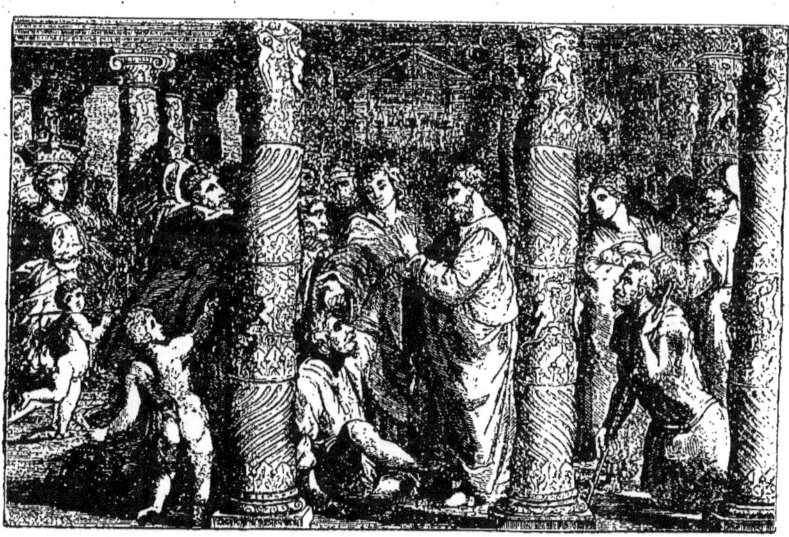

XVI° SIÈCLE. — CARTON ART ITALIEN. — ATELIERS DE BRUXELLES

South Kensington Museum, Londres.

Fig. 547. — Les *cartons* de la première *suite* des *Actes des Apôtres*, par Raphaël, ont composé une tenture de onze tapisseries conservées dans la *Collection du Vatican*, à *Rome*, et dont trois décorent la paroi du fond de la Chapelle Sixtine.

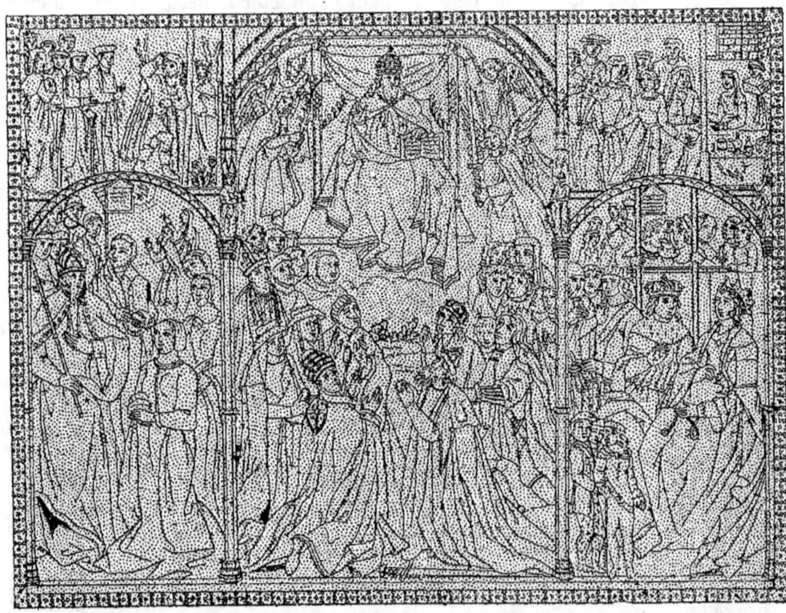

XVe SIÈCLE (1494). — ART FLAMAND. — ATELIERS DE BRUGES

Fig. 548. — Tapisserie représentant, sous des formes allégoriques, le mariage de Charles VIII avec Anne de Bretagne (1491).

Nous ne partageons pas l'opinion de Millin, qui, dans son *Voyage dans le midi de la France*, en parlant de cette tapisserie précieuse, tissue d'or et de soie, écrit qu'elle a été fabriquée à Arras, et qu'elle a été faite à l'aiguille. La composition, le style et le goût du dessin que l'on y remarque suffisent cependant pour signaler l'École de Jehan Van Eyck. Ainsi nous pensons qu'elle a été fabriquée à Bruges, et que c'est l'une des premières *hautes lisses* qui sont sorties de la manufacture fondée dans cette ville par Philippe le Bon, duc de Bourgogne. Elle aurait été fabriquée de 1492 à 1498. Roger de Bruges, ou Hugues Van der Goës, élèves de Jehan Van Eyck, en aurait donné le dessin. Cette tapisserie est formée de trois épisodes et, dans l'ensemble, compte environ soixante-dix-neuf figures. D'autres motifs se voient au-dessus des deux arcades de droite et de gauche.

Note de la page 237. — *Chambre* a le sens de *tentures ornées de broderies* : « Et estoient ouvrier trop grandement ensonny et parmi Paris de faire banières, pennons, *cambres*, courdines et toutes coses qui apartiennent d'armoierie en l'ordenance d'un signeur. » (*Chroniques de Froissart.*) — « Il avoit toute la vaisselle d'or et d'argent au conte de Flandre et tous les joyaux, *cambres* et sommiers qui avoient esté trouvés en l'ostel dou conte à Bruges. » Les *Glossaires* n'ont jamais relevé cette acception du mot *chambre*, qu'éclaircissent les *Comptes des Archives de Lille* (La Borde, *Ducs de Bourgogne*) : « Pour une *cambre* de sarges de Caen, sur couleur de vert herbeux, à plain chiel dossier, couverture pour le lit et pour le couche, aveuc le dossier de ladite couche, tous brodez de cynes blancs, et est ladicte *chambre* garnie de trois courtines autour dudit lit et de vi. pièces de sarges de quatre royes de semblable couleur pour faire muraille autour de ladicte *chambre*. » Ce sens doit être attribué au passage suivant de Grégoire de Tours (539 † 594), *Historia Francorum* : « Et quoniam *camera* cellulæ illius prioris eleganti opere fuerat fabricata, indignum duxit sacerdos, ut opera ejus deperirent, sed in honore beatorum Apostolorum Petri et Pauli aliam construxit basilicam, in qua *cameram* illam affixit. » Le sens n'est pas douteux dans un *inventaire* de 1295 (Du Cange, *Glossarium*) : « Item unam *cameram* seu cortinam ex tribus partibus lineam, et ex quarta sericam ad tenendum super et circa lectum. » On le retrouve dans un *Testament* de 1373 (Baluze, *Histoire d'Auvergne*) : « Item, cardinali Gebennensi nepoti meo do et lego *cameram* meam novam, quam dedit mihi Dominus Guido de Campo-diverso, et unam aliam *cameram* cum liliis. »

BRUGES. — La supériorité de son École de peinture a contribué à la vogue des ateliers de Bruges au quinzième siècle. Philippe le Bon acheta deux *chambres* de tapisserie, et une *suite* de l'*Histoire du Saint-Sacrement* (Voir note page 236).

HARLEM. — Le maître tapissier Joseph Thybouts exécuta, en 1629, la *Prise de Damiette, suite* d'un style mâle et sévère.

ANVERS. — Cette ville fut surtout un entrepôt pour les tapisseries ; celles qui sortirent directement de ses ateliers sont d'une coloration jaunâtre, d'un effet peu heureux.

GAND. — Un atelier de tapisserie est signalé dès 1302.

TOURNAI. — Les ateliers de Tournai remontent au quatorzième siècle ; ils exécutèrent pour Philippe le Bon, de 1449 à 1453, la célèbre *suite*, en huit *pièces*, de l'*Histoire de Gédéon* ou de *la Toison d'Or*, d'après les *cartons* de Baudoin Bailleul. Tournai a donc sa place parmi les villes célèbres qui fabriquèrent de riches tentures, acquises par les ducs de Bourgogne et les souverains espagnols ; ses ateliers tinrent même le premier rang après la chute d'Arras, jusqu'au moment où ils furent éclipsés par ceux de Bruxelles.

ATELIERS DU DANEMARK

DANEMARK. — Le roi Christian IV (1588-1648) appela en Norvège des ouvriers flamands pour y monter des métiers.

Christian V (1671-1699) fonda la manufacture de Kiöge, où furent exécutés les *cartons* fournis par le peintre Peter Andersen ; s'ils ne présentent pas un grand intérêt artistique, il est curieux de remarquer que les figures des principaux personnages sont des portraits. Ces tapisseries, qui ont beaucoup d'éclat, sont conservées au Prinzen Palais.

ATELIERS D'ESPAGNE

ESPAGNE. — L'Espagne, tributaire des ateliers flamands, essaya cependant, à la fin du quatorzième siècle, et au commencement du quinzième, de fonder quelques ateliers de *haute lisse* ; mais ces tentatives n'eurent pas de suite, et l'Espagne resta, pendant le seizième et le dix-septième siècle, réfractaire à l'introduction des métiers ; mais, au dix-huitième siècle, plusieurs fabriques importantes furent créées.

La plus ancienne est celle de Santa Barbara à Madrid, fondée en 1720 par Philippe V, sous la direction d'un tapissier d'Anvers, Jacques Van der Goten.

La fabrique, fondée à Séville en 1730, ne dura que quelques années, elle fut remplacée par celle de Santa Isabel à Madrid.

A la fin du dix-huitième siècle, l'exécution d'une série de quarante-cinq pièces, connue sous le nom de *Los Tapices* et faite d'après les *cartons* de Goya, valut une nouvelle réputation à la fabrique de Santa Barbara ; le peintre, rompant nettement avec la tradition, ne peignit pour ses *cartons* que des sujets empruntés à la vie nationale : danses, jeux, assemblées joyeuses : tout cela spirituel, vif, pittoresque, très mouvementé, bien groupé, s'enlevant sur des fonds champêtres ou baignant gaiement en pleine lumière.

ATELIERS D'ITALIE

BOLOGNE. — Un atelier fut fondé par Pietro Sette et Mezzo de Brescia en 1460.

CORREGIO. — Cette seigneurie eut des métiers de *haute lisse* dans la seconde moitié du quinzième siècle.

FERRARE. — L'atelier installé dans cette ville en 1436 fut, dès ses débuts, protégé par la famille d'Este, mais les guerres de la fin du quinzième siècle

lui portèrent un coup fatal. Dans le deuxième tiers du seizième siècle,
Hercule II (1508-1559), chef de la Maison d'*Este*, attacha de nouveau deux tapissiers flamands à sa cour : Nicolas et Jehan Karcher, qui, d'après les *cartons*
de Battista Dosso, exécutèrent avec une rare perfection technique la série des
Métamorphoses, puis, d'après Gorofalo et Luca Cornelio pour les bordures

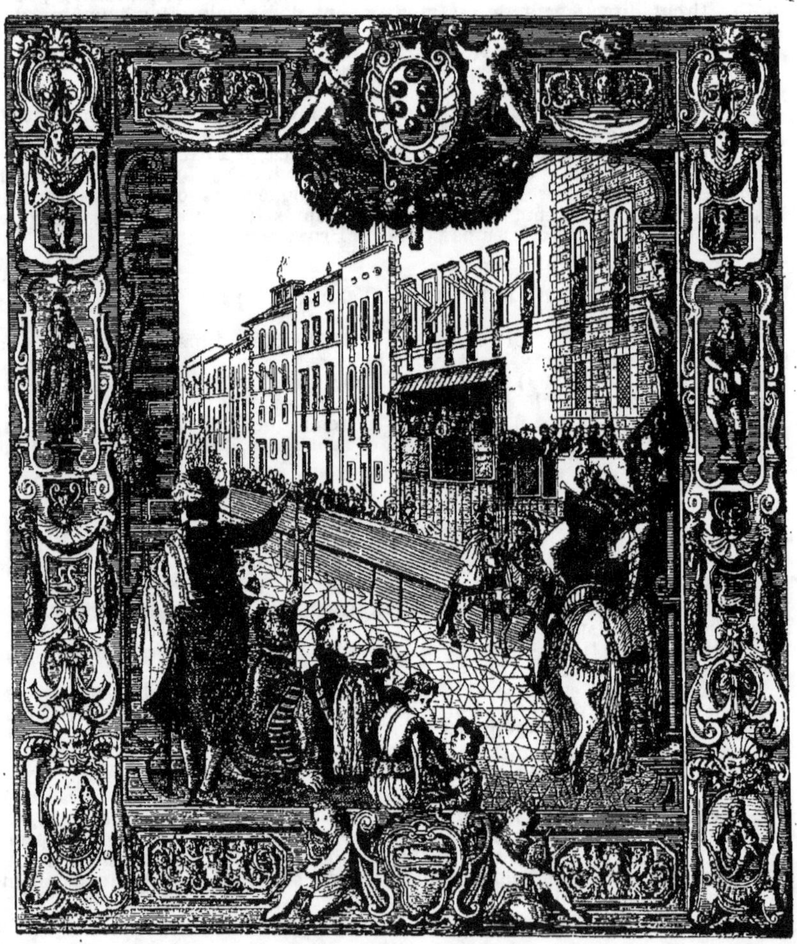

FIN DU XVI°SIÈCLE. — ART ITALIEN. — ATELIERS DE FLORENCE

Palais Royal, Florence.

Fig. 549. — Cette tapisserie, qui représente un épisode de tournoi à Florence, offre
un intérêt tout particulier au point de vue des costumes et des édifices ; elle permet
de constater que le dallage des rues, qui s'est perpétué jusqu'à nos jours sur les bords
de l'Arno, y était dès lors en usage.

d'autres séries remarquables par la légèreté, la fantaisie, la grâce, et bien faites pour charmer les regards et reposer l'esprit.

La vogue des *cuirs de Cordoue* hâta la ruine de cette manufacture, dont le déclin commença vers la fin du seizième siècle.

FLORENCE. — Liévin de Bruges, chargé par le gouvernement de la décoration du palais, émigra vers Ferrare dès 1457 ; puis Cosne Ier, grand-duc de Toscane (1519 † 1574), dota Florence d'une manufacture qui rivalisa avec celle de Ferrare, sous le nom de *Arazzeria Medicia*, et dura jusqu'au commencement du dix-huitième siècle. Deux Flamands, Jehan Rost et Nicolas Karcher, dirigèrent la nouvelle manufacture, secondés par le peintre Bronzino (1502 † 1572) à qui on doit l'*Histoire de Joseph* ; puis par François Salviati (1516 † 1563). *Histoire d'Alexandre le Grand* et celle de *Lucrèce et Francesco d'Albertino* (1577), *cartons* des *douze Mois* et des *Grotesques*. Ces compositions, exécutées avec une conscience et un goût parfaits, sont encore une fête pour les yeux par la richesse d'un coloris vibrant et harmonieux.

Dans la seconde moitié du seizième siècle, au contraire, le Flamand Jean van der Straden, s'inspirant des décadents florentins, composa des œuvres trop faciles et vides de tout sentiment décoratif.

Sous Ferdinand II de Médicis (1610 † 1670), la manufacture florentine reprit un nouvel essor sous la direction d'un maître parisien Pierre Fèvre, fixé à Florence vers 1620, où il mourut en 1669. Dans les dernières années du dix-huitième siècle, la fabrication à *basse lisse* remplaça le procédé de *haute lisse* ; puis la manufacture, qui avait fait la gloire de Florence, disparut avec les Médicis en 1737. La belle tenture conservée au Musée de Florence : les *Quatre parties du monde*, d'après Jean Sagrestani, fut le dernier chef-d'œuvre de cet atelier.

MANTOUE. — C'est à Mantoue que s'installèrent les premiers tapissiers franco-flamands (1419) émigrés en Italie. Ils exécutèrent des *suites* d'après Andrea Mantegna.

MILAN. — Des tapissiers français et flamands ne cessèrent de travailler pour les Sforza pendant la seconde moitié du quinzième siècle.

NAPLES. — Lors de la fermeture des ateliers de Florence en 1737, Naples reçut plusieurs ouvriers. Un maître tapissier romain, Pierre Duranti, accrut la réputation d'un atelier qui subsista jusqu'à la conquête du royaume des Deux-Siciles par les Français en 1799, et s'était surtout proposé l'*imitation des ouvrages des Gobelins*.

PEROUSE. — Des Lillois décorent la chapelle des Prieurs de 1463 à 1467.

ROME. — Vers 1455, un atelier fut fondé par le pape Nicolas V sous la direction du parisien Renaud de Maincourt, qui exécuta la *suite* célèbre de *la Création*.

Calixte III congédia les tapissiers. Une nouvelle manufacture, fondée entre 1630 et 1635 par le cardinal François Barberini, neveu d'Urbain VIII, eut pour directeur Jacques de la Riviera, qui s'attacha comme maîtres tapissiers le français Antoine et le flamand Michel. Ces artisans exécutèrent, d'après les *cartons* des élèves de Pierre de Cartone et de Jean Romanelli, les *Mystères de la vie et de la mort du Christ*. La mort d'Urbain VIII (1644) interrompit les travaux, qui furent repris après 1660.

Une nouvelle manufacture, installée à l'hospice Saint-Michel, en 1710, par le pape Clément XI (1649 † 1721), prit un grand développement sous la direction de Pierre Ferloni (1740 † 1813) et ne cessa de s'accroître pendant la seconde moitié du dix-huitième siècle ; malheureusement, d'après les *Scènes de l'Histoire de Rome*, exposées au palais des Conservateurs, au Capitole, on peut constater que les progrès du goût n'étaient pas en raison de ceux de la fabrication.

Arrêtés par la Révolution, les tapissiers furent rappelés par Grégoire XVI (1831-1846), et travaillent encore pour le Gouvernement italien.

SIENNE. — Un maître tapissier, Gualtieri Boteram, fut directeur dans cette ville en 1438. Un second artisan, Jacquet d'Arras lui succéda en 1442 ; cet atelier disparut en 1456.

TODI. — Une maîtresse en tentures d'Arras travaillait à Todi en 1468.

TURIN. — C'est en 1738 que Charles Emmanuel, chef de la Maison de Savoie, chargea le plus habile ouvrier des Médicis, Victor Demignot, de monter des métiers de *basse lisse*, tandis qu'Antoine Duni installait ceux de *haute lisse*.

En 1754, l'atelier de *haute lisse* fut supprimé. Antoine Bruno remplaça comme directeur, François, fils de Victor Demignot, et la manufacture fut fermée en 1832.

La première époque nous a laissé l'*Histoire d'Alexandre*, celle de *Jules César* d'*Annibal*, de *Cyrus*, de *Marc-Antoine*. La seconde époque ne nous a donné que des séries d'une tonalité sombre et d'un effet peu décoratif.

URBIN. — Au seizième siècle, cette ville posséda un atelier important.

VENISE. — Les ateliers de Venise s'ouvrirent en 1421. Ils nous ont laissé de nombreux dosserets, espaliers, devants d'autels, conservés dans les églises vénitiennes.

Au seizième siècle, Venise fut plutôt un entrepôt qu'un centre de productions. On y trouvait surtout des *rentrayeurs* chargés de conserver et réparer les tapisseries.

Au dix-huitième siècle, deux ateliers, ayant à leur tête Antonio Dini et Pierre Davanzo, déployèrent une certaine activité.

ATELIERS DE RUSSIE

RUSSIE. — La tapisserie pénétra en Russie au dix-septième siècle : un atelier de *haute lisse* était dirigé dans la Moscovie, en 1607, par Martin Stuerbout, d'Anvers. Pierre le Grand (1672 † 1725) appela à Saint-Pétersbourg des artisans des Gobelins, qui furent secondés en 1777 par des *haut-lissiers* de Bruxelles.

CONSULTER LES TRAVAUX DES HISTORIENS ET CRITIQUES D'ART : J. Badin, l'abbé Bouilhet, le baron Boyer de Sainte-Suzanne, Ch. Blanc, L. Braquenié, Roger Brunschwig, A. Castel, V. Champier, M.-E. Chevreul, A. Darcel, le baron Ch. Davillier, J. Deville, F. Denis, le chanoine E. van Drival, E. Dumonthier, Farcy, M. Fenaille, H. Gariel, G. Geoffroy, Jules Guiffrey, H. Havard, J. Houdoy, A. Jacquemart, E. Johanneau, A. Jubinal, J. Labarte, Lacordaire, G. Le Breton, Ch. de Linas, J. Magnac, A. Michel, F. Michel, E. Müntz, Al. Pinchart, L. Roger-Milès, M. Vachon, Alp. Wauters, E. Williamson.

QUELQUES CONNAISSANCES NÉCESSAIRES
AUX
ANTIQUAIRES ET AMATEURS

REPRÉSENTATION, ANALYSE ET COMPRÉHENSION
DE CINQ CENT TROIS BLASONS, COURONNES,
ORDRES DE CHEVALERIE, RELIGIEUX, CIVILS, MILITAIRES,
CHIFFRES ET MONOGRAMMES HISTORIQUES.

NEUF CENT QUARANTE SYMBOLES, NOMS, OUVRAGES, INITIALES
DES FABRICANTS D'ORFÈVRERIE ET DE BIJOUTERIE
CONSULAT, DIRECTOIRE, PREMIER EMPIRE, RESTAURATION.

TRENTE QUATRE POINÇONS DE GARANTIE
EN USAGE DU 19 NOVEMBRE 1798 AU 31 AOUT 1809.

TRENTE DEUX POINÇONS DE GARANTIE
EN USAGE DU 1ᵉʳ SEPTEMBRE 1809 AU 15 AOUT 1819.

CINQUANTE POINÇONS DE GARANTIE ET PETITS POINÇONS DIVISIONNAIRES
EN USAGE DU 16 AOUT 1819 AU 9 MAI 1838.

DIX-SEPT SIGNES ADOPTÉS POUR POINÇONS BIGORNES ET CONTRE-MARQUES.

SCIENCE DU BLASON ET COURONNES NOBILIAIRES

La science du blason se présente, au premier abord, toute hérissée d'une terminologie, formant une langue à part, où les mots du français usuel comportent un sens nouveau et tout imprévu.

L'*art héraldique* peut servir comme moyen d'étude et de vérification pour identifier les objets d'art ancien et, spécialement, les œuvres précieuses dites de haute curiosité.

Le *Blason* n'est donc point une science ingrate, il est d'une utilité incontestable pour les antiquaires et les amateurs que le Moyen-Age, la Renaissance et les Temps Modernes intéressent.

Les *armoiries*, attributs distinctifs des familles nobles, étaient composées d'après les règles d'un langage emblématique, en usage parmi la noblesse européenne, et servaient à exprimer la dignité, le titre, la famille, le nom des personnages qui les portaient.

On compte, ordinairement, *huit sortes d'armoiries* : 1° de *souveraineté*, ce sont celles que portent les rois et les empereurs; elles sont considérées comme annexées au territoire; 2° de *prétention*, marques du droit qu'un souverain prétend avoir sur certain royaume ou province, où son autorité n'est pas reconnue; 3° de *concession*, le souverain les accorde en récompense de quelques services; 4° de *communauté*, celles des archevêchés, villes, sociétés, corporations, etc.; 5° de *patronage*; que l'on ajoute aux armoiries de la famille, ou pour prix de la protection accordée à une province ou à une ville; 6° de *famille*; celles qui lui sont propres et la distinguent; 7° de *succession*, qui sont échues en héritage; et 8°, de *choix*, prises par des familles opulentes sans droits légitimes à les porter.

Une *armoirie* se compose de quatre parties distinctes : 1° l'écusson ou *écu*; c'est le champ où figurent les emblèmes; 2° les émaux ou *couleurs* dont on revêt les charges et l'écu lui-même; 3° les *charges* ou *figures* dont on couvre l'écu ; 4° les *ornements*, qui sont les couronnes dont sont surmontés les écussons. (Voir fig. 590 à 611.)

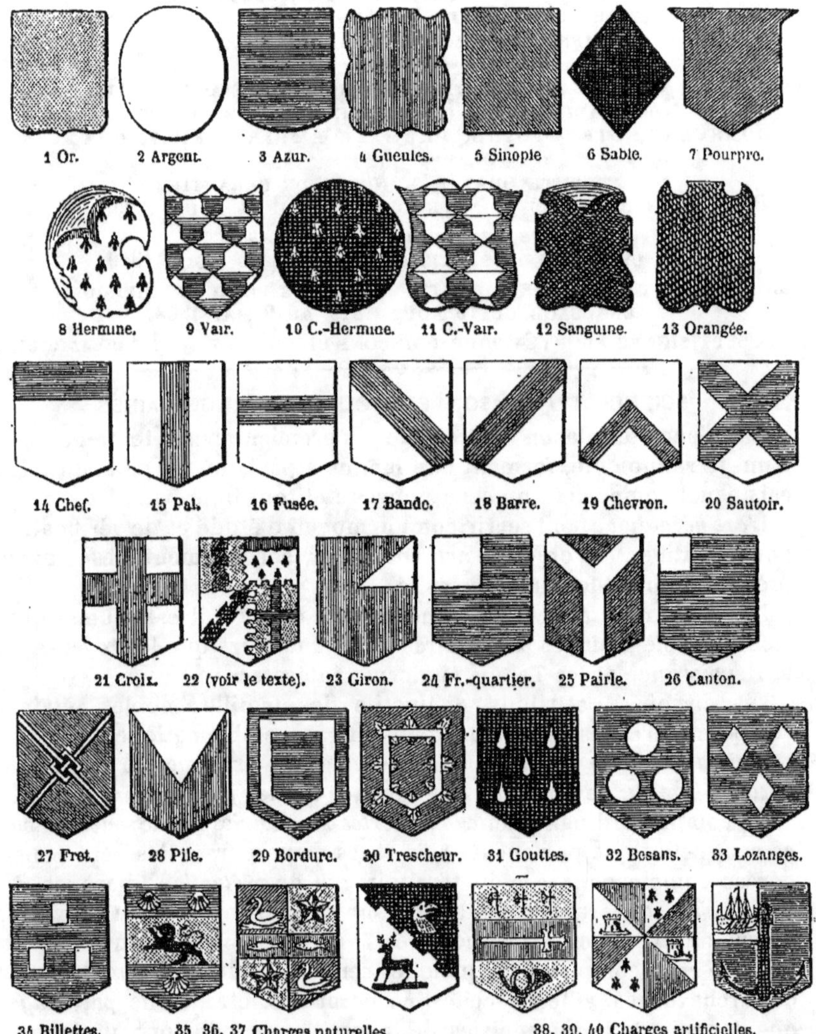

Fig. 550 à 589. — Blasons, 1 à 40.

ÉCUSSON. — Les formes de l'écusson sont variées; nous avons enseigné, par l'image, 1 à 11, ce que, par la disposition des points ou des lignes, les métaux ou les couleurs, expriment.

La forme de l'écu 1 est celle du champ de France; 2 ovale, écusson dont il est fait, généralement, usage en Italie; 3, celui de la Péninsule;

4, 5, 8, 9, 11, 12, 13, sont des écussons antiques, désignés sous le nom *cartouches échancrés*, etc. : ils sont d'un usage constant en Allemagne.

Le losange est l'écu que prennent les filles pour leurs armoiries; les pairesses d'Angleterre le portent aussi. L'écu royal en Angleterre prend la forme de 10, et 11 l'écu en usage de la noblesse de la Grande Bretagne. Le 7 est celui dont se servent les membres du clergé anglais. Ces règles ne sont plus que rarement observées et les formes ne désignent, en aucune façon, la nation de la personne qui les a adoptées dans ses armoiries.

En dessin ou en gravure les *métaux* et les *couleurs* s'expriment :

1. *L'or*, par un fond pointillé;

2. *L'argent*, par l'absence de tous points, lignes et *couleurs*;

3. *L'azur*, par des lignes horizontales;

4. *Le gueule*, ou rouge, par des lignes perpendiculaires;

5. *Le sinople* ou vert, par des lignes abaissées de l'angle droit supérieur de l'écu à l'angle gauche inférieur;

6. *Le sable* ou noir, par des lignes croisées à angle droit;

7. *Le pourpre*, par des lignes abaissées de l'angle gauche supérieur de l'écu à l'angle droit inférieur;

8. *L'hermine* est désigné par des mouchetures noires sur champ blanc;

9. *Le vair*, par des cloches bleues et blanches contrariées;

10. *Le contre-hermine*, par des mouchetures blanches sur champ noir;

11. *Le contre-vair*, par des cloches bleues et blanches, métal sur métal.

CHARGES. — Toutes les charges qui se placent sur le champ de l'écu se divisent en : 1° *héraldiques*; 2° *naturelles*; 3° *artificielles*.

1° Les *charges héraldiques*, qui sont formées de divers signes de convention tracés sur l'écu, se subdivisent en *pièces honorables* et de *second ordre*. Les pièces honorables dont on se sert ordinairement sont : le *chef* (voyez fig. 14); le *pal*, 15; la *fusée*, 16; la *bande*, 17; la *barré*, ou bande de gauche, 18; le *chevron*, 19; le *sautoir*, 20; et la *croix*, 21, que l'on peut figurer d'un grand nombre de manières. Toutes ces différentes pièces, au lieu d'être terminées par des lignes droites, peuvent l'être par des lignes crénelées, dentelées, ondulées, etc. On en voit un exemple au n° 22. — Les figures de *second ordre* ou *sous-honorables*, que l'on emploie le plus souvent, sont : le *giron* 23; le *franc-quartier*, 24; la *pairie*, 25; le *canton*, 26, la différence de grandeur est la seule qui existe entre le *canton* et le *franc-quartier* qui tient le quart de l'écu; le *fret*, 27; la *pile*, 28, qui peut partir indifféremment du chef ou de la base de l'écu. La *bordure*, 29; l'*orle*, moins large que la *bordure*, ainsi que le *trescheur*, sont formés de même; le *trescheur* est toujours *fleuré* (voy. 30); les *gouttes*, 31, prennent le nom de leur couleur; elles sont en gouttes de sang, d'eau, d'or, etc. Les *besans*, 32; les *lozanges*, 33, et les *billettes*, 34. Il existe encore de

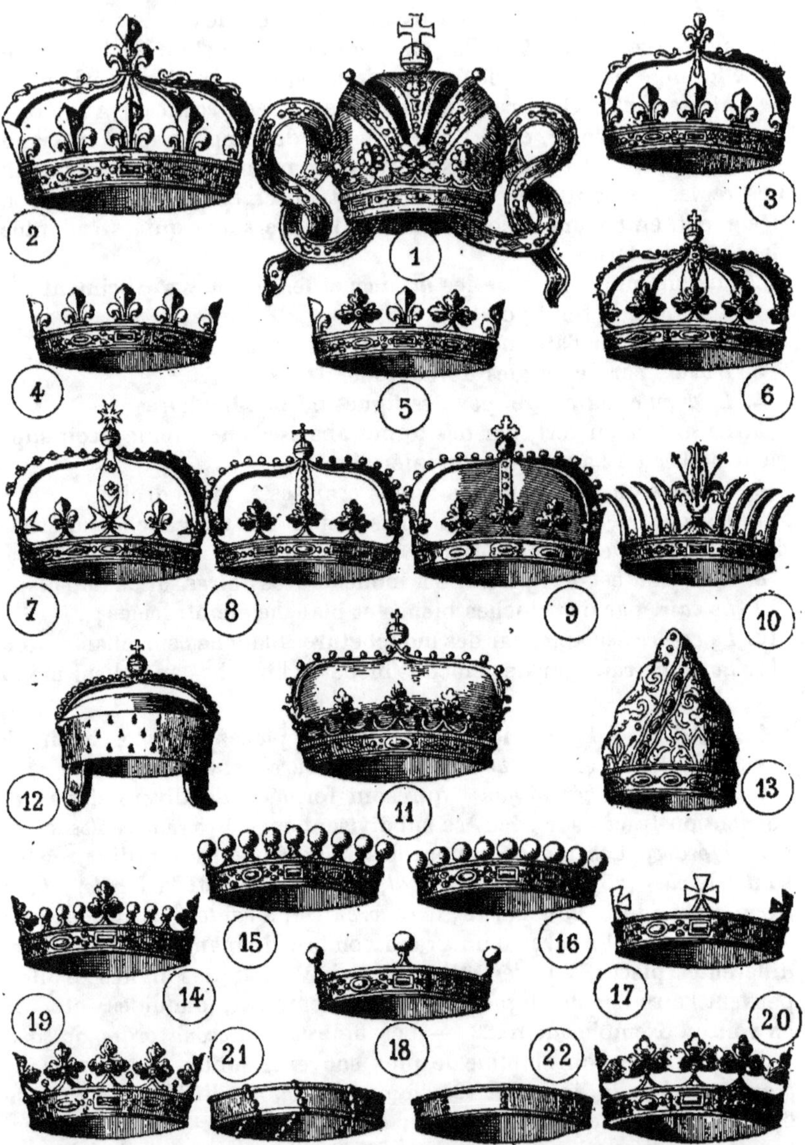

Fig. 590 à 611. — *Note relative à la couronne de Marquis, n° 14.* — La couronne moderne de marquis est également ouverte, formée d'un cercle d'or enrichi de pierreries, rehaussé de huit fleurons, dont quatre de feuilles d'aches, et quatre autres *formés de trois perles placées en trèfle* et non disposées comme celles de la figure 14.

Nous appelons l'attention de nos lecteurs sur la légère différence qui existe entre la couronne de Duc et de Prince souverain n° 19, et celle des anciens Gouverneurs des Provinces françaises n° 20. — En consulter la description page suivante.

nombreuses pièces ordinaires; presque toutes étant des composés de celles qui viennent d'être citées, il est facile de les reconnaître.

2° Les *charges naturelles* sont l'image de tous les corps qui appartiennent à la création, comme les astres, les éléments, les hommes, les plantes et les animaux. Les écus 35, 36 et 37, en offrent un exemple.

3° Les *charges artificielles* sont celles qui représentent des édifices, des armes, des instruments relatifs aux arts et à l'industrie; les n°⁵ 38, 39 et 40 sont chargés de ces emblèmes. (V. page 242.)

COURONNES ROYALES ET NOBILIAIRES DE L'ANCIEN RÉGIME

Fig. 590 à 611. — 1, *Couronne Impériale*, or, forme de mitre, un diadème soutient un globe d'or surmonté d'une croix; — 2, ... du *Roy de France*, or, couverte par le haut, huit diadèmes aboutissant à une double fleur de lis, enrichie de pierreries et rehaussée de huit fleurs de lis; — 3, ... du *Dauphin de France*, comme celle du roy sauf qu'elle n'est formée que de quatre diadèmes; — 4, ... des *Fils de France*, ouverte par le haut; — 5, ... des *Princes de sang royal de France*, quatre fleurs de lis, entre lesquelles sont des fleurons d'or et enrichie de pierreries; — 6, ... du *Roy d'Espagne*, rehaussée de hauts fleurons couverts de huit diadèmes aboutissant à un globe surmonté d'une croix; — 7, ... du *Roy d'Angleterre*, rehaussée de quatre croix de Malte placées en quatre fleurs de lis (de France), couverte de quatre diadèmes, aboutissant à un globe surmonté d'une croix; — 8, ... des *Roys de Pologne*, de *Portugal*, rehaussée de huit trèfles refendus, couverte de quatre diadèmes aboutissant à un globe surmonté d'une croix; — 9, ... du *Duc de Savoye* (Roys de Cypre) fermée de deux demi-cercles, couverts de perles, globe surmonté d'une croix tréflée (Saint-Maurice); — 10, ... du *Grand-duc de Toscane* ou *de Florence*, rehaussée de deux fleurs de lis épanouies, rayons aigus à la façon antique; — 11, ... *Archiduc*, cercle relevé de huit hauts fleurons, enfermant un bonnet d'écarlate, couvert de deux diadèmes garnis de perles, aboutissant à un globe surmonté d'une croix; — 12, ... *Électeur de l'Empire*, bonnet d'écarlate rebrassé d'hermines, diadémé d'un demi-cercle sommé d'un globe surmonté d'une croix; — 13, ... du *Duc de Venise*, grand bonnet pointu, couronné d'un cercle d'or, garni de pierreries; — 14, ... de *Marquis*, or, rehaussée de quatre fleurons, trois perles entre chaque, soit douze perles, supportées par des pointes, pour les relever sur un cercle garni de pierreries et de perles; — 15, ... de *Comte*, or, garnie de pierreries, chargée de perles de compte rehaussées, n'appartient qu'aux *anciens comtes*, dits *comtes pairs*, tenant rang de souverains; — 16, ... de *Nouveau Comte*, or, garnie de pierreries, chargée de perles de compte *non rehaussées*; — 17, ... de *Vidame*, or, garnie de pierreries et de perles, rehaussée de quatre croix patées; — 18, ... de *Vicomte*, cercle émaillé, chargé de quatre grosses perles; — 19, ... de *Duc* ou *Prince souverain*, relevée de *hauts* fleurons d'or avec une perle entre chaque. (Les *ducs*, par grâce ou par lettres n'ont droit qu'à de *bas* fleurons); — 20, ... de *Gouverneur des Provinces françaises*, à fleurons, comme celle de *Duc* (voir 19), avec cette différence que celle-ci (19) a les fleurons d'or, et celle-là (20) des fleurons d'argent *entrelacés*, sans perle entre chaque; — 21, de *Baron*, cercle d'or entortillé de perles; — 22, de *Banneret*, cercle sans émail, garni au dehors de trois perles.

QUATRE-VINGT-QUATRE ORDRES DE CHEVALERIE, RELIGIEUX, CIVILS, MILITAIRES
— ANCIENS RÉGIMES FRANÇAIS ET ÉTRANGERS —

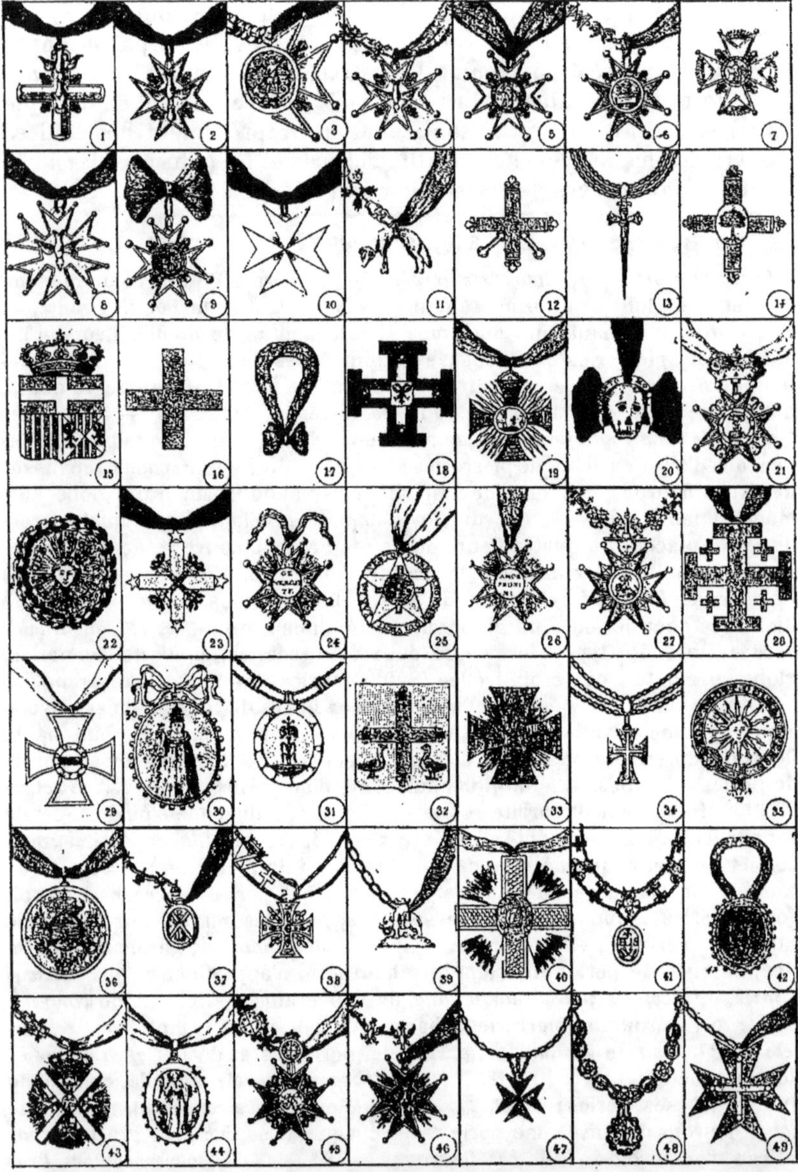

Fig. 612 à 660. — (Numéros d'ordre correspondant, 1 à 49).

Les premiers *Ordres de chevalerie* ont dû leur naissance à des associations religieuses et militaires, formées le plus souvent sans l'intervention des souverains et
presque toujours destinées à défendre le christianisme contre les nations musulmanes.

Plus tard, les princes imaginèrent de créer des institutions analogues, mais dépendantes de leur autorité. Les Ordres de la première espèce disparurent à mesure que la cause qui les avait fait naître cessa d'exister. Quelques-uns, toutefois, réussirent à se maintenir, mais en introduisant dans leur organisation des changements qui les transformèrent.

Quant aux seconds, ils ont été conservés par les successeurs de ceux qui les avaient fondés, mais non sans éprouver, soit dans leur nombre, soit dans leur régime intérieur, des modifications en rapport avec les évolutions sociales.

TITRES, NATIONALITÉS, DATES DE FONDATION, FONDATEURS

Fig. 612 à 695. — 1, 2, *Ste Ampoule*, France, 496. Clovis, roi. — 3, *St Michel*, France, 1469, Louis XI, roi. — 4, *St Esprit*, France, 1579, Henri III, roi, — 5, *St Louis*, France, 1693, Louis XIV, roi. — 6, *Saint-Lazare de Jérusalem et Hospitalier du Mont-Carmel*, 1060? — 7, *Comtes de Lyon*, France, 1645, Louis XIV, roi. — 8, *Royal et Hospitalier en deçà des Monts*, 1032, Innocent III, pape. — 9, *Mérite militaire*, France, 1759. Louis XV, roi. — 10, *Malte*, 1012, confirmé par le pape Honorius II. — 11, *Toison d'or*, Bruges, 1429. Philippe II, dit le Bon. — 12, *Militaire de Calatrava*, Espagne, 1158, Sanche III, roi de Castille. — 13, *Saint Jacques de l'Épée*, Espagne, 1175. — 14, *Militaire d'Alcantara ou de Saint Julien du Poirier*, Espagne, 1212, Alphonse IX, roi de Léon. — 15, *Notre-Dame des Grâces*, Espagne, 1223, Jacques Iᵉʳ, roi d'Arragon. — 16, *Notre-Dame de Monteza*, Espagne, 1317, Jacques II, roi d'Arragon et de Valence. — 17. *Chevaliers de la Blanda*, Espagne, 1332, Alphonse XI, roi. — 18, *Teutonique*, 1191, Henri VI, empereur, donne la croix de sable; Jean, roi de Jérusalem, donne la croix d'or; Frédéric II, donne l'aigle impériale; et Louis IX, dit saint Louis, roi de France, ajoute des fleurs de lys. — 19, *Chevalerie de Saint Hubert*, 1444, Gerard, duc de Juliers, de Clèves et de Berg. — 20, *Chevalerie de la Tête Morte*, Silésie, 1652, Silvius Nimrod, duc de Wirtemberg. — 21, *Chevalerie de la Concorde*, 1660, Chrétien Ernest, margrave de Brandebourg. — 22, *Chevalerie des Dames, Esclaves de la Vertu*, 1662, et, 23, *Chevalerie des Dames réunies pour honorer la Croix*, 1668, Éléonore de Gonzague, veuve de l'empereur Ferdinand III. — 24, *Chevalerie de la Générosité*, Prusse, 1685, Frédéric III, roi. — 25, *Chevalerie de la Noble Passion*, 1704, Jean-Georges, duc de Saxe Weissenfels. — 26, *Chevalerie de l'Amour du Prochain*, 1708, Élisabeth Christine, impératrice. — 27, *Saint Georges, défenseur de l'immaculée Conception de la Vierge*, Bavière, 1729, Charles Albert, électeur. — 28, *Saint-Sépulcre*, 1103, Baudoin, roi de Jérusalem. — 29, *Dames de la Croix étoilée*, Autriche, 1757, M.-T. Walpurge Amélie-Christine, impératrice. — 30, *Notre-Dame de Lorette*, 1587, Sixte V, pape. — 31, *Lis*. 1537, Paul III, pape. — 32, *Militaire de l'Avis*, Portugal, 1140, Alphonse I, roi. — 33, *Saint Jean et Saint Thomas* (Portugal), 1254. — 34, *Militaire du Christ*, Portugal, 1319, Denis Iᵉʳ, roi. — 35, *Jarretière*, Angleterre, 1348, Édouard III, roi. — 36, *Bain*, Angleterre, 1399, Henri IV, roi. — 37, *Saint André ou du Chardon et de la Rue*, Écosse, 1452, Jacques XI, roi. — 38, *Dannebrog*, Dannemark, 1219, Waldemar. — 39, *Éléphant*, Danémark, 1478, Chrétien I, roi. — 40, *Fidélité*, Danemar, 1732, Chrétien VI, roi. — 41. *Chérubins et Séraphins*, Suède, 1334, Magnus, roi. — 42, *Amaranthe*, Suède, 1653, Christine, reine. — 43, *Saint André*, Russie, et 44, *Sainte Catherine*, Russie, 1715, Pierre Iᵉʳ, czar. — 45, *Aigle noir*, Prusse, 1701, Frédéric I, roi. — 46. *Aigle Blanc*, Pologne, 1705, Auguste II, roi. — 47, *Saint Étienne*, Toscane, 1561, Cosme Iᵉʳ, grand-duc. — 48, *Annonciade*, Savoie, 1362, Amédée VI, comte. — 49, *Saint Maurice et Saint Lazare*,

Savoie, 1370, Saint-Basile. — 50, *Notre-Dame de Gloire*, Mantoue, 1233, Barthé-lemy, religieux dominicain. — 51, *Précieux Sang*, Mantoue, 1608, Vincent de Gonzague, duc. — 52, *Saint Georges*, institué sous la règle de Basile. — 53, *Saint Marc*, Venise (date incertaine), République. — 54, *Saint Georges*, Gênes, 1447, Frédéric III, empereur. — 55, *Saint Janvier*, Espagne, 1738,

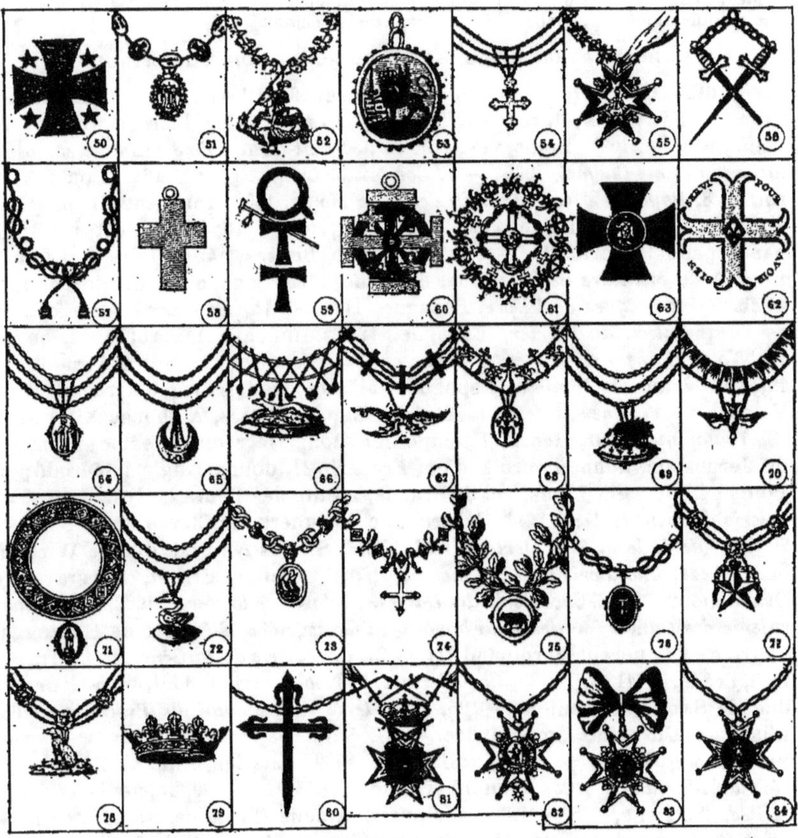

Fig. 661 à 695. — (Numéros d'ordre correspondant. 50 à 84).

Charles, infant, roi de Jérusalem et des deux Siciles. — 56, *Livonie, dit des Frères Porte-Glaives*, 1203, Engilbert et Thierry. — 57, *Cordelière*, Bretagne, 1498, Anne de Bretagne, reine. — 58, *Saint Basile*, Acre (?), Roi d'Arménie, de la Maison de Lusignan. — 59, *Saint Antoine*. — 60, *Sainte Catherine du Mont Sinaï*. — 61, *Saint Blaise et Sainte Vierge Marie*. — 62, *Sainte Madeleine*, France, 1614, proposé par Jean Chesnel, gentilhomme breton, à Louis XIII, roi. — 63, *Charité chrétienne*, France, 1586, Henri III, roi. — 64, *Saint Pierre et Saint Paul*, 1540, Paul III, pape. — 65, *Croissant*, France, 1464, René d'Anjou. — 66, *Hermine et Épi*, Bretagne, 1450, François Ier, duc. — 67, *Dragon renversé*, 1418, Sigismond, empereur. — 68, *Jara ou Vase de la Vierge Marie*, Espagne,

1410, Ferdinand, infant de Castille. — 69, *Porc-épic*, France, 1393, Louis de France. — 70, *Colombe ou Saint Esprit*, Espagne, 1379, Jean Iᵉʳ, roi de Castille. — 71, *Bourbon, dit du Chaudron et de Notre Dame*, France, 1470, Louis II, duc de Bourbon. — 72, *Cygne*, duché de Clèves. — 73, *Navire, dit d'Outre Mer et du double Croissant*, France, 1262, et 74, *Cosse de Geneste*, France, 1234, Louis IX, dit saint Louis. — 75, *Ours, dit de Saint-Gal*, 1213, Frédéric II, empereur. — 76, *Chypre ou Lusignan, dit de l'Épée*, 1195, Guy de Lusignan, roi de Jérusalem. — 77, *Etoile*, 1022, Robert le Dévotieux. — 78, *Geneste*, France, 1226, Charles Martel. — 79, *Couronne Royale*, France, 800, Charlemagne. — 80, *Saint Jacques*, Portugal, 1295. — 81, *Épée*, Suède, 1523, Gustave Iᵉʳ. — 82, *Saint Jean de Latran, dit de l'Eperon*, 1560, Pie IV, pape. — 83, *Alix*, France. — 84, *Saint Rupert*, 1701, Jean-Ernest de Thun, archevêque de Saltzbourg.

— CE QU'ON ENTEND PAR CORDELIÈRE —

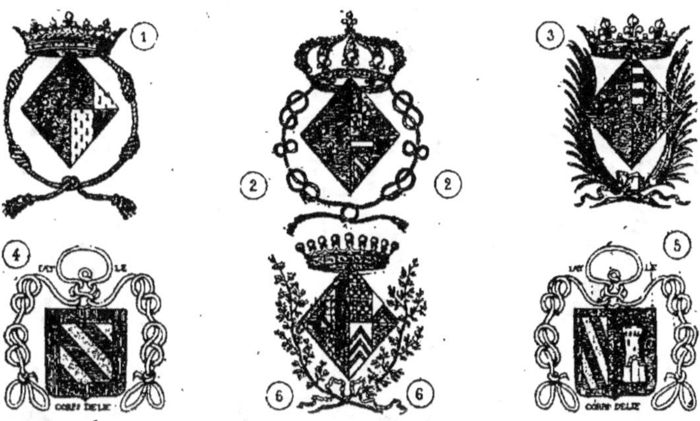

Fig. 696 à 701. — 1. Écu de Claude de France, fille de Anne de Bretagne et du roi Louis XII, épouse de François Iᵉʳ. Cet écu entouré de la *Cordelière* qui n'est que nouée. 2. Anne d'Autriche, cordelière qui est nouée et enlacée de *lacqs*. 4 et 5. Louise de la Tour d'Auvergne, veuve de Claude de Montaigu.

Quant aux Reines, Princesses et autres Dames de haut parage, leurs maris vivants elles les ornaient de Palmes, Lauriers et Myrtes, et autres menues verdures, non de *Cordelières*. Telles sont les armes : 3. Marguerite de Lorraine, fille de François Duc de Lorraine et de Christienne de Salme, et 6. Marguerite du Cambout, compagne de Henry de Lorraine, Comte d'Harcourt et Grand Ecuyer de France.

On donne le nom de *cordelière*, en terme de blason, à un cordon enlacé en forme de trèfle évidé, les deux bouts s'étendant en chevrons terminés par une houppe, et dont les veuves ou les filles entouraient l'écu de leurs armes.

Anne de Bretagne institua un ordre en l'honneur des *cordes* dont le Christ fut lié en sa passion, et pour la dévotion qu'elle avait à saint François d'Assise, dont elle portait le *cordon*. (Voir fig. 661 à 695, n° 57.)

Elle donna, à cet ordre, le nom de la *Cordelière*, et pour marque un *collier* fait d'une corde à plusieurs nœuds, entrelacés de *lacqs d'amour*, dont elle honora les principales dames de sa cour, pour le mettre autour de leurs armes.

J.-G.-J. Hermann, philologue allemand (1772 † 1848), écrit que cette reine institua cet ordre après la mort de Charles VIII, et qu'elle prit pour devise : *jay le corps delie*, faisant allusion au mot *cordelier*, parce que la mort de son époux l'avait affranchie du joug du mariage ; mais cette *cordelière* signifiait plutôt un engagement qu'un affran-

2 — L. 32

chissement de lois; J.-G.-J. Hermann a confondu apparemment cette reine avec Louise de la Tour d'Auvergne qui, après la mort de Claude de Montaigu, son époux, prit effectivement pour devise : *jay le corps delié.* (Voir fig. 696 à 701. nᵒˢ 4 et 5.)

Anne de Bretagne n'avait fait qu'imiter son père, qui plaça un pareil collier à l'entour de l'écu de ses armes, en raison de la dévotion qu'il avait à saint François d'Assise.

DIGNITAIRES ECCLÉSIASTIQUES

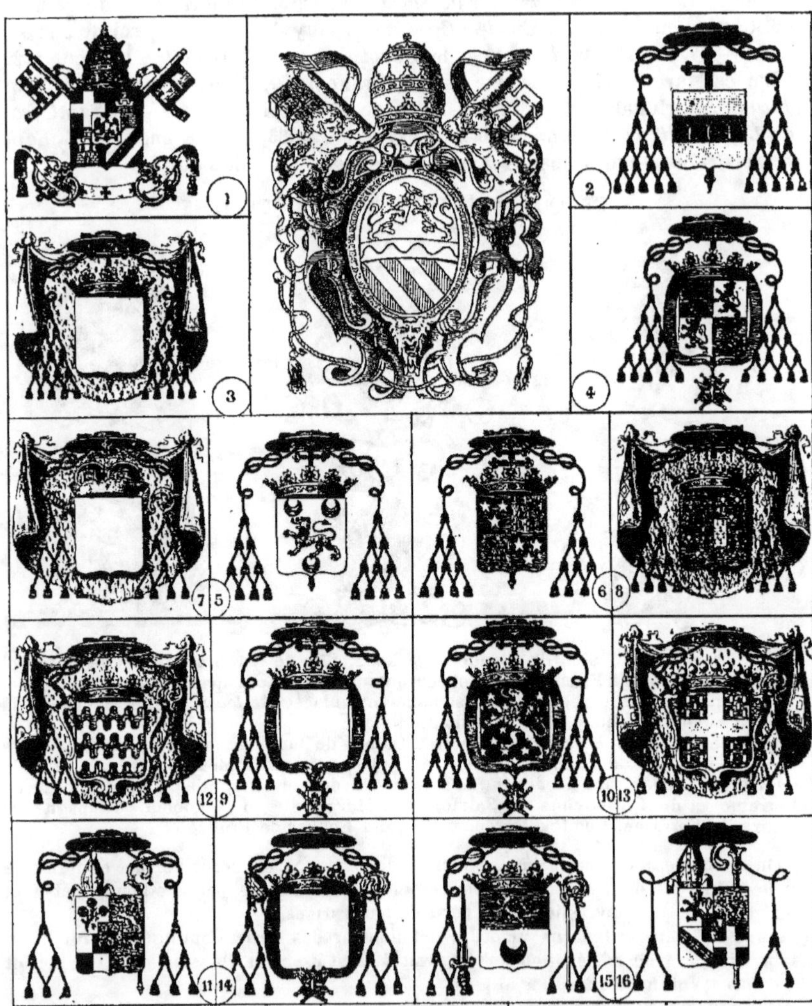

Fig. 702 à 718. — 1, Pape. — 2, Cardinal. — 3, Cardinal, duc et pair. — 4, Cardinal associé à l'Ordre. — 5, Archevêque. — 6, Archevêque, primat. — 7, Archevêque, prince de l'Empire. — 8, Archevêque, duc de Rheims. — 9, Grand Aumônier de France. — 10, Archevêque, associé à l'Ordre. — 11, Evêque. — 12, Evêque, duc et pair. — 13, Evêque, comte et pair. — 14, Evêque, associé à l'Ordre. — 15, Evêque, prince et pair. — 16, Abbé protonotaire. — La *volute* de la crosse d'*évêque* est tournée en dehors, *vers le peuple de leur diocèse*; celle de la crosse d'*abbé* est tournée en dedans, *leur juridiction* ne s'étendant pas au delà de leur monastère.

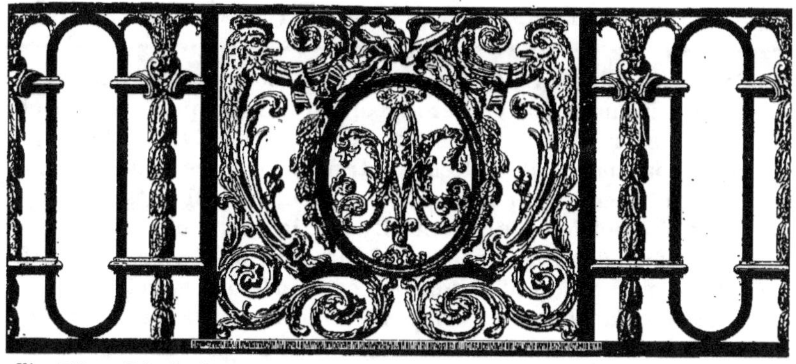

Fig. 719. — Détails d'une rampe de palier, au chiffre de Marie-Antoinette de Lorraine, archiduchesse d'Autriche, soutenu par les deux aigles d'Autriche, épouse du roi Louis XVI (Voir chiffre n° 49). — *Palais de Trianon. Versailles.*

COMPRÉHENSION DES PROVENANCES HISTORIQUES

TROIS CENT TRENTE-CINQ
CHIFFRES ET MONOGRAMMES HISTORIQUES
REPRÉSENTÉS, DÉCRITS, IDENTIFIÉS

Les combinaisons de lettres, les abréviations, les groupes d'initiales habilement entrelacés ont été en usage, à toutes les époques, pour servir de marques personnelles.

Les blasons, devises, emblèmes ne sont donc pas les seules marques intéressantes pour identifier les familles, conserver le souvenir des fondateurs, des donateurs ou auteurs des édifices, ou pour indiquer l'origine et les provenances des œuvres et objets d'art.

Les emblèmes sont de tous les temps, comme les signatures et les monogrammes. Si le blason date du Moyen-Age féodal, les chiffres s'entendent plus spécialement des monogrammes de la Renaissance et des Temps Modernes.

Les blasons sont des symboles communs, comme les noms de famille, aux membres d'une même race; les chiffres et les monogrammes ont, au contraire, un caractère individuel et non héréditaire; ainsi que la signature, ils changent à chaque génération et tirent souvent un élément de l'initiale du prénom.

La signature, composée de toutes les lettres d'un nom, accompagnée souvent d'un paraphe ou d'une griffe, tracée nécessairement d'une manière cursive, ne pouvait devenir un ornement et, sauf des exceptions remontant au Moyen-Age, dépend de l'écriture et non du dessin.

Le monogramme, au contraire, est devenu, par l'habile arrangement des artisans, un motif de décoration; les lettres entrelacées, les chiffres, forment des ornements dont les sculpteurs, les architectes, les graveurs, les peintres, les céramistes, les orfèvres, les émailleurs, les verriers, les relieurs, les armuriers, les serruriers, les ébénistes, les brodeurs, les tapissiers, les gainiers, les décorateurs et les dessinateurs, ont tiré un parti varié et ingénieux, aux époques où l'Art était dans toute sa splendeur, et le luxe relevé par un style noble.

Les monogrammes permettent de transformer les lettres en entrelacs élégants, en rinceaux à jour, en fleurons plus légers que les écussons d'armoiries, plus décoratifs que les inscriptions, plus aisés à répéter que les médaillons et les figures, et sont utilisés pour former des semés, des bordures et des combinaisons symétriques.

Depuis que l'analyse et la compréhension des œuvres et objets d'art des siècles qui ont précédé le nôtre, se sont emparées d'esprits privilégiés, la connaissance des marques diverses, des symboles et des ornements emblématiques est, pour ainsi dire, devenue indispensable.

Les œuvres et les objets d'art historique, c'est-à-dire ayant appartenu à des personnages célèbres, se recommandent à l'attention des connaisseurs par la tradition de leur origine, non moins que par le mérite de l'exécution, leur beauté et leur rareté.

Si une telle conviction ne peut être établie qu'à force de recherches, il s'ensuit que tout amateur, pour être certain de posséder une pièce historique, doit être à même de pouvoir en indiquer la provenance.

C'est à un connaisseur érudit, modeste et patient, Aglaüs Bouvenne, (1830 ✝ 1902), qui s'était formé une collection d'œuvres d'art provenant de personnages célèbres, dans laquelle il avait relevé de nombreux chiffres et monogrammes historiques, que nous devons la publication de trois cent trente-cinq de ces documents, choisis parmi ceux pouvant intéresser les experts, les antiquaires et les amateurs.

Nous allons les représenter en huit tableaux synoptiques, accompagnés d'un classement alphabétique pouvant faciliter leur compréhension; nous y joindrons des renseignements pour les identifier.

Au point de vue de l'Art, les chiffres et les monogrammes historiques ne sont pas sans caractère, ils participent de l'époque où ils ont été conçus : le seizième siècle leur donne de belles formes solides, l'époque Louis quatorze les arrondit sans les assouplir et le dix-huitième siècle en épanouit gracieusement les contours.

Ceux de notre époque témoignent de l'affinité du goût; c'est à la fois un jeu d'art et d'esprit à en juger par les chiffres, monogrammes, marques, cachets, ex-libris, composés à l'intention d'amis artistes et d'amateurs, que George Auriol, décorateur et imagier en même temps que conteur et poète, a récemment publié chez Henri Floury. En ce qui concerne la forme des lettres, pouvant aider au discernement du style des chiffres depuis l'invention de l'imprimerie, nous prions nos lecteurs de consulter la note placée au bas de la page 260.

Si la valeur historique des chiffres et des monogrammes est incontestable, il importe de pouvoir les lire, les discerner et les identifier;

cette lecture, ce discernement et cette identification réservant, quelquefois, des surprises agréables.

Nous avons acquis, il y a quelques années, un précieux coffret écritoire de la fin du seizième siècle, en bois de châtaignier, recouvert en maroquin vert olive, patiné par le temps, décoré de compartiments à filets, motifs de feuillages et dentelle formés par des rinceaux au pointillé, que nous attribuons aux Ève, frappé aux angles supérieurs d'un chiffre pouvant être lu C C H.

Le devant du coffret s'abat au moyen de charnières, et laisse paraître un petit cabinet composé de deux tiroirs superposés; celui du dessous, formant une case écritoire, renferme un encrier en étain gravé.

Ce coffret nous avait été présenté comme provenant du roi de France Henri II et de Diane de Poitiers; mais, quoique cette attribution ait une apparence spécieuse, nous nous rendîmes compte, après un minutieux examen, que le jambage des lettres, paraissant être des C C, était usé et que le chiffre, formé primitivement par deux G et un H, appartenait à Henri IV, roi de France, et à Gabrielle d'Estrées, marquise de Monceaux et duchesse de Beaufort, dont le Béarnais avait été aussi hardiment amoureux que le roi Henri II de Diane de Poitiers. (Voir chiffre n° 208.)

La même identification, pour un *chiffre manuscrit* formé par les lettres G G H, un peu effacées, avait été faite précédemment pour aider à discerner la provenance d'un *Pétrarque*, édité au seizième siècle, par G. Roville de Lyon, dont le recto du premier feuillet de garde portait une inscription ainsi conçue :

Soubs vertueuse attante   Je place mon espérance

La lettre H et deux G enlacés, cantonnés de quatre S traversés d'une flèche, servaient de signature. Or, la lettre S, *avec la flèche* et non barrée (voir chiffres n°° 326 et 328), est un chiffre dont la favorite a fait usage à l'exemple de quelques autres personnages historiques et, en particulier, à celui de Marguerite de France, dite aussi de Valois, fille de Henri II et sœur de Charles IX, première épouse d'Henri IV, dont le divorce fut prononcé en 1599, la même année que celle du décès, foudroyant pour ainsi dire, de la marquise de Monceaux, et un an avant que Marie de Médicis ne devînt la seconde épouse du Vert-Galant.

Une seconde inscription, relevée sur le verso du même feuillet de garde du *Pétrarque*, se lisait ainsi :

Vyve l'amour, vyve ma maîtresse et moy aussi,

accompagnée des lettres G G H réunies par un lac d'amour.

On peut donc affirmer que ce volume fut donné par Henri IV à Gabrielle d'Estrées.

Cette provenance était d'autant plus intéressante qu'elle est d'une insigne rareté et d'une valeur, de beaucoup supérieure, aux provenances attribuées, soit au roi Henri II et à Diane de Poitiers, soit au même monarque et à Catherine son épouse dont les chiffres, presque identiques, peuvent être souvent confondus, ainsi que les experts, les antiquaires et les amateurs pourront s'en rendre compte en consultant ceux représentés sous les numéros 121 à 125, 155 à 157.

TABLEAUX SYNOPTIQUES ET CLASSEMENT ALPHABÉTIQUE
DE
TROIS CENT TRENTE-CINQ CHIFFRES ET MONOGRAMMES

QUELLES QUE SOIENT LA FORME DES LETTRES ET LA COMPOSITION DES CHIFFRES OU MONOGRAMMES HISTORIQUES REPRÉSENTÉS, NOUS LES AVONS CLASSÉS A LA LETTRE QUI OCCUPE LE PREMIER RANG DANS L'ALPHABET, C'EST-A-DIRE A CELLE LA PLUS RAPPROCHÉE DE LA LETTRE A.

DANS LE BUT DE FACILITER LA COMPRÉHENSION, A PREMIÈRE VUE, DES CHIFFRES POUR LESQUELS IL A ÉTÉ FAIT USAGE DE LETTRES CAPITALES GRECQUES : ALPHA N° 5 ; PHI, N°ˢ 52, 245, 251, 252, 254, 255 ; LAMBDA, N°ˢ 220, 244. 335, NOUS LES AVONS CLASSÉS DANS L'ORDRE FIGURATIF DE L'ALPHABET FRANÇAIS, SANS TENIR COMPTE DE L'ORDRE GRAMMATICAL GREC.

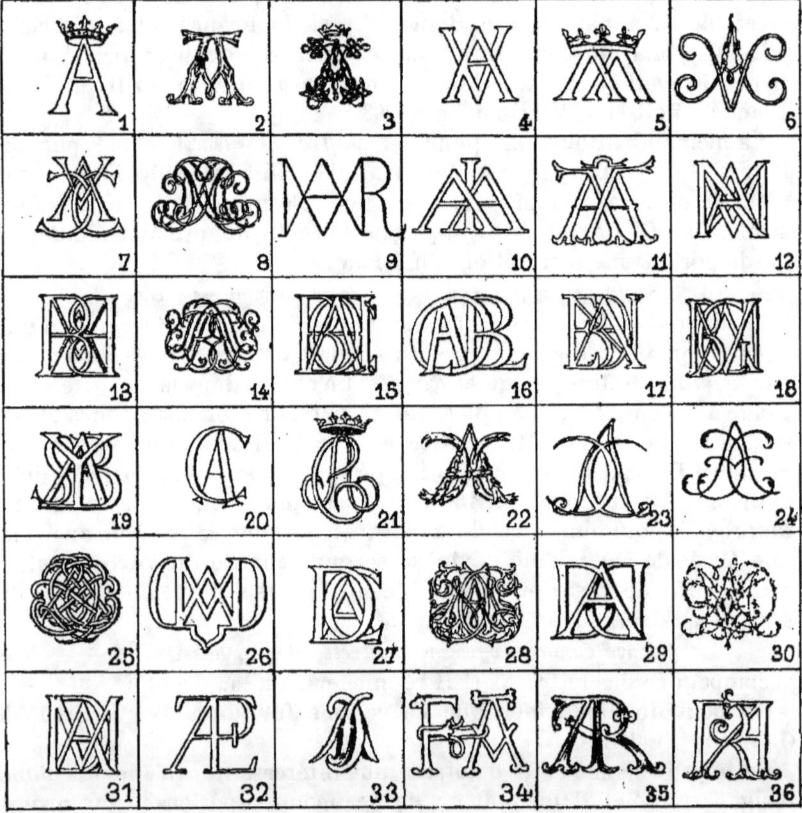

Fig. 720 à 455. — Chiffres ou Monogrammes, 1 à 36.

1 — **A . . . . . .**   Anne d'Autriche, reine de France, épouse de Louis XIII, morte en 1666. (Voir nᵒˢ 4, 5, 12.)

2-3 — **A . .**   Anne de Bretagne, seconde épouse de Louis XII, roi de France, mariée en 1491.

4 et 5 — **A A . .**   Anne d'Autriche (le 5 formé par deux *alpha*). (Voir 1, 12).

6 — **A A . . . .**   Ordre de l'Amaranthe, institué par la reine de Suède, en 1663.

7 — **A A C C . .**   Charles de Bourbon, comte de Soissons et de Dreux, Grand Maître de France, gouverneur de Normandie, mort en 1612, et Anne comtesse de Montafié, morte en 1644.

8 — **A A C C P P.**   Pierre-Adolphe de Chabout, marquis de Coislin.

9 — **A A I M R.**   Marie Le Jars de Gournay, morte en 1645, « fille d'alliance » de Montaigne.

10 — **A A L . . .**   Louis XIII roi de France et Anne d'Autriche, mariés en 1615.

11 — **A A M . . .**   Marie d'Autriche, sœur de l'empereur Charles-Quint, mariée en 1548, à Louis II, roi de Hongrie et de Bohême, gouvernante des Pays-Bas de 1531 à 1546 (Voir nᵒˢ 198 et 297).

12 — **A A N N . .**   Anne d'Autriche (Voir nᵒˢ 1, 4, 5).

13 — **A B B N . .**   Antoine Barillon de Morangis, successivement intendant à Metz, Caen et Orléans, Maître des requêtes sous Louis XIV.

14 — **A B B S S .**   Paul-Hippolyte de Beauvilliers, duc de Saint-Aignan, Chevalier des Ordres du roi Louis XV.

15 — **A B C D H.**   Achille de Harlay, Président du Parlement de Paris. 1689 à 1707.

16 — **A B C L O.**   Alphonse Gusman Le Bon, chevalier d'Alcantara.

17 — **A B D E N.**   Etienne de Nully, président de la cour des Aydes, prévôt des Marchands de Paris en 1582.

18 — **A B G M . .**   Marie Maignard, femme d'Alphonse Jubert d'Arcquenency, président de la cour des Aydes de Normandie vers 1555.

19 — **A B S Y .**   Isabelle de Castille, dite Isabelle la Catholique, morte en 1504 (v. 258).

20 — **A C . . . . .**   Claude de Lorraine, premier duc de Guise, mort en 1550 et Antoinette Bourbon-Vendôme, son épouse, morte en 1583.

21 — **A C . . . . .**   Marie-Caroline-Auguste de Bourbon, fille du prince de Salerne, duchesse d'Aumale, mariée en 1844, à Henri d'Orléans, duc d'Aumale.

22-23 — **A C C . .**   Le Camus, secrétaire du roi Louis XIV.

24 — **A C C . . . .**   Philippe-Alexandre-Emmanuel, prince de Croy-Solre, lieutenant général des armées du roi Louis XV.

25 — **A C C L L S S**   Simon Arnauld, marquis de Pompone, Ambassadeur, ministre et secrétaire d'Etat du roi Louis XIV, et Catherine l'Avocat son épouse.

26 — **A C C M . .**   Marie de Clèves et Henri Iᵉʳ de Bourbon, prince de Condé (V. 231).

27 — **A C D . . .**   Antoine de Clermont-Tonnerre, grand maître des Eaux et Forêts, créé premier comte de Clermont en 1547.

28 — **A C M . . .**   Marie-Anne-Christine-Victoire de Bavière, épouse de Louis, dit le Grand Dauphin, fils de Louis XIV.

29 — **A D D . . .**   Alexandre Du Sommerard, fondateur du Musée des Thermes et de l'Hôtel de Cluny, Paris (1779 † 1842).

30 — **A D G M . .**   Antoine-René de Voyer d'Argenson, marquis de Paulmy, ministre d'Etat sous Louis XVI.

31 — **A D L M . .**   Anne-Marie-Louise d'Orléans, duchesse de Montpensier, princesse de Dombes, dite la Grande Mademoiselle, fille de Gaston d'Orléans, morte en 1693.

32 — **A E P T . .**   Alexandre Peteau, conseiller au Parlement, sous Louis XIII.

33 — **A F . . . .**   Ferry II, duc de Lorraine, comte de Guise, mort en 1472, et sa femme Yolande d'Anjou, reine titulaire de Naples, de Sicile et de Jérusalem, duchesse héritière de Lorraine, morte en 1483.

34 — **A F . . . .**   François de Raisse, seigneur de La Margerie-Tillolay, gouverneur et bailli de Crèvecœur et d'Arleux, 1530, et son épouse Anne de Fauquerolle, dame de La Motte-Mazurghn.

35 — **A F R . . .**   Antoine duc de Lorraine et de Bar, et Renée de Bourbon-Montpensier, mariés en 1515.

36 — **A F R . . .**   Anne de Lorraine, mariée en première noce, en 1540, à René de Nassau, prince d'Orange, et en seconde noce à Philippe de Croy, duc d'Arschot, fille d'Antoine dit Le Bon, duc de Lorraine et de Bar, morte en 1568.

37 — **A G** . . . . . Anna du Plessis Gauthier Dinteville, morte en 1531.
38 — **A G G I** . . . J.-A. de Thou, et sa seconde épouse Gasparde de La Chastre (voir 45).
39 — **A G G R** . . Françoise-Athénaïs de Rochechouart, marquise de Montespan, fille de
      Gabriel de Rochechouart, duc de Mortemart, épouse de Pardaillan de
      Gondru, morte en 1707.
40 — **A G M R T U** Marguerite de Beauchamps, fille de Richard, comte du Warwick,
      morte en 1468, seconde épouse de Jehan Talbot, comte de Schrem-
      berg, maréchal de France, tué en 1453.
41 — **A G S R** . . Gabriel de Rochechouart, marquis de Mortemart, gouverneur de Paris,
      chevalier des Ordres du roi Louis XIV, mort en 1665.

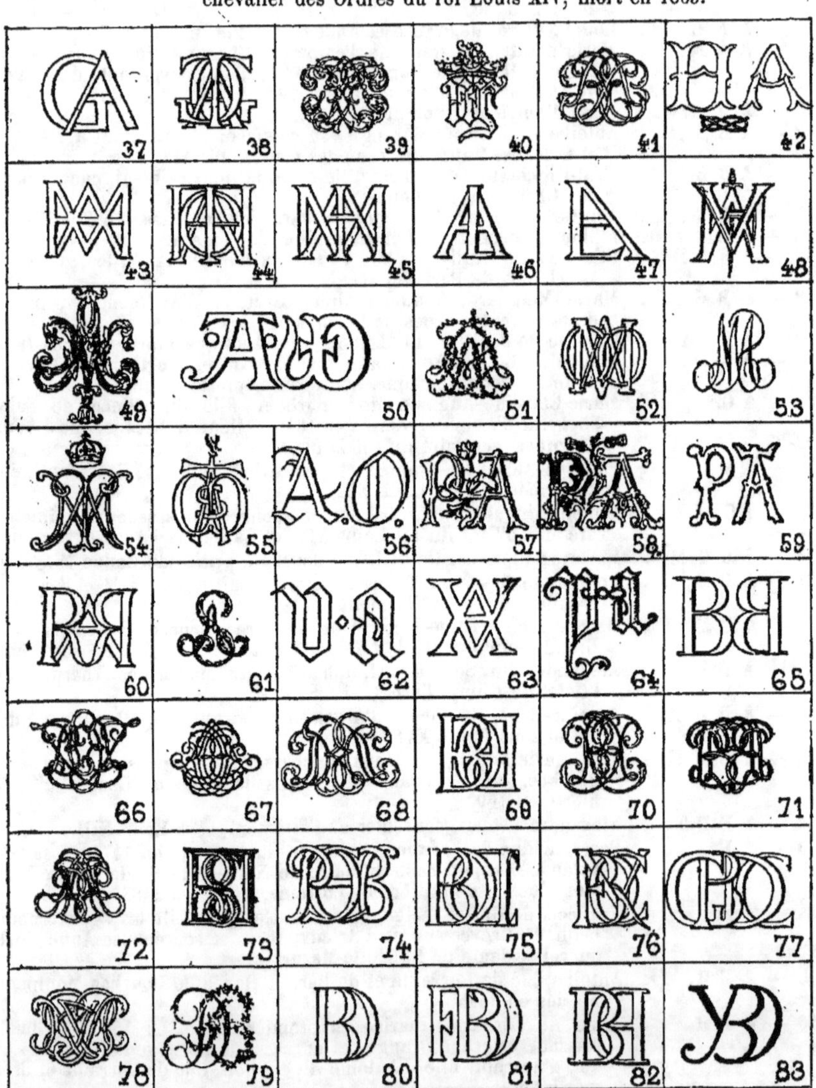

Fig. 756 à 803. — Chiffres ou Monogrammes, 37 à 83.

42 — **A H** . . Henri VIII, roi d'Angleterre, 1509-1547, et Anne Boleyn, sa deuxième épouse.
43 — **A H M** . . . Henri IV, roi de France, et Marie de Médicis (mariés en 1600), sa seconde épouse, morte en 1642. (Voir N° 232.)
44 — **A H O (T)** . . Henri III, roi de France, mort en 1589. (T, pour *Tertius*) (V. n° 244).
45 — **A I M** . . . Jacques-Auguste de Thou, président au Parlement de Paris, grand maître de la Bibliothèque du roi, mort en 1617, et Marie de Barbançon-Cany, sa première épouse, morte en 1601 (voir 38).
46-47 — **A L** . . . Louis XIII, roi de France, † 1643, et Anne d'Autriche † 1666, mariés en 1615.
48 — **A M** . . . . Anne de Montmorency, connétable de France, de 1558 à 1567.
49 — **A M** . . . . Marie-Antoinette de Lorraine, archiduchesse d'Autriche, épouse du roi Louis XVI, morte en 1793. (Voir N° 51.)
50 — **A M** . . . . Guillaume de Montfort, duc de Bretagne, 1230.
51 — **A M L L** . . Marie-Antoinette, reine de France. (Voir N° 49.)
52 — **A M O O** . . (Chiffre formé par A M et deux *phi*). François Clausse du Marchaumont, grand maître des eaux et forêts, en Bourgogne, sous Louis XIV.
53 — **A M S.** Marie-Amélie de Bourbon-Naples, épouse du roi de France Louis-Philippe Ier.
54 — **A M T** . . . Marie-Thérèse d'Autriche, épouse de Louis XIV, † 1683 (V. n° 280).
55 — **A M T S** . . Saint-Maclou, évêque d'Aleth (Saint-Malo), apôtre de Bretagne (VIe siècle).
56 — **A O** . . . . . Marie-Louise-Eugénie-Adélaïde d'Orléans, dite Madame Adélaïde, sœur du roi de France Louis-Philippe Ier, morte en 1847.
57-58-59 — **A P** . . Pierre II, seigneur de Beaujeu, régent de France en 1483, lieutenant général du royaume en 1494, septième duc de Bourbon, mort en 1503, et Anne de France, fille de Louis XI, morte en 1522. (Voir N° 249.)
60 — **A R R** . . . . Armand-Jean du Plessis, cardinal de Richelieu, premier ministre du roi Louis XIII, mort en 1641.
61 — **A S** . . . . . Sophie Arnould, artiste de l'Opéra de Paris, morte en 1803.
62 — **A V** . . . . Vallerand des Hingettes, seigneur des Aubeaux, de Lomme et de Fournes (quinzième siècle).
63 — **A V** . . . . . Antoinette de Bourbon-Vendôme, grand'tante du roi de France Henri IV, épouse de Claude de Lorraine, premier duc de Guise, morte en 1585.
64 — **A Y** . . . . . Jean, duc de Bedford, régent de France, et son épouse, Anne de Bourgogne, morte en 1432, sœur de Philippe le Bon, duc de Bourgogne.
65 — **B B** . . . . . Jean-Paul Bignon, abbé de Saint-Quentin-en-l'Isle, conseiller d'État, Bibliothécaire du roi Louis XV.
66 — **B B C C J J.** Jean-Baptiste Colbert, marquis de Croissy et de Torcy, ministre et secrétaire du roi Louis XV, mort en 1746. (Voir N° 78.)
67 — **B B C C L L.** Louise-Françoise de Bourbon, fille légitimée de Louis XIV et de Madame de Montespan, épouse de Louis de Bourbon, prince de Condé.
68 — **B B D D** . . Du Butay, en Anjou.
69 — **B B D D** . . D'Hinisdal de Soyecourt. (Voir N° 330.)
70 — **B B J J** . . . Joseph Bonnier, baron de la Mosson, célèbre amateur du XVIIIe siècle.
71 — **B B L L** . . Charles-Étienne Loménie de Brienne, archevêque de Toulouse, puis de Sens, premier ministre sous Louis XVI.
72 — **B B L L M.** Michel Mazarin, cardinal et archevêque d'Aix, frère de Jules, premier ministre de la minorité de Louis XIV.
73 — **B B S** . . . . Jean Le Bouteillier de Senlis, comte de Moussy-le-Vieux, seigneur de Moussy-le-Neuf, de Criquetot, etc., et Anne Dauvet, son épouse, 1629.
74 — **B C C H P** . Catherine-Henriette Bellier, épouse de Pierre de Beauvais, première femme de chambre de la reine Anne d'Autriche.
75 — **B C D D** . . Charles-François d'Anglure de Bourlemont, évêque de Castres, d'Aire, archevêque de Toulouse, mort en 1669.
76 — **B C D F R V.** Christophe de Villeneuve, baron de Vaucluse, de Bargemont, gouverneur de Fréjus, chevalier de l'ordre du roi Charles IX.
77 — **B C D G P** . Gaston Jean-Baptiste, comte de Cominges-Guitaud, chevalier des ordres du roi Louis XIV, gouverneur de Saumur, ambassadeur en Angleterre.
78 — **B C J** . . . . Jean-Baptiste Colbert, marquis de Seignelay, ministre et secrétaire d'État, fils et successeur du grand Colbert, mort en 1690. (Voir N° 66.)
79 — **B D** . . . . . Jeanne Bécu, comtesse du Barry (1743 † 1793).
80 — **B D** . . . . . Nicolas Chalons du Blé, marquis d'Uxelles, chevalier des ordres du roi Louis XIV, maréchal de France en 1703, mort en 1730.
81 — **B D F** . . . François de Brugières, secrétaire du roi Louis XIV.
82 — **B D H** Henri de Bourbon, roi de Navarre, 1572, roi de France (Henri IV) 1589-1610
83 — **B D Y** . . . . Joubert d'Orléans de Beauvoir, échevin de Nantes en 1602.

84 — **B E H I**
    N O P R S . . Jean Brinon, seigneur de Villaines, conseiller du roi Louis XIV.
85 — **B F** . . . . . François Brulart, fondateur du collège des jésuites à Reims.
86 — **B F G** . . . Jérôme-Frédéric Bignon, mort en 1787.
87 — **B G** . . . . . Guillaume Belier, chanoine de la Sainte-Chapelle, à Paris, mort en 1428.
88 — **B G M** . . . Etienne Bouhier, conseiller au Parlement de Bourgogne, et Madeleine
    Giraud, sa première épouse.

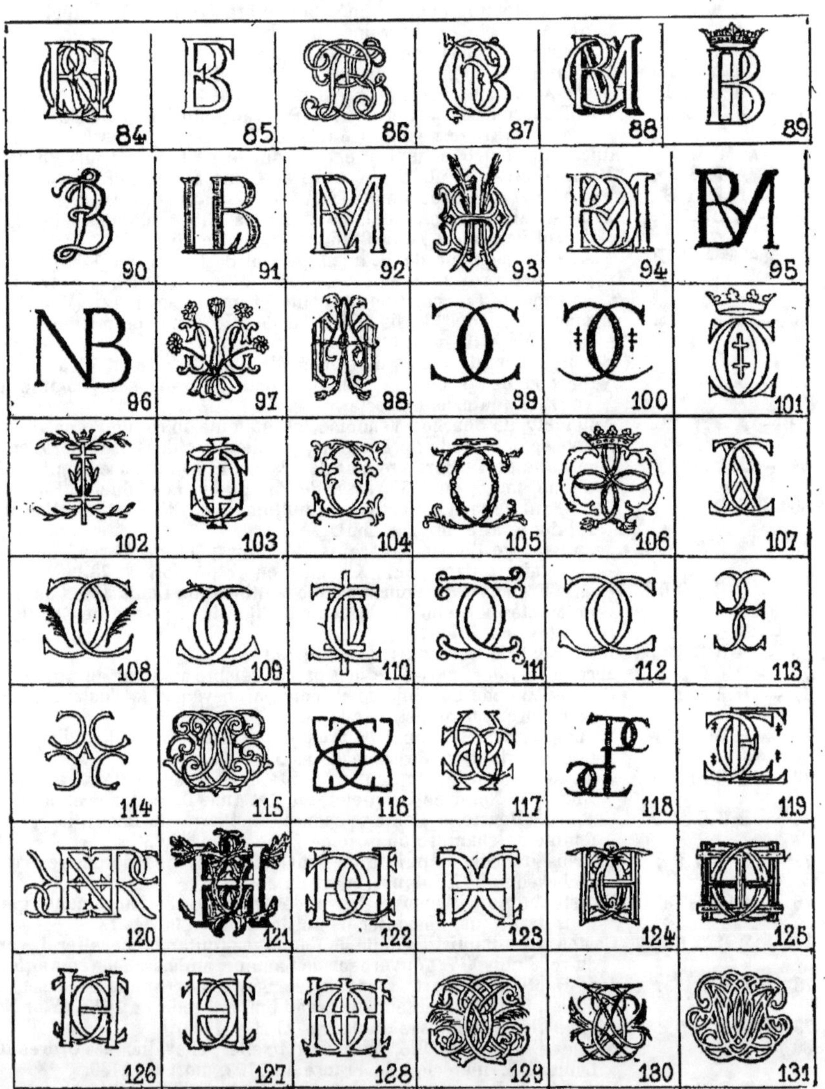

Fig. 804 à 851. — Chiffres ou Monogrammes, 84 à 131.

89 — **B I I** . . . . Jacques Jubert, chevalier, marquis de Thil, maître des requêtes et conseiller du roi Louis XIV.

90 — **B J** . . . . . Jean Bouhier, seigneur de Versalin, président à mortier du parlement de Dijon, mort en 1746.

91 — **B L** . . . . Bizeau, de la Chambre des comptes.

92 — **B L M** . . . Madeleine Le Beau, femme de Louis de Sabre, trésorier général de France sous Louis XIII.

93 — **B L M** . . . Louis de Brezé, comte de Maulevrier, grand sénéchal de Normandie (époux de Diane de Poitiers), mort en 1531. (Voir Nᵒˢ 155 à 157, et Nᵒ 158.)

94 — **B L M O** . . René de Longueil, président à mortier au parlement de Paris, créé marquis de Maisons en 1658, mort en 1677, et Marie Boulanc, son épouse.

95 — **B M** . . . . . Bernard, seigneur de Nassau, et Madeleine Potier, son épouse.

96 — **B N** . . . . . Nicolas Briot, graveur général des médailles sous Henri IV et Louis XIII, puis graveur de la monnaie de Londres, mort en 1650.

97-98 — **C C** . . Charles le Téméraire, duc de Bourgogne et comte de Flandre en 1467, mort en 1477. (Voir nᵒ 149.)

99-101 — **C C** . . . Charles II, duc de Lorraine et de Bar, 1545-1608. (Voir Nᵒˢ 100, 102.)

100-102 — **C C** . . . Charles II (Voir Nᵒ 99), et Claude de France, fille de Henri II, son épouse, mariés en 1559.

103 — **C C** . . . . . Charles IV, Léopold duc de Lorraine et de Bar 1675-1690. (Voir Nᵒ 110.)

104 — **C C** . . . . . Charles Coüin, abbé, l'un des quarante de l'Académie française, mort en 1682.

105 — **C C** . . . . . Charles de Saint-Albin, bâtard d'Orléans, légitimé en 1722, évêque de Laon en 1722, archevêque de Cambrai en 1723, mort en 1764.

106 — **C C** . . . . . Charles V, dit Charles-Quint, empereur d'Allemagne, roi d'Espagne et des Deux-Siciles, mort en 1558. (Voir Nᵒ 112.)

107 — **C C** . . . . . François de Bourbon, prince de Conti, souverain de Chateau-Regnault, mort en 1614, et sa seconde épouse Louise Marguerite de Lorraine, comtesse d'Eu.

108 — **C C** . . . . . Jean-Baptiste Colbert, ministre et secrétaire d'État, contrôleur général des finances sous Louis XIV.

109 — **C C** . . . . . Catherine de Médicis, femme de Henri II, roi de France, morte en 1589.

110 — **C C** . . . . . Charles IV Léopold, duc de Lorraine et de Bar 1675-1690. (Voir Nᵒ 103.)

111 — **C C** . . . . . Charles d'Amboise, seigneur de Chaumont, grand maître, maréchal et amiral de France, mort en 1511.

112 — **C C** . . . . . Charles V, dit Charles-Quint. (Voir Nᵒ 106.)

113 — **C C C C** . . . Charles III, duc de Lorraine, mort en 1609.

114 — **C C C C** . . Charles IX, roi de France, mort en 1574 (Voir nᵒˢ 181, 266).

115 — **C C C C** . . Jacques Nompar de Caumont, premier duc de la Force, pair et maréchal de France, mort en 1652.

116 — **C C C C** . . Charles Iᵉʳ de Gonzagues, duc de Nevers, 1601-1637.

117 — **C C C C** . . Catherine-Marie de Lorraine (de la branche de Guise), sœur du Balafré, mariée en 1570 à Louis de Bourbon, duc de Montpensier.

118 — **C C D D**
    P P T T . . Philippe de Croy, duc d'Aerschot, prince de Chimai (1554).

119 — **C C E E** . . François de Lorraine, comte de Vaudemont, plus tard duc François II, mort en 1632, et son épouse, Christine de Salm, mariés en 1591.

120 — **C C E E H N R R Y Y.** Charles, premier duc de Croy-Renty.

121 à 125 — **C C H.** Henri II, roi de France et Catherine de Médicis son épouse (V. 109).

126 — **C C H** . . . . Hercule de Rohan, duc de Montbazon, duc et pair de France, mort en 1654.

127 — **C C H** . . . . Henri II, dit le Bon, duc de Lorraine, 1608-1624, et Catherine de Bourbon-Vendôme, reine de Navarre, sa première épouse, morte en 1604.

128 — **C C H H** . . Charles-Henri, comte de Clermont et de Tonnerre, chevalier des ordres du roi Louis XIII, mort en 1640.

129 — **C C J J** . . . Charles de Sainte-Maure, duc de Montausier, pair de France, mort en 1690, et Julia d'Angennes, marquise de Rambouillet, son épouse, morte en 1671.

130 — **C C J J** . . Monseigneur le Comte de Jot.

131 — **C C J J M** . Charles-Joachim Colbert, neveu du grand Colbert, évêque de Montpellier en 1697, mort en 1738.

132-133 — C C J J M. Jean-Jacques Charron, marquis de Menars, mort en 1718.
134 — C C L L . Charles de Cossé, comte de Brissac, maréchal de France, mort en 1563.
135 — C C L L.. . Louis-Urbain Lefebvre, marquis de Saint-Ange, mort en 1720.
136 — C C L L M. Charles-Maurice Le Tellier, archevêque de Reims, mort en 1710.
137 — C C M . . . Michel Chamillart, comte de la Suze, ministre d'État, mort en 1721.
138 — C C M M. . Michel de Montaigne, conseiller au Parlement de Bordeaux, mort en
  1592 et Françoise de Chassagne, son épouse, mariés en 1566.

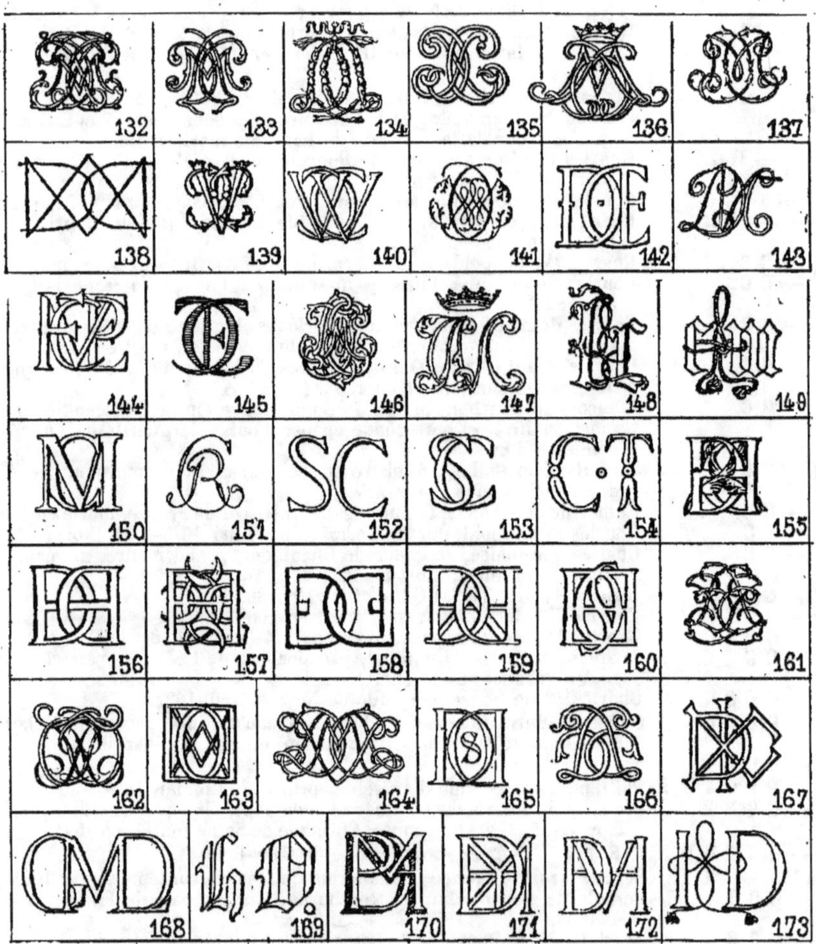

Fig. 852 à 893. — Chiffres ou Monogrammes, 132 à 173.

Note de la page 252. — Nous appelons l'attention de nos lecteurs sur *La Lettre d'Imprimerie* que M. Francis Thibaudeau vient de publier en deux volumes d'ensemble, huit cents pages, documentés par plus de cinq cents fac-similés de titres en noir ou en couleurs, et de nombreux types de caractères. — Nous ne saurions trop recommander cette œuvre harmonieuse, parfaite, méthodique et claire, historique et technique, *sans précédent comme conception et comme présentation*, qui s'adresse, non seulement aux bibliophiles mais encore aux amateurs désirant comprendre, et pouvoir apprécier, un beau livre sous tous ses aspects : papier, impression, illustration et reliure.

139 — **C C V** . . . . Villacerf, intendant général des bâtiments du roi, et Mademoiselle de Courson, son épouse.

140 — **C C V V** . . . Valentin Conrard, conseiller-secrétaire du roi Louis XIV, membre de l'Académie française, mort en 1675. (Voir N° 141.)

141 — **C C V V V** . Valentin Conrard. (Voir N° 140.)

142 — **C D E** . . . . Jean du Damas, lieutenant du Gouvernement du Nivernais, gentilhomme ordinaire de la Chambre de Henri III, et Edmée de Creux, son épouse.

143 — **C D L M T**. Louis de la Vergne Monteynard de Tressan, évêque du Mans et aumônier de Monsieur, frère du roi, mort en 1712.

144 — **C E F P V**. Félix Vialart de Herse, huitième évêque de Châlons-sur-Marne, mort en 1680.

145 — **C F G** . . . . Claude Gouffier, grand écuyer de France, créé duc de Rouannais en 1519, mort en 1570, et Françoise de Brosse, la deuxième de ses cinq épouses.

146 — **C J L M** . . Lemoine, bibliophile (dix-huitième siècle).

147 — **C J M** . . . Jules, Cardinal de Mazarin, premier ministre de France, né à Piscina, dans les Abruzzes en 1602, mort en 1661. (Voir n°ˢ 150 et 247.)

148 — **C L** . . . . Louis XI, roi de France, mort en 1483, et Charlotte de Savoie, sa seconde épouse, morte la même année.

149 — **C M** . . . . Charles le Téméraire et sa troisième épouse, Marguerite, sœur d'Édouard, roi d'Angleterre, marié en 1465 (Voir n°ˢ 97 et 98).

150 — **C M** . . . . Jules, Cardinal de Mazarin. (Voir n°ˢ 147 et 247.)

151 — **C R** . . . Christian VII, roi de Danemark et de Norvège, mort en 1808.

152-153 — **C S** . . . Ancien prieuré de Sainte Catherine du Val des Écoliers, à Paris.

154 — **C T** . . . . . Bibliothèque de la reine Marie-Antoinette, au château de Trianon.

155 à 157 — **D D H**. Henri II, roi de France, mort en 1559, et Diane de Poitiers, duchesse de Valentinois, fille de Jean de Poitiers, seigneur de Saint-Vallier, morte en 1566. (Voir n°ˢ 121 à 125, et n° 93.)

158 — **D D H** . . . Diane de Poitiers, fille de Jean de Poitiers, seigneur de Saint-Vallier, et veuve de Louis de Brezé (voir n° 93), maîtresse du roi Henri II. (Voir n°ˢ 155 à 157.)

159 — **D D H M** . . Jehan de Montescot, seigneur de Mainvillier-la-Garenne, 1528, procureur de la reine et maître des requêtes du roi François Iᵉʳ.

160 — **D D H S** . . Henri d'Escoubleau de Sourdis, archevêque de Bordeaux en 1628, intendant de l'artillerie au siège de La Rochelle, mort en 1645.

161 — **D D J J L L**. Joachim Descartes, parent du philosophe René Descartes.

162 — **D D J J T T**. Jean Nicolas du Tralage, conseiller au parlement et neveu de Gabriel-Nicolas de la Reynie, lieutenant général de la police, sous Louis XIV.

163 — **D D M M** . . Charlotte de la Marck, princesse de Sedan, duchesse de Bouillon, dame de Jametz, mariée en 1591 à Henri de la Tour d'Auvergne,

164 — **D D M V** . . Victor-Marie, duc d'Estrées, grand d'Espagne, maréchal et vice-amiral de France, mort en 1737.

165 — **D D S** . . . Dominique Seguier, conseiller au parlement de Paris, doyen de la cathédrale de Meaux, évêque d'Auxerre, puis de Meaux, premier aumônier du roi, mort en 1649.

166 — **D D S S** . . Ancienne abbaye de Saint-Denis en France.

167 — **D F F I** . . J. Ferrey, conseiller secret du roi.

168 — **D G L M** . . Marie-Louise de Gonzague, fille de Charles Iᵉʳ, duc de Nevers, marié en 1646 à Vladeslas VII, roi de Pologne, et remariée en 1649 à Jean Casimir, aussi roi de Pologne, son beau-frère.

169 — **D H** . . . . Henri-Eugène-Philippe-Louis d'Orléans, né en 1822, duc d'Aumale, gouverneur de l'Algérie en 1847, fils du roi de France Louis-Philippe Iᵉʳ (Voir n°ˢ 235 à 238).

170 — **D H M P** . . Michel Particelli, seigneur d'Hemery, contrôleur général des finances sous Louis XIII.

171 — **D H N Y** . . Edme Dumesnil, seigneur d'Unieuville.

172 — **D H V** . . . Henri de Valois, roi de Pologne en 1573, puis Henri III, roi de France

173 — **D I** . . . . . Jean d'Auberville, procureur de la ville de Bourges, vers 1600.

174 — **D J L . . .**   Du Crest de Villeneuve, secrétaire général des droits réunis, sous Napoléon Ier.

175 — **E E . . . . .**   Etienne Chevalier, maître des comptes, trésorier de France, contrôleur général des finances sous Charles VII et Louis XI.

176 — **E E H I O S T Y**   Christophe de Foix, évêque d'Aire, mort en 1570.

177 — **E F H N O R S Y**   Petit du Fresnoy, bibliophile, 1654.

178 — **E H I N O S V**   Louis Hesselin, maître de la Chambre aux deniers, 1630.

179 — **E H N . . .**   Hélène de Hangest, veuve d'Arthur de Montmorency, fille de Philippe de Montmorency.

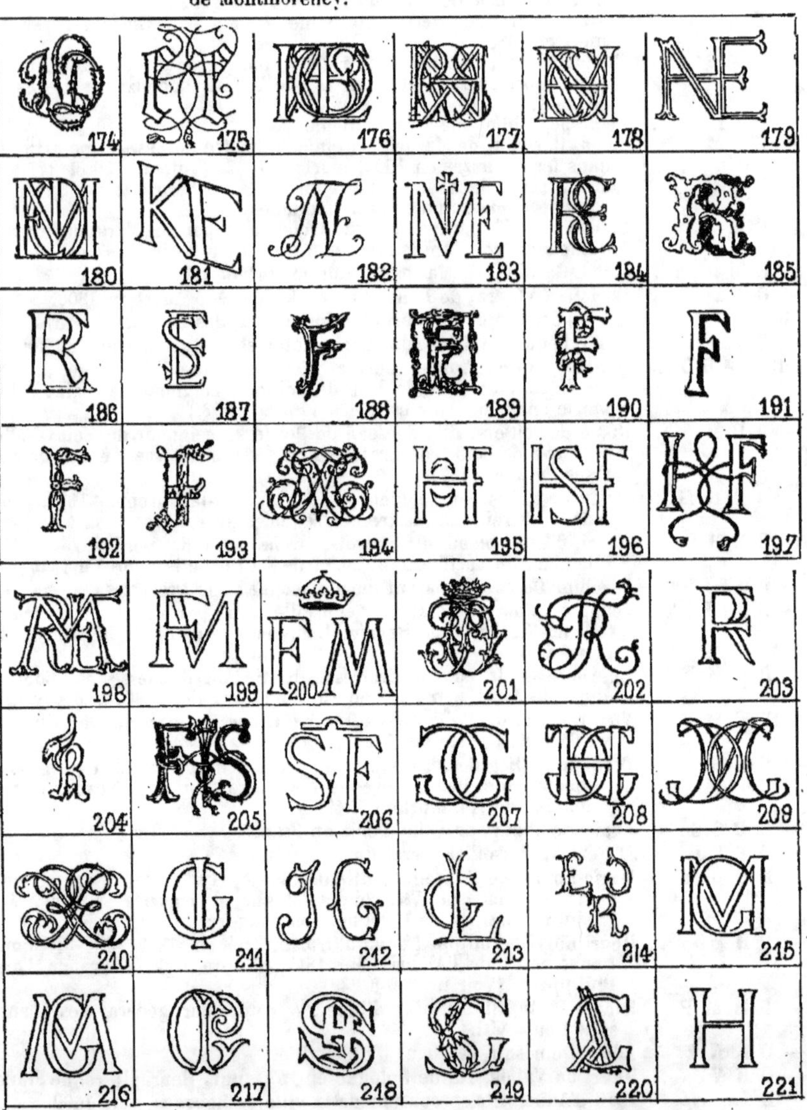

Fig. 894 à 941. — Chiffres ou Monogrammes, 174 à 221.

180 — **E I L M O.** Mathieu Molé, seigneur de Champlastreux, conseiller au parlement, procureur général, premier président, garde des sceaux, mort en 1656.

181 — **E K.** . . . . Charles IX, roi de France, mort en 1574, et Elisabeth d'Autriche, son épouse, fille de Maximillien II, empereur, morte en 1592. (V. 268).

182 — **E L N** . . . Nicolas-Lambert de Thorigny, prévôt des marchands de Paris, en 1725.

183 — **E M** . . . . Ancien séminaire des missions étrangères, à Paris.

184-185 — **E R** . . Réné, comte d'Anjou et de Provence, roi titulaire de Naples en 1435, duc de Lorraine du chef de son épouse Isabelle, créateur de l'Ordre du Croissant, mort en 1480 (Voir n° 317).

186 — **E R.** . . . . Elisabeth Rouquet, morte en 1654.

187 — **E S.** . . . . Eglise Saint-Etienne-du-Mont, à Paris.

188 à 192 — **F** . . François Ier, roi de France, dit le Père des Lettres, mort en 1547, fils de Charles, comte d'Angoulême.

193 — **F.** . . . . . Françoise de Penhoert, première épouse de Pierre de Rohan, seigneur de Gié, maréchal de France, mort en 1513.

194 — **F F M.** . . Françoise-Marie de Bourbon (Mlle de Blois), légitimée de France, fille naturelle de Louis XIV, épouse de Philippe, duc d'Orléans (le Régent), morte en 1749.

195 - 196 — **F H — F H S** Jean Frédéric, duc de Saxe, 1532-1554, et Sibille de Cléves, sa femme.

197 — **F I.** . . . . Jehan Floreins (frère), 1479.

198 — **F L M R.** . Marie d'Autriche, fille de Charles-Quint, mariée en 1548 à Maximilien II, roi de Bohême et de Hongrie, empereur d'Allemagne en 1565, morte en 1603 (Voir n° 297).

199-200 — **F N** . . François II, roi de France, et Marie Stuart, reine d'Écosse et de France, fille de Jacques V, roi d'Écosse, morte en 1587. (Voir n°s 251 et 252.)

201 — **F D** . . . . Ferdinand-Philippe-Louis-Charles-Henri Rose, duc d'Orléans, prince royal, fils du roi Louis-Philippe Ier.

202 — **F R** . . . . Frédéric Ier, électeur de Brandebourg et duc de Prusse en 1688, roi de Prusse 1701-1713.

203 — **F R** . . . . François de Bourbon, comte de Vendôme et de Saint-Pol, mort en 1495.

204 — **F R N** . . . République Française, 1794.

205 — **F S.** . . . . François de Sarcus, quatorzième seigneur de Sarcus, conseiller et chambellan des rois Louis XI et Charles VIII.

206 — **F S.** . . . . Ludovic Sforza, dit le Maure, duc de Milan, mort en 1510.

207 — **G G** . . . . Gaston, duc d'Orléans, comte de Blois, duc de Valois, lieutenant général du royaume, mort en 1660.

208 — **G G H** . . . Henri IV, roi de France, et Gabrielle d'Estrées, marquise de Monceaux, duchesse de Beaufort, morte en 1599. (Voir n° 326).

209 — **G G M** . . Charles Gruym, sieur des Bordes, et Geneviève de Mouy, veuve de Claude Bretel, sieur de Lanquet.

210 — **G G S S** . . Jean-Baptiste Guyon de Sardière, capitaine au régiment du roi, mort en 1759.

211 — **G I.** . . . . D. Jacob Pœrier, comte d'Anfreville-Cisay, premier président du parlement de Normandie.

212 — **G J.** . . . Jean-Georges, duc de Saxe Weissenfels. (Voir fig. 612 à 660, n° 25, page 246.)

213 — **G L** . . . . Louis de la Tremouille, deuxième du nom, mort en 1524, et Gabrielle de Bourbon, son épouse, morte en 1516.

214 — **G L R** . . . Louis de Roucherolles, chambellan du roi François Ier, mort en 1538.

215 — **G M.** . . . . Gaston, duc d'Orléans, comte de Blois, duc de Valois, mort en 1660, frère de Louis XIII et Marguerite de Lorraine, sa seconde épouse (1632).

216 — **G M.** . . . . Marie de Bourbon, duchesse de Montpensier, morte en 1627, première femme de Gaston, duc d'Orléans, fils de Henri IV.

217 — **G P.** . . . . James Alexandre, comte de Pourtalès Georgies, chambellan du roi de Prusse, mort en 1865.

218 — **G S.** . . . . Chapitre de Saint-Germain-l'Auxerrois, à Paris.

219 — **G S.** . . . . Ancienne Bibliothèque de Sainte-Geneviève, Paris.

220 — **G Y Y** . . . (Chiffre formé par la lettre G et deux *lambda*). Louis de Gouffier, duc de Rouannais, pair de France, mort en 1642.

221-222 — **H** . . . Henri II, roi de France, † 1559 (Voir n°s 121 à 125, 155 à 157, 229).

223 — **H . . . . .** Henri de Bourbon, roi de Navarre, puis Henri IV, roi de France, mort en 1610 (Voir nᵒˢ 226 et 241.)

224 — **H . . . . .** Comte d'Hoym, ambassadeur du roi de Pologne, Auguste II, à Paris, sous Louis XV, mort en 1736.

225 — **H . . . . .** Henri de Lorraine, marquis de Pont-à-Mousson.

226 — **H . . . . .** Henri IV. (voir nᵒˢ 223 et 241.)

227-228 — **H I S . .** Jésus-Christ.

229 — **H K K . . .** Henri II, roi de France, mort en 1559, et Catherine de Médicis, son épouse, morte en 1589. (Voir nᵒˢ 109, 121 à 127, 267).

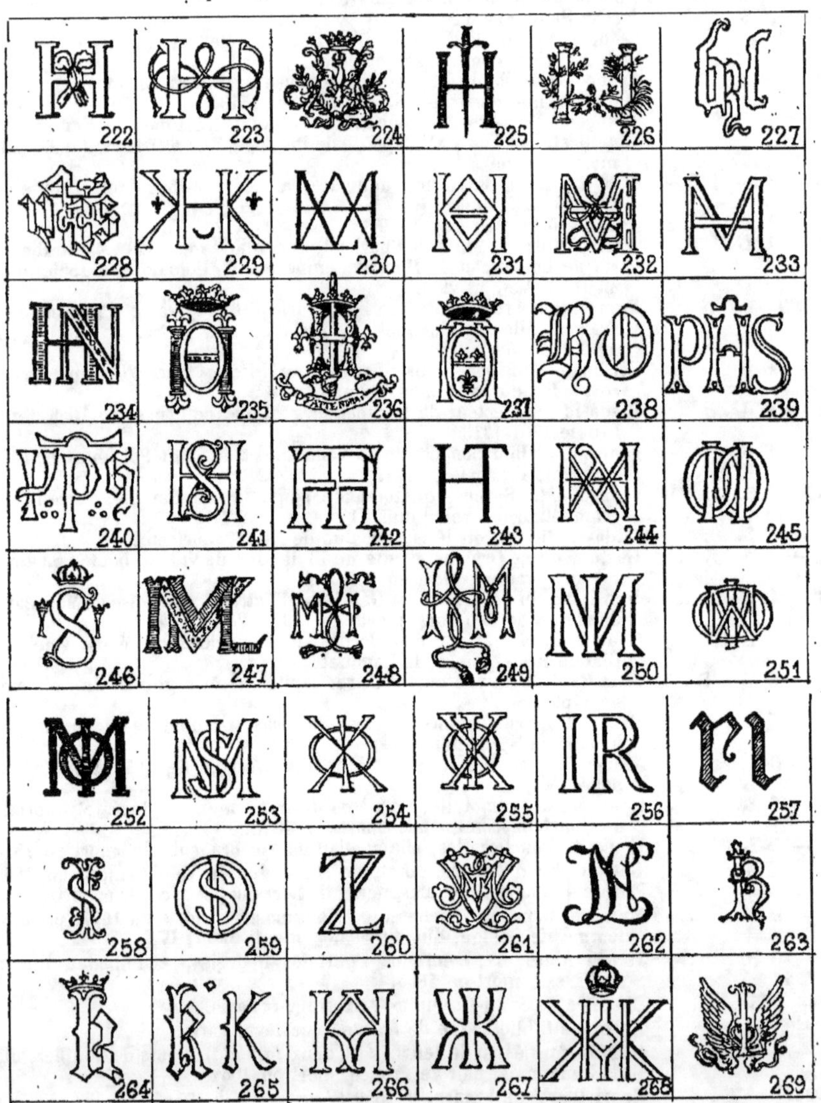

Fig. 942 à 989. — Chiffres ou Monogrammes, 222 à 269.

230 — **H L M M** . . Henri-Louis-Habert de Montmor, conseiller d'État et doyen des maîtres des requêtes, mort en 1679.

231 — **H M** . . . . Henri Ier de Bourbon, prince de Condé, puis duc d'Enghien, pair de France, gouverneur de Picardie, mort en 1581, marié en premières noces à Marie de Clèves en 1574. (Voir n° 26).

232 — **H M** . . . . Henri IV, roi de France, et Marie de Médicis. (Voir n° 43.)

233 — **H M** . . . . Henri de Bourbon, roi de Navarre, puis Henri IV, roi de France et Marguerite de France dite aussi de Valois, fille de Henri II et sœur de Charles IX, sa première épouse.

234 — **H N** . . . . Jérôme Bonaparte, roi de Westphalie, de 1807 à 1813, frère de l'empereur Napoléon Ier, mort en 1860.

235 à 238 — **H O** . Henri-Eugène-Philippe-Louis d'Orléans, duc d'Aumale. (Voir n° 169).

239 — **H P S** . . . Philippe le Beau, roi de Castille, archiduc d'Autriche, duc de Bourgogne, comte de Flandre, mort en 1506.

240 — **H P Y** . . . Philippe le Bon, duc de Bourgogne, comte de Flandre, et Ysabeau de Portugal, sa troisième épouse, mariés en 1430. (Voir n° 313).

241 — **H S** . . . . Henri de Bourbon. (Voir n°s 223 et 226)

242 — **H T** . . . . Henri III, roi de France, 1574-1589. (Voir n°s 44, 244).

243 — **H T** . . . . Jehan Testu, conseiller et argentier du roi François Ier.

244 — **H Y Y** . . . (Chiffre formé par la lettre H et deux *lambda*). Henri III, roi de France, 1574-1589, et Louise de Vaudemont, son épouse. (Voir n°s 44, 242).

245 — **I I O O** . . . (Chiffre formé par deux *phi*). Philippe Desportes, abbé et poète, ✝ 1606.

246 — **I I S** . . . Jeanne d'Albret, reine de Navarre, mariée en 1548 à Antoine de Bourbon, duc de Vendôme, mère du roi de France Henri IV, morte en 1572. (Voir n°s 328 et 329.)

247 — **I L M V** . . Jules, Cardinal de Mazarin. (Voir n°s 147 et 150.)

248 — **I M** . . . Maximilien, archiduc d'Autriche, empereur d'Allemagne, et Jeanne, dite la Folle, reine de Castille, sa bru, mère de Charles-Quint.

249 — **I M** . . . . Anne de France, dame de Beaujeu. (Voir n°s 57, 58, 59.)

250 — **I M** . . . . Sébastien Zamet, baron de Murat, et Billy, seigneur de Beauvoir, et Madeleine Le Clerc du Tremblay, son épouse (Voir n° 253)

251-252 — **I M O** . (Chiffres formés par la lettre M et un *phi*). Marie Stuart, reine d'Écosse en 1542, femme de François II, roi de France, ✝ 1587 (Voir 199 et 200).

253 — **I M S** . . . . Sébastien Zamet et Madeleine Le Clerc du Tremblay. (Voir n° 250.)

254 — **I O X** . . . (Chiffre formé par la lettre X et un *phi*). Françoise d'Orléans, fille du marquis de Rothelin, morte en 1601, seconde épouse de Louis de Bourbon, prince de Condé, pair de France.

255 — **I O X** . . . (Chiffre formé par la lettre X et un *phi*.) Arthur Gouffier, comte d'Étampes, seigneur de Soisi, d'Oiron, grand Maître de France.

256 — **I R** . . . . . Jean, vicomte de Rohan (1380).

257 — **I R** . . . . Réné, dit le Bon, duc de Lorraine et du Bar, comte de Provence et duc d'Anjou, roi titulaire de Naples, mort en 1480, et Jeanne de Laval, sa seconde épouse, morte en 1498.

258 — **I S,** . . . . Isabelle de Castille, dite Isabelle la Catholique, héritière des couronnes de Castille et de Léon, femme de Ferdinand d'Aragon. (Voir n° 19).

259 — **I S O** . . . . Ancienne Abbaye de Sainte-Geneviève, Paris.

260 — **I Z** . . . . . Jean Zamet et Jeanne de Rouillard, son épouse, baron de Murat et Billy, seigneur de Beauvoir et de Cazabelle, et surintendant des bâtiments de Fontainebleau, fils de Sébastien Zamet.

261 — **J J M** . . . Marie-Josèphe de Saxe, mère de Louis XVI, fille de Frédéric-Auguste II, roi de Pologne, seconde épouse de Louis, dauphin, fils de Louis XV, mort en 1767.

262 — **J L M** . . . Louis-Napoléon Bonaparte, roi de Hollande, 1806-1810, frère de l'empereur Napoléon Ier.

263 — **K.** . . . . . Charles V, roi de France, mort en 1380.

264 — **K.** . . . . . Charles VII, roi de France, mort en 1461.

265 — **K K** . . . . Charles VIII, roi de France, mort en 1498.

266 — **K K** . . . . Charles IX, roi de France, mort en 1574.

267 — **K K** . . . . Catherine de Médicis, fille de Laurent II, duc de Médicis, épouse de Henri II, roi de France, morte en 1589. (V. n°s 109, 121 à 125, 229).

268 — **K K Y Y** . . Elisabeth d'Autriche, fille de l'empereur Maximilien II, empereur d'Allemagne, et Charles IX. (Voir n° 181.)

269 — **L.** . . . . . Louise de Savoie, duchesse d'Angoulême, mère de François Ier, régente en 1515, morte en 1531.

270-271-272 — **L** . .   Louis XIII, roi de France, mort en 1643. (Voir n° 274.)
273 — **L** . . . . .   Louis XII, roi de France, mort en 1515.
274 — **L L** . . . .   Louis XIII, roi de France. (Voir n°s 270 à 272.)
275 — **L L** . . . .   Louis XIV, roi de France, mort en 1715.
276 — **L L** . . . .   Comtesse Lionnel de Bonneval.
277 — **L L** . . . .   Connétablie et Maréchaussée de France sous Louis XV.
278 — **L L** . . . .   Louis XV, roi de France, mort en 1774.
279 — **L L M** . . .   Michel l'Archer, marquis d'Olisy, sénéchal du Vermandois, 1664-1671.

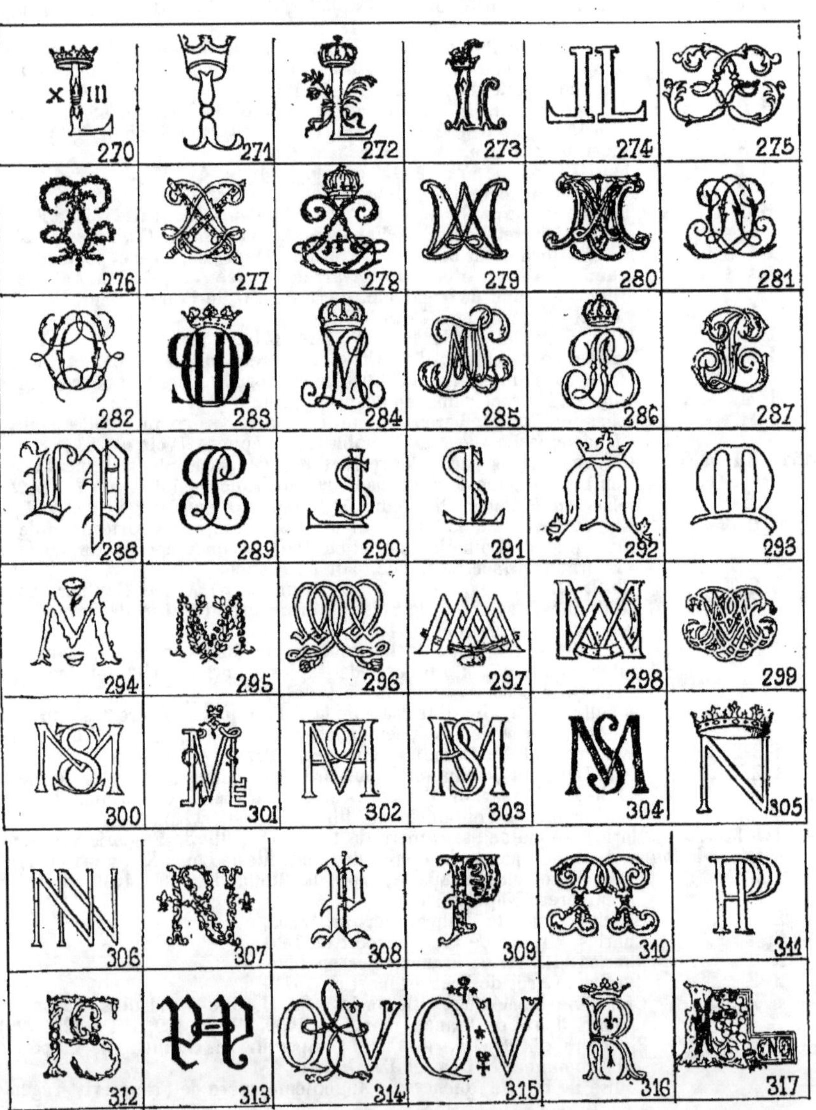

Fig. 990 à 1037. — Chiffres ou Monogrammes, 270 à 317.

280 — **L L M T . .** Marie-Thérèse d'Autriche, fille de Philippe IV, roi d'Espagne, épouse de Louis XIV, morte en 1683. (Voir n° 54).

281-282 — **L L O .** Louis-Charles-Philippe d'Orléans, duc de Nemours, fils de Louis-Philippe Ier, roi de France.

283 — **L L O P P.** Louis-Philippe Ier, roi de France, mort en 1853. (Voir n°s 286 à 289.)

284 — **L M . . . .** Marie-Louise, archiduchesse d'Autriche, impératrice des Français, épouse de Napoléon Ier, 1810.

285 — **L M T . . .** Marie-Thérèse-Louise de Savoie-Carignan, princesse de Lamballe surintendante sous la reine Marie-Antoinette, morte en 1792.

286 à 289 — **L P . .** Louis-Philippe, roi de France, mort en 1853. (Voir n° 283.)

290 — **L S . . . .** Ancien ordre royal et militaire de Saint-Lazare de Jérusalem et hospitalier du mont Carmel en France.

291 — **L S . . . .** Ancienne communauté de Saint-Lazare, Paris.

292 et 293 — **M . .** Olivier de Clisson, connétable de France, mort en 1407.

294 — **M . . . . .** Marguerite, duchesse de Parme, fille naturelle de l'empereur Charles-Quint, gouvernante des Pays-Bas sous Philippe II.

295 — **M . . . .** Château de Meudon, près Paris.

296 — **M M . . . .** Marie de Bourgogne, comtesse de Flandre, fille de Charles le Téméraire, duc de Bourgogne, mariée en 1477 à Maximilien, archiduc d'Autriche.

297 — **M M . . . .** Marie d'Autriche, fille de l'empereur Charles-Quint, mariée en 1548 à Maximilien, roi de Bohême. (Voir n°s 11 et 198.)

298 — **M M C . . .** Charles de la Porte, duc de la Meilleraye, pair et maréchal de France, et Marie de Cosse, son épouse.

299 — **M M R R . .** Etienne-Hyacinthe-Antoine Foulé, marquis de Montangy, maître des requêtes, intendant de la généralité de Bourges, et Marie-Elisabeth Le Rebours, son épouse, mariés en 1700.

300 — **M M S . . .** Maximilien de Béthune, premier marquis de Rosny en 1601, duc de Sully en 1606, mort maréchal de France en 1641.

301 — **M O S V . .** Maximilien, archiduc d'Autriche, roi des Romains, en 1486, et son épouse, Marie de Bourgogne, comtesse de Flandre. (Voir n° 248.)

302 — **M P P . . ,** Marie Mole de la Plume, épouse du baron de Treveray, maréchal des camps et armées du roi Louis XIV.

303 — **M P S . . .** Pierre Seguier, président au Parlement, garde des sceaux en 1633, chancelier de France en 1635.

304 — **M S . . . .** Mère Folle ou Sotte (de Dijon), quinzième siècle.

305 — **N . . . . .** Adrien Maurice, duc de Noailles, fait duc et pair par Louis XV, président du conseil des Finances, maréchal de France en 1734, mort en 1766.

306 et 307 — **N N.** Ancien collège de Navarre, Paris.

308 — **P . . . . .** Ville de Péronne.

309 — **P . . . . .** Pierre de Rohan, sire de Rohan, seigneur de Gié, comte de Marle, maréchal de France en 1745.

310 — **P P . . . .** Philippe Ier, duc d'Orléans, frère du roi Louis XIV, connu sous le nom de Monsieur, mort en 1701.

311 — **P P . . . .** Philippe II, duc d'Orléans en 1701, régent de France en 1715, mort en 1723.

312 — **P S . . . .** Ancien collège du Plessis Sorbonne, Paris.

313 — **P Y . . . .** Philippe le Bon, duc de Bourgogne, comte de Flandre, et Ysabeau de Portugal, sa troisième épouse, mariés en 1430. (Voir n° 240).

314 et 315 — **Q V.** Philippe le Beau, archiduc d'Autriche, duc de Bourgogne, comte de Flandre en 1497.

316 — **R . . . . . .** Renée de France, seconde fille de Louis XII et d'Anne de Bretagne, mariée très jeune, en 1527, à Hercule d'Est, duc de Ferrare et, après son veuvage, duchesse de Chartres, comtesse de Gisors, et dame de Montargis.

317 — **R . . . . . .** René, comte d'Anjou et de Provence, roi titulaire de Naples en 1435, duc de Lorraine du chef de son épouse Isabelle, créateur de l'ordre du Croissant, mort en 1480. (Voir n°s 184 et 185).

318 — R . . . . . Louis-François-Armand de Vignerot, duc de Richelieu, maréchal de France, petit-neveu du Cardinal, mort en 1788.
319 — R . . . . . Rachel Félix, tragédienne, morte en 1858.
320 — R R . . . . Princesse de Rohan.
321 — R R . . . . René Rouillie, conseiller du roi en la Cour du parlement. Abbé de Saint-Pierre de Lagny, chanoine de la sainte chapelle de Paris.
322 — R R. . . . . Robert de Lenoncourt, évêque et comte de Châlons, pair ecclésiastique de France, cardinal en 1528.
323 — R S . . Stanislas Leczinski, roi titulaire de Pologne, duc de Lorraine, 1737–1766.
324 — R P . . . . Trouard, intendant des bâtiments du roi Louis XVI, et membre de son Académie d'Architecture en 1769
325 — R V . . . . Victoria, reine d'Angleterre, morte en 1901.
326 — S . . . . . Gabrielle d'Estrées, fille d'Antoine d'Estrées, grand-maître de l'Artillerie, gouverneur de l'Ile-de-France, morte en 1599. (Voir n° 208).
327 — S . . . . . Ancien prieuré de Sainte-Croix de la Bretonnerie, à Paris.
328-329 — S . . . Jeanne d'Albret, reine de Navarre, mère de Henri IV. (Voir n° 246.)
330 — S S V . . D'Hinisdal de Soyecourt. (Voir n° 69.)
331 — S T . . . Simon Tetu, receveur du Maine sous François Ier.
332 — S V . . . . Ancienne Abbaye de Saint-Victor, Paris.
333 — W . . . . . Nicolas de Verdun, premier président au parlement de Paris, 1616-1637.
334 — W . . . . . Château de Versailles.
335 — Y Y . . . . (Chiffre formé par deux *lambda*,) Louise-Marguerite de Lorraine, comtesse d'Eu, morte en 1631, seconde épouse de François de Bourbon, prince de Conti.

— Fig. 1038 à 1055. — Chiffres ou Monogrammes, 318 à 335. —

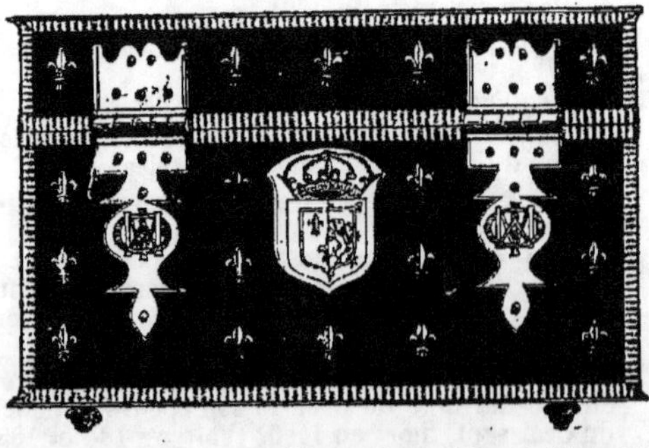

Fig. 1056. — Coffret aux Armes et au Chiffre de Marie Stuart (Voir Chiffre n°° 251 et 252).

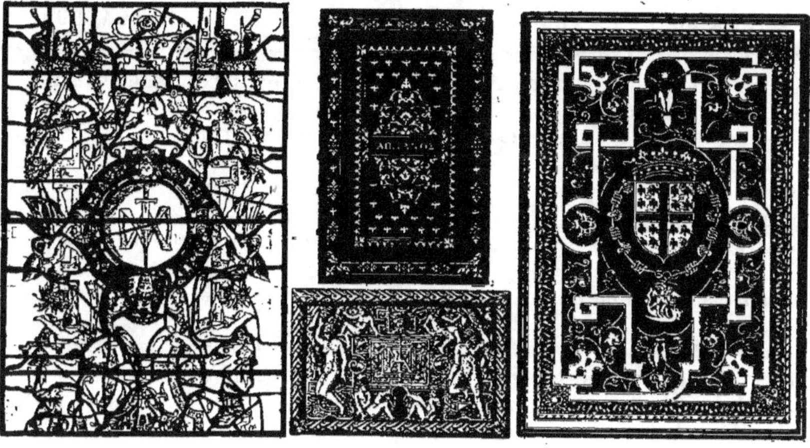

Fig. 1057 à 1060. — Vitrail, serrure et plats de reliure aux chiffre et armes
du Connétable Anne, premier duc de Montmorency (1493 † 1567).
Musée des Thermes et de l'Hôtel de Cluny, Paris. (Voir Chiffre n° 48.)

CONCORDANCE ALPHABÉTIQUE
DES
PERSONNAGES HISTORIQUES CITÉS AVEC NUMÉROTAGE
DES CHIFFRES OU MONOGRAMMES

Les indications numérales placées à la suite
des noms renvoient aux numéros des chiffres et monogrammes représentés pages 254 à 268.

ADÉLAÏDE D'ORLÉANS (Marie-Louise-Eugénie). 56
AMARANTHE (Ordre de l'). 6
ANGLURE DE BOURLEMONT (Charles-François d'). 75
ANNE D'AUTRICHE. 1, 4, 5, 10, 12, 46, 47
ANNE BOLEYN. 42
ANNE DE BOURGOGNE. 64
ANNE DE BRETAGNE. 2, 3
ANNE DE FRANCE. 249
ANNE DE LORRAINE. 36
ANNE DE MONTAFIÉ. 7
ANTOINE, duc de Lorraine 35
ANTOINETTE DE BOURBON. 20
ANTOINETTE BOURBON-VENDOME 63
ARGENSON (Antoine-René de Voyer d'). 30
ARNAUD, marquis de Pompone (Simon). 25
ARNOULD (Sophie) 61
AUBERVILLE (Jean d'). 173
AUMALE (Henri-Eugène-Philippe-Louis, duc d'). . . . . 169, 235 à 238
AUMALE (Marie-Caroline-Auguste de Bourbon, duchesse d') 21

BARBANÇON-CANY (Marie de). 45
BARILLON DE MORANGIS (Antoine). . . . 13
BEAUCHAMPS (Marguerite de). 40
BEAUVAIS (Catherine-Henriette Bellier de) 74
BEAUVILLIERS (Paul-Hippolyte de). . 14
BERNARD DE NASSAU. 95
BIGNON (Jean-Paul). 65
BIGNON (Jérôme-Frédéric). 86
BIZEAU. 91
BONAPARTE (Jérôme). 234
BONAPARTE, roi de Hollande (Louis-Napoléon). 262
BONNIER DE LA MOSSON (Joseph). . . . 70
BOUHIER (Étienne) 88
BOUHIER (Jean). 90
BOULANC (Marie) 94
BOUTEILLIER (Jean le). 73
BRÉZÉ (Louis de). 93
BRIOT (Nicolas). 96
BRUGIÈRES (François de). 81
BRULART (François). 85
CHABOUT, marquis de Coislin (Pierre-Adolphe). 8

CATHERINE (communauté de Sainte-) . . 153
CATHERINE DE MÉDICIS 109, 121 à 125, 229, 267
CATHERINE DU VAL DES ÉCOLIERS (prieuré
    de Sainte-) 152
CAUMONT (Jacques-Nompar de) 115
CHAMILLART (Michel) 137
CHARLES D'AMBOISE 111
CHARLES DE BOURBON 7
CHARLES HENRI, comte de Clermont et
    de Tonnerre. 128
CHARLES LE TÉMÉRAIRE. . . . 97, 98, 149
CHARLES, premier duc de CROY-RENTY. 120
CHARLES Iᵉʳ DE GONZAGUES. 116
CHARLES II, dit *le Grand*. . . 100 à 102
CHARLES III, duc de Lorraine. 113
CHARLES IV, duc de Lorraine. . . 103, 110
CHARLES V. 263
CHARLES VII. 264
CHARLES VIII 265
CHARLES IX 114, 181, 266, 268
CHARLES QUINT. 112
CHARLOTTE DE SAVOIE. 148
CHASTRE (Gasparde de la). 38
CHEVALIER (Étienne). 175
CHRISTIAN VII. 151
CLAUDE DE LORRAINE. 20
CLERMONT-TONNERRE (Antoine de). . . 27
CLISSON (Olivier de). 292, 293
COLBERT (Jean-Baptiste). 78, 108
COLBERT (Charles-Joachim). 131
COLBERT (Jean-Baptiste), marquis de
    Croissy et de Torcy. 66
COMINGES-GUITAUD (Gaston-Jean-Bap-
    tiste). 77
CONRARD (Valentin). 141
COSSÉ (Charles de). 134
COTIN (l'abbé Charles). 104
CROY (Philippe de). 118
CROIX DE LA BRETONNERIE Paris (ancien
    prieuré de Sainte-). 327

DAMAS (Jean du). 142
DAUVET (Anne). 73
DENIS près Paris (ancienne abbaye de
    Saint-). 166
DESCARTES (Joachim). 161
DESPORTES (Philippe). 245
DIANE DE POITIERS. . . . . . 155 à 158
DU BARRY (Jeanne-Bécu, comtesse) . . 79

DU BLÉ, marquis d'Uxelles (Nicolas-Cha-
    lons). 80
DU BUTAY. 68
DUCREST DE VILLENEUVE. 174
DU FRESNOY (Petit). 177
DUMESNIL (Edme). 171
DU PLESSIS GAUTIER DINTEVILLE (Anna). 37
DU PLESSIS-SORBONNE (ancien collège) . 312
DU SOMMERARD (Alexandre) 29

ÉLISABETH D'AUTRICHE 181, 268
EMMANUEL (Philippe-Alexandre). . . . 24
ESCOUBLEAU DE SOURDIS (Henri d'). . 160
ESTRÉES (Gabrielle d') 208, 326
ESTRÉES (Victor-Marie, duc d') 164
ÉTIENNE DU MONT, Paris (église Saint-) 187

FAUQUEROLLE (Anne de). 34
FERREY (J.). 167
FLOREINS (Jean). 197
FOIX (Christophe de). 176
FOULÉ (Étienne-Hyacinthe-Antoine). . . 299
FRANÇOIS Iᵉʳ. . . . . 188 à 192
FRANÇOIS II. 199, 200
FRANÇOIS DE BOURBON, comte de Ven-
    dôme et de Saint-Pol. 203
FRANÇOIS DE BOURBON, prince de Conti. 107
FRANÇOIS DE LORRAINE. 119
FRANÇOISE DE BOURBON (Louise). . . . 67
FRANÇOISE D'ORLÉANS. 254
FRÉDÉRIC Iᵉʳ. 202

GASTON, duc d'Orléans. 215
GENEVIÈVE, Paris (abbaye de Sainte-). 259
GENEVIÈVE, Paris (bibliothèque de Sainte-) 219
GERMAIN L'AUXERROIS, Paris (chapitre de
    Saint-). 218
GONZAGUE (Marie-Louise de). 168
GOUFFIER (Arthur). 255
GOUFFIER (Claude). 145
GOUFFIER (Louis de). 220
GRUYM (Charles). 209
GUILLE BELIER 87
GUSMAN LE BON (Alphonse). 18
GUYON DE SARDIÈRE (Jean-Baptiste) . . 210

HANGEST (Hélène de). 179
HARLAY (Achille de). 15
HENRI Iᵉʳ DE BOURBON. 26, 231

HENRI II, dit le Bon, duc de Lorraine.   127
HENRI II, roi de France, 121 à 125, 155,
                   à 157, 221, 222,   229
HENRI III. 44, 242,   244
HENRI IV . . . 43, 208, 223, 226, 232,   241
HENRI VIII.   42
HENRI DE LORRAINE.   225
HENRI DE VALOIS.   172
HESSELIN (Louis).   178
HINISDAL DE SOYECOURT (d'). . . . 69,   330
HOYM (le comte d').   224

ISABELLE DE CASTILLE. 19,   258
JEAN, duc de Bedford.   64
JEAN FRÉDÉRIC. 195,   196
JEAN GEORGES   212
JEANNE DITE LA FOLLE.   248
JÉSUS-CHRIST. 227,   228
JOT (de).   130
JOUBERT D'ORLÉANS.   83
JUBERT D'ARCQUENENCY (Alphonse). . .   18
JUBERT (Jacques).   89

LA MARCK (Charlotte de).   163
LAMBALLE (Marie-Thérèse-Louise de SA-
    VOIE-CARIGNAN, princesse de). . . .   285
LAMBERT DE THORIGNY (Nicolas). . .   182
L'ARCHER (Michel).   279
LA VERGNE MONTEYNARD (Louis de). .   143
LAZARE DE JÉRUSALEM (ancien Ordre)   290
LAZARE, Paris (communauté de Saint-).   291
LE BEAU (Madeleine).   92
LE CAMUS, secrétaire de Louis XIV. 22,   23
LE CLERC, DU TREMBLAY . . . 250,   253
LEFEBVRE (Louis-Urbain).   135
LE JARS DE GOURNAY (Marie).   9
LEMOINE, Bibliophile, XVIIIe siècle. . .   149
LENONCOURT (Robert de).   322
LE TELLIER (Charles-Maurice). . . .   136
LIONNEL DE BONNEVAL (comtesse). . .   276
LOMENIE DE BRIENNE (Charles-Étienne).   71
LONGUEIL (René de).   94
LOUIS XI.   148
LOUIS XII.   273
LOUIS XIII. 1, 10, 12, 46, 47, 270 à 272,   274
LOUIS XIV.   275
LOUIS XV.   278
LOUISE-MARGUERITE DE LORRAINE. . . .   335
LOUIS-PHILIPPE Ier. . . . . 283, 286 à   289

MACLOU (Saint).   55
MAIGNARD (Marie)   18
MARCHAUMONT, (François-Clausse de). .   52
MARIE-AMÉLIE DE BOURBON-NAPLES. . .   53
MARIE-ANTOINETTE (bibliot. de Trianon).   154
MARIE-ANTOINETTE DE LORRAINE. . . 49,   51
MARIE D'AUTRICHE 11, 198,   297
MARIE DE BOURBON, duchesse de Mont-
    pensier.   216
MARIE DE BOURBON (Françoise), made-
    moiselle de Blois.   194
MARIE DE BOURGOGNE.   296
MARIE DE CLÈVES.   26
MARIE JOSÈPHE DE SAXE   261
MARIE DE LORRAINE (Catherine)   117
MARIE-LOUISE, impératrice des Français.   284
MARIE DE MÉDICIS.   43
MARIE STUART. 199, 200, 251,   252
MARIE-THÉRÈSE D'AUTRICHE. 54,   280
MARGUERITE DE LORRAINE.   107
MARGUERITE, duchesse de Parme. .   298
MAXIMILIEN, archiduc d'Autriche. 248,   301
MAZARIN (cardinal Jules). . . 147, 150,   247
MAZARIN (cardinal Michel).   72
MEILLERAYE (Charles de la Porte, duc de).   298
MENARS (Jean-Jacques, Charon de). 132,   133
MÈRE FOLLE OU SOTTE (de Dijon). . . .   304
MEUDON (château de).   295
MISSIONS ÉTRANGÈRES, Paris (séminaire
    des).   183
MOLE DE LA PLUME (Marie).   302
MOLÉ (Mathieu)   180
MONTAIGNE (Michel de).   138
MONTESCOT (Jehan de).   159
MONTFORT (Guillaume de).   50
MONTMORT (Henri-Louis-Habert de) . .   230
MONTMORENCY (Anne de).   48
MONTPENSIER (A.-M.-L., duchesse de). .   31
MOUY (Geneviève de).   209

NAVARRE, Paris (ancien collège de). 306,   307
NEMOURS (Louis-Charles-Philippe-Ra-
    phaël d'Orléans, duc de). . . 281,   282
NOAILLES (Adrien-Maurice, duc de). . .   305
NULLY (Étienne de).   17

ORLÉANS (Ferdinand, duc d'). 2C1

PARTICELLI (Michel).   170
PENHOERT (Françoise de).   193

PÉRONNE (la ville de). 308
PETEAU (Alexandre) 32
PHILIPPE Iᵉʳ, duc d'Orléans 310
PHILIPPE II, duc d'Orléans. 311
PHILIPPE LE BEAU, archid. d'Autriche. 314, 315
PHILIPPE LE BEAU, roi de Castelle. . 239
PHILIPPE LE BON. 240, 313
PIERRE II, DE BEAUJEU . . . . 57 à 59
POTIER (Madeleine). 95
POURTALÈS GEORGIES (J.-A.) (comte de). 217
POERIER (D. Jacob). 211

RACHEL FÉLIX. 319
RAISSE (François de). 34
RENÉ, comte d'Anjou. . . . 184, 185, 317
RENÉ, DIT LE BON, duc de Lorraine. . 257
RENÉE DE BOURBON 35
RENÉE DE FRANCE. 316
RÉPUBLIQUE FRANÇAISE, 1794. 204
RICHELIEU (A.-J. du Plessis, cardinal de) 60
RICHELIEU (Louis-François-Armand de
    Vignerot, duc de). 318
ROCHECHOUART (Françoise-Athénaïs de) 39
ROCHECHOUART (Gabriel de). 41
ROHAN (Hercule de). 126
ROHAN (Jean, vicomte de). 256
ROHAN (Pierre de). 309
ROHAN (princesse de). 320
ROUCHEROLLES (Louis de). 214
ROUILLARD (Jeanne de). 260
ROUILLIE (René). 321
ROUQUET (Élisabeth) 186

SAINT-ALBIN (Charles de). 105
SAINTE-MAURE (Charles de). 129
SALM (Christine de). 119
SARCUS (François de). 205
SAVOIE (Louise de). 269
SEGUIER (Dominique). 165
SEGUIER (Pierre). 303
SFORZA (Ludovic). 206
STANISLAS LECZINSKI. 323
SULLY (Maximilien de Béthune, duc de). 300

TALBOT (Jehan) 40
TESTU (Jehan) 243
TETU (Simon). 331
THOU (Jacques-Auguste de). . . . 38, 45
TRALAGE (Jean-Nicolas de). 162
TREMOUILLE (Louis de la). 213
TROUARD (intendant du roi Louis XVI). 324

VALLERAND DES HINGETTES 62
VERDUN (Nicolas de). 333
VERSAILLES (château de). 334
VIALART DE HERSE (Félix). 144
VICTOR, Paris (Abbaye de Saint-). . . 332
VICTOIRE DE BAVIÈRE (Marie-Anne) . . 28
VICTORIA, reine d'Angleterre. . . . 325
VILLACERF. 139

ZAMET (Jean). 260
ZAMET (Sébastien) 250, 253

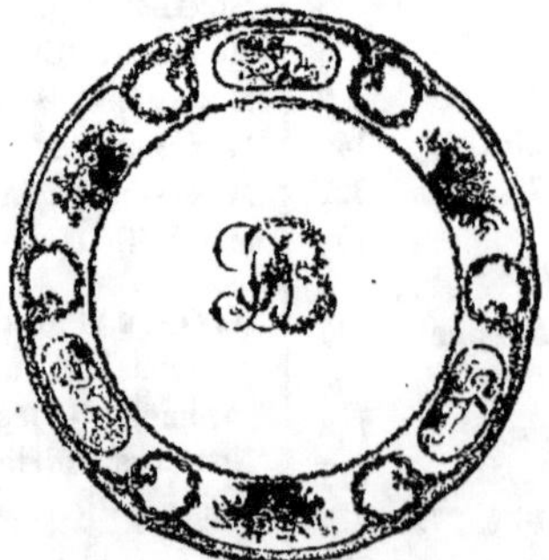

Fig. 1061. — Assiette en ancienne porcelaine de Sèvres, pâte tendre, décorée au centre
du chiffre D. B. (la Du Barry), formé de lauriers en dorure et de roses en couleurs.
(Voir Chiffre n° 79.) Le *marly* offre trois médaillons en ovale ornés d'amours sur des
nuages séparés par des corbeilles garnies de fleurs (Décor de Le Bel jeune, 1767-1793).

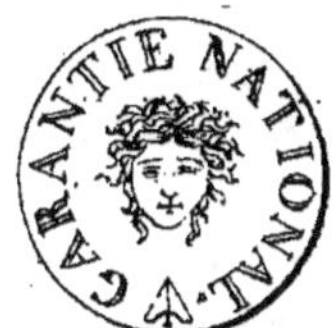 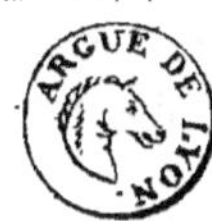 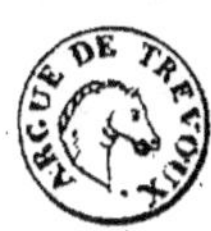 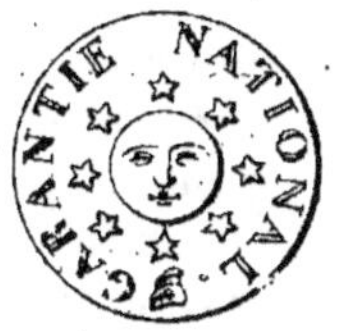

Fig. 1062 à 1065. — Poinçons pour marquer les lingots d'or et d'argent dégrossis, et destinés à fournir les fils d'épaulettes et la passementerie, en usage dans les trois bureaux d'argue établis à Paris, Lyon et Trévoux. — Bureaux successivement supprimés.

NEUF CENT QUARANTE DIFFÉRENTS DES ORFÈVRES FRANÇAIS
OUVRAGES EN TOUS GENRES, OR, ARGENT, OU DOUBLÉ

ARGENTERIE, BOUCLES, BOUTONS, CACHETS, CHAINES
CHRISTS, CLEFS, COUTELLERIE, COUVERTS, CROIX, FILIGRANES, FOURBISSEURS
GARNITURES, GOBLETS, GROSSERIE, HORLOGERIE
INSTRUMENTS DE CHIRURGIE, JASERON, MONTRES, NÉCESSAIRES
OPTIQUE, ORFÈVRERIE, OUVRAGES EN CHEVEUX
PAILLONS, PARURES, TABLETTERIE, TASSES, TIMBALES, VAISSELLE, ETC.

CONSULAT, DIRECTOIRE, PREMIER EMPIRE, RESTAURATION
INSCULPÉS EN L'ADMINISTRATION DU DÉPARTEMENT DE LA SEINE

RECENSE AU CONTRÔLE DE NEUF CENT QUARANTE POINÇONS D'ORFÈVRES.
EXÉCUTION DE LA LOI DU 19 BRUMAIRE AN VI (9 NOVEMBRE 1797)
POUR LA SESSION DU BUREAU DE GARANTIE A PARIS,
ET
POUR CEUX DES DÉPARTEMENTS, JUSQU'AU 16 AOUT 1819
CLASSÉS PAR ORDRE ALPHABÉTIQUE DES DIFFÉRENTS
AVEC INDICATION DES NOMS, OUVRAGES ET INITIALES DES FABRICANTS.

Tableaux des poinçons de garantie, 1798-1838, pages 298 à 302.

Les poinçons que nous représentons, 1 à 27, mis en service en 1798, ont été supprimés par l'ordonnance du 31 mai 1803 et remplacés, par ceux mis en activité le 1er septembre 1809. — (Voir pages 298 et 299.)

Ces *vingt-sept poinçons* (pages 274 et 275), furent mis en service dans deux cents bureaux de garantie, créés en exécution de la loi, an VI, pour assurer le titre des ouvrages d'or et d'argent et réglementer la perception des droits de marques et d'essai ; on établit alors, dans chaque bureau, un *contrôleur* chargé de diriger le service, un *essayeur* pour reconnaître le titre des ouvrages présentés et, enfin, un *receveur* encaissant, au profit de l'État et d'après le tarif, les droits de garantie qui, en 1791, avaient été supprimés avec tous les impôts indirects.

Ces droits étaient de 20 francs par 3 onces, 2 gros, 12 grains (un hectogramme) d'or, et de un franc par même quantité d'argent, non compris les frais d'essai.

Pour les *vieux ouvrages*, *dits de hasard*, poinçon 25, il n'était rien perçu ; ceux *d'or et d'argent, venant de l'étranger*, poinçons 23 et 24, étaient soumis aux mêmes droits que les ouvrages français.

2 — L. 35

Les *ouvrages français, exportés*, payaient un tiers de droits.

Les *lingots d'or et d'argent affinés*, et mis dans le commerce, étaient soumis à un droit de garantie de 2 francs par marc, ou 8 francs 18 centimes par kilogr., pour l'or; et à 10 centimes par marc, ou 2 francs 04 centimes pour l'argent.

Ces *poinçons* étaient au nombre de trois : celui du *fabricant*, celui du *titre* et celui du *bureau de garantie*.

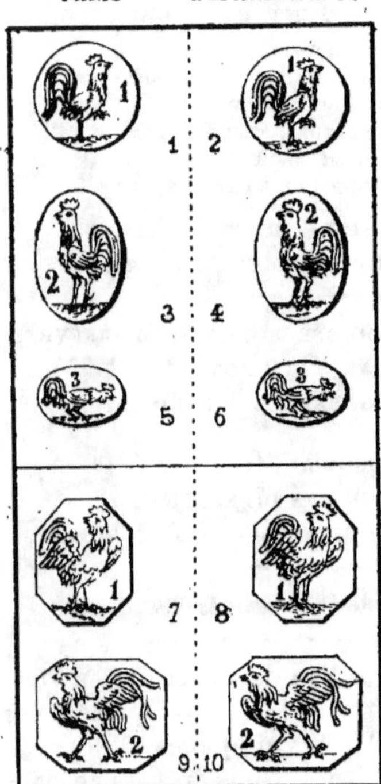

Fig. 1066 à 1075.

Le *poinçon du fabricant*, dont nous allons donner, pages 276 à 296, table alphabétique des neuf cent quarante *différents*, accompagnés des initiales qui y sont jointes, également poinçonnées, et la désignation des genres d'ouvrages, était de *forme losange*.

Les *poinçons de titre de l'or* avaient pour emblème un coq avec l'un des chiffres arabes 1, 2, 3, selon le titre des ouvrages poinçonnés; leur périmètre était différent afin de pouvoir les distinguer. Voir poinçons 1 à 6.

On remarquera que si, pour Paris et les départements, la position du coq était la même, celle du chiffre indiquant le titre diffère.

Les *poinçons dits de garantie d'or et d'argent*, étaient destinés à désigner les bureaux dans lesquels les ouvrages avaient été essayés.

Pour les *ouvrages d'or*, les titres légaux étaient au nombre de trois, avec une tolérance de 3 millièmes.

Le *premier titre or*, était à 920 millièmes, ou 22 karats environ, dénomination supprimée à cette époque. Voir poinçons 1, Paris, et 2, Départements.

Le *deuxième titre or*, était à 840 millièmes, ou 20 karats environ. Voir poinçons 3, Paris, et 4, Départements.

Le *troisième titre d'or*, était à 750 millièmes ou 18 karats environ. Voir poinçons 5, Paris, et 6, Départements.

Les titres pour les *ouvrages d'argent* étaient au nombre de deux, avec une tolérance de 5 millièmes.

Le *premier titre argent* à 950 millièmes, ou 11 deniers 9 grains environ, ancienne dénomination. Poinçons, 7, Paris, et 8, Départements.

Le *second titre argent* à 800 millièmes, ou 9 deniers 14 grains environ, ancienne dénomination. Poinçon, 9, Paris, et 10, Départements.

Les *poinçons de garantie pour l'or et l'argent* étaient au nombre de quatre (grosse garantie), poinçons 11 et 12 ; moyenne garantie, 13 et 14.

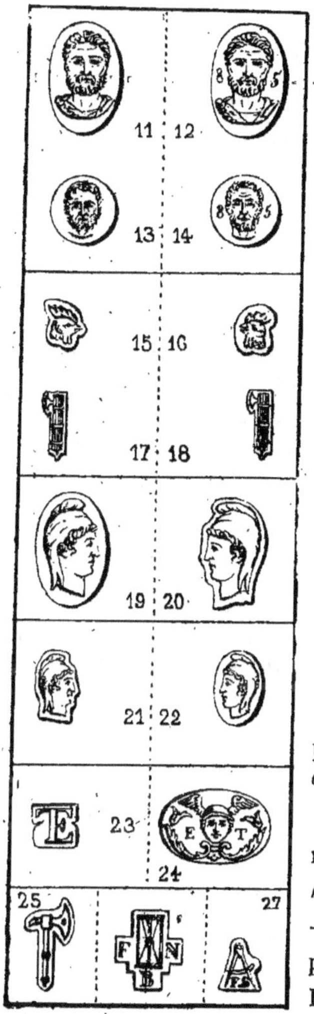

PARIS   DÉPARTEMENTS

Pour les départements, les poinçons, 12 et 14, portaient, de chaque côté, des chiffres qui, rassemblés, formaient le numéro d'ordre du bureau dans lequel les ouvrages avaient été contrôlés.

Les poinçons de *petite garantie, or et argent*, étaient destinés à marquer les *menus ouvrages*, trop faibles pour recevoir l'empreinte des *poinçons de titre* et placés sur les bijoux essayés au *touchau*, c'est-à-dire qu'ils n'indiquaient qu'un titre approximatif.

Poinçons : *Or*, 15, Paris, et 16, Départ.

Argent, 17, Paris, et 18, Départements.

Puis venaient les *poinçons de recense*, pour marquer les ouvrages fabriqués et en cours de fabrication, pour le cas d'infidélité reconnue dans le titre, ou dans la gravure des poinçons en cours de service, ou bien encore dans le cas d'un changement dans l'ensemble des types.

Il y avait *deux poinçons de recence*, un pour les *gros ouvrages d'or et d'argent*, (19, Paris, et 20, Départements), et l'autre pour la *menue bijouterie*. (21, Paris, et 22, Départements). — Il y avait aussi deux poinçons pour marquer les *ouvrages venant de l'étranger*. Poinçons 23 et 24.

— Un poinçon spécial était destiné à marquer les *vieux ouvrages dits de hasard*. Poinçon 25 (voir pages 276 et 296).

— Un poinçon avait été également créé pour marquer l'*horlogerie* fabriquée à Besançon. Poinçons, 26, grosse horlogerie et, 27, petite horlogerie.

Fig. 1076 à 1092.

FORMES DES POINÇONS POUR OR, ARGENT, DOUBLÉ OU PLAQUÉ

La forme du poinçon du fabricant d'*or* et d'*argent* est un *losange*, dont les proportions sont établies en raison du genre d'ouvrages. Dans ce *losange* est gravé une *figure* ou *symbole*, accompagné d'une ou de plusieurs initiales des nom et prénom du fabricant. — La forme du poinçon des fabricants de *doublé* ou de *plaqué* est un *carré parfait*. Le mot *doublé* ou *plaqué* doit être ajouté, sur chaque ouvrage, à la *figure* ou *symbole* ainsi que l'indication, en chiffres, de la quantité d'or ou d'argent qu'il contient.

VÉRIFICATION DES POINÇONS

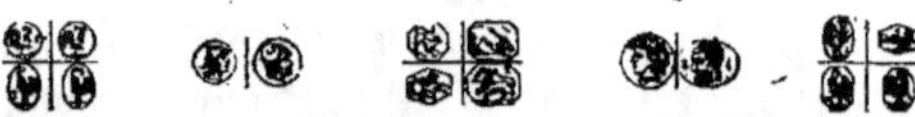

Fig. 1093. L'empreinte des poinçons est, presque toujours, flou, légèrement accusée ; nous en présentons quelques types ci-dessus. (Voir les agrandissements pages 298 à 300).

Leur lecture est assez difficile, notamment pour celle des faux poinçons entés, soudés ou contre-tirés. — (Voir types de fausses bigornes, page 303).

Pour *vérifier les poinçons* qui n'ont, généralement, que deux millimètres de surface, on doit faire le choix d'une loupe, à sa vue, dont le verre est recouvert, *sur les bords*, d'un diaphragme ou anneau plat, afin de mieux réunir les rayons lumineux vers le milieu de la lentille, et de bien éclairer le poinçon.

ARGENTERIE ET BIJOUX ANCIENS, DITS DE HASARD

Avant l'établissement des bureaux de garantie, les *ouvrages dits de hasard* étaient assujettis, comme les ouvrages neufs, à payer le droit de marque, ainsi que le porte un arrêt du Conseil, en date du 12 septembre 1684, rendu en forme de règlement, lequel ordonne que le droit de marque sera payé pour la *vieille vaisselle et gros ouvrages*, que les marchands orfèvres et autres trafiquants et travaillants en or et argent revendront, et *autant de fois qu'ils en feront la revente*, comme pour la nouvelle. Ces dispositions furent applicables à *tous les ouvrages d'or et d'argent*, par le second article de la déclaration du roi du 25 janvier 1749 : « Et ce, autant de fois qu'on en fera la revente, quoique lesdits ouvrages aient été auparavant marqués, et que nos droits aient été acquittés lors de la première vente. »

La loi du 19 brumaire an VI, art. 22, porte qu'il ne sera rien perçu sur les ouvrages d'or et d'argent, *dits de hasard*, remis dans le commerce ; mais le même article assujettissait ces ouvrages à être marqués du *poinçon de vieux*, désigné par l'art. 8 de la même loi. (Poinçon n° 25, p. 275.)

DISCERNEMENT DE 940 POINÇONS A L'AIDE DU DIFFÉREND

—— DIRECTOIRE, CONSULAT, PREMIER EMPIRE, RESTAURATION ——

ÉTANT DONNÉ UN ANIMAL PRIS AU FIGURÉ COMME AU SENS MATÉRIEL,
UNE FLEUR, UN FRUIT, UN OBJET RÉEL OU CONVENTIONNEL,
UNE OU PLUSIEURS LETTRES,
COMMENT IDENTIFIER LES POINÇONS QUI EN SONT INSCULPÉS.

★ N° D'ORDRE. — DIFFÉRENT, NOM, OUVRAGES ET INITIALES DES FABRICANTS. ★

1. A, couronné. *Lesueur*. — Coutelier, Instruments de chirurgie. . J. L. S.
2. Abeille, *Pigault-Lebrun*. — Bijoutier, l'uni et l'ajusté . . . . C. G. A. P.
3. Abeille, *Robert*. — Ouvrages doublés et plaqués. . . . . R. J.
4. Abeille (une) et un losange, *Bourgougnat*. — Petite argenterie. . R. B.
5. Abeille, avec un oiseau dessus, *Brunat*. — Bijoutier, l'uni, l'ajusté. J. B. B.
6. Affût de canon, *Jouvin*. — Bijoutier, l'uni et l'ajusté. . . . . . . J. B.
7. Aigle (un), *Baillet*. — Bijoutier, l'uni et l'ajusté. . . . . J. B.
8. Aigle couronné (un), *Rondoni*. — Bijoutier, garnitures d'or . . . B. R.
9. Aigle barré (un), *Meynadier*. — Orfèvre, garnitures d'or. . . . . P. M.
10. Aigle et rosette. *Aubray*. — Fabricant, boucles. . . . . L. A.

11. Aile d'oiseau, *Malchère*. — Bijoutier, petit bijou. . . . . J. F. M.
12. Alliance (une), *Hulin*. — Bijoutier, petit bijou. . . . . A. H.
13. Alouette (une), *Lalouette*. — Bijoutier, l'uni. . . . . G. A. L.
14. Alouette et une boule, *Louette*. — Bijoutier, l'uni et l'ajusté. . . A. L.
15. Alouettes huppées (2), *Boudaille*. — Bijoutier, l'uni et l'ajusté. . D. B.
16. Ananas (un), *Cantin*. — Bijoutier, l'uni et l'ajusté. . . . . . . A. F. C.
17. Ancre (une), *Constant*. — Bijoutier, l'uni et l'ajusté. . . . . . C. N. C.
18. Ancres (2) en sautoir, *Hience*. — Orfèvre, la grosserie . . . . . A. H.
19. Ancré et une étoile dessous, *Malet*. — Coutellerie or et argent. . A. M.
20. Ancre (une) avec un canard dessous, *Bourguel*, — Orfèvre, le tout. J. L. B.
21. Ancre (une) et un canard, *Philippe*. — Bijoutier, l'uni et l'ajusté. A. P.
22. Ancre dans 1 triangle, *Perrier*. — Bijoutier, croix et christs. . J. F. P.
23. Ancre (une) et deux boulets ramés, *Clérin*. — l'uni et l'ajusté . H. A. C.
24. Ancre et 1 croissant, *Garnier*. — Bijoutier, le petit bijou. . . . . G. A.
25. Ancre entre 2 croissants, *Devilliers*. — Bijoutier, l'uni et l'ajusté. . D.
26. Ancre renversée et 1 boulet au-dessus, *Bertheaume*. — Bijoutier. J. G. B.
27. Ancre renversée et 4 boulets, *Boucher*. — Joaillerie fine. . . . M. E. B.
28. Ancre et une rosette, *Changg*. — Bijoutier, ouvrages en cheveux.. L. C.
29. Ancre et 1 rocher, *Rocher*. — Bijoutier, l'uni et l'ajusté. . . . . J. R.
30. Ancre et une sonnette, *Mongin*. — Orfèvre, petits nécessaires. . D. M.
31. Ancre et une pucelle, *Bernard*. — Bijoutier, l'uni et l'ajusté. G. G. D.
32. Anguille entre deux points, *Collard*. — Joaillier, joaillerie fine. J. M. C.
33. Anneau carré, *Lirot*. — Bijoutier, le creux. . . . . C. F. L.
34. Anneaux (3) enlacés, *François*. — Bijoutier, fabricant. . . . . . J. A. F.
35. Anneau avec 1 oiseau dessus et 1 dedans, *Lanneau*. — Bijoutier. . . L.
36. Anneau entre 2 points, *Peghaire*. — Bijoutier, l'uni et l'ajusté . A. P.
37. Anneau au-dessus d'un gobelet, *Hervieux*. — Tabatières . . . N. J. H.
38. Anneaux (2), et un oiseau dessus, *Capillan* l'uni et l'ajusté . M. M. G.
39. Annille de blason (1), *Bocheron*. — Bijoutier, le plaqué . . . . . A. B.
40. Araignée et 1 étoile, *Moton*. — Bijoutier, l'uni et l'ajusté . . . . . M.
41. Arbalète avec une flèche, *Cazin*. — Bijoutier, l'uni et l'ajusté. . A. C.
42. Arbre (un), *Larbaud*. — Bijoutier, l'uni et l'ajusté. . . . . . . G. J. L.
43. Arbre avec oiseau dessus, *Lesage*. — Bijoutier, l'uni et l'ajusté. S. J. L.
44. Arbre avec étoile au-dessus, *Pâris*. — Bijoutier, l'uni et l'ajusté. J. A. P.
45. Arbre et 2 oiseaux, *Trubert*. — Bijoutier, l'uni et l'ajusté . . . . . T.
46. Arbre entre 4 points, *Tronson*. — Bijoutier, l'uni et l'ajusté. . J. R. T.
47. Arc (un), *Duvivier*. — Bijoutier, fabricant. . . . . G. D.
48. Arc (1) et sa flèche, *Porlier*. — Bijoutier, l'uni et l'ajusté. . . . B. P.
49. Archet de bijoutier, *Catalan*. — Bijoutier, le gros bijou. . . . J. E. G.
50. Arquebuse (une), *Carron*. — Orfèvre, la grosserie . . . . J. F. C.
51. Artichaud, *Deroos*. — Bijoutier, le creux. . . . . M. J. D.
52. Autruche, *Payen*. — Bijoutier, le petit bijou . . . . L. J. P.

53. B couronné, *Boucher* (la d°). — Bijoutière, fabricant . . . . C.
54. Bague (une), *Leblois*. — Joaillier, l'uni et l'ajusté. . . . . . . J. L. B.
55. Bague entre 4 points, *Robert*. — Bijoutier, le tout . . . . . . J. F. R.
56. Bague et un trèfle *Dutreix*. — Bijoutier, l'uni et l'ajusté . . . L. D.
57. Balancier, *Vanhims*. — Bijoutier, l'uni et l'ajusté . . . . J. V.
58. Balancier, et au travers un cercle, *Hérelle*. — Joaillier . . . . . P. L. H.

59. Barbeau, et 2 branches d'arbre, *Gilliard*. — Orfèvre . . . . . . J. B. G.
60. Baril (un) avec oiseau dessus, *Barye*. Bijoutier, l'uni et l'ajusté . P. B.
61. Barre-Brisée, *Brisbart*. — Bijoutier, le tout . . . . (son nom)
62. Bas d'un losange, *Miller*. — Bijoutier, l'uni et l'ajusté . . . . . . J. M.
63. Bâton turc (un), *Cuvier*. — Coutellerie or et argent . . . . A. C.
64. Bécasse et une flèche, *Beccasse*. — Joaillier, le tout . . . . L. B.
65. Bêche et une rosette, *Philippe*. — Bijoutier, l'uni et l'ajusté . . A. P.
66. Belette et un oiseau dessus. *Bellet*. — Montures de lunettes . . A. B.
67. Bélier, *Lugol*. — Bijoutier, le gros bijou. . . . . — G. L.
68. Bélière, *Rochet*. — Bijoutier, la chaînette et le jaseron . . . . J. C. R.
69. Billot (un), *Huguet*. — Orfèvre, grosse orfèvrerie . . . . . P. J. B. H.
70. Bœuf (un), *Aumont*. — Bijoutier, boîtes de montres . . . . . J. B. A.
71. Bœuf (un) avec un gland dessous, *Clerin*. — Orfèvre . . . J. B. I. C.
72. Bombe (une), *Bove*. — Bijoutier, le creux . . . . R. B.
73. Bombe (une) entre 2 étoiles, *Rennekin*. — Bijoutier, l'uni, l'ajusté. H. R.
74. Bonne foi (une), *Mazengarbe*. — Orfèvre, la grosserie. . . . . . C. J. M
75. Bonne foi et une hermine, *Livernois*, — Bijoutier, l'uni et l'ajusté. C. L.
76. Bonnet de liberté et une rosette, *Glatignez*. — Cuillers à café. . F. L. G.
77. Bonnet (un) et un niveau, *Campagne*. Bijoutier, l'uni et l'ajusté.. J. C.
78. Bonnet de grenadier, *Varé*. — Orfèvre, boucles . . . . H. V.
79. Bordure fleuronnée, *Daumy*. — Plaqué en or et en argent . . . D. F.
80. Borne militaire, *Fritz*. — Orfèvre, boucles . . . . J. C. F.
81. Boucle de harnois, *Meschin*. — Bijoutier, le gros bijou. . . . J. F. M.
82. Boucle d'oreille à poire, *Gauché*. — Boucles d'oreilles à coques.. N. G.
83. Boucle (une), *Bouvier*. — Bijoutier, la chaîne et le jaseron. . . . . . B.
84. Boule entre 2 étoiles, *Ledoux*. — Bijoutier, l'uni et l'ajusté . . . A. L.
85. Boule (une) et un cœur dessous, *Carpentier*. — Bijoutier, le tout. P. C.
86. Boule (une), entre 2 oiseaux, *Renaudin*. Bijoutier, l'uni et l'ajusté. P. R.
87. Boule, et une rosette, *Longpré*. — Orfèvre, la boucle . . . . . . E. L.
88. Boulets (trois), *Cupper*. — Orfèvre, garnitures d'argent. . . . . A. C.
89. Boulets ramés (2), *Rouget*. — Bijoutier, l'uni et l'ajusté. . . . . F. R.
90. Boulets (3) un oiseau dessus, *Morel*. — Bijoutier, l'uni, l'ajusté. J. G. M.
91. Bouquet de roses, *Cheret*. — Orfèvre. La grosserie. . . . . . . : L. C.
92. Bourdon de pèlerin, *Delaunay*. — Bijoutier, le petit bijou. . . L. G. D.
93. Boussole (une), *Boussod*. — Bijoutier, la boucle et le bijou . . C. F. B.
94. Bouterole de blason, *Suret*. — Joaillier, tous ouvrages . . . . . A. S.
95. Bouton de montre et une rosette, *Girardin*. — Boîtes de montre. S. G.
96. Bouton de rose et 2 feuilles, *Watin*. — Bijoutier, uni et ajusté. P. W.
97. Branche d'arbre. *Fasquelle*. — Orfèvre, tabatières d'argent. . C. A. F.
98. Branche de roses en travers, *Buguin*. — Bijoutier, joaillier . . . T. B.
99. Branche d'olivier (une), *Olivier*. — Bijoutier, l'uni et l'ajusté. . . . . O.
100. Branche de chêne (1), *Carcel*. — Bijoutier, l'uni et l'ajusté. . . . G. C.
101. Brochet (un), *Brochet*. — Bijoutier, filigrane d'or . . . . P. B.
102. Brocheton (un), *Bourin*. — Bijoutier, le tout . . . . A. G. B.
103. Bûcher (un), *Buchey*. — Bijoutier, le cachet et la clef. . . . . . P. B.
104. Buire, *Paraud*. — Orfèvre, ouvrages d'église . . . . P. P.
105. Burin, *Kralbe*. — Horloges, boîtes de montres . . . . A. H. K.
106. Buste dans une guirlande, *Patoulet*. — Laminé pour orfèvrerie . S. P.
107. Bute, instrument de maréchal, *Choumin*. — Boucles et tabatières. P. C.

108. Cadenas (un), *Genty*. — Bijoutier, le jaseron. . . . . G. M. G.
109. Caducée, *Toulon*. — Orfèvre, couverts . . . . J. T.
110. Caille (une), *Cailliez*. — Orfèvre, grosserie . . . . N. T. C.
111. Caille (une) et un cailleteau, *Cailleteau*. — Bijoutier, l'uni et l'ajusté. C.
112. Cailleteaux (3) et une rose, *Cailleteau*. — Orfèvre, ouvrages d'argent. J. C.
113. Caisse (une) de tambour, *Brunette*. — Bijoutier, le tout . . . C. L. B.
114. Calebasse (une), *Juchet*. — Bijoutier, l'uni et l'ajusté . . . . J. J.
115. Canard (un), *Francfort*. — Orfèvre, la grosserie. . . . . C. F.
116. Canard (un) entre deux boules, *Domballe*. — Bijoutier, uni et ajusté. F. D.
117. Canard (deux), *Reboulé*. — Bijoutier, l'uni et l'ajusté . . . . . A. R.
118. Canards (trois) en triangle, *Protaix*. Bijoutier, l'uni et l'ajusté. F. A. P.
119. Canards (3) nageant, *Lesort*. — Bijoutier, l'ouvrant. . . . . . . L. L.
120. Canards (2), et une boule au-dessus, *Grosse*. — Metteur en œuvre. J. G. G.
121. Cane (une), *Mandonnet*. — Orfèvre, petits bijoux d'argent . . . F. M.
122. Canif, *Héruville*. — Bijoutier, le tout, excepté le creux . . . . C. F. H.
123. Canne avec une boule au-dessus. *Taillepied*. — Couverts. . . L. A. T.
124. Carafe de fleurs (une), *Crinchon*. — Bijoutier, le tout. . . . . A. J. C.
125. Carafon et 1 fleuron, *Bourguignon*, — Orfèvre, le tout . . . . . . P. B.
126. Carotte de tabac, *Lecanu*. — Horloger, boîtes de montre . . . G. L. C.
127. Carquois (un) avec deux ailes, *Bartholomée*. — Bijou creux. (son nom)
128. Carré cube (un), *Dauy*. — Orfèvre, la grosserie . . . . R. L. D.
129. Casque au milieu de drapeaux. *Bompart*. — La grosserie. . G. J. A. D.
130. Casque (un). *Villeminot*. — Orfèvre, couverts . . . . P. V.
131. Casquette à prendre des mouches à miel, *Murel*. — Le petit bijou. E. M.
132. Cassolette, *Play*. — Orfèvre, boucles. . . . . C. A. P.
133. Cassolette (une) et une molette d'éperon, *Grillot*. — Boucles. L. G.
134. Cassolette et 3 merlettes, *Houtmann*. — Orfèvre, la grosserie. A. N. H.
135. Cep de vigne (un), *Mézard*. — Orfèvre, ouvrages d'église . . . F. M.
136. Cerceau et un croissant, *Martin*. — Bijoutier, l'uni et l'ajusté. N. M.
137. Cercle, et point au milieu, *Michu*. — Bijoutier, l'uni et l'ajusté. L. C. M.
138. Cercle, un point et un aigle, *Lenoble*. — Bijoutier, le creux . . . C. L.
139. Cercle (1), avec une étoile au milieu, *Humbert*. — Bijoutier . . . F. H.
140. Cercle et une rose à 5 feuilles, *Duval*. — Petits ouvrages . . . . R. D.
141. Cercle et une sonnette, *Bondonnat*. — Orfèvre, la boucle . . . . A. B.
142. Cerf (un), *Colombier*. — M^d F^t gobelets, timbales, tasses . . . . D. C.
143. Cerise (une), *Vittart*. — Bijoutier, l'uni et l'ajusté. . . . . . . J. G. V.
144. Cerise et un lacs d'amour, *Dunaud*. — Bijoutier, l'uni et l'ajusté. P. D.
145. Cerises, dites passe-passe, *Sanzé*, d°. Bijoutier, l'uni et l'ajusté. P. F. S.
146. Chaîne de filigrane, *Peghaire*. — Bijoutier, le petit bijou. . . J. B. P.
147. Chalumeau, *Lordereau*. — Orfèvre, tous ouvrages . . . . . . A. C. L.
148. Chalouppe, avec son mât, et une étoile, *Maguain*. — Bijoutier. . A. M.
149. Chamois (un), et un arbre, *Chamoy*. — Metteur en œuvre. . . . F. C.
150. Champignon (un), *Cassé*. — Bijoutier, le petit bijou. . . . . . A. J. C.
151. Chandelier, *Modoux*. — Orfèvre, la grosserie . . . . N. M
152. Chapeau, *Mancel*. — Bijoutier, l'uni et l'ajusté . . . . J. F. M.
153. Chapiteau de colonne, avec boule. *Rouvière*. — Boîtes de montre. J. P. R.
154. Chapiteaux (2) de colonne corinthienne, *Roux*. — Doublé et plaqué. R.
155. Chataignier (1), *Chataignier*. — Bijoutier, l'uni et l'ajusté . . . N. F. C.
156. Chaudière, *Chaudierre*. — Bijoutier, l'uni et l'ajusté . . . . . . E. C.

157. Chausse-trape, *Guidée*. — Bijoutier, l'uni et l'ajusté . . . . . . L.P.G.
158. Chausse-trape, (de blason) et 2 points, *Mougin*. — Bijoutier. . . L. M.
159. Chenille, *Numann*. — Metteur en œuvre . . . . J. B. N.
160. Cheval (un), *Mercy*. — Bijoutier, le creux . . . . J. C. M.
161. Chevron (un), *Legoix*. — Bijoutier et graveur, le gros bijou . . P. L.
162. Chevron droit, et 3 points allongés, *Dorgueil*. — Orfèvre. . . . D. C.
163. Chien barbet (1), *Deviegos*. — Orfèvre, la grosserie . . . . J. D.
164. Cigne (un), *Ségaud*, — Bijoutier, le tout. . . . . L. C. S.
165. Cignes (2), *Fiechter*. — Fabricant d'ouvrages doublés . . . . F.
166. Ciseaux, une paire, *Antoine*. — Coutellerie de luxe . . . . J. A.
167. Ciseaux et un trèfle au-dessus, *Martin*. — Tabletterie . . . . M.
168. Clarinette (une), *Carron*. — Orfèvre, la grosserie. . . . . . . F. A. C.
169. Clef, le panneton en bas, *Vallierre*. — Orfèvre, la grosserie . . P. V.
170. Clef (une), le panneton en bas, *Besville*. — Orfèvre, la boucle . . P. B.
171. Clef de montre, *Terrode*. — Bijoutier, p' bijou, l'uni et l'ajusté. . A. T.
172. Clef de pendule, et 2 points, *Lecomte*. — Bijoutier. . . . . . . D. A. L.
173. Cloche et 1 croissant, *Desnost*. — Bijoutier, l'uni et le filigrane. A. D.
174. Cloche (une), une molette d'éperon, *Roger*. — Le petit bijou. . . C. R.
175. Cloud (un), *Bricart*. — Bijoutier, uni, l'ajusté et l'ouvrant . . N. P. B.
176. Clouds (3), *Royer*. — Bijoutier, la petite garniture . . . . R.
177. Cocarde nationale, *Thirifocq*. — Orfèvre, Tabatières . . . . . L. F. T.
178. Cœur (un), *Boucher*. — Bijoutier, le tout . . . . J. A. H. B.
179. Cœur renversé, *Pâris*. — Bijoutier, l'uni et l'ajusté . . . . . J. F. P.
180. Cœur percé de deux flèches et 1 étoile, *Bourgoin*. — Orfèvre.. C. J. B.
181. Cœur enflammé (un), *Chazelle-St-Marc*. Bijoutier, l'uni et l'ajusté. M. C.
182. Cœur couronné de fleurs, *Dardenne*. Bijoutier, l'uni et l'ajusté. J. B. D.
183. Cœur (1), une étoile au-dessus, *Debilly*. — Cœurs et croix. M. A. L. D.
184. Cœur (1) et une rosette à 5 feuilles, *Gauché*. — Boucles . . . . . N. G.
185. Cœur (1), un oiseau huppé dessus, *Raberaud*. — Bijoutier. . . J. P. R.
186. Cœur en haut et une fleur de pensée au bas, *Ouizille*. — Bijoutier. C.O.
187. Cœur entre 2 points, *Saint-Yves*. — Tabatières et tabletterie. J. B. S. Y.
188. Cœur (1) et 1 compas, *Brochand*. — Boîtes de montre. . . . . . B. B.
189. Cœur (1), une merlette dessous, *Noizet*. — Orfèvre, boucles . J. B. N.
190. Cœur percé d'une flèche, un oiseau au-dessus, *Bence*. Bijoux. . D. B.
191. Cœur et un fer de drille, *Pety*. — Metteur en œuvre . . . . . . F. P.
192. Cœur renversé, 1 oiseau dessus, *Mamour*. — Bijoutier. . . . . F. L. M.
193. Cœur entre 2 molettes, *Migeot*. — Bijoutier, l'uni . . . . N. M.
194. Cœurs enflammés (2), *Jolain*. — Bijoutier, l'uni et l'ajusté . . . . C. J.
195. Cœurs (2), *Lefevre*. — Fabrique le doublé. . . . . L.
196. Cœur en travers, et couronné, *Vautier*. — Le petit bijou . . . . . L. V.
197. Collier de perles et une étoile au milieu, *Janisset*. — Bijoutier . . M. J.
198. Collier d'où pend un croissant, *Equer fils*. — l'uni et l'ajusté . J. C. F.
199. Colonne (une), *Courant*. — Bijoutier, l'uni et l'ajusté. . . . . . . B. C.
200. Comète (une), *Pabiot*. — Bijoutier, le creux . . . . G. P.
201. Compas (un), *Roy*. — Orfèvre, Boucles . . . . J. B. R.
202. Compas (1), une boule entre branches, *Radu*. — le tout . . . L. F. R.
203. Compas, surmonté d'un oiseau, *Pinsonnat*. — Bijoutier. . . N. L. P.
204. Compas sur une règle, *Roux*. — Bijoutier, l'uni et l'ajusté . . J. M. R.
205. Compas et 4 points, *Berthé l'aîné*. — Bijoutier, le tout . . . . . L. B.

206. Compas et une gerbe, *Bauchelet*. — Cachets, chaînes de pipe. .   P. B.
207. Compas (2), *Buron*. — Montures de lunettes en doublé. . . . . . .   B.
208. Compas d'épaisseur, *Urbain*. — Bijoutier, l'uni et l'ajusté . . . . .   U.
209. Compas, une étoile entre les 2 branches, *Meffre*. — Bijoutier.   J. E. M.
210. Compas renversé, une équerre, *Chassagnolte*. — Bijoutier. . . . .   J. C.
211. Compas sur une barre et une étoile, *Frésal*. — Bijoutier . . . .   A. F.
212. Coq (un), *Vachette*. — Bijoutier, le gros bijou. . . . .   C. V.
213. Coq (un), et 2 étoiles à côté, *Dobbé*. — Bijoutier, le tout . . .   J. B. D.
214. Coq (1), et une tour, *Drouard*. — Orfèvre, couverts . . . . .   L. A. D.
215. Coq sur une pomme de pin, *Gauthier*, d°, v°. — La grosserie .   A. E. G.
216. Coq, la patte posée sur une boule, *Dehanne*. — Couverts.. .   P. J. D.
217. Coquille (une), *Soreil*. — Orfèvre, la boucle. . . . .   J. N. S.
218. Coquille, et un fort point dans le bas, *Lugné*. — La grosserie.   P. A. L.
219. Coquille (une), et un gland, *Vallerès*. — Orfèvre, boucles . . . .   T. V.
220. Coquille, et une molette d'éperon, *Lahaye*. — L'uni et l'ajusté. .   J. L.
221. Coquille, et un marteau dessus, *Guidée fils*. — Le creux. . .   G. M. G.
222. Coquille, avec un croissant au-dessus, *Dallemagne*. — Couverts. C. J. B. D.
223. Coquille (une), avec un goupillon, *Reboul*. — Bijoutier . . . .   J. L. R.
224. Coquille à oreilles renversées, *Ferandine*, v°. — Paillons . . . .   L. F.
225. Coquille entre 4 boules, *Lucas*. — Orfèvre, ouvrages d'église. J. T. L.
226. Coquille surmontée d'un canard, *Devoir*. — L'uni et le creux. .   J. P. D.
227. Coquille en haut, et une cane en bas, *Hussenot*. — Bijoutier . . .   J. H.
228. Coquille, avec une étoile au-dessus, *Guillaumot*. — Bijoutier.. F. F. G.
229. Coquille (1), entre 2 canes, *Kinon*. — Bijoutier, l'uni et l'ajusté. M. K.
230. Coquille au-dessus d'un anneau, *Hubert*. — Orfèvre, boucles. J. J. H.
231. Cor de chasse (un), *Corbie*. — Bijoutier, l'uni et l'ajusté. . . . .   R. C.
232. Cor de chasse, avec un drapeau, *Bertrand*. — Bijoutier. . . . .   J. B.
233. Corbeille de raisins, *Haöghen*. — Petits ouvrages d'argent.. .   J. L. H.
234. Corne d'abondance (une), *Bauget*. — Bijoutier, l'uni et l'ajusté.. .   C. B.
235. Cornet de berger (un), *Gauché*. — Boucles d'oreilles à coques. . . .   G.
236. Cornet au-dessus, des lettres L F C, *Cornet*. Bijoutier, l'uni, l'ajusté L. F. C.
237. Cornet, et sa plume, *Merigot* — Bijoutier, Boucles . . . .   M.
238. Cossarde (une), et 2 étoiles, *Gossard*. — Bijoutier, le tout.   . . . .   C.
239. Coupe (une), *Prudhomme*. — Bijoutier, l'uni et l'ajusté. . . . . .   P.
240. Coupe, avec une étoile au-dessus, *Benoît fils*. — Grosse orfèvrerie. C. F. B.
241. Coupe, avec une rosette dessus, *Ginguais*. — Orfèvre, boucles L. A. G.
242. Coupe, avec une cane dessus, *Laignier*. — Orfèvre, boucles. .   J. P. L.
243. Coupe (une), surmontée d'un trèfle, *Desnoyers*. — La grosserie. A. H. D.
244. Couronne impériale (une), *Fossin*. Orfèvrerie . . . .   C. F.
245. Couronne impériale et une étoile, *Gouré*. — Garnisseur. . . . .   A. G.
246. Couronne d'Italie (une), *Hardy*. — Orfèvre, couverts . . . . .   J. L. H.
247. Couronne de laurier nouée, *Morel*. — Bijoutier, l'uni et l'ajusté.   A. M.
248. Couronne d'épines au milieu des lettres J. R., *Raumland*. — Joaillier. J. R.
249. Cousin (un), insecte, *Cousin*. — Bijoutier, bijoux ouvrants. . . . .   C. J.
250. Couteau de chasse, *Lebeau*, (d° v°). — Fl doublé et plaqué . . .   L. B.
251. Coutre de charrue, *Platel*. — Bijoutier, le tout. . . . .   L. J. P.
252. Crapaud et une étoile, *Daux*. — Joaillier, le tout .   . . . . .   J. D.
253. Crête de coq (une), *Collard*. — Orfèvre, le tout . . . .   R. A. C.
254. Creuset, *Rogé*. — Bijoutier, le petit bijou . . . .   J. B. R.

255. Croissant en bas, et un point au milieu, *Ledagre*, — Bijoutier. F. L. D.
256. Croissant, et un point, *Mermilliod*. — Boîtes de montre . . . . . G. M.
257. Croissant renversé (un), *Huet*. — L'uni et l'ajusté.. . . . . . . G. J. H.
258. Croissant, une étoile en bas, *Leroux*. — Bijoutier . . . . C. F. L.
259. Croissant (un), étoile dessus, et dessous, *Petit*. — Bijoutier.. J. C. P.
260. Croissant (un), *Couaillié*. — Bijoutier, l'uni . . . . J. B. M. C.
261. Croissants (2), renversés, un point, *Vittoz*. — Tabletterie. . . . . . V.
262. Croissant surmonté d'un oiseau, *Taupin*. — L'uni et l'ajusté . L. J. T.
263. Croissant avec figure humaine, *Martin*. — Le petit bijou. . . C. M. J.
264. Croissant figuré, et une tête de Mercure, *Dieudonné*. — Boucles . D. M.
265. Croissant renversé et un oiseau, *Brasseux*. — Bijoutier. . . . J. A. B.
266. Croissant (un) et une étoile, *Charpentier*. — Doublé et plaqué . . . . C.
267. Croissant renversé et figuré, *Lamine*. — Doublé. . . . . P. L.
268. Croissant entre 2 boulets, *Flouest*. — Tabletterie en or . . . . . T. F.
269. Croix des Maturins, *Lacroix*. — Le plaqué et l'argenté . . . . . T. L.
270. Croix pommetée, *Lacroix*. — Faisant l'uni et l'ajusté.. . . . . M. G. L.
271. Croix de Jérusalem, *Franquel*. — Orfèvre, boucles . . . . . P. G. F.
272. Croix de Jérusalem, *Monin*. — Bijoutier, l'uni et l'ajusté . . . P. C. F.
273. Croix de Jérusalem, et une coquille, *Chauvin*. — La grosserie . P. C.
274. Croix croisetée, un oiseau au-dessus, *Ténard*. — Jaseron.. . . P. M. T.
275. Croix de Malte (une), *Chevalier*. — Bijoutier, l'uni et l'ajusté. A. N. G.
276. Croix à la jeannette, *Possot*. — Bijoutier, l'uni et l'ajusté . . L. A. P.
277. Cuiller (une), et une rosette, *Castel*. — Orfèvre, Couverts . . G. N. C.
278. Cuiller (une), et deux points, *Defrance*. — Orfèvre. . . . . . . J. D.
279. Cuiller, et une étoile au-dessus, *Rollet*. — L'uni et l'ajusté. . P. M. R.
280. Cuiller (une), et un pigeon, *Delabruyère*. — Bijoutier. . . . D. C. R.
281. Cuiller à café et 2 perdreaux, *Maillard*. — Boutonnier . . . . M.
282. Cuiller (une), tenue par un anneau, *Charpentier*. — Bijoutier . J. B. C.
283. Cul-de-lampe (un), *Duron*. — Orfèvre, couverts. . . . . . . (son nom)

284. Daim (un), *Madin*. — Bijoutier, l'uni et l'ajusté. . . . . J. M.
285. Daim (un), et quatre points, *Baudin*. — Joaillier, le tout. . . J. M. B.
286. Dard traversant la tête d'une renne, *Darenne*. — Étiquettes. . J. J. D.
287. Demoiselle à paveur, et une rosette, *Lanson*. — Bijoutier . . . L. L.
288. Demi-septier (un), *Nestier*. — Bijoutier, le tout. . . . . T. N.
289. Dez de domino, *Degeremme*. — Gros et petit bijou. . . . . . J. L. D.
290. Diamant carré, *Vacteur*. — Bijoutier, le tout.. . . . . P. L. V.
291. Drille (un), *Constant*. — Petit bijou, montures de lunette. . . . F. C. C.
292. Drille et 2 boules, *Marguerit*. — Orfèvre, tabatières . . . . . R. F. M.

293. E, et une étoile à 8 points, *Gavet*. — Coutellier, or et argent . . F. G
294. Echoppe platte, *Leclerc*. — Bijoutier, l'uni et l'ajusté. . . . . J. L. L.
295. Ecosse de pois (une), et deux points, *Cosse*. — Paillons. . . . . . . C.
296. Ecrevisse, *Poisson*. — Orfèvre, la tabatière. . . . . J. F. P.
297. Ecusson antique, *Vaugeois*. — Bijoutier, le creux. . . . . . . J. N. V.
298. Ecusson de synople, *Vervins*. — Bijoutier, le creux. . . . . (son nom)
299. Eléphant (un), *Devillaine*. — Boîtes de montre. . . . . . . P. S. D.
300. Enclume (une), *Vancstienword*. — La grosserie. . . . . E. C. V.
301. Enfant (un), *Lenfant*. — Bijoutier, l'uni et l'ajusté. . . . . . . B. L. F.

302. Epée (une), *Leveilly*. — Bijoutier, l'uni. . . . . C. L.
303. Epées en sautoir (2), *Madin*. — Bijoutier, l'uni et l'ajusté . . . . S. M.
304. Epée surmontée d'une étoile, *Ury*. — L'uni et l'ajusté. . . . . . J. U.
305. Epée (une) et deux boulets, *Raban*. — Fourbisseur . . . . . R. J. F.
306. Epée couronnée, *Moreau*. — Orfèvre, la grosserie. . . . . . C. M. M.
307. Eperon (un), *Aubert*. — Éperons plaqués . . . . L. J. A.
308. Epi de blé, *Beau*. — Orfèvre, le tout . . . . S. G. B.
309. Epi de blé, une étoile dessus, *Odoucet*. — L'uni et l'ajusté . . . . . S. O.
310. Epi de blé (un), avec un oiseau, *Cauët*. — Fabricant . . . . F. C. C.
311. Epi de blé dans un croissant, *Meurice*. — La grosserie.. . . . . P. M.
312. Epi de blé dans un croissant, *Froment*. — La grosserie. . . . F. F.
313. Epi d'orge (un), *Maillard*. — Orfèvres, gobelets et tasses. . . . C. M.
314. Epingle (une), *Lhonorey*. — Bijoutier, la parure . . . . D. L.
315. Epingle à écusson, *Bertifort*. — Bijoutier, la parure. . . . . . . C. B.
316. Equerre (une), *Equer*. — Bijoutier, le petit bijou. . . . . . J. P. E.
317. Etendard (un), *Deschamps*. — Bijoutier, la parure. . . . . . . B. D.
318. Eternelle (une), *Berton*. — Bijoutier, le creux. . . . . . . P. L. B.
319. Etoile (une), *Soroge*. — Orfèvre, tabatières. . . . . . . J. M. J. S.
320. Etoile et un croissant, *Marie*. — Bijoutier, le creux. . . . . . A. M.
321. Etoile et une monnaie, *Codan*. — le petit bijou. . . . . C.
322. Etoiles (2), *Huguet*. — Bijoutier, le gros bijou. . . . . N. H.
323. Etoiles (2), et une alouette, *Berthier*. — Bijoutier. . . . . J. B.
324. Etoiles (3) en triangle, *Pottier*. — Bijoutier, l'uni et l'ajusté.. P. C. P.
325. Etoile (une) et un fleuron, *Gavelle*. — Boîtes de montre . . . . P. G.
326. Etoiles (2) et un fer de lance, *Grenu*. — Le petit bijou. . . . . . J. G.
327. Etoile renversée dans croissant, *Montpellier*. — Bijoutier. . . . . . . M.
328. Etoile au centre et 2 points à côté, *Hyon*. — Le petit bijou . . J. A. Y.
329. Etoile posée sur 2 boules, *Lebel*. — Gros et petit bijou. . . J. B. L. F.
330. Etoile dans pointe de losange, *Thirion*. — Bijoutier. . . . . T.
331. Etoile à 6 pointes et 1 boulet, *Roger*. — Bijoux en couleurs. . . . J. R.
332. Etoile entre 3 pointes, *Marrel*. — Bijoutier, l'uni et l'ajusté. . B. R. M.
333. Etoile et 2 boulets, *Deribaucourt*. — Orfèvre, la grosserie. P. A. D. R.
334. Etoile à 6 pointes entre 3 points, *Robin*. — L'uni et l'ajusté . . . . . R.
335. Etoile et une prune, *Legras, d° v°*. — Bijouterie, orfèvrerie. . . . . V. L.
336. Etoile (une) cassée, *Languedoc*. — Bijoutier, le tout . . . . . . F. L.
337. Etoile en haut (1) et 1 en bas, *Collange*. — L'uni et l'ajusté . . . . P. C.
338. Etoile (1) et 1 feuille de lierre, *Lavallée*. — L'uni et l'ajusté. . . . . . L.
339. Etoile (une) entre 2 croissants, *Duval*. — Bijoutier, le tout . . . B. D.
340. Etoile (1) et 1 œil, *Héguin*. — Le gros et le petit bijou. . . . . . A. H.
341. Etoile et un canard au-dessus, *Langlois*. — Orfèvre . . . . L. P. H.
342. Etoile de mérite (1), *Carlier*. — Orfèvre, couverts . . . . . . C. M. S.
343. Etoile (1) et un renard, *Garnier*. — Metteur en œuvre . . . . . . J. G.
344. Etoile sur un balancier et le nom, *Vandal*. — Bijoutier. . . . (son nom)
345. Etoile au-dessus d'un cercle de Mercure, *Duguy*. — Le creux. A. A. D.
346. Etourneau, *Létourneau*. — Bijoutier, l'uni et l'ajusté. . . . . . J. L.
347. Etrier (un), *Chartier*. — Orfèvre, petits ouvrages. . . . . C.

348. Faisceau d'armes, *Picard*. — Vaisselle montée . . . . (son nom)
349. Faisceau couronné, *Lepage*. — Arquebusier, or et argent.. . . . . J. L.

350. Faucille (une), *Théry*. — Orfèvre, Les boucles. . . . .   A. T.
351. Faux (une), *Godelart*. — Orfèvre, Les boucles. . . . .   A. F. G.
352. Faux (une) et un trèfle, *Faucheur*. — L'uni et l'ajusté. . . . .   P. F.
353. Fauvette, *Fauve*. — Orfèvre, couverts. . . . .   J. A. F.
354. Fer à cheval, *Messier*. — Orfèvre, tabatières . . . .   J. D. M.
355. Fer à cheval et un losange, *Maréchal*. — L'uni et l'ajusté. . . . . .   A. M.
356. Fer à moulin (un), *Bary*. — M.ᵈ et Fᵗ, la grosserie. . . . . . .   T. M. B.
357. Fer de flèche (un), et une étoile, *Ducray*. — Bijoutier . . . .   D.
358. Fer de lance surmonté d'un oiseau. *Leseble*. — Bijoutier . . .   A. L. L.
359. Fer de drille, *Ventujol*. — Bijoutier, le petit bijou. . . . .   V.
360. Fers de drille en travers, et deux points, *Delrée*. — Orfèvre. . . . .   D.
361. Fer de drille, un gland dessus, *Ferlet*. — Joaillier. . . . .   N. J. F.
362. Fer de houlette, *Lefebvre vᵉ*. — Orfèvre, boucles. . . . . .   L. J. F. L.
363. Feuille de chêne, *George*. — Bijoutier, le gros bijou. . . .   J. B. G. P.
364. Feuille de chêne et une étoile au-dessus. *Poulliard*. — Joaillier. L. F. P.
365. Feuille de chêne et une molette d'éperon, *Potot*. — Orfèvre. .   J. B. P.
366. Feuille d'ellébore, *Arthus*. — Boucles. . . . .   M. A.
367. Feuille d'épinard (une), *Pinard*. — Orfèvre, la grosserie . . . .   H. P.
368. Feuille de houx, *Depoilly*. — Bijouterie. L'uni et l'ajusté . . . .   P. A. D.
369. Feuille de grenadier, *Rigal*. — L'uni et l'ajusté. . . . .   J. R.
370. Feuille de lierre, *Vadbled*. — Bijoutier, le creux. . . . . . .   A. F. V.
371. Feuille de lierre, *Puyd't, dit Depulte*, — Le creux et l'ouvrant.   B. D. P.
372. Feuille de persil (une), *Lévêque*. — Bijoutier, le tout . . . .   L.
373. Feuille de persil, et une étoile, *Leblond*. — Bijoutier. . . . . . .   L. B.
374. Feuille de rosier, *Lecoffre*. — Bijoutier, l'uni et l'ajusté . . .   T. C.
375. Feuille de tilleul, *Tainne*. — Bijoutier, l'uni et l'ajusté . . . .   L. J. T.
376. Feuille de vigne et une rose, *Lagu*. — La grosserie. . . . . .   P. L.
377. Feuille de vigne et un gland, *Chauvin*. — Orfèvre, le tout. . . .   F. C.
378. Fève (une), *Chennevière, fᵉ*. — Tabatières d'argent. . . . . .   M. C. C.
379. Fève (une), *Moranges*. — Tabatières et petite orfèvrerie . . . . .   A. M.
380. Fèves (2), *Lefevre*. — Bijoutier, l'uni et l'ajusté. . . . .   H. C. L.
381. Fiole (une), *Filliol*. — Bijoutier, le petit bijou uni . . . .   F.
382. Flambeau d'amour renversé, *Bauché*. — Mᵈ et Fᵗ, le tout. . . .   A. B.
383. Flamme (une), *Tailhardat*. — Orfèvre, la grosserie . . . . . .   M. T.
384. Flamme (une), et grappe raisin, *Chauvin*. — Petits bijoux . . . .   A. C.
385. Flamme avec une couronne, *Ducray*. — Bijoutier. . . . .   L. D.
386. Flèche (une), *Dardet*. — Orfèvre, tabatières. . . . .   F. A. D.
387. Flèche, avec une étoile au-dessus, *Joureau*. — Bijoutier . . . .   M. G. J.
388. Flèche traversant une pomme, *Durand*. — Le petit bijou. . .   J. L. D.
389. Flèches (2) en sautoir, *Deline*. — Bijoutier, le creux. . . . . . .   A. D.
390. Fleur (une) et une ruche, *Lalande* — Bijoutier, le tout . . . . .   R L.
391. Fleurs en bordure perlée (2), *Durup* — Orfèvre, couverts . . . .   G D.
392. Fleur de giroflée, *Naudin*. — Orfèvre, couverts . . . .   N. O T
393. Fleur de grenade, *Delpla*. — Orfèvre, couverts. . . . . . .   L. B. D.
394. Fleur de lilas (une), *Dupont*. — Orfèvre, couverts. . . . . .   E. D. P.
395. Fleur (une), de muguet, *Bouty*. — Orfèvre, la grosserie . .   L. J M B.
396. Fleur (une), de prairie, *Colin*. — Orfèvre, Mᵈ et Fᵗ. . . . . . .   J. B. C.
397. Fleur de pensée, *Blerzy*. — Bijoutier, gros bijou d'or . . . .   J. E. B.
398. Fleur de pensée, et une étoile, *Venant*. — Bijoutier . . . .   P. V

399.. Fleur de pensée, et gobelet, *Lecomte*. — Metteur en œuvre....   N. L..

400. Fleuret (un), *Delafoy*. — Bijoutier, le petit bijou uni. . . . . .   P. D.

401. Flûte, et un oiseau sur l'embouchure, *Lelong* — Bijoutier. .   L. J.

402. Folie (figure représentant la), *Liénard*. — Le petit bijou . . . .   G. I.

403.. Fontaine (une), *Lesot-la-Pannelerie*. — La grosserie . . . . . .   I. S. P.

404. Forêt (une), *Fesquet* — Joaillier, le tout . . . .   A. F.

405. Fort (un), *Beaufort*. — F^t de grosserie. . . . .   J. B. B.

406. Forteresse, avec un boulet, *Decan*. — Bijoutier . . . .   D. J. M.

407.. Foudre (une), *Beaufillot*. — F^t et M^d bijoutier, le tout. . . . .   J. C. B.

408. Foudre et une tour, *Perrin*. — Bijoutier, l'uni et l'ajusté . . . .   H. P.

409. Fouine, et une boule au-dessus, *Rétoré*. — L'ouvrant. . .   A. G. R

410. Fourchette (une), *Bidault*. — Orfèvre, couverts . . . .   J. P. R.

411. Fourchette et boules, *Bidault*. — Orfèvre, couverts . . . . . .   C. I. B.

412.. Fourmi (une) *Bunel*. — Bijoutier, cachets et clefs. . . . . . .   P. B.

413 G. couronné, *Oger*. — Bijoutier, metteur en œuvre. . . . . .   A. S. O.

414. Gerbe, *Thomas*. — Orfèvre, la grosserie . . . .   L. J. T.

415. Gerbe (une), et un trèfle, *Lazarre*. — L'uni et l'ajusté. . . . . .   L. M.

416. Gerbe de blé, avec un oiseau, *Surbled*. — Bijoutier. . . . . . .   L. J. S.

417. Gerbe de blé, et une molette, *Poyard*. — Bijoutier. . . . . . .   P. P.

418. Gerbe renversée, et une étoile, *Wittmann*. — Bijoutier . . .   L. H. W.

419. Gerbe entre 2 points, *Toupet*. — Bijoutier, le creux . . . .   M. M. T.

420. Gerbe (une), et une étoile au-dessus, *Carpentier*. — Bijoutier, l'uni.   P. C.

421. Gerbe de blé, une couronne dessus, *Haublet*. . . . .   F. H.

422. Gerbe de seïgle, (une) *Knapp*. — Bijoutier, l'uni et l'ajusté . . .   H. K.

423. Gerbes d'or (2), *Reith*, la d^e. v^e. *Landru*. — F^t de doublé. . . . . .   R.

424. Gerbe couronnée, *Lafosse*. — Bijoutier, l'uni et l'ajusté. . . .   C. L. L.

425. Girafe (une), *Gaudruin*. — Garnitures de tabletterie. . . . . .   J. B. G.

426. Gland (un), *Sanders*. — Orfèvre, le tout . . . .   G. A. S.

427. Gland (un), et un renard, *Limanton*. — Bijoutier . . . .   C. A. L.

428. Glands (2), *Collange*. — Bijoutier, l'uni et l'ajusté . . . .   P. C.

429. Gland (un), en travers, et une étoile, *Petit*. — Bijoutier . . . .   F. P.

430. Gland, et 2 alouettes, *Tué*. — Joaillier, le tout . . . .   J. C. T.

431. Gland (un) et une étoile de chaque côté, *Sommé*. — Orfèvre.   P. N. S.

432. Gland (un), un oiseau dessus, *Ricart*. — L'uni et l'ajusté. . . . .   A. R.

433. Gland entre 2 étoiles, *Rousseau*. — Orfèvre, couverts. . . . .   L. C. R.

434. Gland de frange, et une cerise, *Baudelot*. — Le creux. . . . . .   P. B.

435 Gland, et un croissant, *Gonet*. — Le petit bijou . . . . . .   F. M. G.

436. Gland entre 4 points, *Leclerc*. — Boîtes de montres.. . . . .   L. F. U. L.

437. Gland, avec une molette d'éperon, *Josse*. — Orfèvre. . . . . .   P. F. D.

438. Gland posé sur une barre. *Muller*. — Joaillier, Orfèvre . . . . .   A. M.

439. Gland (un) et une tête de sanglier, *Callaut*. — La parure . . . .   M. C.

440. Gland (un) et un oiseau dessus, *Rigolet*. — Bijoutier. . . . . .   J. A. R.

441. Gobelet (un) *Bouthcroux-Desmarais*. — Orfèvre . . . .   F. B. D.

442. Gobelet avec un canard, *Grandin*. — Bijoutier, le tout . . . .   F. M. G.

443 Gobelets (2) *Gueniot*. — F^t d'ouvrages doublés . . . .   G.

444. Gobelets (3) en triangle, *Alméras*. — Montures de lunettes . .   J. P. A.

445. Gobelet renversé (un) *Duval*. — Boîtes de montre. . . . . . .   M. J. D.

446. Gobelet entre 2 croissants, *Quinet*. — L'uni et l'ajusté . . . .   E. A. Q.

447. Gobelet à patte entre 5 points, *Rousseau*. — Bijoutier . . . . . J. P. H.
448. Gobelet entre 2 feuilles de lierre, *Blenne* — M^d et F^t bijoux. . . . P. B.
449. Gobelet, et une étoile. *Bona*. — M^d et F^t bijoutier, le tout . . . J. B.
450. Gobelet, et une coquille, *Huiart*. — Bijoutier, le creux. . . . . J. H.
451. Gobelet, avec une anse, *Guardati*. — L'uni et l'ajusté. . . . . . C. G.
452. Gobelet, et une rose, *Lejeune, la ve*. — Le gros bijou. . . . . . L. J.
453. Gobelet, et une rose, *Morlinghem*. — Orfèvre. . . . . A. M.
454. Goujon (un) *Mougin*. — Bijoutier, l'uni et l'ouvrant. . . . . C. A. M.
455. Goupillon, *Maugnier*. — Bijoutier, l'uni et l'ajusté. . . . . . . N. M.
456. Grappe de raisin, *Aldenhoff*. — F^t de bijoux. la parure. . . . . E. A.
457. Grappe de raisin, et un oiseau, *Vincent*. — Bijoutier . . . . . V. M.
458. Grappe de raisin, et une rosette, *Laporte*. — Tabatières. . . . A. L.
459. Grattoir (un) *Bizos*. — Coutelleries, de luxe . . . . P. B.
460. Grelot, et une molette d'éperon, *Senigon*. — Le doublé. . . . P. F. S
461. Grenade (une) *Marcellin*. — Orfèvre, le tout . . . . J. F. M.
462. Grenouille (une), *Renault*. — Orfèvre. boules. . . . . N. F. R.
463. Griffon (un), *Viennot*. — Gros bijou et joaillerie. . . . . . . J. F. V.
464. Gril (un), *Delaide*. — Bijoutier, l'uni et l'ajusté . . . . H. J. D.
465. Grue (une), *Grivet*. — Joaillerie, tous ouvrages. . . . . C. E. G.
466. Grue (une), *Gruyer*. — Bijoutier, le tout. . . . . C. H. G.
467. Grue tenant un os en son bec, *Gruot*. — Bijoutier, le tout. . . M. J. G.
468. Guide (un), *Guidée, père*. — Bijoutier, le creux . . . . C. F. G.
469. Guitare (une), *Guillemin*. — Bijoutier, l'uni et l'ajusté. . . . . J. G.
470. Gui couronné, *Guy*. — Bijoutier, l'uni et l'ajusté . . . . . . (son nom)

471. Hache d'armes (une), *Claude*. — Bijoutier, le creux. . . . . G.
472. Hameçon, *Devicque*. — Porte-crayons, écritoires. . . , ... G. D.
473. Harpe (une), *Couchaer, d^e Prunier*. — L'uni et l'ajusté . . . . L. C.
474. Hausse-col, *Meunier*. — Fourbisseur or et argent . . . . F. M.
475. Haut d'une colonne corinthienne, *Vassant*. — Bijoutier . . . . F. B. V.
476. Hermine (une), *Herbé*. — Bijoutier, le tout . . . . M. L. H.
477. Hermine (une), barrée, *Carrère*. — Coutellerie . . . . M. C.
478. Héron (un), *Soubiran*. — Bijoutier, le creux . . . . J. J. S.
479. Herse (une), *Lerouge*. — Bijoutier, l'uni. . . . . F. L. L.
480. Heurtoir de porte, *Arbert*. — Joaillerie, le tout. . . . . J. A.
481. Hirondelles (3), *Blaquière*. — Bijoutier, garnitures . . . . . . P. N. B.
482. Hirondelle volante, *Planson*. — Metteur en œuvre . . . . . . E. P.
483. Hochequeue (un), *Brault*. — Bijoutier, Tabletterie. . . . . B.
484. Hochet avec un oiseau *Campagne*. — Bijoutier . . . . J. C.
485. Hochet d'enfant (un), *Brunet*. — Joaillier, la boucle . . . . P. R. B.
486. Hortentia (un), *Bouchain*. — Le doublé et le plaqué . . . . . . F. B.
487. Hure de sanglier, deux glands, *Huré* — Metteur en œuvre. . A. E. H.

488. I, surmonté d'une couronne, *Calmels*. — Coutellier. . . . . . . N. G.
489. If, *Fabry*. — Bijoutier, M^d et F^t le tout. . . . . H. J.

490. Jalon, *Pobeckeim*. — Bijoutier, F^t la commission. . . . . S. P.
491. Jehova (un), *Cuhier*. — Orfèvre, ouvrages d'église. . . . . . . J. C. C.

492. Jet d'eau, et une boule, *Meunier*. — Bijoutier, le tout. . . . . . J. M.
493. Jeton empreint d'une étoile, *Cotteau*. — Boucles. . . . . . P. F. J. C.

494. Laminoir (un), *Minoret*. — Bijoutier, l'uni et l'ajusté. . . . . . . L. M.
495. Lampe à souder, *Fremont*. — Bijoutier l'uni et l'ajusté . . . . . G. F.
496. Lance (une), et un croissant dessus, *Labigne*. — Orfèvre . . . P. J. L.
497. Lance. *Devaux*. — Fourbisseur, gardes d'épées. . . . . L. D.
498. Lancette. et une rose, *Seignot*. — Coutellerie, d'or et d'argent. . . J. S.
499. Lanterne, *Blato*. — Bijoutier, petit bijou et joaillerie . . . . . . A. B.
500. Levrette, *Robert*. — Bijoutier, l'uni. . . . . S. R.
501. Levrier couché, *Rousseau*. — Bijoutier, le gros bijou. . . . . . J. L. R.
502. Lézard dans un croissant, *Cousinet*. — Bijoutier, le tout. . . A. J. C.
503. Licorne, *Delisle*. Bijoutier, le creux . . . . C. D.
504. Lien (un), *Gallien*. — Orfèvre, boucles argent et plaqué . . . . . R. G.
505. Limande, et une rosette, *Poinsot*. — L'uni et l'ajusté. . . . . . . N. P.
506. Lime (une), *Hervier*. — Orfèvre, couverts . . . . J. A. H.
507. Lion (un), *Lion*. — Bijoutier, le gros bijou. . . . . : . F. M. I.
508. Lion (un), et une étoile, *Bibron*. — Orfèvre, la grosserie. . . J. P. B.
509. Lion, et 1 croissant, *Daniel*. — Bijoutier, l'uni et l'ajusté . . . . C. D.
510. Lion grimpant, et un marteau, *Cornil*. — Bijoutier, le creux . . . C. J.
511. Lion et une tête de Mercure, *Perrelle*. — Boutons doublés. . P. S. P.
512. Lion issant d'une tour, *Hardy*. — F¹ et la joaillerie . . . . . . J. A. H.
513. Lion et une couronne impériale, *Richard*. — Joaillerie. . . . E. M. R.
514. Lion grimpant entre 4 points, *Mesnil*. — F¹ joaillier . . . . . L. J. M.
515. Lis (un), *Girardot*. — Orfèvre, boucles. . . . . J. G.
516. Lorgnette (une), *Meller*. — Bijoutier, le tout . . . . J. B. M.
517. Losange (un), *Bourgoin*. — Tabatières d'argent. . . . . D. B.
518. Losange, et un marteau, *Roger*. — Bijoutier, tabatières . . . . . M. R.
519. Losange (un), transversal, *Coudray*. — Md et F¹ bijoux, l'uni. F. H. N. C.
520. Losange entre 3 étoiles, *Laime*. — Bijoutier, l'uni et l'ajusté . . . . L.
521. Losange entre 2 étoiles, *Mercier*. — Bijoutier, l'uni et l'ajusté . . . M.
522. Losange, et un croissant, *Lugol*. — Le creux et le jaseron . . . A. L.
523. Losange (un) et une étoile. *Croco*. — Jaseron et chaînettes. . . . A. G.
524. Losange (un) et un oiseau au-dessus, *Delille*. — Bijoutier. . . . . . D.
525. Losange, et une rosette, *Humbert*. — L'uni et l'ajusté. . . . . . M. H.
526. Losange (un) entre 4 points, *Daire Damiette*. — L'uni et l'ajusté. D. F.
527. Lunettes (une paire de), *Goutet*. — L'uni et l'ajusté . . . . E. G.
528. Lyre (une), *Ledoux*. — Orfèvre, boucles . . . . N. L. D.

529. Macle et le mot doublé, *Degournay*. — Vaisselle plaquée. . . C. L. D.
530. Macles (2) et un point au-dessous, *Macré*. — Petits bijoux ouvrants. A. M.
531. Maillet (un), *Renault*. — Boucles argent et doublées . . . . . C. N. R.
532. Maillet (un), et une étoile au-dessus, *Barbié*. — Boîtes de montre. J. J. B.
533. Main (une), *Jamin*. — Orfèvre, boucles . . . . C. N. J.
534. Main et une étoile, *Alazard*. — Couverts . . . . J. A. A.
535. Marc (un poids), *Lamarre*. — Le doublé, l'uni et l'ajusté. . . . . . L.
536. Marc entre 4 points, *Riottot*. — Orfèvre, boucles . . . . . . C. J. R.
537. Marc et un soufflet de forge, *Lelong*. — Jaseron ou chaînette . . . F. L.

538. Marc surmonté d'un oiseau, *Lettu*. — Joaillier, bijoutier . . . . M. N. L.
539. Marc, et 2 glands, *Blanchard*. — Orfèvre, la boucle . . . . . . J. N. B.
540. Marc et un boulet, *Tassin*. — Orfèvre, gobelets et timbales . . L. T.
541. Marc et un lion, *Salmon* dit *Villers*. — Bijoutier, la parure . . P. S.
542. Marc et un marteau, *Alliés*. — Fabricant de petits bijoux d'or . . . A.
543. Marguerite (une), *Marguerille*. — Bijoutier et joaillier . . . . B. A. M.
544. Marteau, *Elin*. — Les bijoux en couleur . . . . N. E.
545. Marteau et un trèfle, *Gérard*. — Fabricant la joaillerie . . . . . . ʺG. G.
546. Marteau en bas et un cœur en haut, *Blézimart*. — Bijoutier . . D. B.
547. Marteau au-dessus d'un chaînon, *Fontelaye*. — L'uni et l'ajusté. . . F.
548. Marteau et un oiseau dessus, *Lemoine*. — Le petit bijou.. . . F. J. L.
549. Marteau renversé, *Gromort*. — Bijoutier, l'uni et l'ajusté.. . . E. M. J.
550. Marteau entre 2 points, *Beichlaar*. — Chaînette et tresse d'or. . . . B.
551. Marteau et un tonneau, *Tonnelle*. — Bijoux, le creux . . . . . . T. F.
552. Marteau entre 3 points, *Seigneur*. — Bijoux, le bijou ouvrant . . . S.
553. Marteau et une étoile, *Mignard*. — Bijoutier, l'uni et l'ajusté . J. M.
554. Marteau, un pigeon, *Michel*. — Bijoutier, l'uni. . . . . J. M.
555. Marteau et une ancre, *Marin*. — Bijoutier, l'uni et l'ajusté . J. M. M.
556. Marteaux (2), *Mosnier*. — Le doublé, et lanternes plaquées . . . M.
557. Massue (une), *Evrard*. — Bijoutier, le tout . . . . J. J. E.
558. Matras (un), *Tardiveaux*. — Bijoutier, le tout . . . . A. T.
559. Matrône (une), *Morel*. — Orfèvre, couverts . . . . A. J. M.
560. Médaillon (un), *Cailleux* vᵉ, *Chaumont*. — Bijoux ajusté.. A. F. V. C.
561. Melon (un), *Mallet*. — Bijoutier, l'uni, l'ajusté et la chaînette . . F. M.
562. Merle (un), *Carpentier*. — Orfèvre, tabatières boucles . . . . P. E. C.
563. Merlette (une), *Lecoq*. — Bijoutier, l'uni . . . . P. L. C.
564. Merlette (une) entre 2 points, *Cazes*. — L'uni, l'ajusté . . . . . . J. C.
565. Merlettes (2), 1 point au-dessus et 1 trèfle, *Delage*. — Bijoutier. . D. L.
566. Merlettes (3), en triangle, *Royer*. — Bijoutier, l'uni et l'ajusté . . . R.
567. Mitre (une), *Poyard*. — Bijoutier, le tout . . . . L. P.
568. Mitre d'évêque, et 3 points, *Moujin*. — L'uni et l'ajusté. . . . M. L. R.
569. Mitre d'évêque et 1 couronne impériale, *Gravier*. — Joaillier . . C. G.
570. Moitié (la) d'un fer à cheval et 1 point, *Guy*. — Grosse orfèvrerie. A. G.
571. Moitié d'un brochet entre 2 points, *Grandremi*. — L'uni et l'ajusté. G. J. C.
572. Moitié d'une colonne corinthienne, *Famechon*. — Orfèvre. . . J. B. F.
573. Moitié d'une feuille de chêne, et un fer de lance, *Lurat*. — Bijoutier. J. L.
574. Moitié d'un diamant et 1 point, *Luchair*. — La grosserie . . . J. F. L.
575. Molette entre 2 points. — *Appert*. — Bijoutier, le tout . . . . M. A.
576. Molette d'éperon (1), *Juliot*. — Bijoutier, l'uni et l'ajusté . . . E. P. J.
577. Molettes (2), et un éperon, *Chasserot*. — Orfèvre, boucles . . . C. C.
578. Mont (un), *Demont*. — Orfèvre, la grosserie . . . . J. J. D.
579. Montagne du Puy-de-Dôme et une tour, *Veyssel*. — Bijoutier. . . J. V.
580. Mors de bride, *Thomas*. — Bijoutier, plaqué d'argent sur fer . . J. T.
581. Mortier (un), *Soret*. — Bijoutier, le tout . . . . J. A. S.
582. Mortier, duquel sortent 2 ancres, *Shwartz*. — Joaillier, le tout.. J. S.
583. Mortier entre 2 étoiles, *Mortier*. — L'ouvrant et l'ajusté.. . . A. R. M.
584. Mortier, duquel sort une tête d'aigle, *Mortier*, — L'uni et l'ajusté. A. M.
585. Mouche (une), *Méresse*. — Orfèvre, la boucle . . . . P. J. M.
586. Mouche à miel et une rosette, *Bonnefoi*. — L'uni et l'ajusté . . . J. B.

587 Moucheron couronné, *Moucheron*. — Joaillier, le tout . . . . . . J. M.
588. Moulinet (un), *Codan*. — Bijoutier, le tout . . . . J. M. C.
589. Mouton, *Leleu*. — Boutique d'horlogerie, l'uni . . . . J. B. L.
590. Musette (une), *Daumy*. — Le doublé d'or et d'argent . . . . . . P. D.

591. N. couronnée, *Lecomte*. — Coutelier, le luxe . . . . J. J. L.
592. Nacelle, *Mignerot*. — Orfèvre, vaisselle de table . . . . A. M.
593. Narcisse (une), *Bellement*. — Bijoutier, le tout . . . . J. A. B.
594. Navette (une), *Smith*. — Fabricant de boutons, ciselure . . . . J. S.
595. Nez (un), *Dorlin*. — Orfèvre, la boucle . . . . J. B. D.
596. Nez, et une rose à 5 feuilles. *Nez*. — L'uni et l'ajusté . . . . P. N.
597. Niveau (un), *Lizon*. — Bijoutier, le gros et le petit bijou . . . J. B. L.
598. Nœud de rubans, *Lorrain*. — Bijoutier, l'uni et l'ajusté . . . . P. L.
599. Noisettes (deux), *Noisette*. — Le tout, excepté le creux. . . N. H. J. N.

600. Obélisque (un), *Boullier*. — Vaisselle, bijoutier et joaillier . . . A. B.
601. Œil (un), *Illharrart*. — Orfèvre, la grosserie. . . . . C. L. I.
602. Œil et un marteau, *Declarcuil*. — Bijoutier, l'uni et l'ajusté . . D. L.
603 Œil de profil, et une étoile. *Cauvin*. — L'uni et l'ajusté. . . . F. C.
604. Œillet (un), *Guillaumot*. — Orfèvre, boucles . . . . A. G.
605. Œillet et une étoile dessous, *Œillet-Desmurs*. — La boucle. . A. P. O.
606. Œuf, *Beydel*. — Orfèvre, vaisselle de table . . . . F. J. J. B.
607. Oie (une) *Avisse*. — Fabricant de boucles. . . . . P. J. A.
608. Oie percée d'un stilet, *Laurent*. — Fourbisseur. Épées . . . J. M. L.
609. Oie et une quintefeuille, *Richoux*. — Orfèvre, boucles . . . . F. R.
610. Oignon (un), *Mésognon*. — Bijoutier, l'uni et l'ajusté . . . . . . M.
611. Oiseau sans pattes, *Joly*. — Horloger, boîtes de montre. . . . J. L. J.
612. Oiseau posé sur une boule, *Richard*. — Bijoutier, le tout . . E. F. R.
613. Oiseau posé sur une étoile, *Buttin*. — L'uni et l'ajusté. . . . C. H. B.
614. Oiseau entre 3 boules, *Berlin*. — Bijoutier, l'uni et l'ajusté . J. B. M. B.
615. Oiseau posé sur un pieu, *Gauthier*. — L'uni et l'ajusté . . . J. L. G.
616. Oiseau et une faux, *Faucheur*. — Petits ouvrages d'argent. . L. T. F.
617. Oiseau (un) posé sur une barre, *Dubasty*. — Bijoutier. . . . . M. F. D.
618. Oiseau (un) et un fer à cheval, *Charton*. — Orfèvre, le tout . . J. B. C.
619. Oiseau (un) dans son nid, *Coquelin*. — Orfèvre. tabatières . . J. B. C.
620. Oiseaux (deux), *Charité*. — Bijoutier, gros bijou et le petit uni . F. C.
621. Oiseaux (3). et une ancre renversée, *Duché*. — L'uni et l'ajusté . F. D.
622. Olive, *Oliveras*. — Bijoutier, le tout . . . . J. A. O.
623. Oreille. *Morel*. — Bijoutier, le gros bijou . . . . G. R. M.

624. Paillette (une) et 2 étoiles, *Groslet*. — Bijoutier, le tout . . . . P. G.
625. Pain de sucre, *Verdet*. — Bijoutier, tous ouvrages.. . . . . . . J. V.
626 Palme (une), *Renou*. — Bijoutier, l'uni, l'ajusté et l'ouvrant . . L. R.
627. Palmes en sautoir (2), *Adam*. — Bijoutier, bijoux creux . . . . . J. A.
628. Palmette, un oiseau dessus, *Emery*. — L'uni et l'ajusté . . . J. B. E.
629. Palmier (un), *Montauban*. — Bijoutier, garnisseur . . . . . . P. A. M.
630. Palmier et 1 gland, *Nageotte*. — Bijoutier, le petit bijou . . . . E. N.

631. Palmier dans un croissant, *Licour*. — Marchand et fabricant . P. A. L.
632. Panache (un), *Giroux*. — Orfèvre, belle argenterie de table . A. E. G.
633. Paon, *Platel*. — Horloger, boîtes de montre . . . . D. S. P.
634. Papillon et 1 rosette, *Gerbu*. — Orfèvre, couverts . . . . G. G.
635. Parachute et 1 rosette, *Guillerault*. — Le petit bijou . . . . . . J. G.
636. Patte de lion, *Tomereau*. — Bijoutier, le tout . . . . P. T.
637. Patte de lion, une molette d'éperon, *Yon*. — Bijoux . . . . . B. Y.
638. Patte d'aigle, *Fontaine*. — Le petit bijou . . . . E J. F.
639. Patte d'écrevisse, *Bourdier*. — Bijoutier, l'uni et l'ajusté . . . J. J. B.
640. Peigne (un), *Flamand*. — Metteur en œuvre . . . . G. F.
641. Pelle à sel, *Blacet*. — Orfèvre, couverts. . . . . L. F. B.
642. Pensée (1) étoile au-dessus, *Decan, Ve Duclos*. — Bijoutier. . . F. T. B.
643. Pensée avec 1 oiseau dessus, *Blerzy*. — Le gros bijou d'or . . . E. L. B.
644. Pensée et 1 rosette, *Leplain*. — Orfèvre, les nécessaires . . . . P. L.
645. Pensée avec un cœur au-dessus, *Guillaume*. — Boucles . . . A. F. G.
646. Perdreau (un) sur 2 boules. *Normant*. — Boucles argent. . . . J. N.
647. Perdrix (une), *Lavallée*. — Bijoutier, l'uni et l'ajusté. . . . . . E. L.
648. Perles enfilées, *Brouhaut*. — Bijoutier, l'uni et l'ajusté. . . . . A. B.
649. Perroquet, *Leguay*. — Orfèvre, gobelets et grosserie. . . (son nom)
650. Perruche (petite) entre 3 points, *Tugot*. — L'uni et l'ajusté . . . . T.
651. Pèse-liqueur, *Lopin*. — Bijoutier, l'uni et l'ajusté. . . . . J. P.
652. Pèse-vin (un), *Mazuy*. — Bijoutier, l'uni et l'ajusté. . . . . J. J. M.
653. Peuplier (un), *Leroy*. — Bijoutier, l'uni et l'ajusté. . . . . . . L. R.
654. Pic (un), *Fity*. — Fabricant de plaqué. . . . . B. F.
655. Pie (une) et une étoile, *Piat*. — Chaînette et jaseron . . . . . . J. B. P.
656. Pics (2), *Pitou*. — Bijoutier, uni, ajusté et filigrane. . . . . . . P. P.
657. Pièce de monnaie, *Nesme*. — Bijoutier, le creux. . . . . F. N.
658. Pièce de canon (une), *Robin*. — Bijoutier, l'uni et l'ajusté. . . . J. R.
659. Pièce de canon, *Kruinès*. — Lunettes plaquées d'argent . . . . . M. K.
660. Pièce de monnaie (1), *Garnaud*. — Fabricant, le tout. . . . . . L. J. G.
661. Pièce de monnaie et un gland, *Gentilhomme*. — Ft le pt bijou . . J. G.
662. Pied (un), *Dubois*. — Orfèvre, la grosserie . . . . A. H. D.
663. Pied de biche, *Carpentier*. — Bijoutier, l'uni et l'ajusté . . . . P. C.
664. Pigeon (un), *Cauët*. — Orfèvre, timbales et gobelets . . . . . N. C. C.
665. Pignon de montre, *Gros-Ami*. — Horloger, boîtes de montre. . . A. M.
666. Pignon de montre sur une pendule, *Dolay*. — Boîtes de montre. M. D.
667. Pilastre, une étoile au-dessus, *Bourgeois*. — La grosserie. . . C. L. B.
668. Pilon (un), *Boulanger*. — Orfèvre, la grosserie . . . . J. N. B.
669. Pin (un), *Minier*. — Bijoutier, joaillier, le tout. . . . . A. M.
670. Pincette, *Lenoir*. — Bijoutier, l'uni et l'ajusté . . . . D. L.
671. Plateau de balance, et une étoile au-dessus, *Yard*. — Bijoutier.. J. Y.
672. Pleine lune, *Loyson, fils*. — Bijoutier, le tout . . . . J. P. L.
673. Plume (une), *Tillet*. — Bijoutier, l'uni et l'ajusté. . . . . N. T.
674. Poids de marc au-dessous d'un croissant, *Dubois*. — Bijoutier. J. B. D.
675. Poignet (un), tenant une pomme de pin, *Desjardins*. — Couverts. J. P. D.
676. Poignet tenant une pensée. *Loricux*. — Tabatières en or . . . . II. D.
677. Poignet tenant un cœur, *Guillemin*. — Le petit bijou . . . . . . A. G.
678. Pointes (3), dans le haut du poinçon, *Cherrier*. — La joaillerie. . C. C.
679. Point en haut et un en bas, *Sanguinède*. — Boîtes de montre. . . J. S.

680. Point interrogatif? *Quiclet.* — Bijoutier, le tout . . . . J. L. Q.
681. Points (4), posés en losange, *Perrier.* — Le petit bijou uni. . . J. F. P.
682. Poire (une), *Duprez.* — Bijoutier, F¹ de tabatières . . . . E. N. D.
683. Poire et une étoile, *Duperche.* — M^d et f¹ l'uni et l'ajusté. . . . . J. D.
684. Poire et un oiseau dessus, *Loiseau.* — Bijoutier, l'uni et l'ajusté. C. A. L.
685. Poire et une couronne, *Senaux, la d^e.* — L'uni et l'ajusté . . . . M. S.
686. Poisson (un), *Delauze.* — Orfèvre, boucles. . . . . L. N. D.
687. Poisson avec une boule, *Poisonnier.* — L'uni et l'ajusté. . . . . . . P.
688. Poisson, une étoile, *Lemâle.* — Bijoutier, l'uni et l'ajusté.. . . . J. B. L.
689. Poisson (1), un oiseau dessus, *Francru.* — Orfèvre, tabatières A.L.F.F.
690. Poissons (2), *Vaissière.* — Bijoutier, le tout . . . . P. Y.
691. Poisson descendant, et un oiseau, *Gigot, d^e.* — Bijouterie. . . . C. L. M.
692. Poisson entre 2 points, *Girardot, v^e. Bingand.* — Bijoux . . . . G. V. B.
693. Poisson avec deux oiseaux, *Bertrand.* — Bijoux. . . . . A. J. B.
694. Poisson avec 1 croissant, *Rigault.* — Orfèvre, p¹ ouvrages . . N. L. R.
695. Pomme (une), *Demoyet.* — L'uni et l'ajusté et gros bijoux. . . N. F. D.
696. Pomme de canne, à bec de corbin, *Elambert.* — Bijoutier, le tout. C A.E.
697. Pomme et rosette, *Martin.* — Orfèvre, boucles. . . . . N. M.
698. Pomme de pin, *Torlet.* — Bijoutier, tabatières d'or. . . . . A. T.
699. Pomme de pin et une molette, *Gervais.* — Bijoutier, l'uni . . . S. C. G.
700. Pomme pendante à 1 colier, *Bapaume.* — Bijoutier . . . . . . H. J. B.
701. Pomme de pin, tête de sanglier, *Legrand.* — L'uni et l'ajusté.. . A. L.
702. Pomme de pin et deux points, *Bachelard.* — Orfèvre . . . . B.
703. Pomme de canne à tête ronde, *Royer.* — Le petit bijou. . . . . . R.
704. Pomme de pin surmontée d'un croissant, *Petitjean.* — Bijoutier, J J.P.
705. Pommeau d'épée et une étoile, *Phelippaux.* — Fourbisseur. . . . E. P.
706. Porte-crayon *Glatou.* — Bijoutier, F¹ le creux.. . . . . L.J. G
707. Porte-crayon en travers et 1 couronne, *Delatour.* — Orfèvre . . . M. D.
708. Porte-mousqueton, *Couturier.* — L'ajusté et la chaînette. . . . . A. C.
709. Portique, *Montjoye.* — Horloger, boîtes de montre . . . . . . J. B. M.
710. Pot au feu (un), *Beauvisage.* — Nécessaires et ciseaux. . . . . . B. A.
711. Poule (une), *Charpenat.* — Orfèvre, la grosserie. . . . . . . J. P. C.
712. Pucelle entre 4 points, *Guillot.* — Ouvrages d'argent.. . . . . . J. B. G.
713. Pyramide (une), *Caire.* — Bijoutier, l'uni et l'ajusté. . . . . P. C

714. Quinte-feuille (une), *Lelièvre.* — Bijoutier, l'uni et l'ajusté. . . . . . L.
715. Quinte-feuille (une), et une étoile, *Bigot.* — Boucles . . . . S. B.
716. Quinte-feuille, un oiseau au cœur, *Petitjean.* — Ouvrages en or.. G. P.
717. Queue de lion (une), *Fauqueux.* — Bijoutier, le creux. . . . . . P. F.

718. Racine d'arbre (une), *Racine.* — Metteur en œuvre. . . . . . L. E. J. R.
719. Radix (un), *Raby.* — Bijoutier, le tout. . . . . L. R.
720. Rang de perles au milieu, *Dubois-Lambert.* — La joaillerie.. . . . . D. L.
721. Raquette (une), *Gillot.* — Bijoutier, l'uni et l'ajusté. . . . . C. G.
722. Rat, *Fournera.* — Fourbisseur, gardes d'épées, etc. . . . . A. F.
723. Rateau, *Paillard.* — Bijoutier, l'uni et l'ajusté. . . . . A. P.
724. Renard (un), *Duries.* — Bijoutier, clefs et cachets. . . . . E. D.
725. Renard, avec un canard, *Renard.* — L'uni et l'ajusté. . . . . . . L. R.

726. Renoncule, *Picque, d°. v°. Neufcourt*. — La grosserie . . . . . P. V. N.
727. Robinet de fontaine, *Fontaine*. — Petit bijou uni . . . . A. F.
728. Roc (un), *Genu*. — Orfèvre, la belle argenterie. . . . . M. J. G. G.
729. Rocher, avec un oiseau dessus, *Lieux*. — Le creux. . . . . . . J. J. L.
730. Rocher dans une mer, *Rochet*. — Bijoutier, la tabletterie. . . . . F. R.
731. Rochet le docteur (un), *Rocher*. — Montures de lunettes . . . . R. J. M.
732. Rochoir, *Fleury*. — Orfèvre, couverts. . . . . A. J. F.
733. Rond sur une feuille de scie, *Rondelet*. — Bijoutier . . . . . J. B. R.
734. Rose à 5 feuilles, *Jenray*. — Boucles et éperons.. . . . . N. J. J.
735. Rose (une), avec un oiseau dessus, *Chateau*. — Le gros. . . . . F. L. G.
736. Rose avec une étoile au-dessus, *Rousseau*. — Couverts. . . . . P. P. R.
737. Rose surmontée d'une boule, *Thevenin*. — Le gros. . . . . . . J. M. T.
738. Rose-choux (une), *Fontenay*. — L'uni, l'ajusté et jaseron. . . . . . . F.
739. Roseau (un), *Roussel*. — Tabatière et ouvrages d'argent . . . . P. R.
740. Rosette entre 2 étoiles, *Monnehay*. — Orfèvre, boucles. . . . . . A. M.
741. Rosette entre 2 points, *Meschin*. — Bijoutier, le petit bijou. . . J. F. M.
742. Rosette (une) et un croissant, *Scheffer*. — La chaîne d'or. . . . . J. S.
743. Rosette (une) avec 1 oiseau, *Duras*. — Bijoutier, l'uni . . . . D.
744. Rosette entre deux oiseaux, *Duché*. — L'uni et l'ajusté. . . . . . F. D.
745. Rosette à 8 feuilles, un point, *Boutheroue-Desmarais*. — Bijoux. L. B. D.
746. Rossignol entre deux points, *Jolly*. — Doublé . . . . A. J.
747. Roue de char, *Durand*. — Bijoutier, le tout. . . . . S. D.
748. Roue d'engrainage et une étoile, *Lamet*. — Horloger . . . . . . P. L.
749. Rouge-gorge et une tour, *Rouget*. — L'uni et l'ajusté. . . . . . . E. R.
750. Rouet entre 2 petits losanges, *Roy*. — L'uni et l'ajusté. . . . (son nom)
751. Ruche (une), *Marlé*. — Bijoutier et joaillier, le tout . . . . . C. A. M.
752. Ruche entre 3 points, un D au-dessus, *Dumêge*. — Bijoutier . . . . D.
753. Ruche et 1 rosette, *Dufey*. — Bijoutier, l'uni. . . . . A. D.
754. Ruche en haut, étoile en bas, *Vincenot*. — L'uni et l'ajusté. . . . J. V.
755. Ruche, surmontée d'un oiseau, *Foullé*. — L'uni et l'ajusté. . . . . F.
756. Ruche surmontée d'une boule, *Paupier*. — Bijoux . . . . M. E. P.

757. Sabre (un), *Sabat*. — Orfèvre, petits ouvrages d'argent. . . . . . J. S.
758. Sablier (un), *Laroche*. — Bijoutier, l'ouvrant. . . . . N. P. B.
759. Sabot (un) à jouer, *Favre*. — Orfèvre, la grosserie. . . . . . . J. F.
760. Sansonnet (un), *Darras*. — Bijoutier, l'uni et l'ajusté. . . . . . P. J. D.
761. Sapajou tenant une bille et une boule, *Husson*. — Bijoux . . . A. N. H.
762. Sapajoux, 2 petits, *Pirot*. — Plaqueur en argent. . . . . P.
763. Sardine (une), *Gouriet*. — Bijoutier, l'uni et l'ajusté. . . . . . E. G.
764. Scie (une), *Tourrot*. — Fabricant d'ouvrages doublés. . . . . . . J. T.
765. Scie à refendre, ou à repercer, *Pernet*. — Boucles.. . . . . C. F. P.
766. Serin sur une clef, *Planty*. — Bijoutier, l'uni et l'ajusté. . . . . F. P.
767. Serpent (un), *Souëf*. — Bijoutier, le tout. . . . . S.
768. Serpette (une), *Dhennin*. — Bijoutier, l'uni l'ajusté. . . . . . . C. D.
769. Singe (un), *Biennais*. — Orfèvrerie. Orfèvre de S. M. l'Empereur. . B.
770. Singe et un gobelet, *Jérôme*. — Orfèvre, le tout. . . . . . . A. J.
771. Singe (un), *Delamarre*. — Metteur en œuvre. . . . . J. B. H. D.
772. Singe et un oiseau, *Yves*. — Bijoutier, le tout. . . . . Y. P.
773. Singe assis sur un fil d'archal, *Vaissac*. — Bijoux . . . . V.

774. Singe et un goupillon, *Senet.* — Bijoutier, l'uni et l'ajusté. . . . N. S.
775. Singe assis sur une boule, *Ruolle.* — L'uni et l'ajusté . . . . . . A. F. R.
776. Singe et 1 pièce d'or, *Reculés.* — L'uni et l'ajusté. . . . . . . P. R.
777. Sphère (une), *Guillaumot.* — Orfèvre, boucles. . . . . S. G.
778. Soleil (un), *Leclerc.* — Orfèvre, couverts. . . . . L. L.
779. Soleil levant, *Lorillon.* — Orfèvre, couverts. . . . . P. B. L.
780. Soleil vu par moitié, *Guillemot.* — Bijoutier, le tout. . . . . . J. A. G.
781. Soleil et un croissant, *Boutié.* — Cachets d'or étampé . . . . . . J. B.
782. Soleil (1), une grappe de raisin, *Chauvin.* — La grosserie. . . . . J. P. C.
783. Soleil couchant, une étoile en haut, *Lapresté.* — Boucles. . . . . . P. L.
784. Solitaire (un), *Riottot.* — Orfèvre, boucles. . . . . A. M. R.
785. Sonnette (une), *Rousselet.* — Bijoutier, le gros bijou. . . . . . E. P. R.
786. Sonnettes (2), *Delamotte.* — Garnitures en plaqué. . . . . D.
787. Souci (un), *Turgot.* — Bijoutier, l'uni et l'ajusté. . . . . A. J. T.
788. Souci et 2 points, *Lodely.* — Bijoutier, le petit bijou. . . . . . J. L. L.
789. Soufflet de forge, *Odiot.* — Orfèvre, vaisselle plate. . . . . J. B. C. O.
790. Soufflet de forge, un gland à tirer, *Néron.* — Boucles . . . . . P. M. N.
791. Soufflet de forge et un marteau, *Adnot.* — Boucles. . . . . P. A.
792. Soufflet de forge et un croissant, *Baudet.* — Grosserie . . . . . J. J. B.
793. Soulier (un), *Minoret.* — Bijoutier, l'uni et l'ajusté. . . . . . . A. M.
794. Sourdon, lézard à queue plate, *Sourdeau.* — Boucles . . . . P. F. S.
795. Souris (une), *Venier.* — Orfèvre, la grosserie. . . . . P. V.

796. Tabatière, *Touchard.* — Orfèvre, tabatières d'argent. . . . . . . J. T.
797. Tambourin, *Micallef.* — Bijoutier, l'uni. . . . . P. C. M.
798. Tasse avec son anse et un fleuron, *Lahogue.* — Bijoutier . . . . J. L.
799. Tenaille, *Bergeron.* — M^d et F^t orfèvre, le tout. . . . . A. B.
800. Tête d'aigle, *Boussod.* — Orfèvre, la boucle. . . . . C. M. B.
801. Tête d'aigle, percée d'une flèche, *Jacquet.* — L'uni et l'ajusté. . J. C. J.
802. Tête d'aigle et une boule, *Huiard.* — Le petit bijou. . . . . . . M. J. H.
803. Tête d'Américain, *Allain.* — Bijoutier, le petit bijou. . . . . . N. J. A.
804. Tête de nègre couronnée, *Grenier.* — Bijoutier, le creux . . . . J. G.
805. Tête d'ange, *Trotin.* — Orfèvre, gobelets et tasses. . . . . . B. S. T.
806. Tête d'ange, un oiseau au-dessus, *Moreau.* — Bijoutier. . . . . A. J. M.
807. Tête de Bacchus, *Gervais.* — Orfèvre, tous ouvrages. . . . . . A. T. G.
808. Tête de barbeau, poisson, *Fosse.* — Boîtes de montre . . . . L. A. F.
809. Tête de bœuf, vue de face, *Lebœuf.* — La grosserie. . . . . . J. F. L.
810. Tête de bœuf, vue de côté, *Taillepied.* — Couverts . . . . . . L. A. T.
811. Tête de cerf, et un oiseau, *Lopin.* — Joaillier . . . . P. P. L.
812. Tête de chardon, *Marie-S.-Aubin.* — Orfèvre. . . . . A. L. M.
813. Tête de chérubin et une rosette, *Guillaumot.* — Boucles. . . . . S. G.
814. Tête de cheval (une), *Romatier.* — Bijoutier, le tout. . . . . . . M. R.
815. Tête de cheval et une ancre, *Alexandre.* — F^t de couverts. . . . . N. A.
816. Tête de cheval entre deux molettes, *Agu.* — La grosserie. . . . . A. E. A.
817. Tête de cheval et une molette, *Bance.* — Bijoutier, l'uni et l'ajusté. B.
818. Tête de cheval et un oiseau dessus, *Gosselin.* — Boucles. . . . C. L. G.
819. Tête de cheval et une gerbe, *Moranges.* — Tabatières . . . . . . A. M.
820. Tête de cheval, une boule et une étoile, *Courtois.* — Orfèvrerie . . P. C.
821. Tête de cheval et une étoile au-dessus, *Blerzy.* — Orfèvrerie. C. A. B.

822. Tête de cerf, *Ameslan*. — Bijoux et Étoiles d'honneur . . . . . P. G. A.
823. Tête de cerf, de profil, *Boucher*. — L'uni et l'ajusté. . . . : . . . M. B.
824. Tête de Chinois et une rose, *Michelin*. — Bijoux de couleur. . . D. M.
825. Tête de cygne et une étoile, *Butor*. — Orfèvre, le tout . . . . V. F. B.
826. Tête de cygne et une rose, *Baraton*. — Graveur . . . . P. B.
827. Tête de dragon, *Meunier*. — Boîtes de montre . . . . C. A. M.
828. Tête d'enfant, *Brunet*. — Orfèvre, la boucle . . . . . . R. D. B.
829. Tête d'Homère et une étoile, *Collard*. — L'uni et l'ajusté. . . . . A. C.
830. Tête de jeune homme, *Balzarini*. — F¹ et M⁴ bijoutier. . . . . . . B.
831. Tête de lapin, *Camus*. — M⁴ et F¹ bijoutier, le tout. . . . . C.
832. Tête de l'Eternel, avec gloire et étoile, *Paradis*. — Bijoux. . . . J. P.
833. Tête de levrette et une étoile, *Meuncaust*. — La grosserie. . . J. L. M.
834. Tête de levrette et un trèfle, *Blanchard*. — Orfèvre. . . . . . . J. A. B.
835. Tête de lévrier, un oiseau dessus, *Rousseau*. — Orfèvrerie. . . J. G. R.
836. Tête de lévrier et une couronne, *Wieland*. — Orfèvrerie. . . . . . W.
837. Tête de lion. *Chevassu*. — Bijoutier, le petit bijou. . . . . . . A. F. C.
838. Tête de loup (une), *Fourdrin*. — Bijoutier, l'uni et l'ajusté. . . . J. F.
839. Tête de loup et une molette, *Besse*. — Orfèvre. . . . . C. B.
840. Têtes de loups (2), *Auguste*. — Grosse vaisselle . . . . H. A.
841. Tête de licorne, une molette, *Bouillon*. — Orfèvre, le tout. . . . . G. B.
842. Tête de licorne, *Paradis*. — Bijoutier, l'uni et l'ajusté. . . . . P.
843. Tête de Maure et un 7, *Maurisset*. — Bijoutier, le petit bijou. M. P. J.
844. Tête de Mercure, *Perrin*. — Bijoutier, l'uni et l'ajusté. . . . . . F. P.
845. Tête de Mercure et une ancre, *Rouilly*. — Bijoutier, le tout. . . J. R.
846. Tête de Mercure entre 4 points, *Thuret*. — Bijoutier, le tout. L. N. T.
847. Tête de Mercure avec 1 boule, *Chevreau*. — Bijoutier. . . . . . L. A. C.
848. Tête de Mercure et un trèfle, *Migneaux*. — Boucles . . . . C. M.
849. Tête de Mercure entre 3 étoiles, *Charlié*. — F¹ orfèvre . . . . C. M. C.
850. Tête de Mercure et 1 oiseau dessus, *Cabaille*. — Bijoutier. . . B. J. L.
851. Tête de Mercure avec cercle, *Groslard*. — La chaîne anglaise. . . G.
852. Tête de Mercure (2), *Lamine*. — Le doublé pour voitures. . . . . . L.
853. Tête de Mercure et 1 étoile au-dessus, *Cerneau*. — Orfèvre. . . . . C.
854. Tête de Mercure et un gland, *Lebellot*. — Bijoutier, le tout. . . . L. B.
855. Tête de Mercure et un oiseau, *Lefevre*. — Bijoutier, tabatières. . J. L.
856. Tête de Mercure entre trois boules, *Vallée*. — Bijoutier. . . . A. C. V.
857. Tête de mort couronnée, *Regnaud*. — Metteur en œuvre. . . . . B. R.
858. Tête de mouton, *Landron*. — Orfèvre, boucles. . . . . J. B. L.
859. Tête de Nègre, *Delisle*. — Orfèvre, couverts. . . . . : . J. F. D.
860. Tête de Nègre couronnée. *Grenier*. — Bijoutier, le creux. . . . . J. G.
861. Tête de Nègre et compas, *Daux*. — Flacons, nécessaires. . . . . P. D.
862. Tête d'oiseau, *Loiseau*. — Bijoutier, joaillier . . . . L.
863. Tête de paysanne, *Migneaux*. — Tabatières d'argent. . . . . . A. M.
864. Tête de perroquet, *Deslandes*. — Ouvrages plaqués . . . . G. D.
865. Tête de sanglier, *Desfontainé*. — Couverts. . . . . P. D.
866. Tête de sanglier, percée d'une flèche, *Delorme*. — Peignes. . N. F. D.
867. Tête de sanglier, un boulet, *Deshayes*. — Filigranes . . . . D.
868. Tête de sanglier, une étoile, *Meunier*. — Metteur en œuvre. . C. C. M.
869. Tête de sanglier, avec boule et point, *Leblond*. — Bijoux . . . J. B. L.
870. Tête de sanglier et un croissant, *Jandelle*. — Pommes de canne. P. L.

871. Tête de sanglier et un moulin, *Pinel*. — Bijoutier . . . . P.
872. Tête de sanglier et une mollette, *Rabouin*. — Bijoutier. . . . . . . J. R.
873. Tête de sanglier en haut et un gland, *Langlois*. — Bijoutier . . . H. L.
874. Têtes de sangliers (2), *Baton*. — Plaqueur ou argent. . . . . B.
875. Têtes de sangliers (2), *Duquesne*. — Fabricant de boutons . . . . D.
876. Tête de serpent, *Viquet*. — Bijoutier, le tout. . . . . P. J. V.
877. Tête de vieillard et un oiseau, *Duvaudiet*. — Bijoutier. . . . . C. A. D.
878. Theière (une), *Corby*. — Orfèvre, la grosserie. . . . . J. B. C.
879. Thyrse (un), *Jacquart*. — Orfèvre, Argenterie de table. . . . . . M. J.
880. Tiare (une), *Dupuis*. — Joaillier, bijoutier. . . . . C. N. D.
881. Timbale (une), *Lefranc*. — Orfèvre, la grosserie . . . . . . S. B. S. L.
882. Tire-bouchon, *Robert*. — Orfèvre, la grosserie . . . . E. C. R.
883. Toison (une), *Casset*. — Bijoutier, le tout . . . . T. N. C.
884. Toison (une), et un gland, *Dupont*. — Gros bijoux . . . . C. D.
885. Toison et une étoile au-dessus, *Richer*. — Bijoutier. . . . . F. S. R.
886. Tonneau (un), *Gaboré*. — Bijoutier, l'uni et l'ajusté. . . . . . C. G.
887. Tonton représentant un O, *Baudaut*. — Joaillier, le tout . . . . F. B.
888. Tour (une), *Demoulins*. — Orfèvre, boucles.. . . . . J. F. D.
889. Tour et un pignon, *Tournier*. — Bijoutier, l'uni et l'ajusté. . . . H. T.
890. Tour et un oiseau, *Vallet*. — Bijoutier, l'uni et l'ajusté. . . . . V. C.
891. Tour et 2 boulets, *Tourrier*. — Bijoutier, le tout. . . . . . J. L. T. T.
892. Tour et une tête de Mercure. *Guion*. — Belle argenterie. . . . . . G. J.
893. Tours (2), l'une sur l'autre, *Frankson*. — Ouvrages d'église . . N. A. F.
894. Tour (une), et un boulet, *Foucher*. — Bijoutier, le tout. . . . . . J. F.
895. Tour (une), et trois canards, *Lefevre*. — Bijoutier, peignes. . . . . L.
896. Tour et 1 hermine, *Joubert*. — Orfèvre, le tout . . . . P. J.
897. Tour et 1 pavillon, *Desaint*. — Petits ouvrages d'argent.. . . . L. C. D.
898. Tour (une), posée sur 2 boulets, *Christofle*. — Boutons. . . . . . J. C.
899. Tour entre 3 étoiles, surmontée d'une *, *Savin*. — La grosserie. A. P. S.
900. Tour avec 1 croissant au-dessus, *Retrou*. — Boucles . . . . C. F. N. R.
901. Tour et une cloche dessus, *Callier*. — Boîtes de montre.. . . . . A. C.
902. Tournesol (un), *Cluzel*. — Pommes de cannes . . . . J. J. P. C.
903. Tourtereaux (2), *Brindeau*. — Bijoutier. . . . . P. B.
904. Tourterelle (une), *Tourteau*. — Bijoutier joaillier. . . . . L. T
905. Trèfle (un), *Charpentier*. — Bijoutier, le tout. . . . . V. C.
906. Trèfle renversé, *Matignon*. — Bijoutier, l'uni et l'ajusté. . . . . . M.
907. Trèfle renversé, un oiseau, *Chanat*. — Bijoutier. . . . . C.
908. Trèfle avec un cœur, *Belhatte*. — Tabatières d'argent. . . . . M A. B.
909. Trèfle et une boule, *Levêque*. — Bijoutier, le creux . . . . . . N. L.
910. Trèfle et un triangle, *Chelval*. — Bijoutier, le petit bijou . . . J. B. C.
911. Trèfle en haut, et un croissant, *Gauthier*. — La parure. . . . . F. G.
912. Trèfle avec un oiseau, *Onghena*. — Bijoutier, le creux . . . . P. J. O.
913. Trèfle et une couronne, *Gouëlle*. — Joaillier, le tout. . . . . . R. J. G.
914. Trèfles (2), *Malnou*. — Bijoutier, l'uni et l'ajusté. . . . . J. M.
915. Triangle et un croissant, *Pillieux*. — Bijoutier, le gros bijou . T. F. P.
916. Triangle avec une étoile au milieu, *Vitry*. — L'uni et l'ajusté . . L. V.
917. Triangle et une barre dessous, *Tavernier*. — Boîtes de montres. P. B. T.
918. Triangle avec une tête de Mercure, *Grangeret*. — Coutelier. . . F. F. G.
919. Trident, *Guillou*. — Bijoutier, l'uni et l'ajusté. . . . . J. F. G.

920. Trompette (une), *Frankson*. — Orfèvre, la grosserie . . . . . D. F. F.
921. Tronc d'arbre (un), *Godard*. — Bijoutier, le petit bijou . . . . J. B. G.
922. Truelle (une), *Masson*. — Orfèvre, la grosserie . . . . N. R. M.
923. Truffe (une), *Truffy*. — Bijoutier, l'uni et l'ajusté . . . . . . A. F. T.
924. Trusquin, *Lefebvre*. — Bijoutier, le petit bijou. . . . . (son nom)
925. Tulipe (une), *Anthiaume*. — Orfèvre, couverts . . . . A. L. A.
926. Valet de menuisier, *Yenveux*. — Ouvrages doublés . . . . C. Y.
927. Vase, *Berger*. — Orfèvre, gobelets, timbales, tasses. . . . . . L. J. B.
928. Vase surmonté d'une étoile, *Saget*. — La grosserie . . . . . J. N. S.
929. Vase avec un oiseau, *Sauvage*. — L'uni et l'ajusté . . . . . . J. F. S.
930. Verre à patte, *Verrier*. — Bijoutier, le creux et l'uni . . . . . L. A. V.
931. Verre à pied et deux arbres, *Bontems*. — L'uni et l'ajusté . . . . J. B.
932. Verre à pied entre 4 points, *Aubery*. — Petits bijoux d'or. . . C. R. A.
933. Violon, *Willemart*. — Bijoutier, le tout. . . . . J. R. W.
934. Violon et une étoile, *Louët*. — L'uni et l'ajusté. . . . . J. L.
935. Vis (une) en fer, *Bingant*. — Joaillier, le tout. . . . . N. T. B.
936. Vol d'oiseau (un), *Levol*. — Orfèvre, la grosserie. . . . . J. L.
937. Volant, *Cabot*. — Bijoutier, le tout. . . . . C. C. C.
938. Volute (une), *Doyerre*. — Plaques pour les voitures . . . . . . T. D.
939. Voûte ogive (une), *Durier*, — Joaillier, le tout. . . . . A. D.
940. Vrille, *Orianne*. — Bijoutier, l'uni et l'ajusté. . . . . N. O. T.

Compréhension, par les poinçons, du Style des objets en or et en argent.

TABLEAUX SYNOPTIQUES DE CENT TRENTE POINÇONS DE GARANTIE

Les poinçons que nous représentons, pages 298 à 302, sont de deux classes que l'on distingue par poinçons *simples*, et poinçons de *contre-marque*.

Les premiers, pages 298 à 301, sont des *poinçons de titre et de garantie* ordinaires; ils sont destinés à marquer, suivant l'usage, la partie supérieure des ouvrages d'après la nature de chaque pièce et l'espèce de chaque poinçon.

Les seconds (page 302) sont des *bigornes* ou *tas* gravés formant poinçon, servant à *contre-marquer*, par l'effet du *contre-coup* du poinçon supérieur, le revers des ouvrages soumis à la marque des poinçons de grosse ou de petite garantie, de grosse ou de petite recense, de gros ou petit étranger.

L'une des *grosses bigornes* sert à *contre-marquer les gros ouvrages d'orfèvrerie*, comme plats, assiettes, couverts et autres pièces de même espèce : une autre est un peu plus étroite et aussi un peu cintrée; elle sert particulièrement à marquer les ouvrages de forme cylindrique, tels que gobelets, cafetières, etc. Les *deux petites bigornes* destinées à *contre-marquer les menus ouvrages* présentent deux cornes, dénommées *fourchettes*, l'une aplatie sur la surface, l'autre arrondie pour les pièces, ou plates ou cylindriques.

— Quelques bigornes ont été contrefaites, nous les représentons page 303. —

De nouveaux poinçons, remplaçant ceux de l'ancien régime, furent mis en usage en 1798 (page 298) et renouvelés en 1809 (page 299). Les événements politiques, qui eurent lieu dans la suite, ayant été la cause de la disparition de quelques poinçons de titre et de garantie, l'administration en fit fabriquer d'autres, en exécution de l'ordonnance royale du 22 octobre 1817 (page 300).

ARGENTERIE ET BIJOUX ANCIENS, DITS DE HASARD
Complément de la notice page 276.

Avant l'établissement des bureaux de garantie, les *ouvrages dits de hasard* étaient assujettis, comme les ouvrages neufs, à payer le droit de marque, ainsi que le porte un arrêt du conseil, à la date du 12 septembre 1684, rendu

en forme de règlement, lequel ordonne que le droit de marque sera payé
pour la vieille vaisselle et gros ouvrages, que les marchands orfèvres et
autres traficans et travaillans en or et argent revendront, et *autant de fois
qu'ils en feront la revente,* comme pour la nouvelle. Ces dispositions furent
applicables à *tous* les ouvrages d'or et d'argent, par le second article de la
déclaration du roi du 26 janvier 1749 : « Et ce, dit l'article, autant de fois
qu'on en fera la revente, quoique lesdits ouvrages aient été auparavant
marqués, et que nos droits aient été acquittés lors de la première vente. »

La loi du 19 brumaire an VI, art. 22, porte qu'il ne sera rien perçu sur
les ouvrages d'or et d'argent, *dits de hasard,* remis dans le commerce;
mais le même article assujettit ces ouvrages à être marqués du poinçon de
vieux, désigné par l'art. 8 de la même loi. Il est à remarquer que l'art. 22
précité devait se combiner, pour la perception, avec les articles 82, 83 et 84,
et qu'en conséquence les ouvrages déjà vendus, qui rentreraient dans le
commerce, ne pourraient recevoir le poinçon de vieux, *sans frais,* que dans
le seul cas où ils porteraient l'empreinte du poinçon du service courant.

Lorsque ces ouvrages d'or ou d'argent n'offrent que les *marques des anciens
poinçons,* ils doivent être soumis à *l'essai, titrés s'il y a lieu, et payer le droit
de garantie.* Il n'est pas permis aux employés de les marquer de confiance,
sur la foi d'anciennes marques, sans leur faire subir l'essai préalable auquel
ils sont soumis. Il est de même des ouvrages que les orfèvres déclarent être
à leur usage personnel; l'art. 17 de la déclaration du roi de 1749 précitée ne
laisse aucun doute à cet égard, et l'art. 11, fait *défense d'ajouter des pièces
neuves à des ouvrages vieux* sans les faire essayer et marquer.

— Consulter les définitions de Termes spéciaux, pages 303 et 304. —

POINÇONS EN USAGE AVANT L'ABOLITION DES IMPOTS INDIRECTS EN 1791

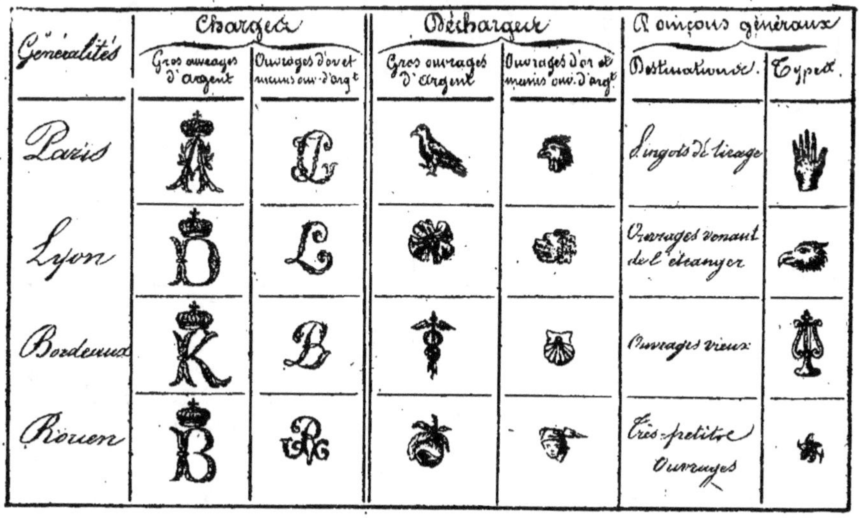

Généralités	Chargés		Déchargés		Poinçons généraux	
	Gros ouvrages d'argent	Ouvrages d'or et menus ouv. d'arg^t	Gros ouvrages d'argent	Ouvrages d'or et menus ouv. d'arg^t	Destination.	Type.
Paris					Lingots de tirage	
Lyon					Ouvrages venant de l'étranger	
Bordeaux					Ouvrages vieux	
Rouen					Très-petits Ouvrages	

— FIGURES 1094 A 1113. —

2 — L. 38

Poinçons de garantie fabriqués en execution de la loi du 19 brumaire An VI, en remplacement de ceux des Communautés d'Orfèvres et de la Régie des Aides.

— EN USAGE DU 19 NOVEMBRE 1798 AU 31 AOUT 1809. —

Fig. 1114 à 1147 — Poinçons de garantie n°ˢ 1 à 54.

Distinctions		Paris	Départements	Distinctive		Paris	Départements
Titres de l'Or	1ᵉʳ			*Étranger*	Gros		
	2ᵉ				Petits		
	3ᵉ			*Bazard*	"		
Cubes de l'Argent	1ᵉʳ			*Horlogerie de Besançon*	Grosse		
	2ᵉ				Petite		
Garantie d'Ets-rd-Ang	Grosse		avec le n°.... du Départ.	*Lingots affinés*	Or		
	Moyenne		avec le n°.... du Départ.		Argent		
Petite garantie	Or			*Argue*	"		
	Argent						
Recense	Grosse						
	Petite						

L'USAGE DE CES POINÇONS, EXCEPTÉ CEUX DE L'AFFINAGE ET DE L'ARGUE, A CESSÉ LE 1ᵉʳ SEPTEMBRE 1809. ILS ONT ÉTÉ REMPLACÉS PAR CEUX DU TABLEAU SUIVANT.

Fig 1148 à 1179. — Poinçons de garantie, n°s 53 à 66.

Poinçons de garantie fabriqués en exécution du Décret du 11 Prairial An XI. (31 Mai 1803)
— EN USAGE DU 1er SEPTEMBRE 1809 AU 16 AOUT 1819. —

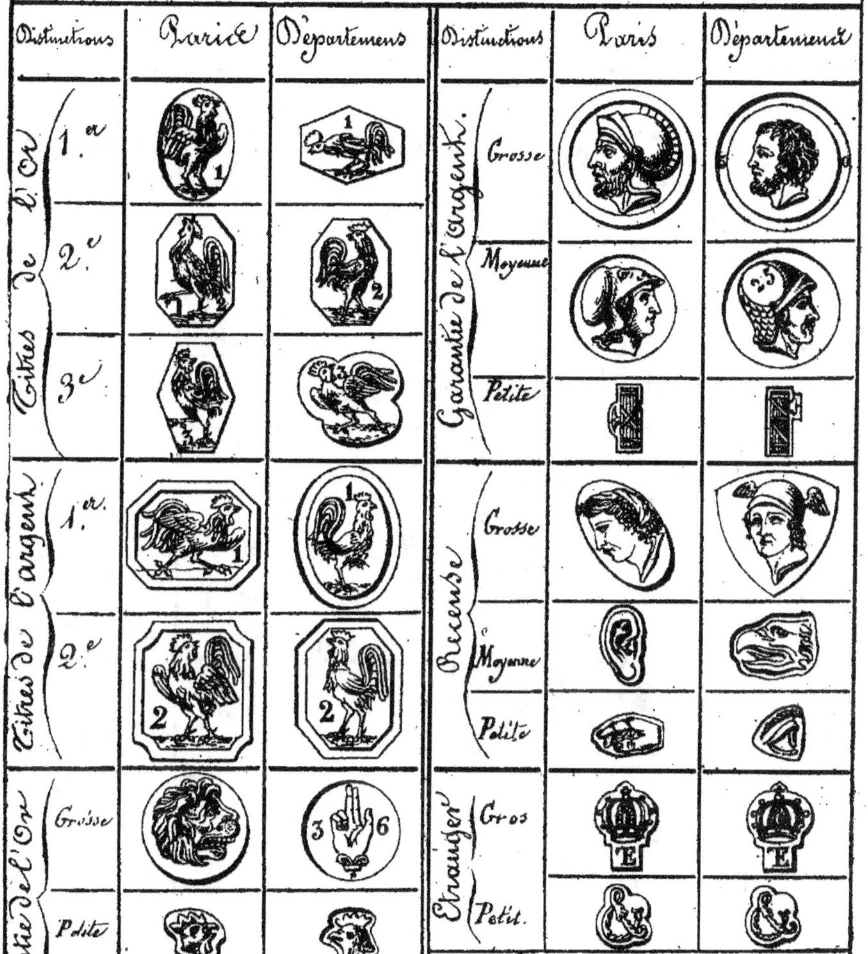

Distinctions	Paris	Départemens	Distinctions	Paris	Départemens
Titres de l'Or — 1.er			Garantie de l'argent — Grosse		
2.e			Moyenne		
3.e			Petite		
Titres de l'argent — 1.er			Recense — Grosse		
2.e			Moyenne		
Garantie de l'Or — Grosse			Petite		
Petite			Étranger — Gros		
Petite			Petit		

A CETTE DATE IL Y AVAIT DEUX PETITES GARANTIES POUR L'OR, LA PREMIÈRE DITE AVEC GARNITURE ET LA SECONDE SANS GARNITURE.

— L'USAGE DE CES POINÇONS A CESSÉ LE 16 AOUT 1819.—
LE MÊME JOUR, ILS ONT ÉTÉ REMPLACÉS PAR CEUX DE TITRE ET DE GARANTIE FIGURÉS DANS LES TABLEAUX SUIVANTS.
— LES POINÇONS ARGUE ET AFFINAGE N'ONT PAS ÉTÉ RENOUVELÉS. —

Poinçons de garantie fabriqués en exécution de l'Ordonnance Royale du 22 Octobre 1817.

— EN USAGE DU 16 AOUT 1819 AU 8 MAI 1838. —

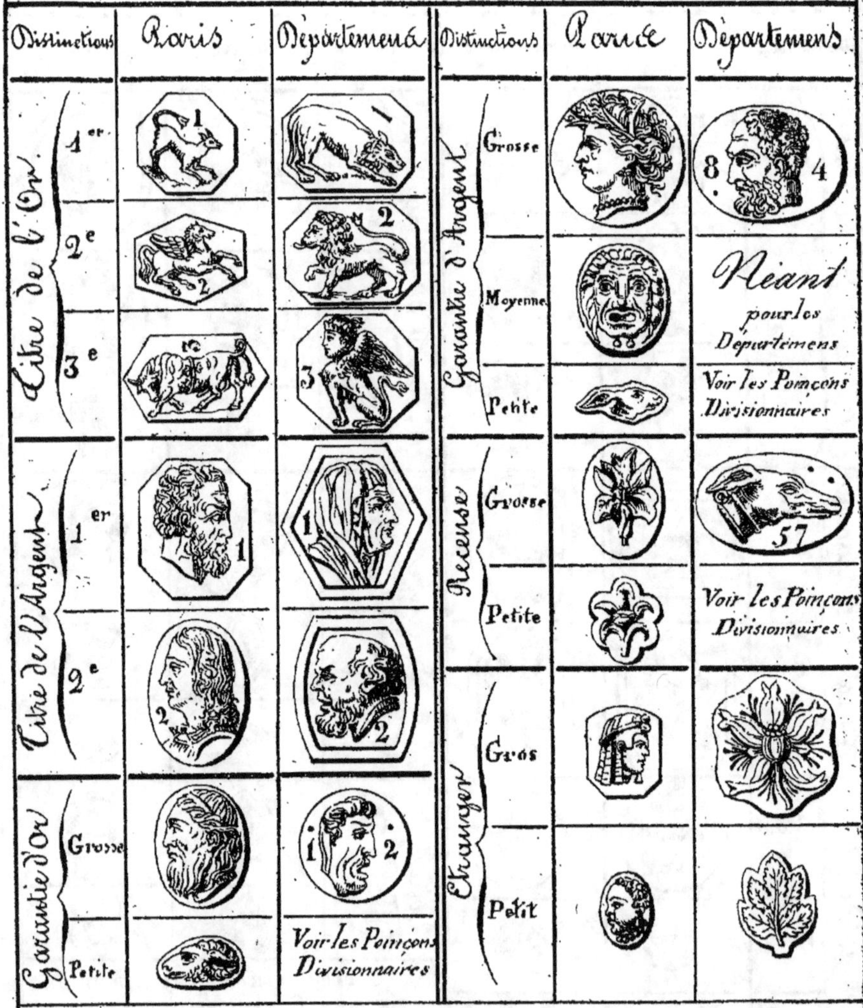

Fig. 1180 à 1205. — Poinçons de garantie, nᵒˢ 67 à 91.

Distinctions	Paris	Départemens	Distinctions	Paris	Départemens
Titre de l'Or 1ᵉʳ			**Garantie d'Argent** Grosse		8 · 4
2ᵉ		2	Moyenne		*Néant pour les Départemens*
3ᵉ		3	Petite		*Voir les Poinçons Divisionnaires*
Titre de l'Argent 1ᵉʳ		1	**Recense** Grosse		57
2ᵉ	2	2	Petite		*Voir les Poinçons Divisionnaires*
Garantie d'Or Grosse		1 · 2	**Étranger** Gros		
Petite		*Voir les Poinçons Divisionnaires*	Petit		

REMARQUES

1ᵒ. DANS LA FIGURE DES GROS POINÇONS DE GARANTIE POUR L OR ET POUR L'ARGENT, ET DE RECENSE, EST GRAVÉ LE NUMÉRO DU DÉPARTEMENT, AINSI QUE LE PORTE L'ÉTAT DES BUREAUX DE GARANTIE.

2ᵒ LE CHIFFRE INDICATIF DE CHAQUE TITRE EST GRAVÉ DANS LA FIGURE DES POINÇONS QUI SERVENT A TITRER LES OUVRAGES OR ET ARGENT

Poinçons divisionnaires des départements fabriqués en exécution de l'Ordonnance du 22 Octobre 1817.

— EN USAGE DU 16 AOUT 1819 AU 9 MAI 1838. —

Divisions	Dénominations	Garantie Or	Dénominations	Garantie Argent	Dénominations	Recense.
1re Nord	Char	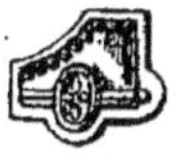	Papillon	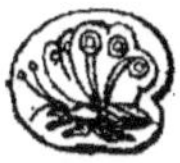	Cafetière	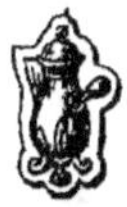
2e Nord-Est	Garde d'épée	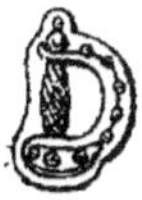	Tortue	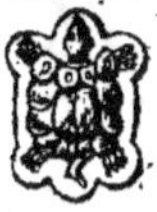	Tour	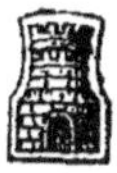
3e Est	Tiare	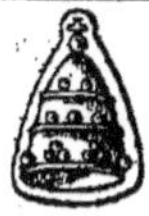	Coquille	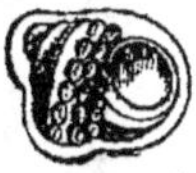	Ciboire	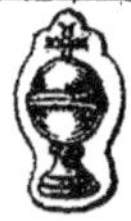
4e Sud-Est	Éventail	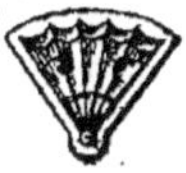	Trombidion	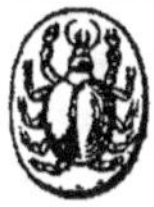	Gobelet	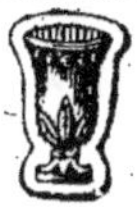
5. Sud	Casque	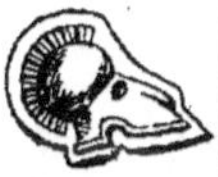	Lysse	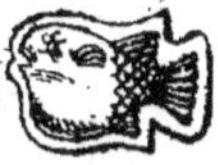	Sonnette	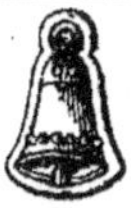
6e Sud-ouest	Lyre	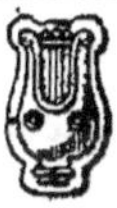	Grenouille	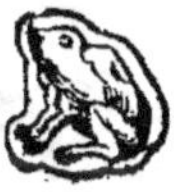	Arrosoir	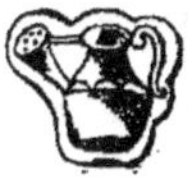
7e Ouest	Morion	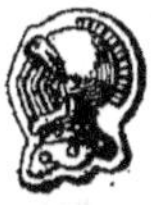	Limaçon	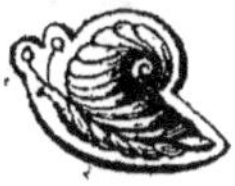	Vase	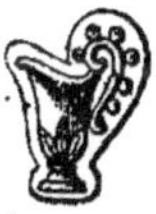
8. Nord-ouest	Trompette	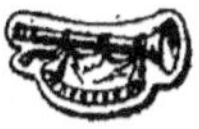	Raie	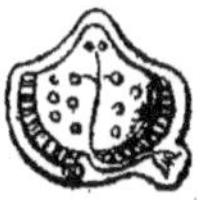	Guitare	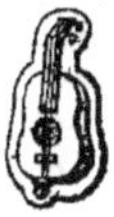
9e Centre	Fleur de lys	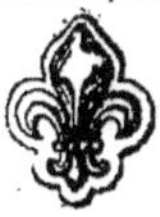	Cochon d'Inde	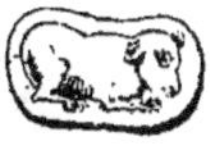	Livre	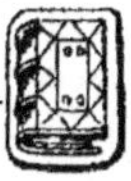

DANS LA FIGURE DES PETITS POINÇONS DE LA GARANTIE D'OR ET D'ARGENT ET DE RECENSE DE CHAQUE DIVISION, EST GRAVÉ LE SIGNE CARACTÉRISTIQUE INDIQUÉ DANS LE TABLEAU DES BUREAUX DE GARANTIE.

Fig. 1204 à 1250. — Poinçons divisionnaires, n°° 1 à 27.

Signes qui couvrent la surface
des Poinçons Bigornes et de Contre-marque fabriqués
en exécution de l'Ordonnance du 1er Juillet 1818.

Grosse Contre-marque			Petite Contre-marque		
Destination	Dénomination	Types	Destination	Dénomination	Types
pr Paris et les Départements	Notoxe		pr Paris et les Départements	Fond uni	GAR.
idem	Conops		pr Paris seulement	idem	DU
idem	Saperde		idem	idem	B·D PARIS — 1
idem	Criquet		pour les Départements	idem	D ES
idem	Pantatome		idem	idem	B·D DE P·TS
idem	Bibion		pr Paris et les Départements	Fond de gueule	2
Plus pour la grosse bigorne			idem	Fond Or	3
idem	Tête de Notoxe		idem	Fond Sablé	4
idem	Tête de Bibion		idem	Fond azur	5

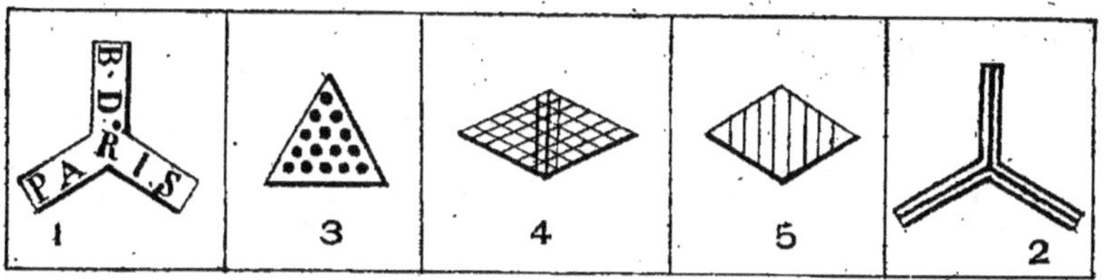

Fig. 1246 à 1250. — Types de *Bigornes contrefaites* en 1821 et 1827, correspondant, par
leur numérotation, aux véritables représentées au bas et à droite du tableau précédent.
Observations. — 1, la lettre R penche à gauche ; 2, trois bandes au lieu de cinq ; 3, quinze
points, épais, au lieu de vingt et un ; 4, trois lignes sont perpendiculaires et cinq autres,
placées en diagonale ; 5, huit lignes perpendiculaires au lieu de douze.

TERMES PROPRES A L'ORFÈVRERIE ET A LA BIJOUTERIE

ARGUE. — Machine servant à dégrossir et à tirer les lingots d'argent et
d'argent doré, destinés à la confection des galons.

BIGORNES. — Dans les bureaux de garantie, il y a des bigornes gravées
qui donnent la *contre-marque* aux ouvrages d'or et d'argent, du *côté opposé à*
l'empreinte du poinçon supérieur. Les orfèvres ont différents genres de
bigornes pour la *retreinte* (modelage au marteau), de la *vaisselle montée.*
Ainsi, il y a bigorne *droite*, bigorne *ronde* ou à *boule*, et autres petites
enclumes, selon la forme de l'ouvrage fabriqué.

CHARGE. — *Poinçon de charge*, apposé sur les ouvrages en cours de fabrication. (Voir *Décharge.*)

CONTRE-MARQUÉ. — L'empreinte que reçoivent les ouvrages d'or et d'argent sur la *bigorne gravée.* Cette empreinte est toujours du côté opposé à
celle du *poinçon de garantie.* On nomme aussi *contre-marque* la bigorne elle-
même.

DÉCHARGE. — Poinçon qu'on appliquait sur les ouvrages d'orfèvrerie
achevés, et qui avaient acquitté les droits établis. (Voir *Charge.*)

DOUBLÉ OU PLAQUÉ. — Ouvrages en cuivre qui ont été pris sur une plaque
doublée d'or ou d'argent.

ENTER. — *Enter* les marques des poinçons est faire œuvre de *faussaire*
qui détache, d'un *objet minime*, d'or ou d'argent, la partie sur laquelle se
trouve l'empreinte du poinçon de l'État, et la rapporte ensuite, au moyen
d'une *enture* ou *soudure*, sur un ouvrage de même matière, mais d'un poids
plus élevé, et souvent à un titre inférieur.

FILIGRANE. — Composé de deux fils ronds, tordus ensemble, au moyen
d'un tourniquet, et ne forment qu'un fil *grainé.*
On emploie le *filigrane* pour fabriquer divers ouvrages d'or et d'argent à
jour, et d'un travail fort délicat.

FOURRÉ. — Tout ouvrage d'or et d'argent est réputé *fourré*, s'il contient,
à l'intérieur, quelque morceau de cuivre ou autre matière étrangère que
l'on ne puisse découvrir qu'en dénaturant la pièce. L'excès de soudure
dans les ouvrages creux est aussi une *fourrure.* Il en est ainsi de l'émail et

même des substances résineuses, qu'on trouve dans des boucles d'oreilles, des bagues dites *chevalières* et autres objets creux.

Matoir. — Ciselet dont l'extrémité est mate et forme sur les objets d'or et d'argent, une sorte de petits grains qui font ressortir le poli et le bruni, et en relèvent l'éclat. Un très petit matoir est indispensable pour effacer les *fausses marques*, lorsque des ouvrages saisis et confisqués, pour *faux poinçons*, doivent passer à la garantie avant d'être livrés à la vente.

Or moulu. — C'est l'or pur amalgamé avec le mercure, au moyen duquel on dore les ouvrages d'argent, qui prennent alors le nom de *vermeil*. Dans cette opération, l'or se sépare de l'amalgame par l'action du calorique qui vaporise le mercure et laisse l'or à nu.

On dore aussi en *or moulu*, le cuivre et le bronze, et on peut enlever cet or par le procédé suivant : il faut saupoudrer les objets dorés de fleur de soufre et de sel ammoniac, après les avoir enduits d'huile de lin ; puis les faire rougir et les tremper dans l'eau froide. Cette opération suffit pour faire précipiter l'or au fond du vase.

Plaques. — Les plaques ou feuilles d'or et d'argent sont faites au marteau ou au laminoir, selon l'ouvrage que l'on veut entreprendre. Il y a, dans chaque bureau de garantie, des plaques en cuivre doublé d'argent et à compartiments sur lesquelles on *insculpe* tous les poinçons au moment de leur mise en activité ou hors de service. Il y a aussi des *plaques dites de comparaison*, qui sont à la disposition des employés chargés de la surveillance des orfèvres, et portent l'empreinte des poinçons de Paris et des départements. En cas de suspicion de *fausse marque*, sur des objets d'or ou d'argent, on a recours aux plaques de comparaison ou de vérification.

Recense. — Le *poinçon de recense* est un nouveau poinçon que l'État fait graver pour exercer un contrôle quand il circule, dans le commerce de l'orfèvrerie et de la bijouterie, ou dans celui des *ouvrages dits de hasard*, de nombreux ouvrages frauduleusement *entés*, ou insculpés de poinçons faux. Lorsque ce poinçon est mis en usage, tous les ouvrages d'or et d'argent, déjà contrôlés, doivent être de nouveau présentés aux bureaux de garantie pour en être insculpés. Les anciens poinçons sont effacés et remplacés ultérieurement par des nouveaux. (Voir *Enter.*) — (Voir aussi les poinçons de *Recense*, pages 298 à 301.)

Vaisselle. — On distingue dans l'orfèvrerie deux espèces de vaisselle : 1° la *vaisselle plate* qui comprend les plats, les assiettes, les casseroles, etc. ; 2° la *vaisselle montée* qui est le résultat de l'assemblage de plusieurs pièces que l'on soude ensemble, pour obtenir la forme désirée.

Consulter, pages 1 et 2, les Sommaires des Chapitres composant ce volume.

M. Édouard Rouveyre, Rue de la Tour, 102, Paris, XVIᵉ, prie ceux des antiquaires et amateurs qui auraient des documents intéressants, concernant les œuvres et objets d'art, de vouloir bien lui en donner communication.

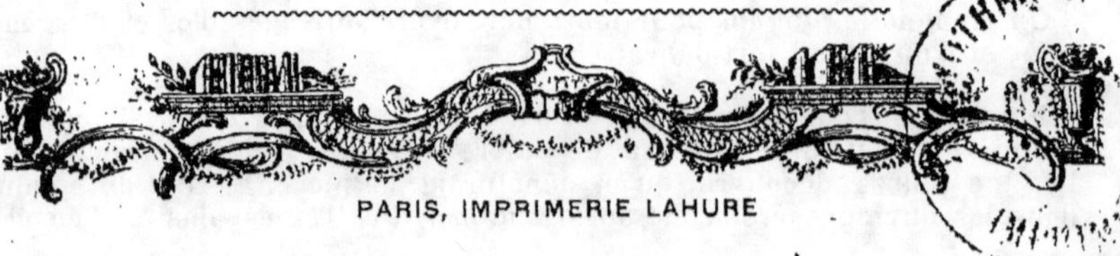

PARIS, IMPRIMERIE LAHURE

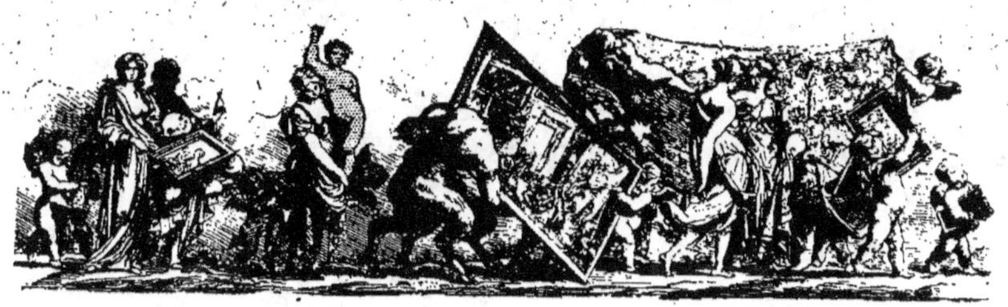

SOMMAIRES DU PRÉCÉDENT VOLUME PUBLIÉ EN 1924

— NEUF CENT QUATRE-VINGT-DIX DOCUMENTS GRAPHIQUES —
— HUIT CENT QUATRE-VINGT-SEPT MARQUES ET POINÇONS —

Tenant compte des difficultés matérielles pour une publication, dont le but est d'être à la portée du plus grand nombre de lecteurs, nous avons adopté un plan ayant l'avantage de présenter des chapitres indépendants.

—— Chaque volume forme ainsi un ensemble complet. ——

COMPRÉHENSION DES ŒUVRES D'ART EN CÉRAMIQUE

Développement des formes d'art de cent vases. — Comment en discerner et apprécier la beauté. — Éléments. — Calibres. — Formes typiques.

Les œuvres d'art en Fayence de Rouen. — Louis XIV fait fondre ses somptueux services d'or et d'argent et les remplace par la vaisselle en fayence. — Personnages et renseignements historiques. Provenances. — Importance, supériorité, perfection de la fayence de Rouen. — Répertoire de *cinquante-quatre ateliers.* — Désignation de quelques formes. — Types des principaux décors. — Variantes de la fleur de lys. — *Deux cent trente marques* nominatives, déterminées et indéterminées.

Les œuvres d'art en Porcelaine de Sèvres. — Renseignements historiques. — Technique, formes. Qualification de pâte tendre et de pâte dure. — Concordance des lettres et dates de fabrication. — Marques officielles. — Comment identifier *cent soixante-trois marques.* — Surdécoration, Contrefaçon de la porcelaine Sèvres. — Importance, supériorité, faussaires, marques, etc. — Marques et décors, dates des travaux des artisans. — Personnages historiques, auteurs et noms divers cités. — Noms de villes.

COMPRÉHENSION DES MEUBLES DE STYLES ROYAUX

Sept cent vingt meubles du XII⁰ au XVIII⁰ siècle. — Période mobile et période fixe. — Les âges du chêne, du noyer, de l'ébène, des bois de couleur. — Chronologie royale pouvant aider à déterminer les dates. — Renseignements historiques. — Provenances.

— Les Coffres. — Les Sièges. — Les Tables. — Les Lits. —

Les coffres de styles royaux, XV⁰ au XVIII⁰ siècle. — Personnages. — Ensemble et détails, formes, ornements, décors. — Noms et manières des artisans. — Renseignements historiques, Personnages cités. — Provenances. = Cassones, bahuts, dressoirs, cabinets, médailliers, armoires, bibliothèques, commodes, meubles d'appui, etc.

Les sièges de styles royaux, XV⁰ au XVIII⁰ siècle. — Personnages historiques. Ensembles et détails, formes, ornements, décors. — Artisans. — Provenances. = Archebans, chaires à dais, chaires à fronton, stalles, capucines, caquetoires, perroquets, turquoises, duchesses, ottomanes, bergères, etc.

Les tables de styles royaux, XV⁰ au XVIII⁰ siècle. — Personnages historiques. — Ensembles et détails, formes, ornements, décors. — Renseignements divers. — Provenances. — Périodes, époques, styles. = Dressoirs, tables-roues, tables-banc à dais, à châssis, à éventails, consoles, bureaux-cabinets, tricoteuses, tables-haricot, guéridons, tables rognon, poudreuses, bonheur du jour, duchesses, coiffeuses, etc.

Les lits de styles royaux, XV⁰ au XVIII⁰ siècle. — Ensembles et détails, formes, ornements, décors. — Personnages historiques et littéraires. — Mœurs et coutumes. — Ouvrages cités. — Provenances. = Lits à hussiaux, en épervier, à courtines, à devises, à colonnes, de parade, drapés, en housse, de travelin, à tournant, à balustres, lits d'ange, à la polonaise, à la turque, façon la chine, à l'anglaise, etc.

FORMES ET DÉCORS DES PIEDS ET MONTANTS DE MEUBLES

Ages du chêne, du noyer, de l'ébène, des bois dorés, de couleur, acajou, etc. — Louis XII, François Ier à Henri IV, Louis XIII, Louis XIV, Régence et Louis XV, Louis XVI. Appendice, Napoléon Ier. — *Cent quarante pieds et montants de meubles.*

BAGUETTES EN BRONZE CISELÉ ET DORÉ, ET EN BOIS SCULPTÉ

Décoration et ornementation de meubles composés. *Cent types de baguettes, cannelures, rudentures.* — Décoration homogène et hétérogène.

COMPRÉHENSION DE LA VIEILLE ARGENTERIE

Cent quarante-sept poinçons de la vieille Argenterie de Paris. — Renseignements généraux, artisans. — Ce qu'on entend par poinçon de maître orfèvre, poinçon de charge du fermier, poinçon de la maison-commune, poinçon de décharge. — Initiales des poinçons identifiés de maîtres orfèvres. — Différents des poinçons identifiés, des orfèvres dont les poinçons ont été identifiés. — Place des poinçons sur les pièces d'orfèvrerie.

Cent quatre-vingts poinçons de la vieille Argenterie de province. — Matières d'or, d'argent et artisans. — Titres et poinçons des ouvrages d'or et d'argent. — Comment identifier et classement alphabétique des poinçons. — Communautés d'orfèvres des anciennes provinces françaises. — Poinçons particuliers. — Nombre des maîtres jurés. *Deux cent quarante-deux ateliers d'orfèvres.* — Note relative aux poinçons faux.

OBJETS DITS DE HAUTE CURIOSITÉ
COMPRÉHENSION DES ŒUVRES D'ART EN ÉMAILLERIE

Artisans émailleurs du IXe au XIVe siècle. — Documents historiques. — Époques, Personnages historiques, artisans. — *Cinquante-neuf œuvres d'art représentées.* Sujets fantastiques et allégoriques. — Procédés.

Artisans émailleurs du XVe au XVIIIe siècle, procédés et manières. — Analyse de ce qu'on entend par émail cloisonné, champlevé, taille d'épargne, plite, mixte, basse-taille, translucide, etc. — Technique, procédés et arts divers. — Provenances. — Personnages historiques. — Artisans cités. — Analyse et manières de leur technique. — Artisans dont *cent quarante-neuf marques* sont reproduites. Pays et noms cités.

SOMPTUOSITÉ DES RELIQUAIRES

Écoles du Rhin. Ateliers de Limoges. — De la période byzantine au treizième siècle. Analyse de *vingt œuvres d'art* représentées. — Technique, mise en œuvre, caractère, décoration. — Symbolisme, mysticisme, apôtres, saints, etc. — Ateliers et provenances. — Éclats des émaux. — *Sens mystique, nature, propriété et éclat des pierreries.* — Dogme, mystagogie, tropologie. — Pierres figurant la sainteté et les vertus.

COMMENT RÉPARER LES ŒUVRES D'ART ANCIEN

Œuvres d'art antique retouchées, déformées, grattées, etc. — *Vingt figures en marbre antique* réparées. — Provenance des marbres. — Réparations, membres disparates.

COMPRÉHENSION DE TERMES RELATIFS A LA STATUAIRE
QUALITÉ DES MARBRES, ET CONTREFAÇON

Noms et colorations diverses. — Défauts et contrefaçons. — Provenances des marbres. — Documents historiques et mythologiques. — Marbre blanc, dit statuaire. Dessus de commodes, consoles, etc. — Beauté et variété du marbre coloré...

PARIS — IMP. LAHURE